中华人民共和国
刑事诉讼法最新解读

卞建林　主编

中国人民公安大学出版社
·北　京·

图书在版编目（CIP）数据

中华人民共和国刑事诉讼法最新解读／卞建林主编．—北京：中国人民公安大学出版社，2012.4
ISBN 978-7-5653-0836-9

Ⅰ.①中…　Ⅱ.①卞…　Ⅲ.①刑事诉讼法—法律解释—中国
Ⅳ.①D925.205

中国版本图书馆CIP数据核字（2012）第070552号

中华人民共和国刑事诉讼法最新解读
卞建林　主编

出版发行：中国人民公安大学出版社
地　　址：北京市西城区木樨地南里
邮政编码：100038
经　　销：新华书店
印　　刷：北京泰锐印刷有限责任公司

版　　次：2012年4月第1版
印　　次：2012年4月第1次
印　　张：14.5
开　　本：880毫米×1230毫米　1/32
字　　数：390千字

书　　号：ISBN 978-7-5653-0836-9
定　　价：36.00元

网　　址：www.cppsup.com.cn　www.porclub.com.cn
电子邮箱：zbs@cppsup.com　zbs@cppsu.edu.cn

营销中心电话：010-83903254
读者服务部电话（门市）：010-83903257
警官读者俱乐部电话（网购、邮购）：010-83903253
法律分社电话：010-83905745

中华人民共和国
刑事诉讼法最新解读

主　编： 卞建林

撰稿人员（按姓氏笔画排序）：

卞建林	王　佳	王永杰	叶　青
田心则	左德起	安　婧	刘　召
孙　康	孙　锐	邢　娜	李树真
李兰英	李　明	李　晶	李婵媛
吴宏耀	陈祥明	佀化强	张　璐
周长军	周颖佳	林帮钦	屈　新
俞　亮	郝宏奎	姜　涛	栗　峥
郭志媛	夏　天	董　超	韩　阳
温道军	管　宇	滕　健	魏玉民

本书常用法律文件及缩略语

中华人民共和国宪法	《宪法》
中华人民共和国刑法	《刑法》
中华人民共和国刑法修正案（八）	《刑法修正案（八）》
中华人民共和国刑事诉讼法	《刑事诉讼法》
中华人民共国和行政诉讼法	《行政诉讼法》
中华人民共和国民事诉讼法	《民事诉讼法》
中华人民共和国律师法	《律师法》
中华人民共和国国家安全法	《国家安全法》
中华人民共和国人民法院组织法	《人民法院组织法》
中华人民共和国人民检察院组织法	《人民检察院组织法》

中华人民共和国法官法	《法官法》
中华人民共和国检察官法	《检察官法》
中华人民共和国人民警察法	《人民警察法》
中华人民共和国监狱法	《监狱法》
中华人民共和国未成年人保护法	《未成年人保护法》
全国人民代表大会常务委员会关于司法鉴定管理问题的决定	《关于司法鉴定管理问题的决定》

目 录

代序言

中国特色刑事诉讼制度的重大发展

卞建林

一、修改《刑事诉讼法》的过程

《刑事诉讼法》是规范刑事诉讼活动的基本法律。我国现行《刑事诉讼法》是于1979年7月1日由第五届全国人大二次会议通过，1980年1月1日起施行的。1996年3月17日，第八届全国人大四次会议通过《全国人民代表大会关于修改〈中华人民共和国刑事诉讼法〉的决定》，对《刑事诉讼法》作了一次较大幅度的修订。实践证明，我国的刑事诉讼制度总体上是科学的、合理的。但是，随着经济社会的快速发展、民主法制建设的不断推进和人民群众司法需求的日益增长，刑事诉讼制度在某些方面也出现了一些不相适应的问题，有必要进一步予以完善。按照全国人大常委会的工作安排，全国人大常委会法制工作委员会从2009年年初开始着手《刑事诉讼法》修改方案的研究起草工作。经反复与最高人民法院、最高人民检察院、公安部、国家安全部、司法部等部门进行研讨，多次听取全国人大代表、基层办案部门、律师和专家学者的意见，并专门征求部分地方人大常委会的意见，在充分论证并取得基本共识的基础上，形成了《刑事诉讼法修正案（草案）》（以下简称《修正案草案》）。

2011年8月24日，第十一届全国人大常委会第二十二次会议对《修正案草案》进行了初次审议。会后，草案印发中央有关部门、各地和有关方面征求意见，中国人大网全文公布草案，向全社会征求意见。根据常委会组成人员的审议意见和各方面意见，对该草案进行了修改完善，2011 年 12 月 26 日，第十一届全国人大常委会第二十四次会议对《修正案草案》进行了再次审议。委员们认为，《修正案草案》经过常委会两次审议，吸收了常委会组成人员的审议意见和各方面意见，已趋成熟。会议决定将《修正案草案》提请第十一届全国人大五次会议审议。全国人大常委会办公厅按照法定程序，于 2012 年 1 月 11 日将《修正案草案》发送全国人大代表进行阅读讨论。代表们总体赞成《修正案草案》，同时提出了一些修改意见。根据常委会组成人员的审议意见和代表们在讨论中提出的意见，对《修正案草案》作了进一步修改完善。

2012 年 3 月 8 日，《修正案草案》提交第十一届全国人大五次会议审议，王兆国副委员长作了《关于〈中华人民共和国刑事诉讼法修正案（草案）〉的说明》。3 月 13 日，第十一届全国人大五次会议主席团第三次会议听取了全国人大法律委员会“关于修改刑事诉讼法的决定草案修改意见”的报告，吸收代表们的审议意见，对《修正案草案》又作出五点修改。3 月 14 日，第十一届全国人民代表大会第五次会议顺利通过《全国人民代表大会关于修改〈中华人民共和国刑事诉讼法〉的决定》。国家主席胡锦涛签署第 55 号主席令予以公布，自 2013 年 1 月 1 日起施行。

可以看到，此次《刑事诉讼法》修改幅度很大，修改内容涉及 110 多处，修改比例超过总条文的 50%，修改后的条文总数已达 290 条，并且增加了新的编、章、节，是一次名副其实的“大修”。

二、修改《刑事诉讼法》的原则

在《修正案草案》起草和修改工作中，重点把握了以下几个原则：一是坚持从我国基本国情出发，循序渐进地推进我国刑事诉讼制度的完善。完善刑事诉讼程序和相关制度，应当立足于我国仍处于并将长期处于社会主义初级阶段的基本国情和阶段性特点，既要与时俱进，又不超越现阶段的实际，不盲目照搬外国的司法制度和诉讼制度。二是坚持统筹处理好惩罚犯罪与保障人权的关系。《刑事诉讼法》的修改完善，既要有利于保证准确、及时地查明犯罪事实，正确应用法律，惩罚犯罪分子，又要保证无罪的人不受刑事追究，尊重和保障人权，保护公民的诉讼权利和其他合法权利。三是坚持着力解决在惩治犯罪与维护司法公正方面存在的突出问题。《修正案草案》坚持社会主义法治理念，贯彻宽严相济刑事政策，落实中央深化司法体制和工作机制改革的要求，适应新形势下惩罚犯罪与保护人民的需要，着力解决当前司法实践迫切需要解决的问题，符合我国国情和司法实际，有很多亮点和创新之处，是一次中国特色社会主义刑事诉讼制度的重大发展和健全完善。

三、修改《刑事诉讼法》的要点

（一）贯彻“尊重和保障人权”宪法原则

本次修改一个最突出的亮点，就是将“尊重和保障人权”写进《刑事诉讼法》总则，并在多项具体规定和制度完善中加以贯彻和体现。尊重和保障人权是我国宪法确立的一项重要原则，体现了社会主义制度的本质要求。《刑事诉讼法》是规范刑事诉讼活动的基本法律。刑事诉讼活动是国家追究犯罪、惩罚犯罪的活动，其诉讼过程与诉讼结果均与公民的人身自由、财产权利等基本权利息息相关。此次修改《刑事诉讼法》，坚持统筹处理好惩罚犯罪与保障人权的关系，既要有利于保证准确及时地查明犯罪事实，正确应用法律，惩罚犯罪分子，又要保障无罪的人不受刑事追究，尊重和保障人权，保证公民的诉讼权利和其他合法权利。为此，将“尊重和保障人权”写入《刑事诉讼法》总则第二条，既有利于彰显我国司法制度的社会主义性质，也有利于公安司法机关在刑事诉讼程序中更好地遵循和贯彻这一宪法原则。

修改后的《刑事诉讼法》在很多具体诉讼制度和程序规定中都注意体现尊重和保障人权的原则。例如，在完善证据制度中，明确不得强迫任何人证实自己有罪，确立非法证据排除制度；在完善强制措施制度中，完善了逮捕条件和人民检察院审查批准逮捕的程序，强调检察机关在批准逮捕后对羁押必要性的审查，严格限制采取强制措施后不通知家属的例外规定；在完善辩护制度中，明确犯罪嫌疑人在侦查阶段可以委托辩护人，完善辩护律师会见和阅卷的程序，扩大法律援助的适用范围；在完善侦查程序中，完善了讯问犯罪嫌疑人、被告人的规定，强化对侦查活动的监督；在完善审判程序中，明确第二审应当开庭审理的案件范围，完善上诉不加刑原则，规范发回重审制度；在完善执行程序中，增加社区矫正的规定；在增设的特别程序中，设置未成年人附条件不起诉和犯罪记录封存制度，等等。

（二）改革侦查程序，健全强制措施

在现代刑事诉讼中，侦查占据着重要地位。一方面，侦查在绝大多数案件中成为破获犯罪、确定被告人不可或缺的程序。非经侦查，无从收集固定证据；非经侦查，无从发现犯罪嫌疑人。因此，侦查是起诉的前提和基础。另一方面，侦查以国家强制力做后盾，侦查活动的开展以限制甚至剥夺有关公民的法定权利为代价。侦查权力的任何不当行使或者异化滥用，均可能对公民合法权益造成严重侵犯。因此，健全侦查程序，规范侦查行为，是《刑事诉讼法》修改的重要任务。此次修法，着重完善了讯问犯罪嫌疑人的程序和必要的侦查措施，同时强化对侦查措施的规范和监督，防止滥用。其主要内容为：根据侦查取证工作的实际需要，增加规定了口头传唤犯罪嫌疑人的程序，适当延长了特别重大复杂案件传唤、拘传的时间，增加规定了询问证人的地点，完善人身检查的程序，在查询、冻结的范围中增加规定债券、股票、基金份额等财产，并根据侦查犯罪的实际需要，增加了严格规范技术侦查措施的规定。

强制措施对于保障刑事诉讼活动的顺利进行具有重要作用。按照现代诉讼理念，强制措施应当具有诉讼保障和人权保障双重功能。我国的刑事强制措施，无论制度设计还是实际运作，均存在功能泛化甚至异化的倾向和现象，如赋予强制措施惩罚教育、刑罚预支、证据发现以及犯罪预防等额外功能，对此应当予以规范和改革。《修正案草案》重点完善了逮捕、监视居住的条件和程序，以及采取强制措施后通知家属的规定。针对司法实践中对逮捕条件理解不一致的问题，将《刑事诉讼法》关于逮捕条件中“发生社会危险性，而有逮捕必要”的规定细化为具有以下情形：可能实施新的犯罪；有危害国家安全、公共安全或者社会秩序的现实危险；可能毁灭、伪造证据，干扰证人作证或者串供；可能对被害人、举报人、控告人实施打击报复；企图自杀或者逃跑。为保证检察院正确行使批准逮捕权，防止错误逮捕，修法时增加规定了检察院审查批准逮捕时讯问犯罪嫌疑人和听取辩护律师意见的程序，以及在逮捕后对羁押必要性继续审查的程序。

此外，此次修法还将监视居住定位于减少羁押的替代措施，规定了与取保候审不同的适用条件，增加了指定居所监视居住的执行方式，并明确检察机关对指定居所监视居住的决定和执行实行监督。特别需要指出的是，1996 年《刑事诉讼法》规定：拘留、逮捕后，除有碍侦查或者无法通知的情形以外，应当把拘留、逮捕的原因和羁押的场所，在 24 小时以内通知被拘留人、被逮捕人的家属。其中，“有碍侦查”情形的界限比较模糊。综合考虑惩治犯罪与保护犯罪嫌疑人、被告人权利的需要，修改后的《刑事诉讼法》对采取强制措施后不通知家属的例外作了严格限制，明确采取逮捕和指定居所监视居住的，除无法通知的以外，应当在24小时内通知家属。同时，将拘留后因有碍侦查不通知家属的情形，仅限于危害国家安全犯罪和恐怖活动犯罪。

（三）规范司法行为，遏制刑讯逼供

规范司法行为，是我国司法改革确定的一项重要任务。而刑讯逼供是司法实践中久禁不绝的一种丑恶现象，不仅严重侵犯人权，损害司法公信力，而且是造成冤假错案的重要原因。此次《刑事诉讼法》修改，在规范司法行为、遏制刑讯逼供方面采取了一系列重要举措。关于讯问犯罪嫌疑人的程序，除坚持“严禁刑讯逼供和以威胁、引诱、欺骗以及其他非法方法收集证据”规定不动摇之外，又增加规定“不得强迫任何人证实自己有罪”。针对司法实践中刑讯逼供行为多发生于将犯罪嫌疑人送交看守所之前的情况，修改后的《刑事诉讼法》明确规定，在拘留、逮捕后应当立即将被拘留、逮捕人送看守所羁押；增加规定犯罪嫌疑人被送交看守所羁押后，侦查人员对其进行讯问，应当在看守所内进行；并规定对讯问过程实行录音录像的制度。此外，修改后的《刑事诉讼法》还正式确立了非法证据排除规则，规定对采取刑讯逼供等非法方法获取的犯罪嫌疑人、被告人供述，应当予以排除，不得作为起诉意见、起诉决定和判决的依据。

（四）完善辩护制度，扩大法律援助

辩护制度是刑事诉讼中的一项重要制度。为保障律师执业权利，强化法律援助，切实解决司法实践中律师辩护长期存在的“会见难、阅卷难、取证难”等老大难问题，修改后的《刑事诉讼法》在完善辩护制度方面具有很多亮点，取得长足进步。首先，明确了律师在侦查阶段介入诉讼的辩护人身份，将现行立法关于犯罪嫌疑人在侦查阶段只能聘请律师提供法律帮助的规定修改为犯罪嫌疑人自被侦查机关第一次讯问或者采取强制措施起有权委托律师作为辩护人。其次，保障了律师会见在押犯罪嫌疑人的权利。修改后的《刑事诉讼法》规定，除危害国家安全犯罪、恐怖活动犯罪、特别重大贿赂犯罪案件外，在侦查期间律师会见在押的犯罪嫌疑人不需经侦查机关批准。辩护律师持律师执业证书、律师事务所证明和委托书或者法律援助公函要求会见在押的犯罪嫌疑人、被告人的，看守所应当及时安排会见。辩护律师会见犯罪嫌疑人、被告人时不被监听。最后，保障了律师阅卷的权利。修改后的《刑事诉讼法》规定，在审查起诉和审判阶段，辩护律师均可以查阅、摘抄、复制本案的案卷材料。

此外，为贯彻公民在适用法律上一律平等的宪法原则，加强对诉讼弱势群体的特别保护，维护司法公正，修改后的《刑事诉讼法》还进一步完善了法律援助制度。具体表现在：第一，扩大了法律援助的适用对象。按照现行法律规定，被告人是盲、聋、哑、未成年人和可能被判处死刑而没有委托辩护人的，人民法院可以指定承担法律援助义务的律师为其提供辩护。修改后的《刑事诉讼法》将此适用对象扩大至可能被判处无期徒刑而没有委托辩护人的情形。第二，提前了法律援助的适用时间。现行法律规定，法律援助只发生在审判阶段，只适用于具有法定情形的被告人。伴随着立法允许犯罪嫌疑人在侦查期间委托律师作为辩护人，修改后的《刑事诉讼法》同时将法律援助的时间提前至侦查阶段，明确当犯罪嫌疑人具有法律规定适用法律援助的各项情形时，有权得到法律援助。第三，明确了公安机关、人民检察院和人民法院一样，均有应当通知法律援助机构指派律师为法律援助对象提供辩护的义务和责任。

（五）健全审判程序，提高诉讼效率

审判是决定被告人是否有罪和判处刑罚的关键阶段。审判程序的改革完善是此次《刑事诉讼法》修改的重头戏，涉及内容广，修改条文多，改革力度大。主要分为两大部分，一是对现有程序加以改革完善，包括庭前审查和准备程序、一审普通程序、一审简易程序、二审程序、审判监督程序、死刑复核程序和附带民事诉讼程序等。二是增设特别程序，如犯罪嫌疑人、被告人逃匿、死亡案件违法所得的没收程序，依法不负刑事责任的精神病人的强制医疗程序。此外，未成年人犯罪案件诉讼程序和特定范围公诉案件的和解程序，与审判程序有关，但又不限于审判程序。

为了更好地配置司法资源，提高诉讼效率，《修正案草案》考虑在保证司法公正的前提下，区分案件的不同情况，进一步完善审判程序中的重要环节。择其要者，简述如下：

第一，调整简易程序适用范围，完善第一审程序。修改后的《刑事诉讼法》将简易程序审判的案件范围修改为基层人民法院管辖的可能判处有期徒刑以下刑罚、被告人承认自己所犯罪行的案件。同时，根据审判工作实际，对第一审普通程序中的案卷移送制度、开庭前的准备程序、与量刑有关的程序、中止审理程序等都作了补充完善。此外，在证据制度部分，为保证证人、鉴定人出庭作证采取了一系列措施，实际上是与庭审程序改革相关的重要内容。同时，还根据审判实践需要，对审判期限作了适当调整。

第二，明确第二审应当开庭审理的案件范围，对发回重审作出限制性规定。一是为保证案件的公正审理，修改后的《刑事诉讼法》明确了第二审应当开庭审理的案件范围，增加规定：上诉人对第一审认定的案件事实、证据提出异议，可能影响定罪量刑的，被告人可能被判处死刑的上诉案件等，第二审人民法院应当开庭审理。二是为避免案件反复发回重审，久拖不决，增加规定：对于因事实不清或者证据不足，第二审人民法院发回原审人民法院重新审判的案件，原审人民法院再次作出判决后，被告人提出上诉或者检察院提出抗诉的，第二审人民法院应当依法作出判决或者裁定。三是为落实上诉不加刑原则，避免发生在上诉案件中第二审人民法院发回重审，下级人民法院在重审中加刑的情况，增加规定：第二审人民法院发回重新审判的案件，除有新的犯罪事实，人民检察院补充起诉的以外，原审人民法院也不得加重被告人的刑罚。此外，修改后的《刑事诉讼法》还完善了查封、扣押、冻结的财物及其孳息的处理程序。

第三，完善附带民事诉讼程序。修改后的《刑事诉讼法》对附带民事诉讼程序作了补充修改，主要是增加规定：被害人死亡或者丧失行为能力的，其法定代理人、近亲属有权提起附带民事诉讼；附带民事诉讼的原告或者人民检察院可以申请人民法院采取保全措施；人民法院审理附带民事诉讼案件，可以进行调解，或者根据物质损失情况作出判决。

第四，对死刑复核程序作出具体规定。为体现适用死刑的慎重，保证死刑复核案件质量，加强对死刑复核程序的法律监督，修改后的《刑事诉讼法》明确规定，最高人民法院复核死刑案件，应当作出核准或者不核准死刑的裁定。对于不核准死刑的，最高人民法院可以发回重新审判或者予以改判。同时增加规定：最高人民法院复核死刑案件，应当讯问被告人，辩护律师提出要求的，应当听取辩护律师的意见。在复核死刑过程中，最高人民检察院可以向最高人民法院提出意见。最高人民法院应当将死刑复核结果通报最高人民检察院。

第五，对审判监督程序进行补充完善。通过审判监督程序对确有错误的生效判决、裁定予以纠正，有利于确保案件质量，维护司法公正。修改后的《刑事诉讼法》对现行审判监督程序作了必要的修改补充，主要涉及对申诉案件决定重审的条件，指令原审法院以外的法院审理，检察院派员出席法庭，再审案件强制措施的决定，原判决、裁定的中止执行等内容。

（六）强化诉讼监督，维护公平正义

强化检察机关对刑事诉讼活动的法律监督，监督国家专门机关依法行使职权，保障犯罪嫌疑人、被告人和其他诉讼参与人的合法权益是此次《刑事诉讼法》修改的重要内容。

第一，增添了诉讼监督的内容，扩展了诉讼监督的范围。根据现行法律规定，检察机关对刑事诉讼的法律监督主要体现在四个方面，即刑事立案监督、刑事侦查监督、刑事审判监督、刑事执行监督。此次修法，为强化检察机关的诉讼监督职能，扩展了检察机关诉讼监督的范围，增添了诉讼监督的内容。例如，关于检察机关对死刑复核程序的监督问题，修改后的《刑事诉讼法》新增规定："在复核死刑案件过程中，最高人民检察院可以向最高人民法院提出意见。最高人民法院应当将死刑复核结果通报最高人民检察院。"除此之外，此次《刑事诉讼法》修改，增设了"依法不负刑事责任的精神病人的强制医疗程序"。强制医疗程序，尽管不追究相关行为人的刑事责任，但强制医疗其实质是剥夺了被申请人的人身自由。为了保证强制医疗程序的正确适用，保护被申请人的合法权利，必须发挥检察机关的监督作用。修法时除了在强制医疗程序中注意设置法律援助和法律救济程序外，还增加规定："人民检察院对强制医疗的决定和执行实行监督。"

第二，丰富了诉讼监督的手段，明确了诉讼监督的效力。长期以来，检察机关行使诉讼监督权时，因缺乏监督手段或者监督效力不明确而影响监督的实效。此次《刑事诉讼法》修改，注意总结司法实践经验和理论研究成果，适当增加了诉讼监督的手段，明确了诉讼监督的效力。例如，在贯彻非法证据排除规则、强化侦查监督方面，第五十五条规定：人民检察院接到报案、控告、举报或者发现侦查人员以非法方法收集证据的，应当进行调查核实。对于确有以非法方法收集证据情形的，应当提出纠正意见；构成犯罪的，依法追究刑事责任。显然，发现违法行为是纠正违法行为的前提，要强化检察机关的侦查监督，首先要保证检察机关的知情权和调查权，因此授权检察机关对侦查机关非法取证行为进行调查核实是十分必要的。

同时，为了改变实践中监督滞后的情况，也为了保障检察机关的知情权，以便适时开展监督，此次立法明确有关机关在采取某种诉讼行为或者作出诉讼决定时，要将相关行为或者决定同时告知检察机关。第二百五十五条规定：监狱、看守所提出暂予监外执行的书面意见的，应当将书面意见的副本抄送人民检察院。人民检察院可以向决定或者批准机关提出书面意见。

此外，针对实践中监督乏力、监督效果不明确的问题，修法时也作了一些补充性、强制性的规定。例如，为了减少不必要的审前羁押，新增第九十三条规定：犯罪嫌疑人、被告人被逮捕后，人民检察院仍应当对羁押的必要性进行审查。对不需要继续羁押的，应当建议予以释放或者变更强制措施。有关机关应当在十日以内将处理情况通知人民检察院。

第三，强化了诉讼监督的责任，健全了诉讼监督的程序。在我国，人民检察院在刑事诉讼中不仅是国家公诉机关，同时还是国家法律监督机关。因此，检察机关应当妥善处理好所承担的诉讼职能与诉讼监督职能的关系，着力保证法律的正确实施，实现司法的公平正义，维护犯罪嫌疑人、被告人及其辩护人的合法权益。此次立法修改，注意强化了检察机关履行诉讼监督职能方面的责任。例如，为维护辩护人的合法权益，保证辩护人依法履行职务，第四十七条规定了：辩护人、诉讼代理人认为公安机关、人民检察院、人民法院及其工作人员阻碍其依法行使诉讼权利的，有权向同级或者上一级人民检察院申诉或者控告。人民检察院对申诉或者控告应当及时进行审查，情况属实的，通知有关机关予以纠正。

除了以上内容外，修改后的《刑事诉讼法》还对证据定义和种类、证明标准、举证责任，取保候审和监视居住的监督管理，辩护人和诉讼代理人的申请回避权，辩护人对阻碍其依法行使诉讼权利的申诉控告及处理机制，中级人民法院的管辖范围，社区矫正执行等作了补充和完善。

通过此次对《刑事诉讼法》的“大修”，我国的刑事诉讼制度进一步走向民主化、科学化，尊重和保障人权已成为《刑事诉讼法》的指导思想和重要任务，程序正义的独立价值愈来愈为人们所认识和重视。我们期待，修改后的《刑事诉讼法》能够得到不折不扣的实施，使我国的刑事程序法治真正迈上一个新的台阶，为实现国家长治久安、人民安定幸福、社会和谐稳定作出新贡献！

第一编　总　则

本编为《刑事诉讼法》总则，规定了基本适用于刑事诉讼各阶段的具有普遍性的内容。本编共9章106条，其中新增24条，修改27条。内容分别为任务和基本原则、管辖、回避、辩护与代理、证据、强制措施、附带民事诉讼、期间、送达和其他规定。此次《刑事诉讼法》修改涉及总则部分的主要包括以下方面：

1. 将"尊重和保障人权"写入法律。尊重和保障人权是我国宪法确立的原则，此次修改将"尊重和保障人权"明确写入总则第二条关于刑事诉讼法任务的规定，既有利于体现我国司法制度的社会主义性质，也有利于司法机关在刑事诉讼程序中更好地遵循和贯彻这一宪法原则。

2. 完善辩护制度。重点完善了辩护人在刑事诉讼中法律地位和作用的规定，明确犯罪嫌疑人在侦查阶段可以委托辩护人；吸收《律师法》相关内容，完善律师会见、阅卷等规定；扩大了法律援助的适用范围。

3. 完善证据制度。对证据的概念和种类作了适当调整；确立了非法证据排除制度，在严禁刑讯逼供的基础上，增加不得强迫任何人证实自己有罪的规定，同时规定了非法证据排除的标准和程序；强化证人出庭、鉴定人出庭作证制度，明确证人出庭范围，增加了对证人的保护和补偿措施。

4. 完善强制措施。进一步细化了逮捕条件，完善了审查批准程序；改革了监视居住措施；同时严格限制了采取强制措施后不通知家属的例外情形。

5. 完善附带民事诉讼制度。对附带民事诉讼制度进行了补充完善，增加了被害人死亡或者丧失行为能力的，其法定代理人、近亲属有权提起附带民事诉讼的规定；增设了附带民事诉讼的诉讼保全措施；明确了人民法院审理附带民事诉讼案件，可以进行调解，或者根据物质损失情况作出判决等。

第一章　任务和基本原则

主旨	本章是关于《刑事诉讼法》的任务和基本原则的规定。
定义	《刑事诉讼法》的任务，是指《刑事诉讼法》所应承担的职责与所要达到的要求。 《刑事诉讼法》的基本原则，是指由《刑事诉讼法》规定的，贯穿于刑事诉讼整个过程或主要诉讼阶段指导专门机关和诉讼参与人进行刑事诉讼的基本准则。
条文	本章共 17 条，修改 1 条。
修改	本章主要进行了以下修改： 1. 在第二条关于《刑事诉讼法》任务的规定中载入"尊重和保障人权"，是我国刑事诉讼立法进程的重要里程碑。 2. 修改了第十四条关于保障诉讼参与人诉讼权利的规定，突出强调了对犯罪嫌疑人、被告人辩护权的保障，有利于犯罪嫌疑人、被告人辩护权的实现与维护。

第一条　为了保证刑法的正确实施，惩罚犯罪，保护人民，保障国家安全和社会公共安全，维护社会主义社会秩序，根据宪法，制定本法。

【条文主旨】本条是关于我国《刑事诉讼法》"制定目的与根据"的规定。

【修改情况】 本条未作修改。

【条文解读】 法律的制定均以达到一定的预期目标或取得某种预期结果为目的，我国《刑事诉讼法》制定的目的包括以下三方面：

1. 保证刑法的正确实施。刑法规定的是犯罪和刑罚问题，《刑事诉讼法》规定的是如何追究和惩罚犯罪，二者是实体法与程序法的关系。只制定刑法而无刑事诉讼法，则刑法的实施就会因无规范可循而难以保障。《刑事诉讼法》通过规定实施刑法的专门机关及其分工；专门机关权力行使与权力制约的基本原则、制度或规则；证据的运用规则；刑事诉讼各阶段与具体制度、程序等，能够保证刑法得到正确、高效的实施。

2. 惩罚犯罪、保护人民。犯罪行为不仅侵犯了公民人身权利、财产权利和其他权利，也破坏了社会公共秩序、侵害了社会公共利益。惩罚犯罪是国家维护内部秩序的重要表现，是国家职能之一。为有效惩罚犯罪，国家不仅要制定刑事实体法，以对罪与罚作出明确规定，还要制定刑事程序法以保证公正有效地惩罚犯罪。因此，惩罚犯罪是我国《刑事诉讼法》制定的重要目的之一。《刑事诉讼法》制定的另一目的是保护人民。“保护人民”的内涵，除通过惩罚犯罪以保护公民人身、财产等合法权益不受侵害外，还应当包括：（1）保证犯罪嫌疑人、被告人和被害人等当事人及其他诉讼参与人的诉讼权利得到充分尊重和行使；（2）保证无罪的人不受刑事追究和惩罚；（3）保证有罪的人得到公正的惩罚等。公民的合法权利不仅可能遭受犯罪行为的侵害，有时也可能会因国家权力的滥用而受到损害。在刑事诉讼过程中，这一危险更甚。因此，刑事诉讼中保护公民合法权利使其免受国家公权力的侵犯尤为重要。

在修改中，学者多建议以“保障人权”代替“保护人民”。“人民”是一个政治范畴，与“敌人”相对立，其在外延上不包括罪行严重的刑事犯罪人，因而对人民的保护并不足以覆盖全部被追诉人及被判刑罪犯等。“保障人权”表明所保护的是一切人，包括外国人或无国籍人，也包括涉嫌严重犯罪的犯罪嫌疑人、被告人以及被判刑人的权利，更符合刑事诉讼基本原理，也是我国宪法中“国家尊重和保障人权”在刑事诉讼中的贯彻体现。

3. 保障国家安全和社会公共安全，维护社会主义社会秩序。任何犯罪行为都具有一定的社会危害性，如背叛国家，分裂国家，颠覆国家政权，从事间谍获得、窃取情报等，直接危害了国家安全；放火，爆炸，投毒，劫持航空器，盗窃、抢夺枪支、弹药、爆炸物等，直接危害了社会公共安全；杀人、强奸、绑架、抢劫、盗窃、破坏选举等直接侵犯了公民人身权利和民主权利；而生产、销售伪劣商品，走私、伪造货币，金融诈骗或招摇撞骗，聚众斗殴，组织黑社会组织等则直接破坏了社会主义社会经济秩序或妨害了社会管理秩序。《刑事诉讼法》能够保障刑法的正确实施以有效地惩罚和预防犯罪，并在刑事诉讼活动中实现对人权的保障，从而保障国家安全和社会公共安全，保护公民合法权益不受侵犯，维护社会主义社会秩序，保持社会稳定、和谐，保障社会主义建设事业的顺利进行。

“根据宪法，制定本法”表明我国《刑事诉讼法》的制定根据是《宪法》。宪法是国家的根本大法，具有最高法律地位和效力。宪法是就一国的经济、政治制度，公民基本权利等方面作出的规定，是国家法律的最基本、最重要内容。其他法律的制定，必须以宪法为依据，不得违背宪法的基本精神，更不得与宪法规定的内容相抵触。《刑事诉讼法》根据我国宪法的规定及精神制定了刑事诉讼的基本原则、诉讼制度和具体程序等，如根据宪法关于公民基本权利的规定制定了刑事诉讼中诉讼参与人的诉讼权利；根据宪法中人民法院、人民检察院的根本职能、机构建制、组织体制的内容制定了人民法院、人民检察院独立行使职权原则、公检法三机关分工负责、互相配合、互相制约原则等。

第二条　中华人民共和国刑事诉讼法的任务，是保证准确、及时地查明犯罪事实，正确应用法律，惩罚犯罪分子，保障无罪的人不受刑事追究，教育公民自觉遵守法律，积极同犯罪行为作斗争，维护社会主义法制，尊重和保障人权，保护公民的人身权利、财产权利、民主权利和其他权利，保障社会主义建设事业的顺利进行。

【条文主旨】本条是关于我国刑事诉讼法“任务”的规定。

【修改情况】与1996年《刑事诉讼法》相比，本条增加了“尊重与保障人权”的规定，并将“以维护社会主义法制”修改为“维护社会主义法制”，具有重大意义。

【条文解读】对本条规定，可以从以下三方面理解：

1. 保证准确、及时地查明犯罪事实，正确应用法律，惩罚犯罪分子，保障无罪的人不受刑事追究是我国《刑事诉讼法》的直接任务。刑事诉讼实质上是一种依法律规定的程序查明犯罪事实并依据刑法惩罚犯罪的活动，因此，查明犯罪事实是办理刑事案件的关键。“查明犯罪事实”是要查明：犯罪事实是否发生；谁实施了犯罪；实施犯罪的过程及其他与定罪量刑有关的情况。“准确”是要求对犯罪事实的主观认识应当与实际发生的客观事实相一致，要求公检法各机关及其工作人员必须依法客观全面地收集证据，科学地审查判断证据，准确地认定案件事实。“及时”则要求公检法各机关及其工作人员应严格遵守法定的诉讼时限，在法定期间内完成各阶段诉讼任务，及时查明案件事实，从而及时实现国家刑罚权以有效打击、预防犯罪；也使无罪的被追诉人及早从刑事诉讼中解脱出来，切实保障公民合法权益。“准确”和“及时”都很重要，但“准确”是核心，即对犯罪事实的认定应准确，对实施犯罪行为的人认定要准确，不能把事实认定错了，冤枉了好人。在准确、及时查明犯罪事实的基础上，还必须正确应用法律，即要求严格根据《刑法》及其他相关法律规定认定案件的性质与相关情节，做到准确定罪、适当量刑。在准确、及时查明犯罪事实，正确应用法律的基础上，实现“惩罚犯罪分子，保障无罪的人不受刑事追究”的效果。应当强调，保障无罪的人不受错误的刑事追究具有非常重要的意义。冤枉无辜造成的后果比放纵犯罪更为严重，保护无辜是现代刑事诉讼制度的重要使命，是维护司法公正、保障人权与维持社会稳定的重要内容。

2. 教育公民自觉遵守法律，积极同犯罪行为作斗争是我国《刑事诉讼法》的重要任务。刑事诉讼同时承担着法制教育的职能。在刑事诉讼过程中，通过揭露犯罪、证实犯罪、惩罚犯罪和保障无辜等活动与公检法各机关及其工作人员的法制宣传，能够对公民进行法制教育，使其了解法律内容、培养守法意识；号召公民积极同犯罪行为作斗争，提高其与犯罪作斗争的勇气与能力；对潜在的违法犯罪人员进行警戒，从而为社会治安打下坚实的群众基础。

3. 维护社会主义法制，尊重和保障人权，保护公民人身权利、财产权利、民主权利和其他权利，保障社会主义建设事业的顺利进行是我国《刑事诉讼法》的根本任务。

《刑事诉讼法》既是我国社会主义法制的重要组成部分，又承担着通过发挥自身功能以维护社会主义法制的任务。维护社会主义法制就是维护社会主义法律的尊严，要求做到“有法必依、执法必严、违法必究”。我国《刑事诉讼法》通过保证刑法的正确实施与对其本身的严格遵守维护了社会主义法制的尊严。

刑事诉讼制度与公民人身自由等宪法基本权利密切相关，将“尊重和保障人权”明确写入《刑事诉讼法》，突出了保障人权在刑事诉讼中的重要性，充分体现了我国刑事司法制度的社会主义性质，有利于推动公安司法机关在刑事诉讼程序中更好地遵循和贯彻这一宪法原则，具有十分重要的意义：（1）有利于在司法实践中具体落实“国家尊重和保障人权”的宪法原则。“尊重和保障人权”的基本原则贯穿在《刑事诉讼法》所建立的具体诉讼制度和程序中。如在证据制度中，规定了不得强迫任何人证实自己有罪，并建立了非法证据排除制度；在强制措施中，完善了逮捕条件和人民检察院审查批准逮捕的程序，严格限制采取强制措施后不通知家属的例外规定；在辩护制度中，明确犯罪嫌疑人在侦查阶段就可以委托辩护人，扩大法律援助的适用范围；在侦查程序中，强化了对侦查活动的监督；在审判程序中，明确第二审应当开庭审理的案件范围，并对死刑复核程序作出具体规定；在执行程序中，增加社区矫正的规定；在特别程序中，设置专门针对未成年人刑事案件等特定案件的诉讼特别程序以保障未成年人的合法权益，等等。（2）有利于保护犯罪嫌疑人、被告人、被害人及其他诉讼参与人的合法权益。“尊重和保障人权”成为统领刑事诉讼全过程的刑事诉讼的根本任务，有利于促使公安司法机关在司法实践中进一步依法办案、切实保障诉讼参与人尤其是犯罪嫌疑人、被告人和被害人的合法权益，进而有力推进我国刑事司法制度的民主化和法治化水平，更加充分地体现我国司法制度的社会主义性质。（3）有利于维护社会和谐稳定。当前我国正处于人民内部矛盾凸显、刑事犯罪高发时期，惩罚犯罪任务十分艰巨。只有在刑事司法活动中充分保障各诉讼参与人的人身权利和诉讼权利，才能切实提高公安司法机关的办案质量，缓解犯罪嫌疑人、被告人与被害人、公安司法机关以及社会公众之间的对立情绪，使其认罪服法、积极改造，进而减少重犯，以维护社会稳定，促进社会和谐。有学者认为，尽管本次修改未能将“尊重与保障人权”写入第一条立法目的，但将其作为刑事诉讼的根本任务之一，表明以惩罚犯罪为主线的刑事诉讼的本质改变，预示人权保障将成为未来刑事诉讼制度发展完善的总体趋势，具有重大意义。

对公民人身权利、财产权利、民主权利和其他权利的保护是社会主义法制的出发点。刑事诉讼法一方面通过保证刑法的正确实施，惩罚侵犯公民合法权益的犯罪行为，另一方面又通过规范刑事诉讼过程中国家权力的行使，保护了公民权利不受来自国家的侵犯，实现了对公民合法权利的全面保护。

保障社会主义建设事业的顺利进行也是我国《刑事诉讼法》

的根本任务。社会主义建设事业包括政治、经济、文化等多方面内容。刑事诉讼法惩治犯罪行为，维护社会秩序，为社会主义建设提供了良好的政治、经济、社会、文化环境，从而保障了社会主义建设事业的顺利进行。

第三条　对刑事案件的侦查、拘留、执行逮捕、预审，由公安机关负责。检察、批准逮捕、检察机关直接受理的案件的侦查、提起公诉，由人民检察院负责。审判由人民法院负责。除法律特别规定的以外，其他任何机关、团体和个人都无权行使这些权力。

人民法院、人民检察院和公安机关进行刑事诉讼，必须严格遵守本法和其他法律的有关规定。

【条文主旨】本条是关于人民法院、人民检察院和公安机关在刑事诉讼中的职权分工与侦查权、检察权、审判权由专门机关依法行使的基本原则的规定。

【修改情况】本条未作修改。

【条文解读】可以从以下三方面对本条进行理解：

1. 公安机关、人民检察院、人民法院依法专门行使侦查权、检察权和审判权，其他机关、团体和个人都无权行使这些权力。这是指在案件办理过程中，由公安机关负责依照法律进行收集证据、核实证据、揭露犯罪、查明犯罪人并实施拘留、执行逮捕等诉讼活动；人民检察院作为国家法律监督机关，在刑事诉讼中专门负责批准逮捕、对直接受理的案件进行侦查、提起公诉以及对刑事诉讼进行法律监督等检察工作；人民法院是国家审判机关，代表国家行使审判权，专门负责案件的审理与判决。侦查权、检察权、审判权是国家权力的重要组成部分，是国家刑罚权实现的重要保障，关系到国家政权的巩固和社会秩序的安定。《刑事诉讼法》明确规定侦查权、检察权、审判权由专门机关依法行使，是为了防止其他机关、团体和个人滥用国家刑事诉讼职权，侵犯公民合法权利，造成社会秩序混乱，损害社会公共利益和国家利益。但本法对侦查权的行使有另外规定，第四条与第二百九十条规定了国家安全机关、军队保卫部门和监狱等对特定范围或特定性质的刑事案件，可以行使侦查权。

2. 公安机关、人民检察院、人民法院依照法律行使职权，必须遵循《刑事诉讼法》和其他法律规定的各项制度和程序，不得违反《刑事诉讼法》和其他法律的规定。违反规定的相关机关和直接责任人员应承担相应的法律责任。

3. 公安机关、人民检察院、人民法院三机关只能分别行使各自的职权，不得混淆或相互取代。侦查权、检察权、审判权遵循由专门机关依法行使原则，不仅要防止其他机关、团体和个人对刑事司法的干预，还要求三机关只能各自行使自己的职权，防止混淆刑事诉讼职能分工。

第四条　国家安全机关依照法律规定，办理危害国家安全的刑事案件，行使与公安机关相同的职权。

【条文主旨】本条是关于国家安全机关在刑事诉讼中职权的规定。

【修改情况】本条未作修改。

【条文解读】依照本条规定，国家安全机关专门办理危害国家安全的刑事案件。我国《国家安全法》第二条第一款规定："国家安全机关是本法规定的国家安全工作的主管机关。"第四条规定了"危害国家安全的行为"是指境外机构、组织、个人实施或者指使、资助他人实施的，或者境内组织、个人与境外机构、组织、个人相勾结实施的下列危害中华人民共和国国家安全的行为：（一）阴谋颠覆政府，分裂国家，推翻社会主义制度的；（二）参加间谍组织或者接受间谍组织及其代理人的任务的；（三）窃取、刺探、收买、非法提供国家秘密的；（四）策动、勾引、收买国家工作人员叛变的；（五）进行危害国家安全的其他破坏活动的。国家安全机关负责办理上述五种危害国家安全的刑事案件。

国家安全机关办理危害国家安全的刑事案件时“行使与公安机关相同的职权”，即国家安全机关在办理危害国家安全的刑事案件时，可行使法律赋予公安机关的侦查、拘留、执行逮捕、预审等职权。《国家安全法》第六条也规定：“国家安全机关在国家安全工作中依法行使侦查、拘留、预审和执行逮捕以及法律规定的其他职权。”国家安全机关和公安机关按照法律规定的职权划分，各司其职，密切配合，维护国家安全。

第五条　人民法院依照法律规定独立行使审判权，人民检察院依照法律规定独立行使检察权，不受行政机关、社会团体和个人的干涉。

【条文主旨】本条是关于人民法院、人民检察院独立行使职权的基本原则的规定。

【修改情况】本条未作修改。

【条文解读】人民法院依法独立行使审判权、人民检察院依法独立行使检察权，不受任何行政机关、社会团体和个人的干涉，是1982年宪法确立一项重要的司法原则。《人民法院组织法》和《人民检察院组织法》都分别规定了这一原则。对这一原则，可以从以下几方面进行理解：

1. 独立行使审判权和检察权的主体是人民法院、人民检察院，而不是法官、检察官个人。

2. 独立行使审判权和检察权的前提是依法，即人民法院和人民检察院在进行刑事诉讼过程中，只服从刑事实体法和刑事程序法的要求，客观审查证据，准确认定事实，公正处理案件，不受任何行政机关、社会团体和个人的干涉。对于任何依仗权势以言代法，以权压法，非法干涉办案活动的行为，都有权抵制。

3. 人民法院、人民检察院独立行使审判权、检察权，并不意味着不接受党的领导，不接受国家权力机关的监督。党对司法工作的领导，主要是方针政策的领导，不得通过审批案件、参与办案等方式领导或代替司法机关办案。国家权力机关即各级人民代表大会与各级人民法院、人民检察院之间是监督与被监督的关系。人民法院、人民检察院由同级人民代表大会产生，向其负责并报告工作。人民代表大会通过听取工作报告，或在特定情况下对人民法院、人民检察院办案错误提出意见和建议，或由人民代表提出质询案，对人民法院、人民检察院进行监督。

第六条　人民法院、人民检察院和公安机关进行刑事诉讼，必须依靠群众，必须以事实为根据，以法律为准绳。对于一切公民，在适用法律上一律平等，在法律面前，不允许有任何特权。

【条文主旨】 本条是关于依靠群众；以事实为根据，以法律为准绳；对一切公民在适用法律上一律平等三项刑事诉讼基本原则的规定。

【修改情况】 本条未作修改。

【条文解读】 1. 人民法院、人民检察院和公安机关在刑事诉讼中，必须依靠群众，走群众路线。依靠群众是我国宪法规定的重要原则，也是刑事诉讼的基本原则。依靠群众首先要相信群众、尊重群众，要重视群众提供的各种信息或材料，本法第五十条规定了“必须保证一切与案件有关或者了解案情的公民，有客观地充分地提供证据的条件，除特殊情况外，可以吸收他们协助调查。”依靠群众其次要充分发挥群众的积极性，为人民群众参与诉讼提供机会与条件，本法同时规定了人民陪审员制度，公开审判制度，在刑罚执行阶段也通过监外执行的群众监督等方式贯彻依靠群众的基本原则。

2. 人民法院、人民检察院和公安机关进行刑事诉讼，必须以事实为根据，以法律为准绳。“以事实为根据”，要求人民法院、人民检察院和公安机关在办理刑事案件中要重证据、重调查研究，在作出各种诉讼决定、裁定、判决时，必须以证据和案件事实为根据，严禁主观臆断。“以法律为准绳”一方面要求人民法院、人民检察院和公安机关应当在查明案件事实的基础上，按照法律的规定对案件作出正确处理；另一方面也要求各机关及其工作人员必须严格按照法定的原则、制度和程序办案。只有将二者紧密结合，才能保证人民法院、人民检察院和公安机关不枉不纵、公正办案，才能实现刑事诉讼惩罚犯罪与保障人权的双重目的。

3. 在法律面前，人人平等，不允许有任何特权，也不得对任何人进行歧视。我国《宪法》规定了“中华人民共和国公民在法律面前一律平等”原则，也成为刑事诉讼的基本原则之一。刑事诉讼中的平等原则有两层含义：一是在刑事诉讼中，任何公民，不论其民族、种族、性别、职业、家庭出身、宗教信仰、教育程度、财产状况、社会地位等，均依法享有一定的诉讼权利并承担相应的法律义务，而不允许任何人享有超越法律之上的特权；二是人民法院、人民检察院和公安机关在办理刑事案件过程中，对所有公民，均应适用同样的原则、制度和程序，对触犯刑法构成犯罪的，均应依法追究刑事责任，依法不构成犯罪的，不受刑事追究。对一切公民在适用法律上一律平等并不排斥在法律规定范围内的区别对待，如对未成年人适用特别程序等，但这种区别对待，必须根据案件的具体情况，严格依照法律规定进行。

第七条　人民法院、人民检察院和公安机关进行刑事诉讼，应当分工负责，互相配合，互相制约，以保证准确有效地执行法律。

【条文主旨】本条是关于刑事诉讼中人民法院、人民检察院和公安机关处理相互关系的基本原则的规定。

【修改情况】本条未作修改。

【条文解读】1. 本法第三条明确规定了由公安机关负责刑事案件的侦查、拘留、执行逮捕、预审；由检察机关负责检察、批准逮捕、检察机关直接受理案件的侦查、提起公诉；由人民法院负责审判。分工负责原则要求三机关在法定职权范围内进行刑事诉讼活动，不得擅自越权与相互代替，防止职责不清或相互推诿。

2. 人民法院、人民检察院和公安机关在刑事诉讼中应通力合作、协调一致，共同完成刑事诉讼的任务，而不得各自为政、互相推诿甚至互相掣肘。必须明确，互相配合是在分工负责的基础上进行的。各机关首先应当适当履行各自职责，使诉讼程序依次顺利进行，而不得搞"联合办案"、"提前介入"等。

3. 人民法院、人民检察院和公安机关在分工负责、互相配合的基础上，互相防止和纠正可能出现的错误。重要的刑事诉讼活动，应由其他机关进行监督，实现互相牵制、互相约束，防止权力滥用。

"分工负责、互相配合、互相制约"是一个统一整体。分工负责是互相配合、互相制约的前提，互相配合、互相制约则是分工负责的落实和保障。只有进行分工，刑事诉讼各机关才有可能进行互相配合、互相制约，防止司法专横。只有互相配合，各机关才能进行有效协调，促进诉讼顺利进行。只有互相制约，才能防止出现错误，保证刑事诉讼的质量。在配合与制约之间，也应注意二者平衡，只强调配合，会导致各机关相互迁就而降低标准，极易产生错误；只强调制约，则可能造成各机关相互对立，妨碍刑事诉讼的正常进行。

第八条　人民检察院依法对刑事诉讼实行法律监督。

【条文主旨】 本条是关于人民检察院依法对刑事诉讼进行法律监督基本原则的规定。

【修改情况】 本条未作修改。

【条文解读】 我国《宪法》规定"中华人民共和国人民检察院是国家的法律监督机关"。人民检察院对刑事诉讼实行法律监督，是指人民检察院对参加刑事诉讼的专门机关和诉讼参与人的诉讼活动是否合法进行监督，发现违法、错误的，依法定程序予以纠正，主要包括：

1. 对公安机关立案侦查活动进行法律监督。人民检察院对公安机关立案监督体现在本法第一百一十一条规定的“人民检察院认为公安机关对应当立案侦查的案件而不立案侦查的，或者被害人认为公安机关对应当立案侦查的案件而不立案侦查，向人民检察院提出的，人民检察院应当要求公安机关说明不立案的理由。人民检察院认为公安机关不立案理由不能成立的，应当通知公安机关立案，公安机关接到通知后应当立案。”对侦查活动的监督则主要体现在审查批捕、监督逮捕执行、审查证据合法性和审查起诉等方面。公安机关逮捕犯罪嫌疑人、被告人，除由人民法院决定外，必须经人民检察院批准；人民检察院对公安机关提请批准逮捕的案件，在进行审查后，根据情况作出批准或者不批准的决定；对批准逮捕的，公安机关应立即执行，并将执行情况及时通知人民检察院，对不批准的，公安机关应在接到通知后立即释放犯罪嫌疑人并将执行情况及时通知人民检察院或变更强制措施；犯罪嫌疑人、被告人被逮捕后，人民检察院仍应当对羁押的必要性进行审查，对于不需要继续羁押的，应当建议予以释放或者变更强制措施。人民检察院接到报案、控告、举报或者发现侦查人员以非法方法收集证据的，应当进行调查核实。对于确有以非法方法收集证据情形的，应当提出纠正意见；构成犯罪的，依法追究刑事责任。人民检察院对公安机关侦查终结移送审查起诉的案件进行审查时，应当对侦查活动是否合法进行审查。

2. 对人民法院审判活动进行法律监督。人民检察院对人民法院审判活动的法律监督包括两方面：一是对人民法院的判决、裁定进行监督，即对一审法院作出的未生效判决、裁定提起抗诉，或对已生效但人民检察院认为认定事实或适用法律确有错误的提起审判监督程序中的抗诉；二是对人民法院审判活动本身进行监督，本法第二百零三条规定：“人民检察院发现人民法院审理案件违反法律规定的诉讼程序，有权向人民法院提出纠正意见。”

3. 对执行活动进行监督。本法第二百六十五条规定：“人民检察院对执行机关执行刑罚的活动是否合法实行监督。如果发现有违法的情况，应当通知执行机关纠正。”人民检察院对执行活动的监督表现为：（1）对死刑执行的临场监督；（2）认为人民法院减刑、假释裁定不正当的，提出纠正意见；（3）对暂予监外执行提出书面意见等。

此外，此次修法对强化检察机关诉讼监督增加了很多内容，如对最高人民法院复核死刑的活动进行监督，对强制医疗的决定和执行进行监督等。人民检察院对刑事诉讼实行法律监督，一方面能对公安机关依法行使侦查权、人民法院依法行使审判权、刑罚执行机关依法执行刑事判决等进行监督，有利于刑事诉讼的公正进行；另一方面也能够及时、有效纠正公安机关、人民法院等可能出现的程序违法、实体法律适用错误等，有利于保障公民合法权益和社会公共利益，因此具有重要意义。

第九条　各民族公民都有用本民族语言文字进行诉讼的权利。人民法院、人民检察院和公安机关对于不通晓当地通用的语言文字的诉讼参与人，应当为他们翻译。

在少数民族聚居或者多民族杂居的地区，应当用当地通用的语言进行审讯，用当地通用的文字发布判决书、布告和其他文件。

【条文主旨】本条是关于各民族公民有权使用本民族语言文字进行诉讼基本原则的规定。

【修改情况】本条未作修改。

【条文解读】1. 各民族公民均有使用本民族语言文字进行诉讼的权利，即各民族公民，无论是当事人还是其他诉讼参与人，都有权使用本民族的语言进行陈述、辩论，都有权使用本民族的文字书写相关诉讼文书。我国《宪法》规定了“中华人民共和国各民族一律平等”，“各民族都有使用和发展自己的语言文字的自由”。《刑事诉讼法》赋予公民使用本民族语言文字进行诉讼的权利是对宪法各民族一律平等原则的贯彻，有利于保障各民族诉讼参与人有效参与诉讼，行使法定诉讼权利，维护自身合法利益；也有利于公安司法机关准确、及时查明案件事实，对案件作出正确处理；更有利于体现刑事诉讼中的各民族政治地位、法律地位平等并最终有利于实现民族平等与巩固民族团结。

2. 与各民族公民均有使用本民族语言文字进行诉讼的权利相对应的是人民法院、人民检察院和公安机关为不通晓当地通用的语言文字的诉讼参与人提供翻译的义务，是对公民诉讼权利的具体保障。

3. 我国幅员辽阔、民族众多，存在很多少数民族聚居或多民族杂居地区，进行刑事诉讼时，相关机关应采用当地通用的语言进行审讯，用当地通用的文字发布判决书、布告和其他文件。

第十条　人民法院审判案件，实行两审终审制。

【条文主旨】本条是关于我国刑事诉讼审级制度的基本原则的规定。

【修改情况】本条未作修改。

【条文解读】审级制度，是指法律规定案件起诉后最多经过几级法院审判必须终结的诉讼制度。审级制度的设立，其目的在于通过上级法院对下级法院审判工作的监督，保证判决、裁定的准确性，进而保护当事人的合法权利。

“两审终审”，是指一个案件经过两级人民法院审判即告终结，对第二审人民法院作出的终审判决、裁定，当事人等不得再提出上诉，人民检察院不得按上诉审程序提出抗诉。我国人民法院的设置分为四级：最高人民法院、高级人民法院、中级人民法院和基层人民法院。根据两审终审制的要求，地方各级人民法院按照第一审程序审理案件所作的判决、裁定不立即发生法律效力，在法定期限内，公诉案件被告人和自诉案件当事人有权提出上诉、同级人民检察院有权提出抗诉，由上一级人民法院进行第二审。上一级人民法院审理第二审案件作出的判决、裁定，为终审判决、裁定，立即发生法律效力，不得再行上诉或抗诉。但我国的两审终审制存在以下例外:（1）最高人民法院审理的第一审案件为一审终审；（2）判处死刑的案件，必须依法经死刑复核程序核准后，该裁判才能生效并交付执行；（3）地方各级人民法院依照《刑法》规定在法定刑以下判处刑罚的案件，必须经最高人民法院核准，该判决、裁定才能生效。

我国实行两审终审制主要有以下考虑:（1）两审终审制符合我国地域辽阔的实际情况。刑事案件原则上由发案地基层人民法院第一审并由其上级人民法院第二审，便于人民法院行使审判权及当地群众参与诉讼，有利于及时惩罚犯罪、教育广大人民群众，维护社会稳定。审级过多则会造成人力、物力浪费，且可能导致诉讼拖延，既不利于及时发挥审判活动的惩罚、威慑、教育作用，也不利于保护诉讼参与人的合法权利。（2）两审终审制能有效实现上级人民法院对下级人民法院审判工作的监督。上级人民法院在第二审程序中能够了解下级人民法院的审判情况，发现问题并及时纠正。不设置过多审级能够使上级人民法院集中精力搞好审判业务指导工作。（3）两审终审制能够保证绝大多数刑事案件得到正确处理。我国刑事诉讼中有较完备的级别管辖制度、审查起诉制度以及死刑案件的复核程序，能够保证办案质量。对少数案件判决、裁定确有错误的，还可以通过审判监督程序予以纠正。

第十一条　人民法院审判案件，除本法另有规定的以外，一律公开进行。被告人有权获得辩护，人民法院有义务保证被告人获得辩护。

【条文主旨】本条是关于审判公开与犯罪嫌疑人、被告人有权获得辩护基本原则的规定。

【修改情况】本条未作修改。

【条文解读】我国《宪法》第一百二十五条规定："人民法院审理案件，除法律规定的特别情况外，一律公开进行……"本法对刑事诉讼中的审判公开原则进行了再次确认。"审判公开"，是指人民法院审理案件和宣告判决都必须公开进行，既要允许公民到法庭旁听，又要允许记者采访和报道。一方面将整个审判过程置于公众监督之下，有利于增加诉讼透明度，加强社会监督，防止法院不公而造成错案；另一方面能够增强社会公众的法治意识，是法制宣传和教育的有效途径；再一方面也能对潜在的危险分子产生震慑从而起到预防犯罪的效果。本法对审判公开原则作出了具体规定，如要求公开审判的案件，应在开庭三日以前先期公布案由、被告人姓名、开庭时间和地点，以方便群众到庭旁听；定期宣判的案件，应先期公告宣判日期等。审判公开原则也存在例外情况，本法第一百八十三条规定了"有关国家秘密或者个人隐私的案件，不公开审理；涉及商业秘密的案件，当事人申请不公开审理的，可以不公开审理"。第二百七十四条规定了"审判的时候被告人不满十八周岁的案件，不公开审理……"但应注意：（1）对于不公开审理的案件，应当当庭宣布不公开审理的理由；（2）未成年人案件不公开审理的，经未成年被告人及其法定代理人同意，未成年被告人所在学校和未成年人保护组织可以派代表到场；（3）无论是否公开审理，宣告判决一律公开；（4）无论是否公开审理，都应向当事人及其他诉讼参与人公开。

《宪法》第一百二十五条同时规定了"被告人有权获得辩护"。犯罪嫌疑人、被告人有权获得辩护是刑事诉讼的基本原则之一。"辩护"，是指在刑事诉讼中，犯罪嫌疑人、被告人及其辩护人针对犯罪嫌疑人、被告人的指控，从实体和程序上提出有利于犯罪嫌疑人、被告人的事实和理由，维护犯罪嫌疑人、被告人合法权益的诉讼活动。辩护权是犯罪嫌疑人、被告人的基本诉讼权利。赋予犯罪嫌疑人、被告人以辩护权，能够保证其充分参与刑事诉讼活动，有效对抗公安机关和检察机关的刑事追诉，并最终影响法院裁判；能够促使公安机关、人民检察院和人民法院严格依法进行刑事诉讼活动，防止犯罪嫌疑人、被告人的人身自由与合法权益遭受无理限制或剥夺，也能够保证犯罪嫌疑人、被告人及社会公众对国家专门机关的诉讼活动保持最大限度的信任和尊重。犯罪嫌疑人、被告人在各诉讼阶段均可行使辩护权；不仅可以自行辩护，还可以委托他人为其辩护。《刑事诉讼法》规定，犯罪嫌疑人自被侦查机关第一次讯问或者采取强制措施之日起，有权委托辩护人及被告人有权随时委托辩护人。犯罪嫌疑人、被告人有权获得辩护，需要从制度和程序上予以保障，本条同时规定了“人民法院有义务保证被告人获得辩护”。与犯罪嫌疑人、被告人的辩护权相对应的是人民法院、人民检察院和公安机关的义务。就人民法院保证被告人获得辩护的义务而言，《刑事诉讼法》规定了人民法院自受理自诉案件之日起三日以内，应当告知被告人有权委托辩护人；被告人是盲、聋、哑人，或者是尚未完全丧失辨认或者控制自己行为能力的精神病人，没有委托辩护人的，人民法院应当通知法律援助机构指派律师为其提供辩护；被告人可能被判处无期徒刑、死刑而没有委托辩护人的，人民法院应当通知法律援助机构指派律师为其提供辩护。在法庭审判中，人民法院亦应当依法保障被告人及其辩护人能够充分行使其辩护权。

第十二条　未经人民法院依法判决，对任何人都不得确定有罪。

【条文主旨】 本条是关于未经人民法院依法判决不得确定有罪基本原则的规定。

【修改情况】 本条未作修改。

【条文解读】 1. 确立了人民法院的统一定罪权，即确定某个人有罪的权力由人民法院统一行使，或者说只有人民法院才能对某个人的行为定罪。我国宪法规定“中华人民共和国人民法院是国家的审判机关”。定罪权是刑事审判权的核心。不论某人事实上是否实施了犯罪行为，未经人民法院依法判决，在法律上都不得确定其有罪。

2. 人民法院确定任何人有罪，必须依法判决。“依法判决”，是指人民法院依照刑事诉讼法规定的审判程序和诉讼制度对被告人进行审理，依照刑法以及有关刑法的修改补充规定作出判决。对人民法院未依法定程序开庭审理，依相关法律规定作出判决并正式宣判，也不得确定任何人有罪。

为体现本条原则，《刑事诉讼法》还规定在人民检察院向人民法院提起公诉以前，将涉嫌实施犯罪的人称为犯罪嫌疑人，起诉到法院后称为被告人。经人民法院审判，对于证据不足、不能认定被告人有罪的，应当作出证据不足、指控的犯罪不能成立的无罪判决。

第十三条　人民法院审判案件，依照本法实行人民陪审员陪审的制度。

【条文主旨】本条是关于我国人民陪审员制度的规定。

【修改情况】本条未作修改。

【条文解读】陪审制度是吸收普通公民参加刑事审判的制度。我国《宪法》第二条第三款规定：“人民依照法律规定，通过各种途径和形式，管理国家事务，管理经济和文化事业，管理社会事务。”吸收人民陪审员参与刑事审判是人民参与管理国家事务的具体方式和重要途径。陪审制的设置，有利于实现司法民主，实现公民对国家权力的制约；有利于克服职业法官审理案件时因职业偏见和思维定式而可能造成的事实认定障碍；有利于将公正良知灌注于司法活动，使司法有效反映社会价值倾向，增强司法的公众认同，提高司法的权威性等。

所谓“依照本法”，是指依照本法第一百七十八条规定，除基层人民法院适用简易程序的案件可以由审判员一人独任审判外，基层人民法院、中级人民法院审判第一审案件，应当由审判员三人或者由审判员和人民陪审员共三人组成合议庭进行。高级人民法院、最高人民法院审判第一审案件，应当由审判员三人至七人或者由审判员和人民陪审员共三人至七人组成合议庭进行。人民陪审员在人民法院执行职务，同审判员有同等的权利。为贯彻和完善人民陪审员制度，全国人大常委会通过《关于完善人民陪审员制度的决定》，对人民陪审员的任职条件、任免程序、审理案件的范围、权利和义务、任职保障等作出了明确规定，进一步完善了人民陪审员制度，有利于保障公民依法参加审判活动，促进司法民主与司法公正的实现。

第十四条　人民法院、人民检察院和公安机关应当保障犯罪嫌疑人、被告人和其他诉讼参与人依法享有的辩护权和其他诉讼权利。

诉讼参与人对于审判人员、检察人员和侦查人员侵犯公民诉讼权利和人身侮辱的行为，有权提出控告。

【条文主旨】本条是关于保障诉讼参与人诉讼权利的基本原则的规定。

【修改情况】与1996年《刑事诉讼法》相比，本条将第一款中“应当保障诉讼参与人依法享有的诉讼权利”修改为“应当保障犯罪嫌疑人、被告人和其他诉讼参与人依法享有的辩护权和其他诉讼权利”，并将第二款移至第五编特别程序的未成年人刑事案件诉讼程序中。修改后，一方面更加突出了人民法院、人民检察院和公安机关保障犯罪嫌疑人、被告人辩护权的义务，另一方面将涉及未成年人刑事案件部分进行整合，使其更具体系性、完整性。

【条文解读】诉讼参与人依法享有充分的诉讼权利，是诉讼民主的重要体现，更是案件得以公正处理的重要保证。只有切实保障诉讼参与人的诉讼权利，才能使其获得有尊严的对待，才能为其参加诉讼提供必要的条件，从而保障其合法权益不受侵犯。同时，也有利于促进人民法院、人民检察院和公安机关依法文明地进行刑事诉讼。

保障诉讼参与人的诉讼权利原则有以下几点含义：（1）诉讼权利是诉讼参与人享有的法定权利，受法律保护。人民法院、人民检察院和公安机关不仅不得以任何方式加以剥夺，并有义务保障诉讼参与人充分行使其诉讼权利，对妨碍诉讼参与人行使其诉讼权利的行为，有责任采取相应措施予以制止。（2）本条特别突出了对犯罪嫌疑人、被告人辩护权的保障。本法第十一条规定了被告人有权获得辩护，人民法院有义务保证被告人获得辩护。此处再次明确了人民法院、人民检察院和公安机关保障犯罪嫌疑人、被告人辩护权的义务。辩护权是法律赋予犯罪嫌疑人、被告人的重要诉讼权利，在犯罪嫌疑人、被告人所享有的各项诉讼权利中居于核心地位，且辩护权贯穿刑事诉讼整个过程，不受诉讼阶段的限制。为保障犯罪嫌疑人、被告人辩护权，《刑事诉讼法》明确规定，犯罪嫌疑人自被侦查机关第一次讯问或者采取强制措施之日起，有权委托辩护人；侦查机关在第一次讯问犯罪嫌疑人或者对犯罪嫌疑人采取强制措施时，应当告知犯罪嫌疑人有权委托辩护人。人民检察院自收到移送审查起诉的案件材料之日起三日以内，应当告知犯罪嫌疑人有权委托辩护人。以及犯罪嫌疑人、被告人是盲、聋、哑人，或者是尚未完全丧失辨认或者控制自己行为能力的精神病人，或可能被判处无期徒刑、死刑的，没有委托辩护人的，人民法院、人民检察院和公安机关应当通知法律援助机构指派律师为其提供辩护。确定了人民检察院和公安机关对犯罪嫌疑人辩护权的保障义务。（3）诉讼参与人在其诉讼权利受到侵害或遭受人身侮辱时，有权使用法律手段维护自己的权利，如提出控告。

第十五条　有下列情形之一的，不追究刑事责任，已经追究的，应当撤销案件，或者不起诉，或者终止审理，或者宣告无罪：

（一）情节显著轻微、危害不大，不认为是犯罪的；

（二）犯罪已过追诉时效期限的；

（三）经特赦令免除刑罚的；

（四）依照刑法告诉才处理的犯罪，没有告诉或者撤回告诉的；

（五）犯罪嫌疑人、被告人死亡的；

（六）其他法律规定免予追究刑事责任的。

【条文主旨】本条是关于依照法定情形不予追究刑事责任基本原则的规定。

【修改情况】本条未作修改。

【条文解读】不追究刑事责任的法定情形包括以下六种：

1. 情节轻微、危害不大，不认为是犯罪的。任何行为只有具有社会危害性且该危害性须达到一定严重程度才构成犯罪。因此，应当严格区分罪与非罪，对情节显著轻微、危害不大，《刑法》不规定为犯罪的，不应追究刑事责任。但对相关行为虽不追究刑事责任，仍可移送有关主管部门进行处理。

2. 犯罪已过追诉时效期限的。追诉时效是超过一定期限即不再追究行为人刑事责任的制度。我国《刑法》规定对法定最高刑为不满5年有期徒刑的，经过5年；法定最高刑为5年以上不满10年有期徒刑的，经过10年；法定最高刑为10年以上有期徒刑的，经过15年；法定最高刑为无期徒刑、死刑的，经过20年（如20年后认为必须追诉的，应报请最高人民检察院核准），不再追诉。但在人民检察院、公安机关、国家安全机关立案侦查或在人民法院受理案件后，逃避侦查或审判的，或被害人在追诉期限内提出控告，人民法院、人民检察院和公安机关应立案而不予立案的，不受追诉期限的限制。

3. 经特赦令免除刑罚的。特赦是对受罪刑宣告的特定犯罪人免除刑罚的一种赦免制度。我国《宪法》规定，全国人民代表大会常务委员会有权决定特赦，减轻或免除罪犯的刑罚。特赦令具有特别法律效力，经特赦令免除处罚的犯罪分子，不得再予追究，即不论其刑罚已经执行一部分还是完全未执行，都等同于已经执行完毕，此后无论何时，均不得以其刑罚未执行或没有执行完毕为由，再次对其进行刑事追诉，包括不得按审判监督程序进行追诉。

4. 依照《刑法》告诉才处理的犯罪，没有告诉或者撤回告诉的。告诉才处理的案件，国家将追诉权交给被害人行使，被害人有权决定是否起诉，国家应尊重被害人的决定，故此类案件以被害人的告诉为追究刑事责任的前提，没有告诉或撤回告诉的，则不予追究刑事责任。我国《刑法》规定侮辱罪、诽谤罪（严重危害社会秩序和国家利益的除外）、暴力干涉婚姻自由罪（致使被害人死亡的除外）、虐待罪（致使被害人重伤、死亡的除外）和侵占罪为告诉才处理的犯罪。但应注意，如被害人是因受强制、威吓而无法告诉的，人民检察院与被害人近亲属也可告诉，人民法院应当受理；被害人是无行为能力人或限制行为能力人及由于年老、患病、聋、盲、哑等原因不能亲自告诉的，其近亲属也可以代为告诉。

5. 犯罪嫌疑人、被告人死亡的。我国《刑法》实行罪责自负原则，犯罪嫌疑人、被告人死亡后则失去适用《刑法》的对象，追究刑事责任已然没有实际意义，因此应当终结诉讼，不再追究。

6. 其他法律规定免于追究刑事责任的。如根据《刑法》规定应追究刑事责任，但根据某一特别法规定不予追究刑事责任时，根据特别法优于普通法原则，不予追究刑事责任。

在刑事诉讼中，有上述六种法定情形之一的，人民法院、人民检察院和公安机关应当在诉讼不同阶段及时作出不追究刑事责任的相应处理，即立案审查阶段，应作出不立案的决定；侦查阶段，应作出撤销案件的决定；起诉阶段，应作出不起诉的决定；审判阶段，对“情节显著轻微、危害不大，不认为是犯罪的”，应宣判无罪，其他情形应裁定终止审理。在自诉案件中，人民法院应根据不同情形分别作出不予立案的决定或准予撤诉、驳回起诉、终止审理的裁定，或作出宣告无罪的判决。

第十六条　对于外国人犯罪应当追究刑事责任的，适用本法的规定。

对于享有外交特权和豁免权的外国人犯罪应当追究刑事责任的，通过外交途径解决。

【条文主旨】本条规定了追究外国人刑事责任适用我国《刑事诉讼法》的基本原则。

【修改情况】本条未作修改。

【条文解读】1. 外国人犯罪追究刑事责任适用我国《刑事诉讼法》规定。这是国家主权原则在刑事诉讼中的体现。这里所说的“外国人”是指具有外国国籍、无国籍和国籍不明的人。“外国人犯罪”，是指外国人在我国领域内犯我国《刑法》规定的各种罪行和在我国领域外对我国国家和公民实施的按照我国《刑法》规定最低刑为三年有期徒刑的犯罪。对于外国人犯罪应当追究刑事责任的，应当由我国公安司法机关依照我国《刑事诉讼法》规定的程序追究其刑事责任。

2. 对享有外交特权和豁免权的外国人犯罪如何处理的规定。其中“外交特权和豁免权”，是指一个国家为了保证和便利驻在本国的外交代表、外交代表机关以及外交人员执行职务，而给予他们的一种特殊权利和待遇。这是各国按照平等、相互尊重主权的原则，按照国际惯例和国际公约、协议，互相给予驻本国的外交代表和外交官的特殊权利。《中华人民共和国外交特权与豁免条例》规定了享有外交特权和豁免权的外国人的范围等内容。对于享有外交特权和豁免权的外国人犯罪，应当追究刑事责任的，通过外交途径解决，这是保证国与国之间的正常交往所必需的。对于这些犯罪，一般采取宣布其为“不受欢迎的人”，令其限期出境，或者宣布驱逐出境，并建议派出国依照他们国家的法律进行处理等方式解决。

本条规定既体现和维护了我国的司法主权，保护了我国国家和公民的利益，维护了我国的法律尊严，又能够妥善处理我国与其他国家的外交关系，防止因刑事案件处理不当而影响与其他国家之间的正常交往。

第十七条　根据中华人民共和国缔结或者参加的国际条约，或者按照互惠原则，我国司法机关和外国司法机关可以相互请求刑事司法协助。

【条文主旨】本条是关于我国刑事司法协助制度的规定。

【修改情况】本条未作修改。

【条文解读】刑事司法协助，是指我国司法机关和外国司法机关之间，根据本国缔结或参加的国际条约，或者按照互惠原则，相互请求，代为进行某项刑事诉讼行为的一些制度。建立和实行刑事司法协助制度，一方面有利于加强我国与外国的刑事司法合作，另一方面也有利于维护我国的国家主权和利益。本条规定可以从以下几方面进行理解：

1. 进行刑事司法协助的主体是我国司法机关和外国司法机关。我国司法机关指人民法院和人民检察院，外国司法机关一般仅指法院，但根据司法协助的相互性和刑事司法协助的实际情况，司法实践中的刑事司法协助主体应当包括：我国人民法院与外国法院；我国人民检察院与外国检察机关；我国公安机关与外国警察机关。我国公安机关不是司法机关，但长期以来，公安机关与外国警察机关进行了大量的刑事司法协助和警务合作，且双方请求刑事司法协助也有现实的必要性，因此应将其纳入刑事司法协助主体范围。此外，为保证刑事司法协助的统一性和严肃性，维护国家司法主权，我国司法机关和外国司法机关相互请求司法协助应由两国最高司法机关相互联系。

2. 刑事司法协助的依据是我国缔结或参加的国际条约与互惠原则。我国已与多国签订了刑事司法协助条约或含有刑事司法协助内容的协定，并先后参加了载有司法协助条款的多个国际公约。这是我国司法机关与外国司法机关进行刑事司法协助的法律依据。对我国没有与其缔结司法协助条约，两国也没有共同参加载有司法协助条款的国际公约的国家，如该国司法机关根据我国司法机关的请求提供司法协助，则我国司法机关也应当根据该国司法机关的请求提供相应的司法协助，这是国际法平等互利原则在刑事司法领域的体现。适用互惠原则进行刑事司法协助，有利于我国涉外刑事诉讼活动的顺利进行和涉外刑事案件的正确处理，也有利于在平等基础上发展我国和外国的友好合作关系。

3. 刑事司法协助的内容。根据我国缔结和参加的国际条约的规定，刑事司法协助主要内容包括：（1）代为调查取证，即代为听取诉讼当事人的陈述，询问证人、被害人和鉴定人，进行鉴定、勘验、检查、搜查、扣押物证、书证、辨认等；（2）代为送达文书，包括司法文书和司法文书以外的与诉讼有关的文书或文字记录；（3）移交证据，包括移交物证、书证、视听资料和赃款、赃物等；（4）通报诉讼结果，即通报立案、侦查、采取强制措施、起诉或不起诉、判决或裁定内容等；（5）引渡；（6）犯罪情报信息的交流与合作等。

第二章 管 辖

主旨	本章是关于管辖的规定。
定义	刑事诉讼中的管辖，是指公安机关、人民检察院和人民法院等在直接受理刑事案件上的权限划分以及人民法院系统内部在审判第一审刑事案件上的权限划分。

拓展	确定管辖的依据和原则主要是：准确及时查明案件事实，保证案件质量，完成《刑事诉讼法》的任务；合理分工，充分发挥各公安司法机关的职能作用，充分调动司法工作人员的积极性和主动性；方便当事人和其他诉讼参与人参加刑事诉讼，保护其合法权益；坚持原则性和灵活性相结合。 按照《刑事诉讼法》的规定，我国刑事诉讼管辖可以分为立案管辖和审判管辖；审判管辖又可分为普通管辖和专门管辖；普通管辖可进一步分为级别管辖、地区管辖和指定管辖。立案管辖，又称职能管辖或部门管辖，是指公安机关、人民检察院和人民法院之间在直接受理刑事案件上的权限划分。立案管辖一般是根据刑事案件的性质、情节轻重、复杂程度、发生地点、影响大小等不同特点及公、检、法机关在刑事诉讼中的职责确定的。审判管辖，是指各级人民法院之间、同级人民法院之间和普通人民法院与专门人民法院之间、各专门人民法院之间在审判第一审刑事案件上的权限划分。审判管辖一般是根据案件的性质和影响；罪行的轻重和可能判处的刑罚；案件涉及面的大小；不同级别人民法院在审判体系中的地位、职责和条件；是否有利于收集证据；便于诉讼参与人参加诉讼；提高诉讼效率等因素确定的。
条文	本章共10条，修改1条。
修改	本章对第二十条中级人民法院第一审案件管辖范围进行了适当调整。

第十八条　刑事案件的侦查由公安机关进行，法律另有规定的除外。

贪污贿赂犯罪，国家工作人员的渎职犯罪，国家机关工作人员利用职权实施的非法拘禁、刑讯逼供、报复陷害、非法搜查的侵犯公民人身权利的犯罪以及侵犯公民民主权利的犯罪，由人民检察院立案侦查。对于国家机关工作人员利用职权实施的其他重大的犯罪案件，需要由人民检察院直接受理的时候，经省级以上人民检察院决定，可以由人民检察院立案侦查。

自诉案件，由人民法院直接受理。

【条文主旨】本条是关于立案管辖的规定。

【修改情况】本条未作修改。

【条文解读】本条分为三款。第一款是关于刑事案件的侦查由公安机关进行的规定。在刑事诉讼中，公安机关是主要的侦查机关，行使侦查职能。凡是需要侦查的刑事案件，除了法律另有规定的除外，原则上都应由公安机关负责立案侦查，这是由公安机关的性质与职能决定的。法律另有规定的主要有以下几种情形：一是由人民法院直接受理审判的刑事案件；二是法律规定应当由其他国家机关立案侦查的刑事犯罪案件。法律对于这些国家机关与其所受理的刑事案件作出了特别规定：（1）本条第二款规定的应由人民检察院立案侦查的刑事案件；（2）本法第四条规定的由国家安全机关立案侦查的案件；（3）本法第二百九十条第一款规定的由军队保卫部门负责侦查的军队内部发生的刑事案件；（4）本法第二百九十条第二款规定由监狱负责侦查的罪犯在监狱的刑事案件。

第二款是关于人民检察院自侦案件范围的规定。在刑事诉讼中，人民检察院除承担其他职责外，还负责检察机关直接受理的案件的侦查。其中，贪污贿赂犯罪，是指我国刑法分则第八章规定的贪污贿赂罪和其他章节明确规定按照刑法分则第八章贪污贿赂罪的规定定罪处罚的犯罪。具体指：贪污罪、挪用公款罪、受贿罪、单位受贿罪、行贿罪、对单位行贿罪、介绍贿赂罪、单位行贿罪、巨额财产来源不明罪、隐瞒境外存款罪、私分国有资产罪、私分罚没财物罪、利用影响力受贿罪。

关于国家工作人员的渎职犯罪，刑法已将渎职罪的主体修改为国家机关工作人员，人民检察院管辖的“渎职犯罪”，是指刑法分则第九章规定的渎职罪。具体指：滥用职权罪；玩忽职守罪；故意泄露国家秘密罪；过失泄露国家秘密罪；徇私枉法罪；民事、行政枉法裁判罪；执行判决、裁定失职罪；执行判决、裁定滥用职权罪；枉法仲裁罪；私放在押人员罪；失职致使在押人员脱逃罪；徇私舞弊减刑、假释、暂予监外执行罪；徇私舞弊不移交刑事案件罪；滥用管理公司、证券职权罪；徇私舞弊不征、少征税款罪；徇私舞弊发售发票、抵扣税款、出口退税罪；违法提供出口退税凭证罪；国家机关工作人员签订、履行合同失职被骗罪；违法发放林木采伐许可证罪；环境监管失职罪；食品监管人员失职罪；食品监管人员滥用职权罪；传染病防治失职罪；非法批准征用、占有土地罪；非法低价出让国有土地使用权罪；放纵走私罪；商检徇私舞弊罪；商检失职罪；动植物检疫徇私舞弊罪；动植物检疫失职罪；放纵制售伪劣商品犯罪行为罪；办理偷越国（边）境人员出入境证件罪；放行偷越国（边）境人员罪；不解救被拐卖、绑架妇女、儿童罪；阻碍解救被拐卖、绑架妇女、儿童罪；帮助犯罪分子逃避处罚罪；招收公务员、学生徇私舞弊罪；失职造成珍贵文物损毁、流失罪。

国家机关工作人员利用职权实施的侵犯公民人身权利和民主权利的犯罪，是指：国家机关工作人员利用职权实施的非法拘禁罪、非法搜查罪、刑讯逼供罪、暴力取证罪、虐待被监管人罪、报复陷害罪、破坏选举罪。

除上述案件外，人民检察院还可以对具备下列条件的犯罪案件立案侦查：（1）国家机关工作人员利用职权实施的；（2）前三类以外的其他重大刑事案件；（3）需要由人民检察院直接受理；（4）经过省级以上人民检察院决定。

第三款是关于自诉案件管辖的规定。我国《宪法》和《人民法院组织法》均规定，中华人民共和国人民法院是国家的审判机关。在刑事诉讼中，人民法院负责对刑事案件进行审判，不行使侦查权。由人民法院直接受理的案件是自诉案件。自诉案件，是指被害人及其法定代理人、近亲属，为追究被告人的刑事责任，而直接向人民法院提出诉讼，人民法院立案后即进入审判阶段的案件。根据本法第二百零四条的规定，自诉案件包括三类：（1）告诉才处理的案件，具体指《刑法》第二百四十六条第一款规定的侮辱、诽谤罪；第二百五十七条第一款规定的暴力干涉婚姻自由罪；第二百六十条第一款规定的虐待罪，第二百七十条规定的侵占罪。（2）被害人有证据证明的轻微刑事案件，例如：故意伤害罪（轻伤）；重婚罪；遗弃罪；妨害通信自由罪；非法侵入他人住宅罪；生产、销售伪劣商品罪（严重危害社会秩序和国家利益的除外）；侵犯知识产权罪（严重危害社会秩序和国家利益的除外）；属于《刑法》分则第四章、第五章规定的，对被告人可能判处三年有期徒刑以下刑罚的其他轻微刑事案件。（3）被害人有证据证明对被告人侵犯自己人身、财产权利的行为应当依法追究刑事责任，而公安机关或者人民检察院不予追究被告人刑事责任的案件。这类自诉案件有下列限制性条件：被害人能提供证据证明被告人的行为构成犯罪；被告人的行为侵犯的是被害人的人身权利或者财产权利；公安机关和人民检察院作出了不予追究被告人刑事责任的书面决定。这类自诉案件实际上是原本应当公诉的案件转化为自诉案件，其目的是保障被害人的控告权，维护被害人的诉讼权利，解决被害人告状无门的问题。

第十九条　基层人民法院管辖第一审普通刑事案件，但是依照本法由上级人民法院管辖的除外。

【条文主旨】本条是关于我国基层人民法院审判第一审刑事案件范围的规定。

【修改情况】本条未作修改。

【条文解读】我国《人民法院组织法》规定，基层人民法院包括：县人民法院和市人民法院；自治县人民法院；市辖区人民法院。基层人民法院根据地区、人口和案件情况可以设立若干人民法庭。人民法庭是基层人民法院的组成部分，它的判决和裁定就是基层人民法院的判决和裁定。基层人民法院管辖的"普通刑事案件"，是指除危害国家安全、恐怖活动案件和可能判处无期徒刑、死刑的案件以及在全省（自治区、直辖市）、全国范围内的重大刑事案件以外的案件。在刑事诉讼中，普通刑事案件占据所有刑事案件的绝大部分，因此，绝大多数刑事案件实际上都是由基层人民法院进行第一审，这是因为基层人民法院在人民法院组织体系中数量最多、分布最广，而且案件的发生地都在其辖区内，最接近犯罪地，由其进行审判，便于核查证据，也便于诉讼参与人参加诉讼。

第二十条　中级人民法院管辖下列第一审刑事案件：

（一）危害国家安全、恐怖活动案件；

（二）可能判处无期徒刑、死刑的案件。

【条文主旨】本条是关于我国中级人民法院审判第一审刑事案件范围的规定。

【修改情况】本条进行了以下修改：（1）删除"反革命案件"的规定；（2）增加规定恐怖活动案件由中级人民法院作为第一审法院；（3）删除外国人犯罪的刑事案件的规定。

【条文解读】我国《人民法院组织法》第二十二条规定："中级人民法院包括：（一）在省、自治区内按地区设立的中级人民法院；（二）在直辖市内设立的中级人民法院；（三）省、自治区辖市的中级人民法院；（四）自治州中级人民法院。"立法上对中级人民法院管辖的第一审刑事案件采用了列举方式，但并不是说这两类案件必须由中级人民法院进行第一审，而是最低应由中级人民法院进行第一审，不排除最高人民法院、高级人民法院对这些案件进行第一审。

《刑法》已将原第二编分则第一章反革命罪修改为第二编分则第一章危害国家安全罪。根据《刑法》规定，本法删除了"反革命案件”的规定。危害国家安全案件，是指《刑法》分则第一章危害国家安全罪，具体包括：背叛国家罪；分裂国家罪；煽动分裂国家罪；武装叛乱、暴乱罪；颠覆国家政权罪；煽动颠覆国家政权罪；资助危害国家安全犯罪活动罪；投敌叛变罪；叛逃罪；间谍罪；为境外窃取、刺探、收买、非法提供国家秘密、情报罪；资敌罪。

恐怖活动罪案件，是指《刑法》第一百二十条规定的组织、领导、参加恐怖组织罪；资助恐怖活动罪。修改后的《刑事诉讼法》规定恐怖犯罪活动由中级人民法院作为第一审法院，是由于此类犯罪活动具有社会危害性严重、社会影响大、涉及人员多等特点，因此由中级人民法院作第一审法院比较适宜。

可能判处无期徒刑、死刑的普通刑事案件，都是案情重大、情节严重的案件，而且无期徒刑、死刑本身又涉及剥夺犯罪人终生人身自由、生命的重大问题，因此，为保证这类案件的正确审判，规定由中级人民法院作为第一审的管辖法院。

至于外国人犯罪案件，随着改革开放和经济社会的发展，我国面临的犯罪情况发生了很大变化，基层人民法院的审判能力进一步加强，根据惩处犯罪的需要和审判工作的实际情况，对原中级人民法院第一审调整为由基层人民法院管辖。

第二十一条　高级人民法院管辖的第一审刑事案件，是全省（自治区、直辖市）性的重大刑事案件。

【条文主旨】本条是关于高级人民法院审判第一审刑事案件范围的规定。

【修改情况】本条未作修改。

【条文解读】我国《人民法院组织法》第二十五条规定：“高级人民法院包括：（一）省高级人民法院；（二）自治区高级人民法院；（三）直辖市高级人民法院。”高级人民法院承担着对本辖区内的下级人民法院审判工作进行监督的任务；负责对不服中级人民法院第一审判决、裁定的上诉、抗诉案件的第二审工作；负责死刑缓期两年执行案件的复核和核准工作、死刑立即执行案件的复核工作等。因此，高级人民法院管辖的第一审案件不宜过多，本条规定全省（自治区、直辖市）性的重大刑事案件，由高级人民法院管辖。全省性的重大刑事案件，虽然数量不多，但都是在全省（自治区、直辖市）范围内涉及面广、影响大的案件。至于哪些案件属于全省（自治区、直辖市）性的重大刑事案件，由各高级人民法院自行认定。

第二十二条　最高人民法院管辖的第一审刑事案件，是全国性的重大刑事案件。

【条文主旨】本条是关于最高人民法院审判第一审刑事案件范围的规定。

【修改情况】本条未作修改。

【条文解读】最高人民法院是我国的最高审判机关，负担监督、指导地方各级人民法院和专门人民法院审判工作、对审判过程中具体应用法律问题作出司法解释等。在刑事诉讼中，最高人民法院负责对不服高级人民法院第一审判决、裁定的上诉、抗诉案件，按照审判监督程序提起抗诉案件的审判工作以及死刑立即执行案件的核准工作。此外，最高人民法院的判决、裁定是终审的判决、裁定，因此，除非确有必要，最高人民法院不作为刑事案件的第一审法院。

全国性的重大刑事案件，是指犯罪性质极其严重、案情十分复杂，在国际、国内都有重大影响的刑事案件。至于哪些是全国性的重大刑事案件，由最高人民法院认定。

第二十三条　上级人民法院在必要的时候，可以审判下级人民法院管辖的第一审刑事案件；下级人民法院认为案情重大、复杂需要由上级人民法院审判的第一审刑事案件，可以请求移

送上一级人民法院审判。

【条文主旨】 本条是关于人民法院之间移送管辖的规定。

【修改情况】 本条未作修改。

【条文解读】 依据本条规定，变更管辖有以下两种情形：（1）上级人民法院决定审判下级人民法院管辖的第一审刑事案件。这一规定是指当上级人民法院发现下级人民法院审判的一审刑事案件，案情重大、复杂或者案件涉及面广，由上级人民法院审判更为适宜，更能有效地威慑犯罪、教育群众、提高审判质量和效果的时候，可以审判下级人民法院管辖的第一审刑事案件。（2）下级人民法院请求移送上级人民法院审判的第一审刑事案件。这一类是指下级人民法院发现是依法应当由上级人民法院审判的第一审刑事案件，或者是属于自己管辖的案件，但由于案情重大、复杂、涉及案犯多，下级人民法院审理有困难，需要由上级人民法院审判的时候，可以请求移送上一级人民法院审判。这种移送以案情重大、复杂为前提，并且在上级人民法院同意后才能移送。需要注意的是，这种级别管辖的变通只能是上级人民法院审理下级人民法院管辖的案件，上级人民法院不能将自己管辖的案件交给下级人民法院审判。这一规定赋予人民法院在级别管辖中享有一定的变通处置权，可以更好地适应刑事案件复杂性的特点，满足实际办案工作的需要。

第二十四条　刑事案件由犯罪地的人民法院管辖。如果由被告人居住地的人民法院审判更为适宜的，可以由被告人居住地的人民法院管辖。

【条文主旨】 本条是关于刑事案件地区管辖的规定。

【修改情况】 本条未作修改。

【条文解读】 地区管辖是在明确案件级别管辖的基础上，确定某一案件由该级人民法院中的哪一个人民法院管辖。刑事案件由犯罪地的人民法院管辖，这是划分地区管辖的一般原则。犯罪地，是指犯罪行为预备地、犯罪行为实施地、犯罪结果地和销赃地。法律规定以犯罪地法院管辖为主的原因在于：有利于法院调查核实证据，查明案情；有利于诉讼参与人就近参加诉讼，便于群众旁听案件。但是，如果由被告人居住地的人民法院审判更为适宜的，可以由被告人居住地的人民法院管辖。一般包括：被告人流窜作案，主要犯罪地难以确定，而其居住地群众更多地了解案件的情况；被告人在居住地民愤极大，当地群众要求在当地审判的；可能对被告人适用缓刑、管制或者单独适用剥夺政治权利等刑罚，因而需要在其居住地执行的，等等。被告人居住地包括其户籍所在地、经常居住地、工作或学习的地点，实践中要根据具体情况确定。

第二十五条　几个同级人民法院都有权管辖的案件，由最初受理的人民法院审判。在必要的时候，可以移送主要犯罪地的人民法院审判。

【条文主旨】本条是关于几个同级人民法院都有管辖权的案件，由哪个人民法院管辖的规定。

【修改情况】本条未作修改。

【条文解读】本条是对地区管辖规定的一种补充。因为按照本法第二十四条的规定，有时候并不能确定对案件的管辖权，如一个犯罪涉及几个犯罪地点，按照犯罪地原则几个人民法院都有权审判，而以被告人居住地确定也可能出现多个人民法院都具有管辖权的情形。遇到这种情形，原则上是由最初受理的人民法院审判。因为，最初受理的人民法院对案件已有一定的了解，对处理案件有利。但是，在必要的时候，最初受理的人民法院可以把案件移送主要犯罪地人民法院审判。其中“必要的时候”，主要是指最初受理的人民法院不是主要犯罪地，如果由主要犯罪地人民法院管辖，对全面查清案件事实、正确处理案件、震慑犯罪分子和进行法制宣传教育更为有利，由最初受理案件的人民法院将案件移送主要犯罪地的人民法院审理。所谓主要犯罪地，包括案件涉及多个地点时对该犯罪的成立起主要作用的行为地，也包括一人犯数罪时主要罪行的实施地。

第二十六条　上级人民法院可以指定下级人民法院审判管辖不明的案件，也可以指定下级人民法院将案件移送其他人民法院审判。

【条文主旨】本条是关于人民法院在审理案件中指定管辖的规定。

【修改情况】本条未作修改。

【条文解读】指定管辖，是指当管辖不明或者有管辖权的法院不宜行使管辖权时，由上级人民法院以指定的方式确定案件的管辖。指定管辖分为两种情形：（1）上级人民法院以指定的方式确定管辖不明的案件的管辖权。《刑事诉讼法》虽然对各级人民法院管辖的案件作出了明确的规定，但在实际执行中情况是非常复杂的，往往会因为对案件的性质和事实的认定以及适用法律有不同的认识和理解，对案件应由哪个法院管辖产生分歧，或者由于一些情况法律没有具体规定而造成管辖不明，以致出现相互推诿或者两个法院都要受理的问题。在这种情况下，应当由争议各方在审限内协商解决；协商不成的，由争议的人民法院分别逐级报请共同的上级人民法院指定管辖。（2）上级人民法院以指定的方式改变管辖权。实践中有时会出现有管辖权的人民法院不宜行使审判权的情况，如本院院长需要回避的案件，或因案件在该法院审判受到严重干扰而不能很好地行使审判权等情形。在这种情况下，可以请求上一级人民法院管辖；上一级人民法院也可以指定与提出请求的人民法院同级的其他人民法院管辖。

第二十七条　专门人民法院案件的管辖另行规定。

【条文主旨】本条特别指出专门人民法院管辖权需要另行规定。

【修改情况】本条未作修改。

【条文解读】“专门人民法院”，是指根据实际情况和审理案件的特殊需要成立的审理特定的人员或者特定种类案件的人民法院。本法并未具体规定专门人民法院管辖权的内容。“专门人民法院案件的管辖另行规定”，是指专门人民法院对案件的管辖另行由法律规定，也包括在法律没有规定前由最高人民法院通过司法解释来规定管辖。目前，在我国依照法律规定设立的专门人民法院有军事法院和海事法院，其中海事法院不受理刑事案件。军事法院是在军队中独立行使国家审判权的专门司法机构，是国家审判体系的重要组成部分。它与军事检察院、军队保卫部门共同组成军事司法体系。军事法院设三级：基层军事法院，大军区、军兵种军事法院，中国人民解放军军事法院。根据相关法律规定，军事法院管辖的主要是军队内部发生的刑事案件，即现役军人和军内在编职工违反《刑法》分则第十章，犯军人违反职责罪的犯罪。

第三章　回　避

主旨	本章是关于回避制度的规定。
定义	刑事诉讼中的回避，是指审判人员、检察人员、侦查人员、书记员、翻译人员、鉴定人，因与案件或案件的当事人有某种利害关系或其他特殊关系，可能影响刑事案件的公正处理，而不得参与案件诉讼活动的一项诉讼制度。
拓展	回避制度的法理依据是公平审判原则，其核心内涵是办案人员的中立性，要求办案人员必须没有偏见且以公平、公正、公开客观的态度进行刑事诉讼。我国的回避制度，除适用审判人员外，还适用于检察人员、侦查人员、书记员、翻译人员和鉴定人等。回避制度设立的目的主要是确保刑事案件得到客观公正的处理；确保当事人在刑事诉讼中受到公正的对待；确保法律制度和法律在实施过程中得到当事人和社会公众的普遍尊重。

条文	本章共4条，修改1条。
修改	本章增加规定了第三十一条第二款："辩护人、诉讼代理人可以依照本章的规定要求回避、申请复议。"

第二十八条　审判人员、检察人员、侦查人员有下列情形之一的，应当自行回避，当事人及其法定代理人也有权要求他们回避：

（一）是本案的当事人或者是当事人的近亲属的；

（二）本人或者他的近亲属和本案有利害关系的；

（三）担任过本案的证人、鉴定人、辩护人、诉讼代理人的；

（四）与本案当事人有其他关系，可能影响公正处理案件的。

【条文主旨】本条是关于刑事诉讼中审判人员、检察人员、侦查人员回避制度的基本规定。

【修改情况】本条未作修改。

【条文解读】本条可从以下几方面进行理解：

1. "审判人员、检察人员、侦查人员"，是指参加本案审判、检察、侦查工作的人民法院院长、副院长、庭长、副庭长、审判员、助理审判员、人民陪审员；人民检察院检察长、副检察长、检察员、助理检察员；公安机关、国家安全机关、军队保卫部门、人民检察院和监狱担负侦查职务的人员。

2. 本条规定了两种回避类别：自行回避与申请回避。自行回避，是指审判人员、检察人员、侦查人员等在诉讼过程中遇有法定回避情形时，自行主动地要求退出刑事诉讼活动的制度。申请回避，是指案件当事人及其法定代理人认为审判人员、检察人员、侦查人员等具有法定回避情形，而向他们所在的机关提出申请，要求他们回避。申请回避是法律赋予当事人及其法定代理人的一项重要的诉讼权利，公安司法机关有保证当事人及其法定代理人充分有效地行使该权利的义务，故本法又在第一百八十五条规定了法庭的告知义务，在第二百二十七条规定了违反回避制度的救济措施。此外，作为对自行回避和申请回避的必要补充，司法实践中还存在指令回避，即审判人员、检察人员、侦查人员等遇有法定回避情形而未自行回避，当事人及其法定代理人等也未申请回避的，法院、检察机关、公安机关等有关部门负责人有权作出决定，令其退出诉讼活动。

3. 本条规定了四种回避情形：(1)“是本案的当事人或者是当事人的近亲属的”，是指审判人员、检察人员、侦查人员等是本案的被害人、自诉人、犯罪嫌疑人、被告人、附带民事诉讼原告人、被告人或者是他们的夫、妻、父、母、子、女、同胞兄弟姊妹的，不得再在本案中担任审判人员、检察人员、侦查人员。这一规定的考虑是相关人员与案件处理结果有直接或间接的利害关系，可能影响案件的公正处理，或者导致案件处理的公正性受到其他当事人乃至社会公众的怀疑，因此应当进行回避。(2)“本人或者他的近亲属和本案有利害关系的”，是指审判人员、检察人员、侦查人员及其近亲属与本案有利害关系，案件处理结果会影响其利益的，如由该审判人员、检察人员、侦查人员参与案件诉讼活动，可能使案件得不到公正、客观的处理，因此应当回避。(3)“担任过本案的证人、鉴定人、辩护人、诉讼代理人的”，是指审判人员、检察人员、侦查人员等在本案中担任过证人、鉴定人、辩护人、诉讼代理人的，不得同时，也不得在以后的办案阶段再担任本案的审判人员、检察人员、侦查人员。审判人员、检察人员、侦查人员，如在本案中担任过证人、鉴定人，就可能对案件产生先入为主的预断，不能全面、客观地收集、审查、判断证据，进而影响案件的公正处理；如在本案中担任过辩护人、诉讼代理人，则可能与委托人产生某种特殊关系，且对案件也有所了解，而无法客观、公正地进行诉讼活动，因此遇上述情形的，应当回避。(4)“与本案当事人有其他关系，可能影响公正处理案件的”，是指审判人员、检察人员、侦查人员与当事人之间存在上述三种情形以外的关系，以至于无法使案件得到公正处理的，也应当回避。需要注意的是，此处“可能影响公正处理案件的”是与当事人有“其他关系”而应当回避的必要条件，即相关人员与当事人之间存在其他关系本身不足以构成回避的理由，只有在这一关系可能导致案件无法得到公正处理时，相关人员才应当回避。

第二十九条　审判人员、检察人员、侦查人员不得接受当事人及其委托的人的请客送礼，不得违反规定会见当事人及其委托的人。

审判人员、检察人员、侦查人员违反前款规定的，应当依法追究法律责任。当事人及其法定代理人有权要求他们回避。

【条文主旨】本条是关于审判人员、检察人员、侦查人员的办案纪律和违反纪律应予回避的规定。

【修改情况】本条未作修改。

【条文解读】审判人员、检察人员、侦查人员在刑事诉讼活动中应廉洁自律、公正处理案件。如有接受当事人及其委托的人的请客送礼，或者违反规定会见当事人及其委托的人等情形，不仅有损其公正形象，且极易导致徇私枉法行为的发生，进而侵犯公民的合法权益。故本条第一款规定了“审判人员、检察人员、侦查人员不得接受当事人及其委托的人的请客送礼，不得违反规定会见当事人及其委托的人”的禁止性规定。“不得接受当事人及其委托的人的请客送礼”，是指审判人员、检察人员、侦查人员等不得接受本案当事人及其委托的人的财物、利益，或者为其报销费用；不得接受本案当事人及其委托的人的宴请，或者参加由其支付费用的各项活动；不得向本案当事人及其委托的人借款，借用交通工具、通信工具或其他物品，或者接受当事人及其委托的人在购买商品、装修住房以及其他方面给予好处等。“不得违反规定会见当事人及其委托的人”，是指审判人员、检察人员、侦查人员在办案过程中，不得未经批准，私下会见本案一方当事人及其委托的人，以防止其接受当事人及其委托的人的说情或为当事人提供他不应知道的有关情况等，确保案件得到公平、公正的处理。

本条第二款是关于审判人员、检察人员、侦查人员违反本条第一款规定的法律后果。对审判人员、检察人员、侦查人员有接受当事人及其委托的人的请客送礼或违反规定会见当事人及其委托的人等行为的，应当“依法追究法律责任”，即根据《法官法》、《检察官法》、《人民警察法》的有关规定予以行政处分，如警告、记过、记大过、降级、撤职、开除等；对构成《刑法》规定的受贿罪、徇私舞弊罪、枉法裁判罪等的，应依法追究刑事责任。“当事人及其法定代理人有权要求他们回避”，是指对审判人员、检察人员、侦查人员具有违反本条第一款规定的情形的，当事人及其法定代理人等有权以此为理由，提出要求其回避的申请。

第三十条　审判人员、检察人员、侦查人员的回避，应当分别由院长、检察长、公安机关负责人决定；院长的回避，由本院审判委员会决定；检察长和公安机关负责人的回避，由同级人民检察院检察委员会决定。

对侦查人员的回避作出决定前，侦查人员不能停止对案件的侦查。

对驳回申请回避的决定，当事人及其法定代理人可以申请复议一次。

【条文主旨】本条是关于回避的决定程序的规定。

【修改情况】本条未作修改。

【条文解读】本条共三款。第一款规定了回避的决定主体，即审判人员、检察人员、侦查人员的回避，应当分别由法院院长、检察院检察长、公安机关负责人决定。法院院长的回避，由本院审判委员会经讨论按多数意见作出决定。检察院检察长的回避，由本院检察委员会讨论决定。公安机关负责人的回避，由同级人民检察院检察委员会讨论决定，主要是考虑人民检察院作为法律监督机关有权对公安机关的侦查活动的合法性进行监督，由同级人民检察院检察委员会决定公安机关负责人应否回避是人民检察院对侦查活动进行法律监督的具体体现，也有利于保证案件的公正处理，保护公民的合法权利。此外，本款关于回避的决定，既适用于审判人员、检察人员、侦查人员的自行回避，也适用于当事人及其法定代理人的申请回避。

第二款是关于侦查人员在回避作出决定前，不能停止对案件的侦查的规定，这是由侦查工作的性质、特点决定的。侦查工作应迅速及时进行，任何拖延都有可能给侦查工作带来损失，如犯罪嫌疑人逃跑、证据灭失等。因此，为保证侦查活动的顺利进行，在对侦查人员的回避作出决定前，其不得停止对案件的侦查。而在审查起诉和审判阶段，在相关人员的回避决定作出前，则应当中止诉讼。

第三款是关于驳回回避申请的决定的复议程序的规定。回避的决定主体，对回避申请的批准或驳回应以“决定”的形式作出。“决定”一般一经作出即具有法律效力，但本款规定了对驳回申请回避的决定，当事人及其法定代理人不服的，可以申请复议一次。这一规定，既有利于保障当事人等的申请回避的权利，又有利于防止该项权利的滥用而导致刑事诉讼活动的拖延。

第三十一条　本章关于回避的规定适用于书记员、翻译人员和鉴定人。

辩护人、诉讼代理人可以依照本章的规定要求回避、申请复议。

【条文主旨】本条是关于刑事诉讼中书记员、翻译人员、鉴定人适用回避以及辩护人、诉讼代理人申请回避的权利的规定。

【修改情况】本条将第一款由1996年《刑事诉讼法》中的“本法第二十八条、第二十九条、第三十条的规定也适用于书记员、翻译人员和鉴定人”修改为“本章关于回避的规定适用于书记员、翻译人员和鉴定人”，并增加了第二款规定。

【条文解读】本条第一款，在第二十八条规定适用回避规定的人员范围外增加了书记员、翻译人员、鉴定人。此三种人对案件的处理也起着相应的作用，为保证案件的公正处理、防止徇私舞弊行为的发生及保护当事人的合法权利，他们在具有第二十八条、第二十九条规定的情形时，也应当进行回避，具体程序则适用第三十条之规定，实际执行中遇到翻译人员、鉴定人为非相应机关工作人员的，应由聘请他们的机关对其回避问题作出决定。另外，鉴定人与案件有法定利益关系或其他关系，可能影响公正鉴定的，应当回避，但不得仅以鉴定人在诉讼的某一阶段“担任过本案鉴定人”而在以后的诉讼中不允许其以鉴定人身份继续参与诉讼（依法由其他人重新鉴定的情形除外）。

本条第二款，是《刑事诉讼法》修改后新增的条文，其扩大了有权申请回避的主体范围，即辩护人、诉讼代理人遇有第二十八条、第二十九条规定的情形的，可以依第三十条所规定的具体程序对相关人员申请回避，对驳回申请回避的决定亦可申请复议一次。这一规定有利于保障当事人申请回避权的及时、有效行使，有利于保证案件得到公正处理。

第四章　辩护与代理

主旨	本章是关于辩护和代理的规定。
定义	辩护，是指在刑事诉讼中，被追诉人及其辩护人为维护被追诉人的合法权益，从事实和法律方面反驳控诉、提出被追诉人无罪、罪轻或者应当减轻、免除刑事责任的材料和意见。 代理，是指代理人接受公诉案件中被害人及其法定代理人或者近亲属，自诉案件中自诉人及其法定代理人、附带民事诉讼的当事人及其法定代理人的委托，以被代理人的名义参加诉讼，开展活动，由被代理人承担代理行为法律后果的一项法律制度。
拓展	我国刑事诉讼中的辩护包括自行辩护、委托辩护和指定辩护三种。自行辩护，是指犯罪嫌疑人、被告人自己针对指控进行申辩、反驳的行为。委托辩护，是指犯罪嫌疑人、被告人依法委托律师或其他公民协助其进行辩护，以维护其合法权益。指定辩护，是指公安司法机关为经济困难或者其他原因没有委托辩护人的犯罪嫌疑人、被告人指定承担法律援助义务的律师为其进行辩护。 辩护与代理的目的是帮助委托人正确、顺利行使诉讼权利，维护其合法权益，从而有效保障诉讼活动的良性运行。
条文	本章共16条，修改4条，增加3条。

修改	本章主要进行了以下修改： 1. 明确了侦查阶段律师的辩护人地位。诉讼地位决定诉讼参与人在诉讼中的权利和义务。1996年《刑事诉讼法》只规定侦查阶段律师可以为犯罪嫌疑人提供法律帮助，但没有明确其具体的诉讼地位，造成实践中律师行使权利存在较大障碍，也难以真正发挥功能。修改后的《刑事诉讼法》明确了律师的“辩护人”地位，使其名正言顺地享有辩护人的权利，履行辩护人的职责。这对于侦查阶段犯罪嫌疑人权利的保障和促进刑事辩护制度发展，都具有重要意义。 2. 扩大并明确了辩护律师的权利。在1996年《刑事诉讼法》实施过程中，律师在履行辩护职责时普遍遇到会见难、阅卷难、调查取证难等问题，严重妨碍其辩护权的行使。修改后的《刑事诉讼法》对此有较大改善，有效解决了上述问题。 3. 扩大了法律援助的适用范围。修改后的《刑事诉讼法》对法律援助制度有较大完善，扩大了法律援助的范围，明确了公安司法机关为符合条件者提供法律援助的义务，同时赋予犯罪嫌疑人、被告人及其近亲属直接向法律援助机构申请法律援助的权利。 4. 补充规定了辩护人的告知义务。修改后的《刑事诉讼法》明确了辩护人必要的告知义务。规定：辩护人接受犯罪嫌疑人、被告人委托后，应当及时告知办理案件的机关；辩护人收集的有关犯罪嫌疑人不在犯罪现场、未达到刑事责任年龄、属于不负刑事责任的精神病人的证据，应当及时告知公安机关、人民检察院；辩护律师在执业活动中知悉委托人或者其他人，准备或者正在实施危害国家安全、公共安全以及严重危害他人人身安全的犯罪的，应当及时告知司法机关。

第三十二条　犯罪嫌疑人、被告人除自己行使辩护权以外，还可以委托一至二人作为辩护人。下列的人可以被委托为辩护人：

（一）律师；

（二）人民团体或者犯罪嫌疑人、被告人所在单位推荐的人；

（三）犯罪嫌疑人、被告人的监护人、亲友。

正在被执行刑罚或者依法被剥夺、限制人身自由的人，不得担任辩护人。

【条文主旨】本条是关于辩护人范围的规定。

【修改情况】本条未作修改。

【条文解读】在刑事诉讼中，辩护是犯罪嫌疑人、被告人维护其合法权利的有效手段。犯罪嫌疑人、被告人除可以自行辩护以外，还可以委托辩护人帮助其行使该项权利。在刑事诉讼中，犯罪嫌疑人、被告人可以委托辩护人的人数为一至二名。可以担任辩护人的范围是：（1）律师。律师，是指依法取得律师执业证书，接受委托或者指定，为当事人提供法律服务的执业人员。（2）人民团体或者犯罪嫌疑人、被告人所在单位推荐的人。人民团体，是指共青团、妇联、工会等群众性团体。（3）犯罪嫌疑人、被告人的监护人、亲友。监护人，是指对无行为能力或者限制行为能力的人的人身、财产或其他一切合法权益负有监督和保护责任的人。亲友，是指犯罪嫌疑人、被告人的亲戚、朋友。但是，对于正在被执行刑罚或者依法被剥夺、限制人身自由的人，即使其属于上述三种人之一，也不得担任辩护人为犯罪嫌疑人、被告人辩护。

第三十三条　犯罪嫌疑人自被侦查机关第一次讯问或者采取强制措施之日起，有权委托辩护人；在侦查期间，只能委托律师作为辩护人。被告人有权随时委托辩护人。

侦查机关在第一次讯问犯罪嫌疑人或者对犯罪嫌疑人采取强制措施的时候，应当告知犯罪嫌疑人有权委托辩护人。人民检察院自收到移送审查起诉的案件材料之日起三日以内，应当告知犯罪嫌疑人有权委托辩护人。人民法院自受理案件之日起三日以内，应当告知被告人有权委托辩护人。犯罪嫌疑人、被告人在押期间要求委托辩护人的，人民法院、人民检察院和公安机关应当及时转达其要求。

犯罪嫌疑人、被告人在押的，也可以由其监护人、近亲属代为委托辩护人。

辩护人接受犯罪嫌疑人、被告人委托后，应当及时告知办理案件的机关。

【条文主旨】本条是有关犯罪嫌疑人、被告人委托辩护人的时间的规定。

【修改情况】修改后的《刑事诉讼法》对侦查阶段律师的辩护人地位、犯罪嫌疑人委托律师辩护的时间予以了明确规定。并增加规定了侦查机关的告知义务，犯罪嫌疑人、被告人在押期间要求委托辩护人时相关机关的转达义务，近亲属代为委托辩护人、辩护人接受委托后对办案机关的告知义务等内容。

【条文解读】犯罪嫌疑人在侦查阶段委托辩护人的时间是：犯罪嫌疑人自被侦查机关第一次讯问或者采取强制措施之日起，有权委托辩护人。犯罪嫌疑人被第一次讯问，是指在侦查人员首次依照有关程序规定，就案件事实以及与案件有关的其他问题以言词的方式，对有犯罪嫌疑的人进行提问并要求其回答的活动。如果侦查机关仅仅是向其了解有关情况，并没有将其作为犯罪嫌疑人对待的，不应当认为是第一次讯问。被采取强制措施，是指犯罪嫌疑人被采取拘传、取保候审、监视居住、拘留或逮捕等措施。侦查机关在实施第一次讯问或者采取强制措施的时候，有义务告知犯罪嫌疑人有权委托辩护人。在侦查阶段，辩护人只能由律师承担。

在审查起诉阶段，犯罪嫌疑人、被告人有权随时委托辩护人。同时，《刑事诉讼法》赋予人民检察院告知义务，即自收到侦查机关侦查终结并移送审查起诉的案件材料之日起三日以内，应当告知犯罪嫌疑人有权委托辩护人。

在审判阶段，自人民法院受理案件之日起，被告人有权随时委托辩护人。同样，人民法院承担告知义务，即人民法院受理案件之日起三日以内，应当告知被告人有权委托辩护人。

如果犯罪嫌疑人、被告人被羁押，并且要求委托辩护人的，人民法院、人民检察院、公安机关应当及时转达其要求，不得故意拖延。

在犯罪嫌疑人、被告人被羁押的情况下，其监护人、近亲属有权代为委托辩护人。辩护人接受犯罪嫌疑人、被告人委托后，应当及时告知办理案件的机关，以方便有关机关履行相应的职责。同时，这也有利于委托人诉讼权利的保护。

第三十四条　犯罪嫌疑人、被告人因经济困难或者其他原因没有委托辩护人的，本人及其近亲属可以向法律援助机构提出申请。对符合法律援助条件的，法律援助机构应当指派律师为其提供辩护。

犯罪嫌疑人、被告人是盲、聋、哑人，或者是尚未完全丧失辨认或者控制自己行为能力的精神病人，没有委托辩护人的，人民法院、人民检察院和公安机关应当通知法律援助机构指派律师为其提供辩护。

犯罪嫌疑人、被告人可能被判处无期徒刑、死刑，没有委托辩护人的，人民法院、人民检察院和公安机关应当通知法律援助机构指派律师为其提供辩护。

【条文主旨】本条是有关法律援助情形的规定。

【修改情况】本条增加了盲聋、哑人，尚未完全丧失辨认或者控制自己行为能力的精神病人，以及可能被判处无期徒刑、死刑的犯罪嫌疑人、被告人可以获得法律援助的规定，还规定了犯罪嫌疑人、被告人及其近亲属可以申请法律援助的规定。

【条文解读】1996年《刑事诉讼法》虽然对法律援助进行了规定，但受援范围狭窄，决定主体狭窄，不利于权利人权利的保障。修改后的《刑事诉讼法》规定了三种法律援助的情形：（1）犯罪嫌疑人、被告人因经济困难或者其他原因没有委托辩护人的，本人或者其近亲属可以向法律援助机构提出申请，如果法律援助机构认为其符合条件的，就应当指派律师为其提供辩护。犯罪嫌疑人、被告人的近亲属，包括：夫、妻、父、母、子、女、同胞兄弟姊妹。经济困难，一般是指当事人财产状况不佳，无法支付律师费用的情形。其他原因，是指除经济原因以外的，其他当事人无法委托辩护人的情形。（2）犯罪嫌疑人、被告人是盲、聋、哑人，或者是尚未完全丧失辨认或者控制自己行为能力的精神病人，在诉讼中没有委托辩护人的，无论是否经济困难，人民法院、人民检察院和公安机关都应当通知法律援助机构指派律师为其提供辩护。尚未完全丧失辨认或者控制自己行为能力的精神病人，是指限制刑事责任能力人；对于完全丧失辨认或者控制自己行为能力的精神病人，应由法定代理人代为委托。（3）犯罪嫌疑人、被告人可能被判处无期徒刑、死刑，并且在诉讼中没有委托辩护人的，无论是否经济困难，人民法院、人民检察院和公安机关都应当通知法律援助机构指派律师为其提供辩护。根据修改后的《刑事诉讼法》的精神，对于第（2）、（3）项的情形，只要犯罪嫌疑人、被告人是盲、聋、哑人，或者是尚未完全丧失辨认或者控制自己行为能力的精神病人，或者是可能被判处无期徒刑、死刑的，只要其没有委托辩护人，其在侦查、起诉、审判阶段都有权获得法律援助。

第三十五条　辩护人的责任是根据事实和法律，提出犯罪嫌疑人、被告人无罪、罪轻或者减轻、免除其刑事责任的材料

和意见，维护犯罪嫌疑人、被告人的诉讼权利和其他合法权益。

【条文主旨】本条是有关辩护人责任的规定。

【修改情况】本条删去了“提出证明犯罪嫌疑人、被告人无罪、罪轻或者减轻、免除其刑事责任的材料和意见”中的“证明”二字，增加了辩护人保障犯罪嫌疑人、被告人诉讼权利的内容。

【条文解读】辩护人是帮助犯罪嫌疑人、被告人行使辩护权的人，其主要职责是提出犯罪嫌疑人、被告人无罪、罪轻，或者减轻、免除其刑事责任的材料和意见。但辩护人提出辩护意见，只是在行使辩护权利，履行辩护职责，并不承担证明被告人无罪或罪轻的证明责任。法律明确规定，证明被告人有罪的责任由控方承担，因此本次诉讼法的修改去除了要求辩护人“证明”的字眼。辩护人提出有利于犯罪嫌疑人、被告人的材料和意见，必须依据事实和法律，不能实施违背法律，歪曲事实、伪造证据，或者威胁、引诱他人捏造、伪造证据等行为。此外，修改后的《刑事诉讼法》更加强调辩护人维护犯罪嫌疑人、被告人诉讼权利的责任，增添了程序辩护的内容，有利于保障犯罪嫌疑人、被告人依法享有的诉讼权益不受侵犯，保障刑事诉讼活动依法进行。

第三十六条　辩护律师在侦查期间可以为犯罪嫌疑人提供法律帮助；代理申诉、控告；申请变更强制措施；向侦查机关了解犯罪嫌疑人涉嫌的罪名和案件有关情况，提出意见。

【条文主旨】本条是有关侦查阶段辩护律师享有权利和辩护内容的规定。

【修改情况】本条是新增条文。

【条文解读】侦查阶段辩护律师依法享有的权利和开展的辩护工作内容包括：（1）为犯罪嫌疑人提供法律帮助。包括进行法律咨询、书写相关文书等。（2）代理申诉、控告。对于侦查机关的违法办案行为和人身侮辱行为，辩护律师可以代犯罪嫌疑人向有关机关或部门进行申诉、控告。（3）申请变更强制措施。对于侦查机关采取强制措施不合法、超期羁押等情形，律师可以申请变更。(4) 向侦查机关了解犯罪嫌疑人涉嫌的罪名和案件有关情况，提出意见。涉嫌的罪名，是指犯罪嫌疑人被怀疑、指控或者实施的触犯《刑法》的罪名；案件有关情况，是指案件的进展情况，包括：扣押财产情况、采取强制措施情况、相关诉讼文书等。了解涉嫌的罪名和案件有关情况，辩护律师可以向侦查机关提出犯罪嫌疑人无罪、罪轻或者减轻、免除刑事责任的意见。

第三十七条　辩护律师可以同在押的犯罪嫌疑人、被告人会见和通信。其他辩护人经人民法院、人民检察院许可，也可以同在押的犯罪嫌疑人、被告人会见和通信。

辩护律师持律师执业证书、律师事务所证明和委托书或者法律援助公函要求会见在押的犯罪嫌疑人、被告人的，看守所应当及时安排会见，至迟不得超过四十八小时。

危害国家安全犯罪、恐怖活动犯罪、特别重大贿赂犯罪案件，在侦查期间辩护律师会见在押的犯罪嫌疑人，应当经侦查机关许可。上述案件，侦查机关应当事先通知看守所。

辩护律师会见在押的犯罪嫌疑人、被告人，可以了解案件有关情况，提供法律咨询等；自案件移送审查起诉之日起，可以向犯罪嫌疑人、被告人核实有关证据。辩护律师会见犯罪嫌疑人、被告人时不被监听。

辩护律师同被监视居住的犯罪嫌疑人、被告人会见、通信，适用第一款、第三款、第四款的规定。

【条文主旨】本条是有关辩护人会见权和通信权的规定。

【修改情况】与1996年《刑事诉讼法》第三十六条规定相比，本条有重要修改。将原法第三十六条规定的辩护律师和其他辩护人阅卷权的内容，修改完善并移至第三十八条。本条增加了律师持“三证”可以会见在押的犯罪嫌疑人、被告人的规定，以及三类案件中律师会见犯罪嫌疑人、被告人须经批准的例外规定。

【条文解读】1996年《刑事诉讼法》仅仅规定辩护律师可以同在押的犯罪嫌疑人会见和通信，但对于会见的程序、时间、范围等都没有加以明确规定，造成了律师会见在押的犯罪嫌疑人、被告人难的状况。修改后的《刑事诉讼法》对辩护人的会见权进行了细化和保障：（1）会见权的享有。辩护律师有权会见在押的犯罪嫌疑人、被告人，与其通信，不需人民法院、人民检察院批准；除律师以外的辩护人，在获得人民法院、人民检察院批准后，可以会见在押的犯罪嫌疑人、被告人，与其通信。（2）辩护律师会见的手续。律师只要凭律师执业证书、律师事务所证明和委托书或者法律援助公函三份文件就可要求会见当事人，看守所应当及时安排会见，至迟不得超过四十八小时。（3）辩护律师会见的内容。辩护律师会见时可以向犯罪嫌疑人、被告人了解案件有关情况，并提供法律咨询，代理申诉、控告，申请取保候审等。但是，只有在案件侦查终结、移送人民检察院审查起诉之后，才能向犯罪嫌疑人、被告人核实相关证据。（4）不被侦查机关或看守部门监听。辩护律师会见犯罪嫌疑人、被告人时，公安司法机关不能派人在场，或者通过其他方式监听。（5）批准会见的例外规定。在三类案件中，辩护律师要在案件侦查期间会见在押的犯罪嫌疑人必须取得侦查机关的许可，这三类案件分别是：危害国家安全犯罪案件、恐怖活动犯罪案件、特别重大贿赂犯罪案件。对于需要批准，辩护律师才能会见的案件，侦查机关事先应当通知看守所。此三类案件侦查终结后，辩护律师要求会见犯罪嫌疑人、被告人的，则无须获得侦查机关、人民检察院、人民法院的许可。本条第五款规定，如果辩护律师要会见正在被监视居住的犯罪嫌疑人、被告人，或者要与其通信的，要遵照本条第一款、第三款和第四款的规定进行。

第三十八条　辩护律师自人民检察院对案件审查起诉之日起，可以查阅、摘抄、复制本案的案卷材料。其他辩护人经人

民法院、人民检察院许可，也可以查阅、摘抄、复制上述材料。

【条文主旨】本条是有关辩护律师阅卷权的规定。

【修改情况】本条是对1996年《刑事诉讼法》第三十六条规定的修改，将辩护人阅卷范围扩大至本案的案卷材料。

【条文解读】修改后的《刑事诉讼法》对辩护律师的阅卷权也予以了明确和保障：（1）阅卷的时间。自案件侦查终结，侦查机关移送人民检察院审查起诉之日起，辩护律师就可以阅卷，包括检察机关审查起诉阶段和人民法院审判阶段。（2）阅卷的方式。辩护律师不仅可以查阅相关材料，还可以对其进行摘抄、复制。（3）阅卷的内容为“本案的案卷材料”。在公诉案件中，包括所有证据材料和诉讼文书；在自诉案件中，应是刑事自诉状以及相关证据；人民检察院决定不起诉，被害人向人民法院起诉的，人民检察院移送给人民法院的案卷材料也应当包含在内。（4）律师以外的其他辩护人要查阅、摘抄、复制上述材料的，在审查起诉阶段须经人民检察院许可，在审判阶段须经人民法院许可。

第三十九条　辩护人认为在侦查、审查起诉期间公安机关、人民检察院收集的证明犯罪嫌疑人、被告人无罪或者罪轻的证据材料未提交的，有权申请人民检察院、人民法院调取。

【条文主旨】本条是有关辩护人申请调取证据材料的规定。

【修改情况】本条是新增条文。

【条文解读】依照法律规定，侦查人员、检察人员应当全面收集证据，既要收集能够证实犯罪嫌疑人有罪、罪重的证据，又要收集能够证实犯罪嫌疑人无罪、罪轻的证据，并且应当忠实于事实真相。在诉讼进行中，侦查机关侦查终结移送检察机关审查起诉时，检察机关审查起诉决定提起公诉时，都应当随案移送全部案卷材料，以便检察机关在审查起诉和人民法院审判案件时能够全面审查所有证据，正确认定案件事实。因此，当辩护人在审查起诉阶段，认为公安机关在侦查期间收集的证明犯罪嫌疑人无罪或者罪轻的证据材料未向人民检察院提交的，可以申请人民检察院向原侦查机关调取；当辩护人在审判阶段，认为人民检察院在审查起诉阶段收集的证明被告人无罪或者罪轻的证据材料未向人民法院提交的，可以申请人民法院向审查起诉的检察机关调取。通过此条规定，可以促使侦查机关和起诉机关向其后的办案机关全面移送证据材料，有利于其后的司法机关全面了解案情和证据，最终有利于案件的正确处理，有利于犯罪嫌疑人、被告人合法权益的保障。

第四十条　辩护人收集的有关犯罪嫌疑人不在犯罪现场、未达到刑事责任年龄、属于依法不负刑事责任的精神病人的证据，应当及时告知公安机关、人民检察院。

【条文主旨】本条是有关辩护人告知义务的规定。

【修改情况】本条是新增条文。

【条文解读】在刑事诉讼中，辩护人有权收集证明犯罪嫌疑人、被告人无罪、罪轻或者减轻、免除刑罚的证据。但是，对于自行收集到的以下三类证据，应当及时告知公安机关、人民检察院，不得故意拖延、隐瞒：（1）犯罪嫌疑人不在犯罪现场的证据；（2）犯罪嫌疑人未达到刑事责任年龄的证据；（3）犯罪嫌疑人属于依法不负刑事责任的精神病人的证据，主要包括证明犯罪嫌疑人为完全不能辨认和控制自己行为的精神病人，或者证明犯罪嫌疑人为间歇性精神病人，在犯罪时其处于不能辨认和控制自己行为的状态。本条所指的辩护人包括辩护律师，以及其他允许接受委托担任辩护人的人。由于此三类证据一经查实，对犯罪嫌疑人指控的犯罪行为就不能成立或者犯罪嫌疑人依法不承担刑事责任，刑事诉讼就应该终结，因此当辩护人收集掌握此三类证据后，应当及时告知办案的公安机关、人民检察院，以便公安机关、人民检察院及时进行核查，及时解除犯罪嫌疑人的犯罪嫌疑。这样既有利于犯罪嫌疑人的权益保护，也有利于刑事诉讼的顺利进行，节省司法资源。

第四十一条　辩护律师经证人或者其他有关单位和个人同意，可以向他们收集与本案有关的材料，也可以申请人民检察院、人民法院收集、调取证据，或者申请人民法院通知证人出庭作证。

辩护律师经人民检察院或者人民法院许可，并且经被害人或者其近亲属、被害人提供的证人同意，可以向他们收集与本案有关的材料。

【条文主旨】本条是有关辩护律师调查取证权的规定。

【修改情况】本条未作修改。

【条文解读】辩护律师调查相关证据有三种方式：（1）自行向证人或者其他有关单位和个人收集与本案有关的材料，但是事先应取得被调查对象的同意。（2）对于无法收集或收集有困难的证据，可以申请人民检察院、人民法院收集、调取，如档案、保密材料等。（3）在法庭审理阶段，辩护人还可以申请法院通知证人出庭，向法庭提供证言。但是，辩护律师向被害人一方收集与本案有关的材料，具体指向被害人、被害人的近亲属、被害人提供的证人收集材料时，必须履行特定的手续，包括：（1）获得人民检察院或者人民法院的许可；（2）获得被调查对象，即被害人、被害人的近亲属、被害人提供的证人的同意。

根据本条的精神，调查取证权是辩护律师所享有的一项诉讼权利，其他非律师担任辩护人的不得调查取证，而只能申请人民检察院或者人民法院调取相关证据。

第四十二条　辩护人或者其他任何人，不得帮助犯罪嫌疑人、被告人隐匿、毁灭、伪造证据或者串供，不得威胁、引诱证人作伪证以及进行其他干扰司法机关诉讼活动的行为。

违反前款规定的，应当依法追究法律责任，辩护人涉嫌犯罪的，应当由办理辩护人所承办案件的侦查机关以外的侦查机

关办理。辩护人是律师的，应当及时通知其所在的律师事务所或者所属的律师协会。

【条文主旨】本条是有关辩护人不得干扰诉讼活动义务的规定。

【修改情况】本条修改涉及以下几个方面：在责任主体方面除辩护人外，增加了其他任何人；在追究辩护人法律责任程序方面增加了辩护人涉嫌犯罪的，由办理辩护人所承办案件的侦查机关以外的侦查机关办理的规定。

【条文解读】辩护人依据事实和法律进行辩护，是辩护人的责任，依法受到保护。但辩护人不得从事妨碍和破坏诉讼活动正常进行的行为，否则将被追究法律责任。伪造证据是严重影响诉讼活动的顺利进行，影响案件处理的客观公正的行为。修改后的《刑事诉讼法》规定辩护人或其他任何人均不得从事干扰司法活动的行为。从本条规范的主体来看，主要是辩护人，包括本法第三十二条规定的三类人。但其他任何人都不得从事本条所禁止的行为，否则同样要被追究法律责任。本条所禁止辩护人或者其他任何人从事的行为是：（1）不得帮助犯罪嫌疑人、被告人隐匿、毁灭、伪造证据或者串供。隐匿证据，是指将存在的证据隐藏于公安司法机关和其他人不知晓、无法收集的地方。毁灭证据，是指将原先存在的证据损毁、灭失，使公安司法机关和其他人无法再收集。伪造证据，是指伪造原本不存在的证据。串供，是指在共同犯罪案件中，共犯相互之间就某些问题进行串通，使口供一致。（2）不得威胁、引诱证人作伪证。威胁证人作伪证，是指采用暴力、威胁等方式，在证人不情愿的情况下，促使其编造事实，提供虚假证词。引诱证人作伪证，是指采用金钱、许诺某些利益等方式，诱使证人“自愿”向公安司法机关提供违背事实的证词。（3）辩护人或者其他任何人不得进行其他干扰司法机关诉讼活动的行为。这是指辩护人或其他任何人不得实施除上述两项行为以外的，可能影响公安司法机关收集证据、抓获犯罪嫌疑人、认定事实等诉讼活动的行为。

辩护人或者其他任何人如果违反上述规定，实施了干扰诉讼活动行为的，有关部门可以追究其民事责任、行政责任甚至是刑事责任。追究辩护人的刑事责任，实行侦查回避制度，即应由办理辩护人所承办案件的侦查机关以外的侦查机关办理；另外，如果是律师担任辩护人的，侦查机关还应当通知其所在律师事务所或律师协会。

第四十三条　在审判过程中，被告人可以拒绝辩护人继续为他辩护，也可以另行委托辩护人辩护。

【条文主旨】本条是有关被告人在审判过程拒绝辩护人辩护和更换辩护人的规定。

【修改情况】本条未作修改。

【条文解读】辩护人是受被告人委托或接受法院指定而承担辩护工作的。被告人可以终止这种委托，这是被告人在刑事诉讼中的一项诉讼权利。本条对被告人的这一权利分两个方面进行了规定：(1) 被告人可以拒绝辩护人继续为他辩护，对于委托辩护而言，这就是终止委托。对于人民法院依照法律规定为其指定的辩护人，被告人也可以拒绝该指定辩护人继续为自己辩护，也就是不再接受指定。被告人具有本法第三十四条第二款、第三款情形的，拒绝人民法院指定的辩护人为其辩护，有正当理由的，人民法院可以允许。但被告人需另行委托辩护人，或者人民法院应当为其另行指定辩护人。(2) 被告人可以更换辩护人，即被告人认为原辩护人辩护不力或者不同意辩护人的辩护时，可以拒绝辩护人继续为其辩护，再另行委托其他辩护人为其进行辩护。

第四十四条　公诉案件的被害人及其法定代理人或者近亲属，附带民事诉讼的当事人及其法定代理人，自案件移送审查起诉之日起，有权委托诉讼代理人。自诉案件的自诉人及其法定代理人，附带民事诉讼的当事人及其法定代理人，有权随时

委托诉讼代理人。

人民检察院自收到移送审查起诉的案件材料之日起三日以内，应当告知被害人及其法定代理人或者其近亲属、附带民事诉讼的当事人及其法定代理人有权委托诉讼代理人。人民法院自受理自诉案件之日起三日以内，应当告知自诉人及其法定代理人、附带民事诉讼的当事人及其法定代理人有权委托诉讼代理人。

【条文主旨】本条是有关委托诉讼代理人的规定。

【修改情况】本条未作修改。

【条文解读】在公诉案件中，可以委托诉讼代理人的包括被害人及其法定代理人或者近亲属，附带民事诉讼的当事人及其法定代理人。在自诉案件中，可以委托诉讼代理人的包括自诉人及其法定代理人、附带民事诉讼的当事人及其法定代理人。法定代理人，是指根据法律规定，代理无诉讼行为能力的当事人进行诉讼，直接行使诉讼代理权的人，一般是针对精神病人、未成年人和其他无诉讼行为能力的人。附带民事诉讼当事人，是指附带民事诉讼的原、被告双方。

在公诉案件中，权利人自案件侦查终结、移送人民检察院审查起诉之日起，有权委托诉讼代理人；对于权利人没有委托诉讼代理人的，人民检察院应当自收到侦查机关移送审查起诉的案件材料之日起三日以内，告知权利人可以委托诉讼代理人。在自诉案件中，权利人有权在诉讼中的任何时间委托诉讼代理人；对于权利人没有委托的，人民法院自受理自诉案件之日起三日以内，应当告知权利人有权委托诉讼代理人。

第四十五条　委托诉讼代理人，参照本法第三十二条的规定执行。

【条文主旨】本条是有关委托诉讼代理人范围的规定。

【修改情况】本条未作修改。

【条文解读】权利人委托诉讼代理人，参照本法第三十二条的规定执行，即在诉讼中可以委托一至二名诉讼代理人。诉讼代理人的范围包括：（1）律师；（2）人民团体或者犯罪嫌疑人、被告人所在单位推荐的人；（3）犯罪嫌疑人、被告人的监护人、亲友。正在被执行刑罚或者依法被剥夺、限制人身自由的人，不得担任诉讼代理人。

第四十六条　辩护律师对在执业活动中知悉的委托人的有关情况和信息，有权予以保密。但是，辩护律师在执业活动中知悉委托人或者其他人，准备或者正在实施危害国家安全、公共安全以及严重危害他人人身安全的犯罪的，应当及时告知司法机关。

【条文主旨】本条是有关律师保密权和告知义务的规定。

【修改情况】本条是新增条文。

【条文解读】辩护律师对在执业活动中知悉的委托人的有关情况和信息予以保密，是维护辩护律师和委托人之间相互信任关系的必要措施，也是维护刑事辩护制度正常运作的基础。这一点在《律师法》中已经予以了明确规定，修改后的《刑事诉讼法》对此作了同样规定，以保持一致。律师保守委托人的有关情况和信息，是立法赋予辩护律师的一项权利。但这一权利是相对于办案机关而言的，即办案机关不能要求辩护律师提供其在执业活动中知悉的委托人的有关情况和信息，更不能因不提供有关情况和信息而处罚或迫害辩护律师。而相对于委托人而言，辩护律师保密则是一项义务，即辩护律师有义务对其在执业活动中知悉的委托人的情况和信息保守秘密。对于不是在执业活动中所知晓的情况和信息，则不存在保密的问题。律师保密不仅限于在委托关系存续期间，在委托关系结束以后，律师就其执业活动中知晓的相关信息也需要保密。律师保密也存在一定的限制或者例外，即对于委托人或其他人，准备或者正在实施危害国家安全、公共安全以及严重危害他人人身安全的犯罪的，应当及时告知有关司法机关，不得故意拖延、隐瞒，以免给国家安全、公共安全或者公民个人人身安全造成危害。

第四十七条　辩护人、诉讼代理人认为公安机关、人民检察院、人民法院及其工作人员阻碍其依法行使诉讼权利的，有权向同级或者上一级人民检察院申诉或者控告。人民检察院对申诉或者控告应当及时进行审查，情况属实的，通知有关机关予以纠正。

【条文主旨】本条是有关辩护人、诉讼代理人申诉、控告的规定。

【修改情况】本条是新增条文。

【条文解读】为了保障辩护人和诉讼代理人依法行使诉讼权利，正常履行职责，修改后的《刑事诉讼法》增加了对辩护人、诉讼代理人的权利救济程序，强化了人民检察院的诉讼监督责任。依照本条规定，辩护人、诉讼代理人在履行职责过程中，如果遇有阻碍其依法行使诉讼权利的情况，可以向人民检察院进行申诉或者控告。对于公安机关、人民法院及其工作人员实施阻碍行为的，有权向同级人民检察院进行申诉或者控告。对于人民检察院及其工作人员实施阻碍行为的，有权向上一级人民检察院进行申诉或者控告。人民检察院对于申诉、控告应当予以及时审查，对于确实存在阻碍辩护人、诉讼代理人依法行使诉讼权利情况的，应当通知有关机关予以纠正。

第五章　证　据

主旨	本章是关于证据的规定。
定义	证据，是指以法律规定的形式表现出来的，能够证明案件事实的材料。
条文	本章共 16 条，修改 5 条，增加 8 条。
修改	本章主要进行了以下修改： 1. 修正了证据概念，完善了证据种类。在证据概念方面，将 1996 年《刑事诉讼法》的"事实说"证据概念修改为"材料说"。在证据种类方面，一是增加了辨认笔录、侦查实验笔录、电子数据等新的证据种类，解决了实践中一些实际存在的证据种类于法无据的问题；二是将"鉴定结论"改为"鉴定意见"，有利于纠正实践中盲目依赖、轻信鉴定结论的倾向。 2. 明确了证明责任的分配，细化了证明标准的条件。在证明责任方面，明确规定公诉案件中被告人有罪的举证责任由人民检察院承担，自诉案件中被告人有罪的举证责任由自诉人承担。在证明标准方面，对"证据确实、充分"的标准予以了细化解释，指出"证据确实、充分"应当符合以下条件：(1) 定罪量刑的事实都有证据证明；(2) 据以定案的证据均经法定程序查证属实；(3) 综合全案证据，对所认定事实已排除合理怀疑。上述有关证明责任、证明标准的规定都体现了无罪推定原则的精神，是对无罪推定原则的进一步落实。

修改	3. 确立了反对强迫自证其罪原则，完善了非法证据排除制度。明确规定“不得强迫任何人证实自己有罪”，确立了反对强迫自证其罪原则。在非法证据排除制度方面，规定了非法证据的排除范围与标准，设置了证据合法性调查程序，明确了人民检察院对取证方式的监督职责和对证据合法性的证明责任，确立了有限的侦查人员出庭作证制度。这些规定对抑制违法侦查、保持惩罚犯罪和保障人权的平衡，具有重大的意义。 4. 完善了证人权利保障制度。在证人权利保障方面，一是完善了证人保护制度，规定了证人保护的具体措施和适用对象，为证人提供了人身安全方面的保障；二是确立了证人经济保障制度，规定了对证人因履行作证义务而支出的相关费用应当给予补助，证人的工作单位不得克扣或变相克扣证人的工资、奖金及其他福利待遇，为证人提供了经济利益方面的保障。证人权利保障制度的完善有利于推动证人出庭作证。

第四十八条　可以用于证明案件事实的材料，都是证据。

证据包括：

（一）物证；

（二）书证；

（三）证人证言；

（四）被害人陈述；

（五）犯罪嫌疑人、被告人供述和辩解；

（六）鉴定意见；

（七）勘验、检查、辨认、侦查实验等笔录；

（八）视听资料、电子数据。

证据必须经过查证属实，才能作为定案的根据。

【条文主旨】本条是关于证据概念和证据种类的规定。

【修改情况】在证据概念方面，本条将1996年《刑事诉讼法》中的“证明案件真实情况的一切事实，都是证据”修改为“可以用于证明案件事实的材料，都是证据”。在证据种类方面，本条将原规定在同一项下的物证、书证分别规定在不同项下；将“鉴定结论”修改为“鉴定意见”；增加了“辨认、侦查实验等笔录”；增加了“电子数据”。

【条文解读】本条共三款。第一款是关于证据的定义。关于证据的概念，理论界争议较大，形成了多种学说。1996年《刑事诉讼法》采用“事实说”，规定“证明案件真实情况的一切事实，都是证据”。这种将“证据”直接界定为“事实”的概念解释受到了很多学者的质疑，一是认为，如果证据本身就是一种“事实”，那么也就不需要对证据予以审查判断了。这显然不符合实际，也有违逻辑。二是认为，法律可以规制证据，却无法规制“事实”。因为“事实”是一种客观存在，无所谓合法事实或非法事实，如果认为证据是一种“事实”，那么就无法通过法律去对证据的资格予以限定，从而也就无法通过对证据资格的限定来实现价值平衡。本条采用“材料说”，规定证据是“可以用于证明案件事实的材料”，解决了“事实说”所存在的上述矛盾与问题：材料有真有假，因此需要对证据的真伪予以审查判断；材料有合法取得的也有非法取得的，因此可以从合法性角度来规定某一材料是否具备证据资格，能否作为证据使用，从而有利于在实体真实与程序正当之间寻求平衡。

第二款是关于证据的种类。依本款规定，证据分为八种：（1）物证。物证，是指以其外部特征、物质属性和存在场所来证明案件事实的物品或者痕迹。（2）书证。书证，是指以文字、符号、图画等记载的内容和表达的思想来证明案件事实的书面文件和其他材料。物证、书证原来被规定在同一项下，但它们其实是两种完全不同的证据种类，因此本次《刑事诉讼法》的修改将它们分别规定在了不同的项下。(3) 证人证言。证人证言，是指当事人以外的、了解案件情况、具有证人资格的人在诉讼过程中，向公安司法机关或律师所作的与案件情况有关的陈述。(4) 被害人陈述。被害人陈述，是指遭受犯罪行为直接侵害的人在诉讼过程中，向公安司法机关或律师就其遭受犯罪行为侵害的事实和有关犯罪嫌疑人、被告人的情况所作的陈述。(5) 犯罪嫌疑人、被告人供述和辩解。犯罪嫌疑人、被告人供述和辩解，是指犯罪嫌疑人、被告人在诉讼过程中，就其被指控的犯罪事实以及其他案件事实向公安司法机关所作的陈述，包括承认自己有罪的供述和说明自己无罪、罪轻的辩解，司法实践中通常统一简称为“口供”。(6) 鉴定意见。鉴定意见，是指鉴定人接受委托或聘请，运用自己的专门知识和现代科学技术手段，对诉讼中所涉及的某些专门性问题进行检测、分析、判断后，所出具的意见。本项将“鉴定结论”修改为“鉴定意见”，更准确地反映出了这一证据种类的本质。因为“鉴定结论”本身实际上就是鉴定人的一种专业性意见，这种意见有可能是对的，也有可能是错的；可能符合客观事实，也可能并不符合客观事实，对它的证明价值要通过质证与对其他证据的审查结合起来予以综合判断。称其为“结论”容易导致司法实践中轻信和盲目依赖鉴定结论，而忽视对鉴定结论的质证与审查。(7) 勘验、检查、辨认、侦查实验等笔录。勘验笔录，是指公安司法机关对与案件有关的现场进行勘查、检验时所制作的实况记录。检查笔录，是指公安司法机关对与犯罪有关的物品、人身、尸体进行检查时所制作的客观记录。辨认笔录，是指在侦查人员的主持下，由被害人、犯罪嫌疑人或者证人对与犯罪有关的物品、文件、尸体、场所或者犯罪嫌疑人进行辨认时所制作的客观记录。侦查实验笔录，是指侦查机关为了确定与案件有关的某一事件在某种条件下能否发生或者怎样发生而按照原来的条件，将该事件或者事实加以重演或者进行实验时所制作的客观记录。本项增加了辨认笔录、侦查实验笔录这两个证据种类，解决了实践中实际上存在这两类证据，而法定证据种类中却未涵盖这两类证据的问题。本项还通过“等”的规定，将其他可用以证明案件事实的侦查活动的笔录，纳入了法定证据的范围。(8)视听资料、电子数据。视听资料，是指以录音带、录像带、电影胶片、电子计算机或者电子磁盘存储的音响、活动影像和图形等来证明案件事实的证据。电子数据，是指以电子计算机或者电子磁盘存储的数据来证明案件事实的证据。电子数据为本项新增的证据种类，因为视听资料按其本意理解，一般仅指包含声音和图像信息的音像资料，而并不包括没有声音和图像的一般的电子数据。因此，将电子数据作为独立的证据种类来单独加以规定是有必要的。

第三款是关于证据的查证。强调了证据必须经过查证属实，才能作为定案的根据。证据是可以用于证明案件事实的材料，这些材料可能是真实的，能够客观地反映案件事实；也可能是虚假的，不能客观地反映案件事实。故意的伪造，环境的变化，取证手段的不正确，陈述主体的感知、记忆与表达能力的欠缺等，都可能导致证据不能客观地反映案件事实。因此，证据必须经过查证属实，才能作为定案的根据，“查证属实”是证据作为定案根据的一个前提。

第四十九条　公诉案件中被告人有罪的举证责任由人民检察院承担，自诉案件中被告人有罪的举证责任由自诉人承担。

【条文主旨】本条是关于举证责任分配的规定。

【修改情况】本条是新增条文。

【条文解读】举证责任，也称证明责任，是一个充满争议的概念。英美法系从当事人主义出发来界定证明责任，认为证明责任包括提供证据责任和说服责任，即诉讼主张的提出者必须提供和运用证据阐明、论证己方的主张，以说服法官采信己方的主张。如果其不能提供证据或其提供的证据无法说服法官采信其主张，则要承担因法官不采信己方主张所导致的不利诉讼后果。大陆法系则从职权主义出发来界定证明责任，认为证明责任主要是指，当法官在不能判断某一事实之真伪时，应推定就此事实承担证明责任的那方当事人的主张不成立。这意味着，当法官无法判断某一事实之真伪时，就该事实承担证明责任的那方当事人，将承担因法官推定己方主张不成立所导致的不利诉讼后果，这被称为客观的证明责任。而承担客观证明责任的那方当事人，为避免其主张因事实真伪不明而被推定为不成立，就必须积极地提供证据证明自己的主张，防止事实真伪不明的状态出现，这被称为主观的证明责任。在我国，由于过去在线性诉讼构造下，将“证明”概念界定为公安司法机关收集证据、审查判断证据、运用证据认定案件事实的自向查明活动，因此，证明责任最初就被等同于公安司法机关的查明职责。后来，由于这一概念无法涵盖当事人提供和运用证据证明己方主张的责任，因此，我们又用“举证责任”一词专指当事人提供和运用证据证明己方主张的责任，并由此开始研究“证明责任”和“举证责任”的关系问题，形成了“包容说”、“种属说”、“并列说”等多种学说。再后来，由于诉讼构造的变化，证明逐渐被界定为控辩双方提供证据，阐明、论证己方主张的活动。由此，证明责任也就不再被等同于公安司法机关的查明职责，而成为控方或辩方，通常是控方的一种责任。这种责任，从当事人责任的角度来看，同样包含提供证据责任和说服责任；从法官裁判职权的角度来看，则同样意味着在事实真伪不明时，就该事实承担证明责任的一方的主张要被推定为不成立。由此，证明责任和举证责任也就不再被加以区分了。

根据本条的规定，刑事诉讼中举证责任分配的基本原则为：公诉案件中被告人有罪的举证责任由人民检察院承担，自诉案件中被告人有罪的举证责任由自诉人承担。这意味着，从当事人责任的角度来看，公诉人和自诉人要承担提供证据阐明和论证被告人有罪，直至说服法官认定被告人有罪的责任，而要说服法官认定被告人有罪所要达到的标准也即证明标准。换句话说，如果公诉人或自诉人不能提供证据或者所提供的证据达不到证明标准，那么法官就不能采信其关于被告人有罪的主张，也即要判决被告人无罪。从法官裁判职责的角度来看，如果其无法确定被告人是否有罪，也即被告人是否有罪的事实真伪不明，那么就应推定承担证明责任的那方当事人，也即公诉人或自诉人的主张不成立，也即同样是判决被告人无罪。因此，将被告人有罪的举证责任分配给人民检察院或自诉人承担，正是无罪推定原则的体现与要求。

第五十条　审判人员、检察人员、侦查人员必须依照法定程序，收集能够证实犯罪嫌疑人、被告人有罪或者无罪、犯罪情节轻重的各种证据。严禁刑讯逼供和以威胁、引诱、欺骗以及其他非法方法收集证据，不得强迫任何人证实自己有罪。必须保证一切与案件有关或者了解案情的公民，有客观地充分地提供证据的条件，除特殊情况外，可以吸收他们协助调查。

【条文主旨】本条是关于收集证据的基本原则的规定。

【修改情况】本条增加了“不得强迫任何人证实自己有罪”的规定。

【条文解读】收集证据的基本原则，主要包括全面客观原则和合法原则。全面客观原则要求审判人员、检察人员、侦查人员既要收集能够证明犯罪嫌疑人、被告人有罪、罪重的证据，也要收集能够证明犯罪嫌疑人、被告人无罪、罪轻的证据，只有全面地收集证据才能客观地反映案件的真实情况。全面客观原则还要求要保障一切与案件有关或者了解案情的公民都能有客观、充分地提供证据的条件，除特殊情况外，可以吸收他们协助调查。合法原则要求审判人员、检察人员、侦查人员必须依照法定程序全面客观地收集证据，严禁刑讯逼供和以威胁、引诱、欺骗以及其他非法方法收集证据，不得强迫任何人证实自己有罪。

不得强迫任何人证实自己有罪，意味着不得以任何非法方法迫使包括犯罪嫌疑人、被告人在内的任何人认罪和提供证明自己有罪的证据，这也是无罪推定原则的必然要求。联合国《公民权利和政治权利国际公约》第十四条第三款（庚）规定：“不被强迫作不利于他自己的证言或强迫承认犯罪。”此规定一般被称为“反对强迫自证其罪原则”，它不仅是联合国刑事司法准则的重要内容，也是国际人权准则的重要内容。本条规定有利于抑制违法侦查、强化刑事诉讼中的人权保障，也体现了对国际刑事司法准则和国际人权准则的尊重。

第五十一条　公安机关提请批准逮捕书、人民检察院起诉书、人民法院判决书，必须忠实于事实真象。故意隐瞒事实真象的，应当追究责任。

【条文主旨】 本条是关于国家专门机关忠于事实真相职责的规定。

【修改情况】 本条未作修改。

【条文解读】 根据本条规定，公安机关、人民检察院、人民法院负有忠于事实真相的职责，公安机关提请批准逮捕的决定、人民检察院提起公诉的决定和人民法院的裁判都要以事实真相为依据。公安机关的提请批准逮捕书、人民检察院的起诉书、人民法院的判决书，都必须客观反映事实的真相，不能编造、歪曲和隐瞒。事实真相要通过查证属实的证据来予以确定，只有根据查证属实的证据所认定的案件事实才是事实真相。对于故意隐瞒事实真相的，要追究相应的责任。

第五十二条　人民法院、人民检察院和公安机关有权向有关单位和个人收集、调取证据。有关单位和个人应当如实提供证据。

行政机关在行政执法和查办案件过程中收集的物证、书证、视听资料、电子数据等证据材料，在刑事诉讼中可以作为证据使用。

对涉及国家秘密、商业秘密、个人隐私的证据，应当保密。

凡是伪造证据、隐匿证据或者毁灭证据的，无论属于何方，

必须受法律追究。

【条文主旨】 本条规定了国家专门机关的调查取证权、行政执法证据在刑事诉讼中的证据资格、应保密证据的范围和诉讼各方不得伪造、隐匿、毁灭证据的义务。

【修改情况】 本条增加了“行政机关在行政执法和查办案件过程中收集的物证、书证、视听资料、电子数据等证据材料，在刑事诉讼中可以作为证据使用”的规定；将1996年《刑事诉讼法》中的“对于涉及国家秘密的证据，应当保密”修改为“对涉及国家秘密、商业秘密、个人隐私的证据，应当保密”。

【条文解读】 在刑事诉讼中，人民法院、人民检察院和公安机关均具有调查取证权，有权向有关单位和个人收集、调取证据，有关单位和个人应当如实向这些机关提供证据。不过，鉴于人民法院承担着中立裁判的职能，其调查取证的范围和方式应当与人民检察院、公安机关调查取证的范围和方式有所区别。人民法院在调查取证的范围上一般仅限于对控辩双方已经提供的证据予以调查核实，而不能积极主动地去收集新的证据，尤其是不能积极主动地收集有罪证据；在调查取证的方式上则仅限于勘验、检查、查封、扣押、鉴定和查询、冻结等一般不致影响其中立立场的方式，而不能进行搜查。

对于行政机关在行政执法和查办案件过程中收集到的证据材料在刑事诉讼中可否作为证据使用，也即是否具备证据资格的问题，依据本条规定，应当根据不同的证据种类区别对待：对于行政执法机关在行政执法和查办案件过程中收集的物证、书证、视听资料、电子数据等证据材料，也即通常所谓的“客观证据”，因其无法重新收集，且其形式与内容均不易为取证方式所改变，因此在刑事诉讼中可以作为证据使用。而对一些陈述性证据，也即通常所谓的“主观证据”，则不宜在刑事诉讼中直接使用，而应由公安司法机关依据《刑事诉讼法》规定的程序重新收集。本款为新增内容，解决了行政执法与刑事司法衔接中证据转化方面的困扰，增加了打击相关犯罪的力度，提高了诉讼效率。

对涉及国家秘密、商业秘密和个人隐私的证据，诉讼各方均应予以保密，保密意味着这些证据仅能在刑事诉讼中为实现诉讼目的而使用，除必须知晓该证据内容的诉讼主体以外，不得向任何人公开。与1996年《刑事诉讼法》的相关规定相比，本条将应当予以保密的证据的范围由涉及国家秘密的证据扩展到了涉及商业秘密和个人隐私的证据，体现了对公民权利的重视和以人为本的价值观念。

此外，本条还为诉讼各方规定了不得伪造、隐匿、毁灭证据的义务。诉讼各方均应尊重和保护证据，不得伪造、隐匿或毁灭证据，凡是伪造、隐匿或毁灭证据的，均应追究相应的责任。

第五十三条　对一切案件的判处都要重证据，重调查研究，不轻信口供。只有被告人供述，没有其他证据的，不能认定被告人有罪和处以刑罚；没有被告人供述，证据确实、充分的，可以认定被告人有罪和处以刑罚。

证据确实、充分，应当符合以下条件：

（一）定罪量刑的事实都有证据证明；

（二）据以定案的证据均经法定程序查证属实；

（三）综合全案证据，对所认定事实已排除合理怀疑。

【条文主旨】本条是关于口供运用的基本原则和刑事证明标准的规定。

【修改情况】本条第一款将1996年《刑事诉讼法》“没有被告人供述，证据充分确实的，可以认定被告人有罪和处以刑罚”中的“证据充分确实”修改为“证据确实、充分”；第二款对“证据确实、充分”予以了细化解释，为新增内容。

【条文解读】口供是法定的证据种类之一。但是，对一切案件的处理与裁判都要综合考虑全案的证据，缜密地调查研究，而不能轻信口供。不能仅依据被告人的有罪供述来认定被告人有罪和处以刑罚，也就是说，即便被告人在合法的取证方式下作出了有罪供述，也要有其他具有独立来源的证据来印证其供述，才能认定被告人有罪和处以刑罚，此规定也被视为我国的“口供补强规则”。同时，被告人供述也不是有罪裁判的必要依据，即便没有被告人供述，如果其他能够证明被告人有罪的证据确实、充分的，也可以认定被告人有罪和处以刑罚。

本条还对“证据确实、充分”这一证明标准予以了细化解释。依据本条规定，“证据确实、充分”需符合三个条件：(1) 定罪量刑的事实都有证据证明。这要求据以判断被告人的行为符合犯罪构成要件的每一个事实都要有相应的证据加以证明，包括被告人的个人情况、犯罪的对象、时间、地点、手段、过程、后果、目的、动机等，据以判断被告人罪行轻重的每一个事实也都要有相应的证据加以证明。(2) 据以定案的证据均经法定程序查证属实。这要求对证据的审查判断要遵循法定的程序，即要遵循法定的示证、质证、认证程序，并要求据以定案的证据须为经过法定程序查证属实的证据，也即这些证据之间应当能够相互印证，不存在不能排除的矛盾，通过这些证据所构建起来的事实不应违反逻辑和经验判断。否则，其真实性就应受到质疑，从而不能成为定案的根据。(3) 综合全案证据，对所认定事实已排除合理怀疑。这意味着，最后的判断应当在综合全案证据的基础上作出。而只有当综合全案证据得出有罪结论，并且这一有罪结论是唯一的结论，是可以排除一切合理怀疑的结论时，才能认为达到了证据确实、充分的标准，才能认定被告人有罪。反过来讲，只要还存在任何认为被告人可能无罪的合理怀疑，都不能认为证据达到了确实、充分的标准，从而不能认定被告人有罪。这也是无罪推定原则的必然要求。

第五十四条　采用刑讯逼供等非法方法收集的犯罪嫌疑人、被告人供述和采用暴力、威胁等非法方法收集的证人证言、被害人陈述，应当予以排除。收集物证、书证不符合法定程序，

可能严重影响司法公正的，应当予以补正或者作出合理解释；不能补正或者作出合理解释的，对该证据应当予以排除。

在侦查、审查起诉、审判时发现有应当排除的证据的，应当依法予以排除，不得作为起诉意见、起诉决定和判决的依据。

【条文主旨】 本条是关于非法证据排除范围与标准的规定。

【修改情况】 本条是新增条文。

【条文解读】 依据本条规定，应当予以排除的证据包括：(1) 采用刑讯逼供等非法方法收集的犯罪嫌疑人、被告人供述。其中的“等”应当理解为在对犯罪嫌疑人、被告人权利的侵害程度上或对其意志自由的影响程度上，与刑讯逼供大体相当的手段。(2) 采用暴力、威胁等非法方法收集的证人证言、被害人陈述。其中的“等”亦应当理解为在对证人、被害人权利的侵害程度上或对其意志自由的影响程度上，与暴力、威胁方法大体相当的手段。(3) 以不符合法定程序的方式收集的，可能严重影响司法公正，且不能补正或作出合理解释的物证、书证。

在包括侦查、审查起诉和审判在内的各个诉讼环节上，均应排除上述依法应当排除的非法证据。公安机关、人民检察院和人民法院都负有排除非法证据的职责和义务。公安机关、人民检察院和人民法院排除非法证据的方式就是不以该非法证据作为起诉意见、起诉决定和判决的依据。

第五十五条　人民检察院接到报案、控告、举报或者发现侦查人员以非法方法收集证据的，应当进行调查核实。对于确有以非法方法收集证据情形的，应当提出纠正意见；构成犯罪的，依法追究刑事责任。

【条文主旨】 本条是关于人民检察院对非法取证行为的法律监督权限的规定。

【修改情况】 本条是新增条文。

【条文解读】 对侦查人员的取证手段予以监督，是人民检察院法律监督权的应有内容。根据本条规定，人民检察院对于报案、控告、举报侦查人员以非法方法收集证据的，或者自己发现侦查人员以非法方法收集证据的，均应予以调查核实。经过调查核实，对于确实存在以非法方法收集证据情形的，应当提出纠正意见。这里的“非法方法”不应限于本法第五十四条规定的可导致所取得的证据被排除的非法方法，而应当包括一切违反法律规定的取证方式。对于以非法方法收集证据，构成刑讯逼供罪、暴力取证罪等犯罪的，应当依法追究刑事责任。本条规定进一步明确了人民检察院对非法取证行为的法律监督权限，强化了人民检察院对非法取证行为的法律监督，对遏制和纠正非法取证行为有一定的意义。

第五十六条　法庭审理过程中，审判人员认为可能存在本法第五十四条规定的以非法方法收集证据情形的，应当对证据收集的合法性进行法庭调查。

当事人及其辩护人、诉讼代理人有权申请人民法院对以非法方法收集的证据依法予以排除。申请排除以非法方法收集的证据的，应当提供相关线索或者材料。

【条文主旨】本条是关于证据合法性调查程序的启动和申请方初步责任的规定。

【修改情况】本条是新增条文。

【条文解读】证据合法性调查是法庭调查的组成部分，但同时又是相对独立的一个组成部分，它是针对收集证据的方法是否合法所进行的专门性调查。证据合法性调查程序的启动条件为，只要审判人员认为可能存在本法第五十四条规定的以非法方法收集证据的情形，即应对证据收集的合法性进行法庭调查。

证据合法性调查程序的启动方式包括依职权和依申请两种。一方面，对于适格主体并未提出非法证据排除申请的，只要审判人员认为可能存在本法第五十四条规定的以非法方法收集证据的情形，即应依职权启动证据合法性调查程序。另一方面，对于适格主体提出非法证据排除申请的，申请者应当提供关于取证手段违法的线索或者材料，只要这些线索或者材料使得审判人员认为可能存在本法第五十四条规定的情形的，也即符合证据合法性调查程序启动条件的，法庭即应对证据的合法性展开调查。提供相关线索或者证据是申请方启动证据合法性调查程序的初步责任，如此规定的目的在于防止申请方因任意诬告而导致的诉讼拖延。但对这一责任也不应过分苛求，只要其能达到证据合法性调查程序的启动条件即可。

有权申请排除非法证据的主体，包括当事人及其辩护人、诉讼代理人，也即无论是被告人及其辩护人，还是被害人及其诉讼代理人，都有权申请人民法院排除非法证据。

第五十七条　在对证据收集的合法性进行法庭调查的过程中，人民检察院应当对证据收集的合法性加以证明。

现有证据材料不能证明证据收集的合法性的，人民检察院可以提请人民法院通知有关侦查人员或者其他人员出庭说明情况；人民法院可以通知有关侦查人员或者其他人员出庭说明情况。有关侦查人员或者其他人员也可以要求出庭说明情况。经人民法院通知，有关人员应当出庭。

【条文主旨】本条是关于证据合法性调查中人民检察院的证明责任和侦查人员出庭作证制度的规定。

【修改情况】本条是新增条文。

【条文解读】在证据合法性调查中，人民检察院应当对证据的合法性，也即证据是否是通过合法的取证方式获得的，加以证明。这意味着：第一，无论证据合法性调查程序是依职权还是依申请启动的，都由人民检察院对证据收集的合法性加以证明，而不由申请人对证据收集的非法性加以证明。申请人只需要提供相关线索或者证据，使审判人员对证据的合法性产生怀疑，以启动证据合法性调查程序即可，而不需证明证据确系非法取得。第二，由人民检察院对证据收集的合法性加以证明，意味着人民检察院应当对证据的合法性承担证明责任，包括提供证据责任和说服责任。提供证据的方式，包括提供现有的证据材料，也包括在现有证据材料不能证明证据合法性时，可以提请人民法院通知有关侦查人员或者其他人员出庭说明情况。说服责任则意味着，如果人民检察院通过上述方式仍不能证明证据的合法性，也即不能排除证据系非法取得时，则该证据就要被排除。这一内容主要被规定在本法第五十八条中，其同时也是本条的应有之义。

本条还规定了有限的侦查人员出庭作证制度。侦查人员及其他人员，是指侦查人员和其他可以就证据合法性提供证明的人员。有限的侦查人员出庭作证制度，是指并非所有案件的证据合法性调查程序都需由侦查人员出庭作证。侦查人员及其他人员出庭作证的条件有二：（1）人民检察院所提供的现有证据材料不能证明证据收集的合法性；（2）人民法院依人民检察院的提请或有关侦查人员或其他人员自己的申请，依法通知其出庭作证。经人民法院通知，有关人员应当出庭。侦查人员及其他人员出庭作证的内容是，就自己所了解的与证据合法性有关的情况予以说明。有限的侦查人员出庭作证制度既可防止将侦查人员过度牵入诉累，又可在一定程度上遏制违法侦查。

第五十八条　对于经过法庭审理，确认或者不能排除存在本法第五十四条规定的以非法方法收集证据情形的，对有关证据应当予以排除。

【条文主旨】本条是关于非法证据排除之证明标准的规定。

【修改情况】本条是新增条文。

【条文解读】根据本条规定，对非法证据的排除可分为两种情况：（1）经过法庭审理，确认该证据属于本法第五十四条规定的应予排除的情形的，对该证据应当予以排除；（2）经过法庭审理，虽然不能确认该证据属于本法第五十四条规定的应予排除的情形，但是也不能排除这种情形的，对有关证据也应当予以排除。第二种情形，也即既不能确认证据系非法取得也不能排除证据系非法取得的情形，实际上就相当于证据是否合法取得真伪不明的情形。也就是说，对证据合法性真伪不明的证据也要予以排除，这与本法第五十七条由人民检察院对证据合法性予以证明的规定是相一致和相呼应的。这两种情形共同构成了人民检察院关于证据合法性的完整的证明责任，并为其规定了证明标准。也就是说，应由人民检察院对证据的合法性承担证明责任，包括提供证据责任和说服责任。因此，人民检察院对证据合法性的证明应当达到能够使审判人员确认该证据系合法取得的程度。而要使审判人员确认该证据系合法取得，就要排除证据为非法取得的情形，如果其证明达不到排除证据系非法取得的标准，那么也就没有完成说服责任，因此该证据就应当予以排除。从裁判职能的角度来看，如果审判人员确认证据系非法取得，那么该证据应当予以排除；如果审判人员既不能确认证据系非法取得，也不能排除证据系非法取得，也即该证据是否合法取得真伪不明的，则应推定对证据合法性承担证明责任的那一方，也即人民检察院关于证据合法性的主张不成立，从而该证据仍然应当予以排除。

第五十九条　证人证言必须在法庭上经过公诉人、被害人和被告人、辩护人双方质证并且查实以后，才能作为定案的根据。法庭查明证人有意作伪证或者隐匿罪证的时候，应当依法处理。

【条文主旨】本条是关于证人证言调查方法和证人如实作证义务的规定。

【修改情况】本条删除了1996年《刑事诉讼法》“证人证言必须在法庭上经过公诉人、被害人和被告人、辩护人双方讯问、质证，听取各方证人的证言并且经过查实以后，才能作为定案的根据”中的“讯问”和“听取各方证人的证言”。

【条文解读】证人证言作为定案根据的前提，包括两个方面：(1）程序性前提，即必须在法庭上经过公诉人、被害人和被告人、辩护人的双方质证；（2）实体性前提，即经过查证属实方可作为定案的根据。只有在法庭上经过控辩双方的质证，才可能查明证人证言的真伪，因此程序性前提又是实现实体性前提的基础。对于未经法庭质证并查实的证人证言，不得作为定案的根据。证人应当如实提供证言，不得作伪证或者隐匿罪证，有意作伪证或者隐匿罪证的，一经查明，应当依法处理：构成犯罪的，应当依法追究刑事责任；不构成犯罪的，亦应作出相应处理。

第六十条　凡是知道案件情况的人，都有作证的义务。

生理上、精神上有缺陷或者年幼，不能辨别是非、不能正确表达的人，不能作证人。

【条文主旨】本条是关于证人作证义务和证人资格的规定。

【修改情况】本条未作修改。

【条文解读】凡是知道案件情况的人，都有作证的义务。除当事人以外，其他了解案件情况的人，都应当以证人身份参加诉讼，而不能再在诉讼中承担其他诉讼职能。证人应当具有辨别是非和正确表达的能力，因为生理上、精神上有缺陷，或者因为年幼，不能辨别是非、不能正确表达的人，不具备证人资格，不能作证人，其所提供的陈述亦不能作为处理案件的根据。虽然生理上、精神上有缺陷或者年幼，但是并未丧失辨别是非和正确表达能力的人，可以成为证人，其所提供的陈述如能为其他证据所印证，可以作为处理案件的根据。

第六十一条　人民法院、人民检察院和公安机关应当保障证人及其近亲属的安全。

对证人及其近亲属进行威胁、侮辱、殴打或者打击报复，

构成犯罪的，依法追究刑事责任；尚不够刑事处罚的，依法给予治安管理处罚。

【条文主旨】本条是关于证人保护一般原则的规定。

【修改情况】本条未作修改。

【条文解读】证人及其近亲属的安全应当得到保障。人民法院、人民检察院和公安机关都负有保障证人及其近亲属安全的职责，应当对侵犯证人及其近亲属权利的行为予以防范、制止和追究。对于威胁、侮辱、殴打或者打击报复证人及其近亲属的，无论属于哪方，均应追究相应责任：构成犯罪的，应当依法追究刑事责任；不够刑事处罚的，应当依法给予治安管理处罚。

第六十二条　对于危害国家安全犯罪、恐怖活动犯罪、黑社会性质的组织犯罪、毒品犯罪等案件，证人、鉴定人、被害人因在诉讼中作证，本人或者其近亲属的人身安全面临危险的，人民法院、人民检察院和公安机关应当采取以下一项或者多项保护措施：

（一）不公开真实姓名、住址和工作单位等个人信息；

（二）采取不暴露外貌、真实声音等出庭作证措施；

（三）禁止特定的人员接触证人、鉴定人、被害人及其近亲属；

（四）对人身和住宅采取专门性保护措施；

（五）其他必要的保护措施。

证人、鉴定人、被害人认为因在诉讼中作证，本人或者其近亲属的人身安全面临危险的，可以向人民法院、人民检察院、公安机关请求予以保护。

人民法院、人民检察院、公安机关依法采取保护措施，有关单位和个人应当配合。

【条文主旨】本条是关于证人保护措施的规定。

【修改情况】本条是新增条文。

【条文解读】证人保护的具体措施包括：（1）不公开证人的真实姓名、住址和工作单位等个人信息；（2）对证人采取不暴露外貌、真实声音等出庭作证措施；（3）禁止特定的人员接触被保护对象；（4）对证人的人身和住宅采取专门性保护措施；（5）其他必要的保护措施。以上保护措施可以单独适用，也可以同时适用。

对证人承担保护义务、采取保护措施的主体为人民法院、人民检察院和公安机关。人民法院、人民检察院、公安机关依法采取保护措施，有关单位和个人应当配合。

证人保护措施的适用对象包括：危害国家安全犯罪、恐怖活动犯罪、黑社会性质的组织犯罪、毒品犯罪等案件中，因在诉讼中作证而使得本人或其近亲属的人身安全面临危险的证人、鉴定人、被害人及其近亲属。一般情况下，与普通犯罪案件相比，危害国家安全犯罪、恐怖活动犯罪、黑社会性质的组织犯罪、毒品犯罪案件中的证人、鉴定人、被害人及其近亲属的人身安全更容易面临危险，因此更应有针对性地加强对这些犯罪中被保护对象的保护力度。但是，也不排除在其他普通犯罪中，对人身安全面临危险的证人、鉴定人、被害人及其近亲属采取上述保护措施。任何犯罪案件中，证人、鉴定人、被害人认为因在诉讼中作证，本人或者其近亲属的人身安全面临危险的，都可以向人民法院、人民检察院、公安机关请求予以保护，由人民法院、人民检察院、公安机关视情况决定是否适用及适用何种保护措施。

第六十三条　证人因履行作证义务而支出的交通、住宿、就餐等费用，应当给予补助。证人作证的补助列入司法机关业务经费，由同级政府财政予以保障。

有工作单位的证人作证，所在单位不得克扣或者变相克扣其工资、奖金及其他福利待遇。

【条文主旨】本条是关于证人经济补偿制度的规定。

【修改情况】本条是新增条文。

【条文解读】对证人经济利益的补偿主要包括两个方面：一是由司法机关给予补助，补助的范围包括证人因履行作证义务而支出的交通、住宿、就餐等费用，补助的来源为司法机关的业务经费，由同级政府财政予以保障。二是由证人的工作单位给予相应的经济保障，即有工作单位的证人出庭履行作证义务，所在单位不得克扣或者变相克扣其工资、奖金及其他福利待遇。

第六章　强制措施

主旨	本章是关于强制措施的规定。
定义	我国刑事诉讼中的强制措施，是指公安机关、人民检察院和人民法院为了保证刑事诉讼的顺利进行，依法对犯罪嫌疑人、被告人所采取的在一定期限内暂时限制或剥夺其人身自由的各种强制方法。
拓展	强制措施的性质是预防性措施，其适用目的是保证刑事诉讼的顺利进行，防止犯罪嫌疑人、被告人逃避侦查、起诉和审判，实施毁灭证据、伪造证据等妨害刑事诉讼的行为。
条文	本章共35条，修改11条，增加6条。

修改	本章主要进行了以下修改： 1. 细化逮捕条件，完善审查批准程序。为了司法机关准确掌握逮捕条件，正确适用逮捕措施，修改后的《刑事诉讼法》删除了1996年《刑事诉讼法》中“有逮捕必要”的规定，并对逮捕的“社会危险性条件”明确为以下几种情形：可能实施新的犯罪；有危害国家安全、公共安全或者社会秩序的现实危险；可能毁灭、伪造证据，干扰证人作证或者串供；可能对被害人、举报人、控告人实施打击报复；企图自杀或者逃跑。此外，还明确规定：对有证据证明有犯罪事实，可能判处十年有期徒刑以上刑罚的，或者可能判处徒刑以上刑罚，曾经故意犯罪或者身份不明的犯罪嫌疑人、被告人，应当予以逮捕。 为保证人民检察院正确行使批准逮捕权，防止错误逮捕，修改后的《刑事诉讼法》增加规定了人民检察院审查批准逮捕时讯问犯罪嫌疑人和听取辩护律师意见的程序，以及在逮捕后对羁押必要性继续进行审查的程序。 2. 适当定位监视居住措施，明确规定适用条件。监视居住与取保候审相比，都是限制犯罪嫌疑人、被告人人身自由的强制措施，但限制自由的程度不同。1996年《刑事诉讼法》对这两种强制措施规定了相同的适用条件。考虑到监视居住的特点和实际执行情况，将监视居住定位于减少羁押的替代措施，并规定与取保候审不同的适用条件比较妥当。据此，修改后的《刑事诉讼法》规定，监视居住适用于符合逮捕条件，但有下列情形之一的犯罪嫌疑人、被告人：患有严重疾病、生活不能自理的；怀孕或者正在哺乳自己婴儿的妇女；系生活不能自理的人的唯一扶养人；因为案件的特殊情况或者办理案件的需要，采取监视居住措施更为适宜的；羁押期限届满，案件尚未办结，需要采取监视居住措施的。

修改	同时，修改后的《刑事诉讼法》规定对于涉嫌危害国家安全犯罪、恐怖活动犯罪、特别重大贿赂犯罪的犯罪嫌疑人，监视居住在住处执行可能有碍侦查的，经上一级人民检察院或者公安机关批准，可以在指定的居所执行，但是不得在羁押场所和专门的办案场所执行。指定居所监视居住的期限应当折抵刑期。为防止这一措施在实践中被滥用，修改后的《刑事诉讼法》规定人民检察院对指定居所监视居住的决定和执行实行监督。 3. 严格限制采取强制措施后不通知家属的例外情形。1996年《刑事诉讼法》规定，拘留、逮捕后，除有碍侦查或者无法通知的情形以外，应当把拘留、逮捕的原因和羁押的处所，在二十四小时以内，通知被拘留人、被逮捕人的家属。其中，“有碍侦查”情形的界限比较模糊。另外，对指定居所监视居住后通知家属未作规定。综合考虑惩治犯罪和保护犯罪嫌疑人、被告人权利的需要，有必要对采取强制措施后不通知家属的例外情形作出严格限制。据此，修改后的《刑事诉讼法》删去了逮捕后有碍侦查不通知家属的例外情形，明确规定，采取逮捕和指定居所监视居住措施的，除无法通知的以外，应当在逮捕或者执行监视居住后二十四小时以内通知家属。同时，将拘留后因有碍侦查不通知家属的情形，仅限于涉嫌危害国家安全犯罪、恐怖活动犯罪，并规定有碍侦查的情形消失以后，应当立即通知被拘留人的家属。 4. 扩展了被取保候审人的义务类型，规定了适用于特定案件中被取保候审人的特殊义务。司法实践中，由于1996年《刑事诉讼法》规定的被取保候审人的义务较为单一，对特定案件中被取保候审人的约束和监管缺乏应有的针对性，导致出现被取保候审人在取保候审期间伤害被害人或者外逃等问题，不仅影响了刑事诉讼的正常进行，

修改	而且引发了不良的社会效应。为更好地实现取保候审的适用目的，修改后的《刑事诉讼法》增加规定了被取保候审人的特殊义务，即人民法院、人民检察院和公安机关可以根据案件情况，责令被取保候审的犯罪嫌疑人、被告人遵守以下一项或者多项规定：不得进入特定的场所；不得与特定的人员会见或者通信；不得从事特定的活动；将护照等出入境证件、驾驶证件交执行机关保存。

第六十四条　人民法院、人民检察院和公安机关根据案件情况，对犯罪嫌疑人、被告人可以拘传、取保候审或者监视居住。

【条文主旨】本条是关于拘传、取保候审和监视居住的概括性规定。

【修改情况】本条未作修改。

【条文解读】从适用主体看，只有人民法院、人民检察院和公安机关有权适用拘传、取保候审或者监视居住；从适用对象看，拘传、取保候审或者监视居住只能适用于犯罪嫌疑人、被告人；从适用条件看，人民法院、人民检察院和公安机关应“根据案件情况”来选择适用拘传、取保候审或者监视居住。所谓案件情况，具体就是指犯罪行为的社会危害性程度、犯罪嫌疑人或被告人的个人危险性等情况。

拘传，是指人民法院、人民检察院和公安机关依法强制未被羁押的犯罪嫌疑人、被告人到指定地点接受讯问或者审判的强制方法，也是最轻的一种强制措施。本条未规定拘传的具体条件，实践中一般适用于以下两种情况：（1）犯罪嫌疑人、被告人经合法传唤，无正当理由拒不到案的。“传唤”，是指人民法院、人民检察院和公安机关使用传票通知犯罪嫌疑人、被告人按照指定时间、地点自行到案接受讯问的方式，其本身具有通知的性质，不是强制措施。所谓“正当理由”，是指被传唤人患有重病、出门在外或者因不可抗拒的理由被阻断交通等。（2）案件情况要求直接进行拘传的。例如，不拘传犯罪嫌疑人、被告人则其可能毁灭、隐匿证据或者逃跑的等。拘传应当遵循以下法定程序：（1）经县级以上公安司法机关的负责人批准，签发拘传证（法院称为拘传票）。（2）执行拘传时，应当向被拘传人出示拘传证或拘传票，执行人员不得少于两人。对抗拒拘传的，执行人员可以使用戒具，强制其到案。（3）由于拘传不具有羁押的性质，因此拘传后应当立即讯问。讯问完毕后，公安司法机关应根据案件情况作出不同处理：认为符合其他强制措施，如拘留、逮捕条件的，应当依法采取其他强制措施；认为不需要采取其他强制措施的，应立即释放。一次讯问不完的，可以再次实施拘传，但不得以连续拘传的方式变相拘禁犯罪嫌疑人、被告人。

取保候审，是指人民法院、人民检察院和公安机关依法责令犯罪嫌疑人、被告人提供保证人或者交纳保证金，以保证其不逃避或者妨碍侦查、起诉和审判，并随传随到的一种强制方法。监视居住，是指人民法院、人民检察院和公安机关依法责令犯罪嫌疑人、被告人在一定期限内，未经批准不得离开住处或指定的居所，并对其行动加以监视的一种强制方法。取保候审、监视居住的适用目的是防止犯罪嫌疑人、被告人实施干扰证人作证或者串供等妨害诉讼活动正常进行的行为，保障其及时到案接受讯问或者审判。

第六十五条　人民法院、人民检察院和公安机关对有下列情形之一的犯罪嫌疑人、被告人，可以取保候审：

（一）可能判处管制、拘役或者独立适用附加刑的；

（二）可能判处有期徒刑以上刑罚，采取取保候审不致发生社会危险性的；

（三）患有严重疾病、生活不能自理，怀孕或者正在哺乳自己婴儿的妇女，采取取保候审不致发生社会危险性的；

（四）羁押期限届满，案件尚未办结，需要采取取保候审的。

取保候审由公安机关执行。

【条文主旨】 本条是关于取保候审适用范围的规定。

【修改情况】 与1996年《刑事诉讼法》相比，修改后的《刑事诉讼法》主要作了以下修改：一是增加了上述（三）、（四）两类适用对象；二是将原《刑事诉讼法》中既可以适用于取保候审也可以适用于监视居住的规定修改为只适用于取保候审。

【条文解读】 根据本条规定，人民法院、人民检察院和公安机关可以对四类犯罪嫌疑人、被告人适用取保候审：（1）可能判处管制、拘役或者独立适用附加刑的。根据《刑法》的规定，管制、拘役、独立适用附加刑都是较轻的刑罚。这类案件中，犯罪嫌疑人、被告人罪行较轻，可能被判处的刑罚不重，人身危险性也较小，即便不将其关押，犯罪嫌疑人、被告人通常也不会逃避侦查、起诉和审判，实施妨碍刑事诉讼进行的行为的可能性也不大，因而不必采用拘留、逮捕等更为严厉的强制措施。（2）可能判处有期徒刑以上刑罚，采取取保候审不致发生社会危险性的。在这类案件中，犯罪嫌疑人、被告人虽然罪行较重，可能判处有期徒刑以上刑罚，但如果根据犯罪行为的性质、社会危害、对所犯罪行的态度、本人的一贯表现等因素综合判断，犯罪嫌疑人、被告人的社会危险性不大，即不太可能逃跑、干扰证人、串供、毁灭伪造证据等的，则无须将其羁押。这也是贯彻“宽严相济”刑事政策的程序性要求。（3）患有严重疾病、生活不能自理，怀孕或者正在哺乳自己婴儿的妇女，采取取保候审不致发生社会危险性的。这几类人的共同之处在于，因特殊生理状况（患病、怀孕等）导致自身的行为能力受到较大的限制，社会危险性较小，对其采取取保候审一般不至于发生逃跑、干扰证人、串供、毁灭伪造证据等具有社会危险性的情况，因而可以不予以羁押。此外，采取取保候审有利于这类犯罪嫌疑人、被告人疾病的治疗或者胎儿、婴儿的发育、成长。（4）羁押期限届满，案件尚未办结，需要采取取保候审的。刑事诉讼中的羁押，是指将犯罪嫌疑人、被告人关押在特定的场所，暂时剥夺其人身自由的措施。在我国，羁押只是拘留和逮捕措施所伴随的持续剥夺犯罪嫌疑人、被告人人身自由的当然状态，而非《刑事诉讼法》规定的独立的强制措施。根据法律规定，羁押期限包括侦查羁押期限、审查起诉期限和审判期限。犯罪嫌疑人、被告人被羁押的案件，不能在《刑事诉讼法》规定的侦查羁押期限、审查起诉期限、一审和二审期限内办结的，基于办案需要，可以采取取保候审。

根据本条规定，尽管人民法院、人民检察院和公安机关都有权决定对犯罪嫌疑人、被告人取保候审，但只能由公安机关负责执行。司法实践中，通常由基层公安机关及其派出机构具体执行。

第六十六条　人民法院、人民检察院和公安机关决定对犯罪嫌疑人、被告人取保候审，应当责令犯罪嫌疑人、被告人提出保证人或者交纳保证金。

【条文主旨】本条是关于取保候审方式的规定。

【修改情况】本条未作修改。

【条文解读】本条对取保候审规定了两种方式：人保（提出保证人）和财产保（交纳保证金）。人保，是指由犯罪嫌疑人、被告人提出保证人并出具保证书，保证犯罪嫌疑人、被告人随传随到，不逃避或妨碍侦查、起诉和审判的顺利进行的方式。人保的特点是，保证人以自己的人格、名誉和对犯罪嫌疑人、被告人的约束力担保，并不涉及财物。犯罪嫌疑人、被告人应在公安司法机关的主持下履行取保候审手续，由公安人员、检察人员或者审判人员将犯罪嫌疑人、被告人面交保证人并告知其保证的义务以及违反义务应承担的责任。

财产保，是指犯罪嫌疑人、被告人向公安司法机关交纳一定数额的保证金，申请暂时释放，保证其随传随到，不逃避或妨碍侦查、起诉和审判的顺利进行的方式。财产保把担保犯罪嫌疑人、被告人候审不误的义务与一定的经济利益联系起来，能够促使犯罪嫌疑人、被告人自觉履行法定的义务，从而既弥补了人保形式的单一化之弊，对提高诉讼效率、减轻羁押场所的监管压力、节约诉讼资源等也起到了积极的作用。

根据本条规定，保证人和保证金两种取保方式只能择一适用，而不能同时并用。作出取保候审决定的公安司法机关应当根据案件的具体情况，决定选择适用何种取保候审方式。

第六十七条　保证人必须符合下列条件：

（一）与本案无牵连；

（二）有能力履行保证义务；

（三）享有政治权利，人身自由未受到限制；

（四）有固定的住处和收入。

【条文主旨】本条是关于保证人条件的规定。

【修改情况】本条未作修改。

【条文解读】根据本条规定，保证人必须同时符合以下四个条件：（1）与本案无牵连。即与犯罪嫌疑人、被告人涉嫌的案件事实无牵连。保证人既不能是本案的同案犯或者被害人，也不能是本案的证人，以防止保证人不能认真地履行保证义务，甚至可能实施与犯罪嫌疑人、被告人串供或者帮助其毁灭、伪造证据等妨害刑事诉讼顺利进行的活动。（2）有能力履行保证义务。应当从保证人的年龄、精神状态、身体状况、行为能力及其对犯罪嫌疑人、被告人的约束力等方面来综合判断保证人是否有能力履行保证义务。一般而言，保证人应当身体健康、精神健全、信用良好、责任感强，具有民事行为能力，而且对犯罪嫌疑人、被告人有一定的影响力，能够起到管制、约束的作用。当然，司法实践中，公安司法机关还要结合案件的具体情况特别是犯罪嫌疑人、被告人的个人特点进行衡量和斟酌。（3）享有政治权利，人身自由未受到限制。首先，保证人没有被剥夺宪法和法律赋予的各种政治权利。此处的政治权利具体包括：选举权与被选举权；言论、出版、集会、结社、游行、示威的自由；担任国家机关职务的权利；担任企业、事业单位和人民团体领导职务的权利。其次，人身自由未受到限制。即保证人没有受到任何限制或者剥夺人身自由的刑罚处罚，也没有被采取任何限制或者剥夺人身自由的刑事诉讼强制措施或行政强制措施，亦没有受到任何限制或者剥夺人身自由的行政处罚。保证人只有同时具备享有政治权利和人身自由未受到限制这两个条件，才有可能履行好保证人的义务。（4）有固定的住处和收入。住处，是指居住的处所，保证人有固定的住处，公安司法机关才能与其保持稳定的联系，保证对取保候审期间犯罪嫌疑人、被告人的监管活动的正常进行，避免取保候审在实践中流于形式。保证人必须有固定的收入，主要是为了确保对保证人不履行保证义务的责任追究的可行性。因为依据本法，保证人不履行保证义务的，人民法院、人民检察院和公安机关有权对保证人处以罚款。保证人具有固定的收入，罚款才能落到实处。

第六十八条　保证人应当履行以下义务：

（一）监督被保证人遵守本法第六十九条的规定；

（二）发现被保证人可能发生或者已经发生违反本法第六十九条规定的行为的，应当及时向执行机关报告。

被保证人有违反本法第六十九条规定的行为，保证人未履行保证义务的，对保证人处以罚款，构成犯罪的，依法追究刑事责任。

【条文主旨】本条是关于保证人的义务及其法律责任的规定。

【修改情况】本条仅进行了个别字词的细微修改。

【条文解读】本条第一款是关于保证人的义务的规定。根据本款，保证人应当履行以下义务：（1）监督被保证人遵守本法第六十九条的规定。本法第六十九条规定的是被取保候审的犯罪嫌疑人、被告人的义务及其法律责任。结合本法第六十九条的规定，保证人应监督被取保候审人履行如下法律义务：未经执行机关批准不得离开所居住的市、县；住址、工作单位和联系方式发生变动的，在二十四小时以内向执行机关报告；在传讯的时候及时到案；不得以任何形式干扰证人作证；不得毁灭、伪造证据或者串供。同时，在特定案件中，根据人民法院、人民检察院和公安机关的决定，还要监督被取保候审人履行以下一项或者多项义务：不得进入特定的场所；不得与特定的人员会见或者通信；不得从事特定的活动；将护照等出入境证件、驾驶证件交执行机关保存。（2）发现被保证人可能发生或者已经发生违反本法第六十九条规定的行为的，应当及时向执行取保候审的公安机关报告。在取保候审期间，保证人如果发现犯罪嫌疑人、被告人有违反本法第六十九条规定的企图或者已经实施了违反本法第六十九条规定的行为，在对其实行监督和制约的同时，应立即向负责执行的公安机关报告，以便公安机关能及时采取有效的应对措施。

本条第二款是关于保证人未履行保证义务的法律责任的规定。在被保证人有违反本法第六十九条规定的行为而保证人未履行认真监督义务和及时向公安机关报告义务的，公安司法机关依法对保证人处以罚款。保证人故意放走被取保候审人，或者有其他帮助被取保候审人串供、毁灭伪造证据等妨碍刑事诉讼进行的行为，构成犯罪的，依法追究其刑事责任。

第六十九条　被取保候审的犯罪嫌疑人、被告人应当遵守以下规定：

（一）未经执行机关批准不得离开所居住的市、县；

（二）住址、工作单位和联系方式发生变动的，在二十四小时以内向执行机关报告；

（三）在传讯的时候及时到案；

（四）不得以任何形式干扰证人作证；

（五）不得毁灭、伪造证据或者串供。

人民法院、人民检察院和公安机关可以根据案件情况，责令被取保候审的犯罪嫌疑人、被告人遵守以下一项或者多项规定：

（一）不得进入特定的场所；

（二）不得与特定的人员会见或者通信；

（三）不得从事特定的活动；

（四）将护照等出入境证件、驾驶证件交执行机关保存。

被取保候审的犯罪嫌疑人、被告人违反前两款规定，已交纳保证金的，没收部分或者全部保证金，并且区别情形，责令犯罪嫌疑人、被告人具结悔过，重新交纳保证金、提出保证人，或者监视居住、予以逮捕。

对违反取保候审规定，需要予以逮捕的，可以对犯罪嫌疑人、被告人先行拘留。

【条文主旨】本条是关于被取保候审的犯罪嫌疑人、被告人的义务及其法律责任的规定。

【修改情况】本条作了以下修改：一是扩展了被取保候审的犯罪嫌疑人、被告人应当履行的一般义务；二是增加了人民法院、人民检察院和公安机关可以根据案件情况，责令被取保候审的犯罪嫌疑人、被告人履行一些特殊义务的规定；三是增加了对违反取保候审规定，需要予以逮捕的，可以对犯罪嫌疑人、被告人先行拘留的规定。

【条文解读】本条共分四款。第一款是关于被取保候审人的一般性义务的规定。根据本款规定，被取保候审的犯罪嫌疑人、被告人应当遵守以下五项规定：（1）未经执行机关批准不得离开所居住的市、县。此处的执行机关是指公安机关。司法实践中，在案件尚未办结之前，人民法院、人民检察院、公安机关可能随时会对被取保候审的犯罪嫌疑人、被告人进行讯问、核实证据、开庭审理等，因此，犯罪嫌疑人、被告人在被取保候审期间只能在其所居住的市、县之内活动，不得随意离开；确实有正当理由需要离开所居住的市、县的，必须经执行机关批准。这里的“市”应理解为县级市或者是大、中城市的城区。（2）住址、工作单位和联系方式发生变动的，在二十四小时以内向执行机关报告。在取保候审期间，犯罪嫌疑人、被告人有随叫随到、及时到案的义务。但随着社会经济的发展，司法实践中，被取保候审的犯罪嫌疑人、被告人的住址、工作单位和联系方式常常发生变动，以致公安司法机关不能及时地与其联系，影响了刑事诉讼的正常进行。因此，为方便执行机关掌握被取保候审人的动态，修改后的《刑事诉讼法》增加了这项规定。此处的执行机关是指公安机关。（3）在传讯的时候及时到案。采取取保候审的主要目的，就是保证犯罪嫌疑人、被告人随传随到、及时到案，如果被取保候审者不能及时到案，取保候审便失去了意义。（4）不得以任何形式干扰证人作证。法律要求证人就其所知道的案件情况如实地提供证言，否则便追究其伪证的法律责任。由此，要求被取保候审的犯罪嫌疑人、被告人不能利用取保候审期间的自由来实施诸如威胁、殴打、报复或者贿买等干扰证人作证的行为。因干扰证人作证而构成犯罪的，应依法追究其刑事责任。（5）不得毁灭、伪造证据或者串供。所谓串供，是指与其他同案犯建立攻守同盟、统一口径等。被取保候审人不得利用未被羁押的便利条件销毁、伪造与案件有关的证据材料或者与其他同案犯订立攻守同盟、相互串通。

第二款是关于被取保候审人的特殊义务的规定。由于 1996 年《刑事诉讼法》规定的被取保候审人的义务较为单一，对特定案件中被取保候审人的约束和监管缺乏应有的针对性，导致司法实践中出现被取保候审人在取保候审期间伤害被害人或者外逃等问题。为了更好地实现取保候审的适用目的，修改后的《刑事诉讼法》增加规定了被取保候审人的特殊义务。根据本款规定，公安司法机关可以根据案件情况，责令被取保候审的犯罪嫌疑人、被告人遵守以下一项或者多项规定：（1）不得进入特定的场所。特定的场所，是指与犯罪嫌疑人、被告人被指控的犯罪密切相关的区域、场所或者其进入该区域可能造成不良后果的场所。该特定场所不是军事禁区或者法律法规禁止普通公民自由出入的其他区域，而是只限制特定案件中被取保候审的犯罪嫌疑人、被告人进入的场所，如娱乐场所等。（2）不得与特定的人员会见或者通信。通信，是指人与人之间通过行为或者媒介进行的信息交流和传递，包括网络通信、移动电话、无线电等方式。要求被取保候审的犯罪嫌疑人、被告人不得与特定的人员会见或者通信，主要是为了防止被取保候审人干扰刑事诉讼的顺利进行。（3）不得从事特定的活动。所谓特定的活动，是指容易诱发犯罪嫌疑人、被告人违法犯罪的活动。它并非指违法的活动，因为违法的活动本身就是被明文禁止的。此处的特定活动应该是公民可以自由进行的活动，被取保候审人只是由于涉嫌犯罪而受到一定的限制，如饮酒等。（4）将护照等出入境证件、驾驶证件交执行机关保存。取保候审的目的是，保证刑事诉讼活动的正常进行和防止被取保候审人实施新的犯罪等。因此，对于可能出境逃避刑事追究的被取保候审人，可以要求其交出护照等出入境证件；对于涉嫌驾驶机动车犯罪的被取保候审人，可以要求其交出驾驶证件，统一由作为执行机关的公安机关保存。本款规定为公安机关更好地实施监管活动提供了方便，有助于实现取保候审的上述目的。

第三款是关于被取保候审人不履行义务的法律责任的规定。被取保候审的犯罪嫌疑人、被告人违反前两款规定，已交纳保证金的，作出取保候审决定的公安司法机关有权没收部分或者全部保证金，并且区别情形，作出以下处理：责令犯罪嫌疑人、被告人具结悔过，即责令其写出书面保证，表示对其违法行为的认识并保证不再违反相关规定；重新交纳保证金或者提出保证人；对其变更强制措施，改取保候审为监视居住或者予以逮捕，加强监管力度。

第四款规定了被取保候审人违反规定需予以逮捕的，可先行拘留，以解决实践中取保候审变更为逮捕时可能存在的因证据收集、法律文书准备、审查批捕等而导致时间局促的问题。

第七十条 取保候审的决定机关应当综合考虑保证诉讼活动正常进行的需要，被取保候审人的社会危险性，案件的性质、情节，可能判处刑罚的轻重，被取保候审人的经济状况等情况，确定保证金的数额。

提供保证金的人应当将保证金存入执行机关指定银行的专门账户。

【条文主旨】 本条是关于保证金数额的确定与交纳方式的规定。

【修改情况】 本条是新增条文。

【条文解读】 由于1996年《刑事诉讼法》对保证金的数额及其确定方式没有具体规定，司法实践中，公安司法机关在确定具体案件中的保证金数额时，因缺乏统一的规范而出现宽严失度的现象，有些案件中保证金收取过高，使得犯罪嫌疑人、被告人难以获准取保；有些案件中保证金则收取过少，不足以防范被取保候审的犯罪嫌疑人妨碍或者逃避刑事诉讼活动。为此，修正后的《刑事诉讼法》规定了确定保证金的一般基准，即应当综合考虑保证诉讼活动正常进行的需要，被取保候审人的社会危险性，案件的情节、性质，可能判处刑罚的轻重，被取保候审人的经济状况等情况，来确定保证金的数额。

根据本条规定，提供保证金的人即犯罪嫌疑人、被告人或者其亲友、法定代理人等应当将保证金存入执行机关指定银行的专门账户。此处的执行机关是公安机关。县级以上公安机关应当在指定银行设立取保候审保证金专户，委托银行代为收取和管理。该规定的目的在于防止保证金管理中可能出现的混乱，杜绝截留、坐支、挪用或者以其他形式侵吞保证金。

第七十一条　犯罪嫌疑人、被告人在取保候审期间未违反本法第六十九条规定的，取保候审结束的时候，凭解除取保候审的通知或者有关法律文书到银行领取退还的保证金。

【条文主旨】本条是关于保证金退还的规定。

【修改情况】本条作了较小的修改，主要是明确了被取保候审人领取退还的保证金的凭据。

【条文解读】保证金是用来担保被取保候审的犯罪嫌疑人、被告人在取保候审期间履行法定义务的，如果其不履行取保候审期间的义务，则作为执行机关的公安机关可以依法没收部分或者全部保证金；如果犯罪嫌疑人、被告人在取保候审期间没有违反本法第六十九条的规定的，取保候审结束时，公安机关必须如数退还保证金，犯罪嫌疑人、被告人凭解除取保候审的通知或者《退还保证金决定书》等有关法律文书到相应的银行领取退还的保证金。

第七十二条　人民法院、人民检察院和公安机关对符合逮捕条件，有下列情形之一的犯罪嫌疑人、被告人，可以监视居住：

（一）患有严重疾病、生活不能自理的；

（二）怀孕或者正在哺乳自己婴儿的妇女；

（三）系生活不能自理的人的唯一扶养人；

（四）因为案件的特殊情况或者办理案件的需要，采取监视居住措施更为适宜的；

（五）羁押期限届满，案件尚未办结，需要采取监视居住措施的。

对符合取保候审条件，但犯罪嫌疑人、被告人不能提出保证人，也不交纳保证金的，可以监视居住。

监视居住由公安机关执行。

【条文主旨】本条是关于监视居住适用主体、适用范围和执行机关的规定。

【修改情况】本条是新增条文。

【条文解读】监视居住和取保候审都是对犯罪嫌疑人、被告人限制人身自由的强制措施，但限制自由的程度是不同的。1996年《刑事诉讼法》对监视居住和取保候审规定了相同的适用范围；修正后的《刑事诉讼法》新增此条单独规定了监视居住的适用范围，从而将监视居住与取保候审区别开来，把监视居住定位为减少羁押的替代措施加以规定。

监视居住，是指人民法院、人民检察院和公安机关责令犯罪嫌疑人、被告人在一定期限内未经批准不得离开住处或指定居所，并对其行动予以监视的强制方法。根据本条规定，监视居住可以适用于以下两种情况：一是符合逮捕条件，且有下列情形之一的犯罪嫌疑人、被告人：（1）患有严重疾病、生活不能自理的。此处的"严重疾病"，是指医学上认可的较为严重的疾病，如恶性肿瘤等。"生活不能自理"，是指因自身原因，不能处理好日常的生活琐事，如饮食、穿衣等。（2）怀孕或者正在哺乳自己婴儿的妇女。对怀孕或者正在哺乳自己婴儿的女性犯罪嫌疑人、被告人适用监视居住措施，体现了对此类妇女权益的特别保护，也有利于胎儿、婴儿的发育和成长。（3）系生活不能自理的人的唯一扶养人。扶养，是指特定亲属之间根据法律的明确规定而存在的经济上相互供养、生活上相互扶助照顾的权利义务关系，包括了长辈亲属对晚辈亲属的"抚养"，平辈亲属之间的"扶养"和晚辈亲属对长辈亲属的"赡养"三种形态。如果犯罪嫌疑人、被告人是生活不能自理的人的唯一扶养人，需要对后者的生活起居进行照顾，那么对犯罪嫌疑人、被告人适用限制人身自由的监视居住措施，可以使其更好地履行扶养义务。（4）因为案件的特殊情况或者办理案件的需要，采取监视居住措施更为适宜的。对于符合逮捕条件的犯罪嫌疑人、被告人，有时基于案件的特殊情况或者办理案件的需要，适用监视居住措施可能更有利于实现办案目的，则可以采取监视居住措施。

(5) 羁押期限届满，案件尚未办结，需要采取监视居住措施的。为防止超期羁押，避免侵犯犯罪嫌疑人、被告人的人身自由权，羁押期限届满时，尽管案件可能尚未办结，公安司法机关也应当解除羁押措施，但由此可能导致犯罪嫌疑人、被告人脱管进而逃避刑事追究的危险。为兼顾办案需要，在羁押期限届满、案件尚未办结前，采取监视居住措施足以防止发生社会危险性的，公安司法机关可以采取监视居住措施。二是对符合取保候审条件，但犯罪嫌疑人、被告人不能提出保证人，也不交纳保证金的，可以监视居住。由于无论是取保候审还是监视居住，都是限制人身自由的强制措施，与拘留、逮捕等剥夺人身自由的措施相比，严厉性较轻，因而对那些既不能提出保证人，也不能交纳保证金的社会危险性不大的犯罪嫌疑人、被告人，采取监视居住措施，有利于贯彻“少拘”、“少捕”的政策，彰显刑事诉讼的文明性。

根据本条规定，人民法院、人民检察院和公安机关都有权决定适用监视居住，但只有公安机关是监视居住的执行机关。

第七十三条　监视居住应当在犯罪嫌疑人、被告人的住处执行；无固定住处的，可以在指定的居所执行。对于涉嫌危害国家安全犯罪、恐怖活动犯罪、特别重大贿赂犯罪，在住处执行可能有碍侦查的，经上一级人民检察院或者公安机关批准，也可以在指定的居所执行。但是，不得在羁押场所、专门的办案场所执行。

指定居所监视居住的，除无法通知的以外，应当在执行监视居住后二十四小时以内，通知被监视居住人的家属。

被监视居住的犯罪嫌疑人、被告人委托辩护人，适用本法第三十三条的规定。

人民检察院对指定居所监视居住的决定和执行是否合法实行监督。

【条文主旨】本条是关于监视居住执行问题的规定。

【修改情况】本条是新增条文。

【条文解读】监视居住的执行是司法实践中较为重要同时又较为混乱的问题。修正后的《刑事诉讼法》增加本条规定，旨在解决监视居住执行实践中存在的突出问题特别是指定居所监视居住的问题，以防止将被监视居住的犯罪嫌疑人、被告人变相羁押的现象。

本条共分四款。第一款是关于监视居住的执行场所的规定。根据本款规定，执行机关应当在犯罪嫌疑人、被告人的住处执行监视居住；如果犯罪嫌疑人、被告人没有固定的住处，则执行机关可以在指定的居所执行监视居住。所谓固定住处，是指犯罪嫌疑人、被告人在办案机关所在的市、县内生活的合法住处；指定的居所，是指公安司法机关根据案件情况，在办案机关所在的市、县内为犯罪嫌疑人、被告人指定的生活居所，它不能是看守所、行政拘留所等羁押场所，也不能是留置室等专门的办案场所。为防止指定居所监视居住变异为变相羁押，保障犯罪嫌疑人、被告人的合法权益，除涉嫌危害国家安全犯罪、恐怖活动犯罪、特别重大贿赂犯罪的犯罪嫌疑人、被告人，如果在固定住处执行监视居住可能妨碍检察机关或公安机关侦查活动顺利进行的，经上一级人民检察院或者公安机关批准，可以在指定的居所执行外，不能对有固定住处的犯罪嫌疑人、被告人另行指定居所监视居住。不仅如此，对于“特别重大贿赂犯罪”必须从严解释，防止司法机关随意地扩大其范围。

第二款是关于指定居所监视居住情形中通知被监视居住人的家属的规定。在公安司法机关决定对犯罪嫌疑人、被告人指定居所监视居住时，作为执行机关的公安机关应当在执行监视居住 24 小时以内通知被监视居住人的家属，但执行机关无法通知被监视居住人的家属或者被监视居住人没有家属因而无法通知的情形除外。

第三款是关于被指定居所监视居住的犯罪嫌疑人、被告人委托辩护人的规定。即根据本法第三十三条的规定，被指定居所监视居住的犯罪嫌疑人、被告人在被侦查机关第一次讯问或者采取强制措施之日起，有权委托律师作为辩护人。侦查机关在第一次讯问或者采取强制措施时，应当告知犯罪嫌疑人有权委托辩护人；被告人可以随时委托辩护人。

第四款是关于人民检察院对指定居所监视居住的监督的规定。作为法律监督机关，人民检察院对指定居所监视居住的决定和执行是否合法实行监督，避免变相羁押现象的发生。

第七十四条　指定居所监视居住的期限应当折抵刑期。被判处管制的，监视居住一日折抵刑期一日；被判处拘役、有期徒刑的，监视居住二日折抵刑期一日。

【条文主旨】本条是关于指定居所监视居住期限折抵刑期的规定。

【修改情况】本条是新增条文。

【条文解读】折抵刑期是人民法院对刑事被告人由于先前被人民法院、人民检察院、公安机关强制剥夺或者限制人身自由而折抵宣告刑期的一种法律制度。我国《刑法》规定了五种主刑：死刑、无期徒刑、有期徒刑、拘役和管制；三种附加刑：罚金、剥夺政治权利和没收财产。管制是对犯罪分子不予关押，由公安机关和人民群众对其进行监督的一种刑罚；拘役是对犯罪分子短期剥夺人身自由的一种刑罚；有期徒刑是在一定期限内剥夺犯罪分子的人身自由，并监禁于一定场所的刑罚，重于管制和拘役。因此，考虑到指定居所监视居住对犯罪嫌疑人、被告人人身自由限制的严厉性以及管制、拘役与有期徒刑三种刑罚之间的轻重差别，被指定居所监视居住的犯罪分子被判处管制刑的，指定居所监视居住一日就折抵刑期一日；被判处拘役、有期徒刑的，监视居住二日折抵刑期一日。

根据本条规定，只有指定居所监视居住的期限才可以折抵刑期。

第七十五条 被监视居住的犯罪嫌疑人、被告人应当遵守以下规定：

（一）未经执行机关批准不得离开执行监视居住的处所；

（二）未经执行机关批准不得会见他人或者通信；

（三）在传讯的时候及时到案；

（四）不得以任何形式干扰证人作证；

（五）不得毁灭、伪造证据或者串供；

（六）将护照等出入境证件、身份证件、驾驶证件交执行机关保存。

被监视居住的犯罪嫌疑人、被告人违反前款规定，情节严重的，可以予以逮捕；需要予以逮捕的，可以对犯罪嫌疑人、被告人先行拘留。

【条文主旨】本条是关于被监视居住者的义务以及违背义务时如何处理的规定。

【修改情况】本条主要作了以下修改：一是对被监视居住者增加了一种义务，即将护照等出入境证件、身份证件、驾驶证件交执行机关保存；二是增加规定对违反义务的被监视居住的犯罪嫌疑人、被告人，需要予以逮捕的，可以对其先行拘留。

【条文解读】本条分为两款。第一款规定了被监视居住者的义务。根据本款规定，被监视居住的犯罪嫌疑人、被告人应当遵守以下规定：（1）未经执行机关批准不得离开执行监视居住的处所。此处的“执行监视居住的处所”，是指犯罪嫌疑人、被告人的住处或者公安司法机关为其指定的居所。指定的居所不能是羁押场所和专门的办案场所。（2）未经执行机关批准不得会见他人或者通信。这里的“他人”，是指与犯罪嫌疑人、被告人共同居住的家庭成员以外的人。被监视居住的犯罪嫌疑人、被告人如果想会见他人或者与他人通信，必须经执行监视居住的公安机关批准。（3）在传讯的时候及时到案。与取保候审一样，监视居住的主要目的是保证犯罪嫌疑人、被告人随传随到、及时到案，如果被监视居住者不能及时到案，则监视居住便失去了意义。（4）不得以任何形式干扰证人作证。法律要求证人就其所知道的案件情况如实地提供证言，否则便追究其作伪证的法律责任，由此要求被监视居住的犯罪嫌疑人、被告人不能利用监视居住期间的自由来实施诸如威胁、殴打、报复或者贿买等干扰证人作证的行为。因干扰证人作证而构成犯罪的，应依法追究其刑事责任。（5）不得毁灭、伪造证据或者串供。所谓串供，是指与其他同案犯建立攻守同盟、统一口径等。被监视居住者不得利用未被羁押的便利条件销毁、伪造与案件有关的证据材料或者与其他同案犯订立攻守同盟、相互串通。（6）将护照等出入境证件、身份证件、驾驶证件交执行机关保存。监视居住的目的是保证刑事诉讼活动的正常进行和防止被监视居住人实施新的犯罪等，因此，对于可能出境逃避刑事追究的被监视居住人，可以要求其交出护照等出入境证件，对于涉嫌驾驶机动车犯罪的被监视居住人，可以要求其交出驾驶证件，统一由作为执行机关的公安机关保存，为公安机关更好地实施监管活动提供了方便，有助于实现监视居住的上述目的。

第二款是对被监视居住者违背义务时如何处理的规定。被监视居住的犯罪嫌疑人、被告人违反本条第一款规定的法律后果是：情节严重的，可以逮捕，并送往看守所羁押；需要进行逮捕的，可以对犯罪嫌疑人、被告人先行适用拘留。此处的情节严重，是指被监视居住者不履行义务的行为给公安司法机关的诉讼活动造成了严重干扰，严重妨碍了刑事诉讼的正常进行，采取监视居住已不足以防止其社会危险性，因而需要采取剥夺其人身自由的逮捕措施。

第七十六条　执行机关对被监视居住的犯罪嫌疑人、被告人，可以采取电子监控、不定期检查等监视方法对其遵守监视居住规定的情况进行监督；在侦查期间，可以对被监视居住的犯罪嫌疑人的通信进行监控。

【条文主旨】本条是关于对被监视居住者的监视方法的规定。

【修改情况】本条是新增条文。

【条文解读】由于执行机关的人力有限，司法实践中，被监视居住者常常缺乏来自执行机关的专人监视，导致一定程度上的脱管现象，被监视居住者在监视居住期间逃跑、串供、毁灭证据乃至再犯罪等方面的情况时有发生。为了解决执行机关人手不够以及监视方法的单一性问题，节约司法资源，提升监视效果，本条规定，执行机关对被监视居住的犯罪嫌疑人、被告人，可以采取电子监控、不定期检查等监视方法对其遵守监视居住规定的情况进行监督。此处的执行机关是公安机关；“电子监控”，是指执行机关利用电子设备和电子技术并结合少量的人力投入进行的监视控制活动；“不定期检查”则是指执行机关不定期地采取电话查访、工作人员亲临访视等方法检查被监视居住者遵守监视居住规定的情况。此外，在侦查期间，执行机关可以对被监视居住的犯罪嫌疑人的通信进行监控，防止其实施干扰证人作证、毁灭、伪造证据、串供等行为。所谓“通信”，是指人与人之间通过行为或者媒介进行的信息交流和传递，包括网络通信、移动电话、无线电等方式。

第七十七条　人民法院、人民检察院和公安机关对犯罪嫌疑人、被告人取保候审最长不得超过十二个月，监视居住最长不得超过六个月。

在取保候审、监视居住期间，不得中断对案件的侦查、起诉和审理。对于发现不应当追究刑事责任或者取保候审、监视居住期限届满的，应当及时解除取保候审、监视居住。解除取保候审、监视居住，应当及时通知被取保候审、监视居住人和有关单位。

【条文主旨】本条是关于取保候审、监视居住的期限及其解除的规定。

【修改情况】本条未作修改。

【条文解读】取保候审、监视居住虽然只是限制犯罪嫌疑人、被告人人身自由的强制措施，但也必须有明确的期限规定，否则不利于犯罪嫌疑人、被告人的权益保障，而且有损法律的严肃性和权威性。鉴于取保候审和监视居住的强制力有别，法律规定人民法院、人民检察院和公安机关对犯罪嫌疑人、被告人取保候审最长不得超过 12 个月，监视居住最长不得超过 6 个月。

在取保候审、监视居住期间，人民法院、人民检察院和公安机关应当抓紧时间进行案件的侦查、起诉和审理工作，不得中断。如果遇到必须中断对案件的侦查、起诉和审判的情况，如犯罪嫌疑人、被告人潜逃或者患有严重疾病等，必须首先解除取保候审或者监视居住的适用。为进一步保障被取保候审、监视居住的犯罪嫌疑人、被告人的合法权益，人民法院、人民检察院和公安机关在下列情况下应当及时解除取保候审、监视居住措施：（1）发现不应该追究刑事责任的，即具有本法第十五条规定的情形之一的。（2）取保候审、监视居住期限届满。即便案件还未办结，人民法院、人民检察院和公安机关也应当及时解除取保候审、监视居住。解除取保候审、监视居住的决定作出后，应当及时通知被取保候审、监视居住人和负责执行的有关单位。

第七十八条　逮捕犯罪嫌疑人、被告人，必须经过人民检察院批准或者人民法院决定，由公安机关执行。

【条文主旨】本条是关于逮捕的批准权、决定权和执行权的规定。

【修改情况】本条未作修改。

【条文解读】逮捕，是指人民法院、人民检察院和公安机关为防止犯罪嫌疑人、被告人逃避侦查、起诉和审判，进行妨碍刑事诉讼的行为，或者发生社会危险性，而依法剥夺其人身自由，将其羁押起来的强制方法，也是刑事诉讼中最为严厉的强制措施。

逮捕措施如同双刃剑，用之得当，则会在控制犯罪方面发挥相当积极的作用；用之不当，则可能严重侵害犯罪嫌疑人、被告人的合法权益。因此，法律对逮捕权的行使进行了严格的规范，将逮捕权划分为两个方面：批准、决定逮捕和执行逮捕，并分别赋予不同的机关行使，以发挥相互制约进而保障犯罪嫌疑人、被告人诉讼权利的作用。具体分工如下：（1）人民检察院享有对公安机关侦查案件中逮捕的批准权和自侦案件的逮捕决定权。公安机关在侦查中认为需要逮捕犯罪嫌疑人的，应当提请同级人民检察院审查批准；人民检察院直接受理的案件，在侦查过程中认为需要逮捕犯罪嫌疑人的，依法自行决定。在检察机关内部实行分工制约，侦查部门提请批准逮捕，侦查监督部门进行审查批准。（2）人民法院享有决定逮捕权。人民法院审理刑事案件时，对人民检察院提起公诉的案件中尚未被逮捕的被告人，或者自诉案件的被告人，认为有逮捕必要的，有权决定逮捕。（3）公安机关没有逮捕的批准权或者决定权，但人民检察院、人民法院批准或者决定的逮捕，都由公安机关负责执行，人民法院、人民检察院都没有执行逮捕的权力。

第七十九条　对有证据证明有犯罪事实，可能判处徒刑以上刑罚的犯罪嫌疑人、被告人，采取取保候审尚不足以防止发生下列社会危险性的，应当予以逮捕：

（一）可能实施新的犯罪的；

（二）有危害国家安全、公共安全或者社会秩序的现实危险的；

（三）可能毁灭、伪造证据，干扰证人作证或者串供的；

（四）可能对被害人、举报人、控告人实施打击报复的；

（五）企图自杀或者逃跑的。

对有证据证明有犯罪事实，可能判处十年有期徒刑以上刑罚的，或者有证据证明有犯罪事实，可能判处徒刑以上刑罚，曾经故意犯罪或者身份不明的，应当予以逮捕。

被取保候审、监视居住的犯罪嫌疑人、被告人违反取保候审、监视居住规定，情节严重的，可以予以逮捕。

【条文主旨】本条是关于逮捕条件的规定。

【修改情况】本条变化主要表现在：删除了1996年《刑事诉讼法》第六十条中“有逮捕必要”的规定；对逮捕的“社会危险性条件”进行了细化；并列举了逮捕的三种情况，从而大大增强了逮捕条件的可操作性。

【条文解读】本条共分三款。第一款规定了应当予以逮捕的一般性条件，具体包括三个方面：（1）证据条件，即有证据证明有犯罪事实。其基本内容包括：一是有证据证明发生了犯罪事实；二是有证据证明犯罪事实是犯罪嫌疑人、被告人实施的；三是证明犯罪嫌疑人、被告人实施犯罪行为的证据已经查证属实。（2）刑罚条件，即可能判处徒刑以上刑罚。我国《刑法》根据犯罪行为的社会危害性和犯罪人的人身危险性，设定了轻重不同的刑种，应当逮捕的，只是那些根据已有证据初步判断可能判处的最低刑罚为有期徒刑以上的犯罪嫌疑人、被告人，对于那些可能判处管制、拘役等轻刑或者可能被免除刑罚的，则没有逮捕的必要。（3）社会危险性条件，即采取取保候审尚不足以防止发生以下社会危险性的：一是可能实施新的犯罪的。犯罪嫌疑人、被告人如果不被逮捕羁押，则可能实施新的犯罪，这表明其具有较大的社会危险性，因而应当予以逮捕。二是有危害国家安全、公共安全或者社会秩序的现实危险的。一些犯罪嫌疑人、被告人具有较大的人身危险性，在非羁押状态下，很可能会危害到国家安全、公共安全或者社会秩序等重要的社会关系，应当予以逮捕。三是可能毁灭、伪造证据，干扰证人作证或者串供的。所谓串供，是指与其他同案犯建立攻守同盟、统一口径等。犯罪嫌疑人、被告人不得互相订立攻守同盟、捏造口供和毁灭、伪造证据、干扰证人作证等，否则会给诉讼进行带来很大的障碍，如果存在这种可能，也应当予以逮捕。四是可能对被害人、举报人、控告人实施打击报复的。对这类犯罪嫌疑人、被告人予以逮捕，不仅保障了刑事诉讼的顺利进行，而且维护了司法的权威性。五是企图自杀或者逃跑的。犯罪嫌疑人、被告人一旦自杀，刑事诉讼就必须终止，使得国家的刑罚权难以得到实现；犯罪嫌疑人、被告人如果逃跑，将无法按时到案接受讯问和审判，刑事诉讼也就无法正常进行。将犯罪嫌疑人、被告人予以逮捕羁押，可以有效地打消其自杀或者逃跑的企图。

第二款规定了有证据证明有犯罪事实的前提下应当予以逮捕的两类特殊条件：（1）可能判处十年有期徒刑以上刑罚的。根据我国《刑法》的规定，“十年有期徒刑以上刑罚”包括十年以上的有期徒刑、无期徒刑和死刑。可能判处十年有期徒刑以上刑罚，说明此类犯罪相当严重，犯罪嫌疑人、被告人具有较大的社会危险性。（2）可能判处徒刑以上刑罚，曾经故意犯罪或者身份不明的。这又可细分为两种情形：一是曾经故意犯罪后又实施可能判处徒刑以上刑罚的犯罪的。这种情况说明，犯罪嫌疑人、被告人虽因故意犯罪受过惩罚和教育，但仍无悔改之意，主观恶性大，有较大的社会危险性。二是可能判处徒刑以上刑罚，身份不明的。司法实践中，一些犯罪嫌疑人、被告人拒不透露其姓名、真实身份或者因特殊原因（如聋哑人等）导致公安司法机关无法查明其真实身份，极大地妨碍了刑事诉讼的顺利进行，如果不予以逮捕，犯罪嫌疑人、被告人极有可能会逃避刑事追究。只有同时具备有证据证明有犯罪事实和上述两种情形之一的，才应当予以逮捕。

第三款规定了取保候审、监视居住可以变更为逮捕措施的条件。对于被取保候审和监视居住的犯罪嫌疑人、被告人而言，如果违反了取保候审、监视居住的规定，且情节严重，则显示其有逃避侦查、起诉和审判的迹象，有继续实施危害社会行为的可能，采取取保候审、监视居住可能已经不足以防止其社会危险性，因此可以予以逮捕。

第八十条　公安机关对于现行犯或者重大嫌疑分子，如果

有下列情形之一的，可以先行拘留：

（一）正在预备犯罪、实行犯罪或者在犯罪后即时被发觉的；

（二）被害人或者在场亲眼看见的人指认他犯罪的；

（三）在身边或者住处发现有犯罪证据的；

（四）犯罪后企图自杀、逃跑或者在逃的；

（五）有毁灭、伪造证据或者串供可能的；

（六）不讲真实姓名、住址，身份不明的；

（七）有流窜作案、多次作案、结伙作案重大嫌疑的。

【条文主旨】本条是关于刑事拘留的对象和条件的规定。

【修改情况】本条未作修改。

【条文解读】刑事诉讼强制措施中的“拘留”，是指公安机关、人民检察院在侦查过程中，遇有紧急情况时，对现行犯或者重大嫌疑分子所采取的依法剥夺其人身自由的强制方法。拘留的目的是及时地抓获现行犯和重大嫌疑分子，以保证侦查工作的顺利进行。本条采用列举方式规定了公安机关对于现行犯或者重大嫌疑分子可以先行拘留的七种情形：（1）正在预备犯罪、实行犯罪或者在犯罪后即时被发觉的。所谓预备犯罪，是指为了犯罪准备工具、制造条件的。所谓实行犯罪，是指正在进行犯罪的活动。司法实践中，应当有一定的证据证明现行犯、重大嫌疑分子正在预备犯罪、实行犯罪或者犯罪后即时被发觉的。（2）被害人或者在场亲眼看见的人指认他犯罪的。即遭受犯罪行为直接侵害的人或者在犯罪现场亲眼看到犯罪活动的人指认某人是犯罪嫌疑人。（3）在身边或者住处发现有犯罪证据的。所谓住处，是指犯罪嫌疑人居住的处所、办公地点等。（4）犯罪后企图自杀、逃跑或者在逃的。犯罪后有明显证据证明其有自杀、逃跑的迹象或者犯罪后已经逃跑的。（5）有毁灭、伪造证据或者串供可能的。所谓串供，是指与其他同案犯建立攻守同盟、统一口径等。（6）不讲真实姓名、住址，身份不明的。具体是指犯罪嫌疑人本人拒不说明其姓名、住址、职业等基本情况。（7）有流窜作案、多次作案、结伙作案重大嫌疑的。通常是指逃窜于各个城市、地区作案，多次作案或者多人结帮、无正当职业四处流浪的。

第八十一条　公安机关在异地执行拘留、逮捕的时候，应当通知被拘留、逮捕人所在地的公安机关，被拘留、逮捕人所在地的公安机关应当予以配合。

【条文主旨】本条是关于公安机关之间执行拘留、逮捕时应相互配合的规定。

【修改情况】本条未作修改。

【条文解读】每一个公安机关都有自己固定的管辖区域，公安机关到异地执行拘留、逮捕的时候，可能由于对异地情况不够了解、执行人员不足、缺少必要的强制戒具等而无法顺利进行工作，因而需要通知被拘留、逮捕人所在地的公安机关予以配合，以保证执行拘留、逮捕任务的顺利完成。

公安机关在异地执行拘留、逮捕时，应当通知被拘留、逮捕人所在地的公安机关，被拘留、逮捕人所在地的公安机关应当予以配合。这里的“异地”，是指立案侦查的公安机关所在地以外的其他地区。“通知”，是指告诉并出示有关拘留、逮捕的法律手续。被拘留、逮捕人所在地的公安机关得到通知后，应当积极配合前来执行拘留、逮捕任务的公安机关将犯罪嫌疑人拘留、逮捕。这里的“应当”是指必须。“配合”，是指为保证顺利完成拘留、逮捕任务，提供必需的人员、车辆或者警戒等。

第八十二条　对于有下列情形的人，任何公民都可以立即扭送公安机关、人民检察院或者人民法院处理：

（一）正在实行犯罪或者在犯罪后即时被发觉的；

（二）通缉在案的；

（三）越狱逃跑的；

（四）正在被追捕的。

【条文主旨】本条是关于公民扭送的规定。

【修改情况】本条未作修改。

【条文解读】扭送是法律赋予公民同刑事犯罪作斗争的一种手段，并非刑事诉讼强制措施。法律规定扭送是为了鼓励公民自觉行动起来，积极协助公安司法机关捉拿犯罪分子，及时、有效地帮助公安司法机关抓获犯罪嫌疑人、被告人和越狱逃跑的罪犯。扭送体现了我国《刑事诉讼法》规定的依靠群众，实行专门机关与群众相结合的诉讼原则。

本条明确规定公民对下列四种情形的人可以立即扭送：（1）正在实行犯罪或者在犯罪后即时被发觉的；（2）通缉在案的；（3）越狱逃跑的；（4）正在被追捕的。公安机关、人民检察院和人民法院对于被扭送的人，不论是否属于自己管辖的案件范围，都应当接受并立即讯问。需要采取紧急措施的，应当采取紧急措施，然后移送有关机关处理。如果发现不符合拘留或者逮捕条件的，应当向扭送的公民说明情况，做好他们的思想工作，然后将被扭送人释放。同时，公安司法人员应当告诫被扭送人不得对扭送群众进行打击报复，否则应当承担法律责任。

第八十三条　公安机关拘留人的时候，必须出示拘留证。

拘留后，应当立即将被拘留人送看守所羁押，至迟不得超过二十四小时。除无法通知或者涉嫌危害国家安全犯罪、恐怖活动犯罪通知可能有碍侦查的情形以外，应当在拘留后二十四小时以内，通知被拘留人的家属。有碍侦查的情形消失以后，应当立即通知被拘留人的家属。

【条文主旨】本条是关于执行拘留程序的规定。

【修改情况】本条增加了拘留后应当立即将被拘留人送看守所羁押，至迟不得超过二十四小时的规定，明确了例外的情形，加强了对被拘留人诉讼权利的保障。

【条文解读】本条共分为两款。第一款是对公安机关执行拘留时必须出示拘留证的规定。拘留证由县级以上公安机关的负责人签发。执行拘留时，应当向被拘留人出示拘留证，并向其宣布对其实行拘留。被拘留人应当在拘留证上签名并且捺指印。拒绝签名或者捺指印的，执行拘留的人员应当予以注明。被拘留人如果抗拒拘留，公安机关的执行人员有权使用强制方法，包括使用戒具。

第二款是对公安机关在拘留后应当立即将被拘留人送看守所羁押和尽快通知被拘留人的家属的规定。根据该款规定，拘留后应当立即将被拘留人送看守所羁押，以防止刑讯逼供等非法取证现象的发生；拘留后，除无法通知或者有碍侦查的情形以外，应当在拘留后二十四小时以内，把拘留的原因和羁押的处所通知被拘留人的家属。这里的“有碍侦查的情形”，法律明确限定为涉嫌危害国家安全犯罪、恐怖活动犯罪通知可能妨碍侦查工作顺利进行的情况。司法实践中，公安机关不能任意扩大范围。这里的“无法通知”的情形，是指被拘留人不讲真实姓名、住址的或者其家属在边远地区、交通不便，二十四小时难以到达的，以及被拘留人无家属的，等等。

第八十四条　公安机关对被拘留的人，应当在拘留后的二十四小时以内进行讯问。在发现不应当拘留的时候，必须立即释放，发给释放证明。

【条文主旨】本条是关于公安机关对被拘留的犯罪嫌疑人应当及时讯问的规定。

【修改情况】本条删除了对需要逮捕而证据还不充足的，可以取保候审或者监视居住的规定。

【条文解读】公安机关对犯罪嫌疑人采取拘留措施，其目的在于防止现行犯或重大嫌疑分子逃避侦查和审判，保证诉讼的顺利进行。公安机关对于被拘留的人，在二十四小时以内讯问，主要是为了查清事实，防止错拘。同时也可以及时收集证据、查明同案犯，不贻误侦查时机。通过讯问，发现不应当拘留的，应当立即释放，发给释放证明。所谓不应当拘留，是指：（1）犯罪行为没有发生或者被拘留人的行为不构成犯罪的；（2）虽有犯罪行为，但依法不应追究刑事责任的；（3）虽有犯罪行为，但不是被拘留人所为；（4）犯罪行为虽然是被拘留人所为，但该人不具备本法第八十条规定的情形之一，因而不需要对其采取拘留措施的。

第八十五条　公安机关要求逮捕犯罪嫌疑人的时候，应当写出提请批准逮捕书，连同案卷材料、证据，一并移送同级人民检察院审查批准。必要的时候，人民检察院可以派人参加公安机关对于重大案件的讨论。

【条文主旨】本条是关于公安机关提请批准逮捕的程序的规定。

【修改情况】本条未作修改。

【条文解读】公安机关无权自行批准或决定逮捕犯罪嫌疑人，当在侦查过程中需要逮捕犯罪嫌疑人时，应当报送同级人民检察院审查批捕。公安机关应写出《提请批准逮捕书》，其中应写明犯罪嫌疑人的姓名、性别、年龄、住址、职业等基本情况，其犯罪事实和证明其犯罪事实的证据连同案卷材料一起移送同级人民检察院审查。为了及时决定对犯罪嫌疑人是否批准逮捕，法律规定，人民检察院在必要的时候，可以派人参加公安机关对于重大案情的讨论。所谓“必要”，是指案情重大复杂，或者意见分歧较大。在此情况下，人民检察院派人参加公安机关对重大案件的讨论，从审查批捕对证据要求的角度等方面发表检察机关对案件的意见，以保证批捕工作的顺利进行。这也充分体现了本法规定的“分工负责，互相配合，互相制约”的诉讼原则。

第八十六条　人民检察院审查批准逮捕，可以讯问犯罪嫌疑人；有下列情形之一的，应当讯问犯罪嫌疑人：

（一）对是否符合逮捕条件有疑问的；

（二）犯罪嫌疑人要求向检察人员当面陈述的；

（三）侦查活动可能有重大违法行为的。

人民检察院审查批准逮捕，可以询问证人等诉讼参与人，听取辩护律师的意见；辩护律师提出要求的，应当听取辩护律师的意见。

【条文主旨】本条是关于人民检察院审查批准逮捕程序的规定。

【修改情况】本条是新增条文。

【条文解读】为进一步完善审查批捕程序，了解犯罪嫌疑人的心理和想法，以准确适用逮捕措施，法律在总结实践经验的基础上规定，人民检察院审查批准逮捕，可以讯问犯罪嫌疑人。当对是否符合逮捕条件有疑问的，或者犯罪嫌疑人要求向检察人员当面陈述的，抑或侦查活动可能有重大违法行为时，人民检察院应当讯问犯罪嫌疑人。

为更好地吸纳辩护律师的意见，使检察机关更全面地了解案件情况，保证批捕决定的正确性，本条第二款规定，人民检察院审查批准逮捕，可以询问证人等诉讼参与人，听取辩护律师的意见；辩护律师提出要求的，则应当听取辩护律师的意见。

第八十七条 人民检察院审查批准逮捕犯罪嫌疑人由检察长决定。重大案件应当提交检察委员会讨论决定。

【条文主旨】本条是关于人民检察院审查批准逮捕犯罪嫌疑人的权限的规定。

【修改情况】本条未作修改。

【条文解读】人民检察院对于公安机关提请批准逮捕的案件，或者人民检察院自行侦查的案件中认为需要逮捕的，由办案人员首先对报捕材料认真审查，主要审查是否符合逮捕条件、有无不应逮捕的情况、法律手续是否完备等，然后提出是否决定逮捕的初步意见，报检察长决定。重大案件提交检察委员会讨论决定。此处的“重大案件”，主要是指涉外案件、案情重大复杂或者争议较大的案件等。审查批准逮捕由检察长作出决定，是法律赋予检察长的职权。同时，由检察委员会对重大案件的审查批准逮捕作出决定，是民主集中制的重要体现，也是正确、谨慎地适用逮捕措施的重要保障。

第八十八条　人民检察院对于公安机关提请批准逮捕的案件进行审查后，应当根据情况分别作出批准逮捕或者不批准逮捕的决定。对于批准逮捕的决定，公安机关应当立即执行，并且将执行情况及时通知人民检察院。对于不批准逮捕的，人民检察院应当说明理由，需要补充侦查的，应当同时通知公安机关。

【条文主旨】本条是关于人民检察院对公安机关提请批准逮捕的案件审查后如何处理的规定。

【修改情况】本条未作修改。

【条文解读】人民检察院对于公安机关提请批准逮捕的案件进行审查后，可以分别作出两种处理：（1）对于符合逮捕的法定条件，即具有本法第七十九条规定的逮捕条件的，依法可以作出批准逮捕的决定。凡是人民检察院批准逮捕的，公安机关依法应当立即执行，并应及时将执行情况通知批准逮捕的人民检察院，以接受其监督。(2）对不符合逮捕条件或者具有本法第十五条规定的情形之一的，应当作出不批准逮捕的决定，并制作不批准逮捕书。

人民检察院对于不批准逮捕的规定，应当向公安机关说明不批准的理由，对于证据不足、需要补充侦查的，应当在作出不批准逮捕决定的同时通知公安机关补充侦查。这样规定既有利于迅速执行逮捕措施，保障准确、及时地打击犯罪，又加强了公安、检察机关之间的监督和制约，保证了法律的严格执行。

第八十九条　公安机关对被拘留的人，认为需要逮捕的，应当在拘留后的三日以内，提请人民检察院审查批准。在特殊

情况下，提请审查批准的时间可以延长一日至四日。

对于流窜作案、多次作案、结伙作案的重大嫌疑分子，提请审查批准的时间可以延长至三十日。

人民检察院应当自接到公安机关提请批准逮捕书后的七日以内，作出批准逮捕或者不批准逮捕的决定。人民检察院不批准逮捕的，公安机关应当在接到通知后立即释放，并且将执行情况及时通知人民检察院。对于需要继续侦查，并且符合取保候审、监视居住条件的，依法取保候审或者监视居住。

【条文主旨】本条是关于对被拘留人提请批捕的时限和批捕的时限的规定。

【修改情况】本条未作修改。

【条文解读】公安机关对被拘留的人，认为需要逮捕的，应在三日以内报同级人民检察院审查批准逮捕。在特殊情况下，提请批准逮捕的时间依法可以延长一日至四日。所谓特殊情况，是指案情比较复杂或者在交通不便的边远地区，三日以内难以报请批捕的，法律允许提请人民检察院审查批准的时限可以延长一日至四日。

对于流窜作案、多次作案、结伙作案的重大嫌疑分子，要在七日之内作出是否需要逮捕的决定，显然时间太仓促，因此，法律规定，对这几类重大嫌疑分子提请审查批准的时间可以延长至拘留后的三十日，以适应与犯罪作斗争的需要。

人民检察院接到公安机关提请批准逮捕书后，应当在七日内审查完毕，作出批准逮捕或者不批准逮捕的决定。对于人民检察院不批准逮捕的，公安机关一经接到通知，应当立即释放被拘留人，并有义务将执行情况通知人民检察院，接受其法律监督。对于需要继续侦查，并且符合采取取保候审或者监视居住强制措施条件的，应依法变更强制措施。

第九十条　公安机关对人民检察院不批准逮捕的决定，认为有错误的时候，可以要求复议，但是必须将被拘留的人立即

释放。如果意见不被接受，可以向上一级人民检察院提请复核。上级人民检察院应当立即复核，作出是否变更的决定，通知下级人民检察院和公安机关执行。

【条文主旨】本条是关于公安机关对人民检察院不批准逮捕的决定提出异议的程序的规定。

【修改情况】本条未作修改。

【条文解读】公安机关收到人民检察院不批准逮捕的决定后，如果认为有错误，可以要求人民检察院复议。如果公安机关的意见不被接受，可以向上一级人民检察院提请复核。上级人民检察院应当立即复核，作出是否变更的决定，通知下级人民检察院和公安机关执行。在复议、复核期间，对于已经被拘留的人，公安机关应当释放，至少应当变更为取保候审或者监视居住措施，而不得继续关押犯罪嫌疑人。这一规定体现了公安机关和人民检察院之间分工负责、互相配合、互相制约的原则，有利于维护公民的合法权益，正确处理案件，有效打击犯罪。

第九十一条　公安机关逮捕人的时候，必须出示逮捕证。

逮捕后，应当立即将被逮捕人送看守所羁押。除无法通知的以外，应当在逮捕后二十四小时以内，通知被逮捕人的家属。

【条文主旨】本条是关于逮捕程序的规定。

【修改情况】本条增加了逮捕后应当立即将被逮捕人送看守所羁押的规定，删除了因有碍侦查的情形而不通知被逮捕人家属的规定，从而强化了对被逮捕人合法权益的保障，有助于防止刑讯逼供现象，杜绝秘密逮捕情况的发生。

【条文解读】本条共分为两款。第一款是对公安机关执行逮捕时必须出示逮捕证的规定。公安机关执行逮捕时，应持有经县级以上公安局负责人签发的逮捕证，并向被逮捕的人出示。被逮捕人应在逮捕证上签名或捺指印。拒绝签名或捺指印的，执行逮捕的人员应当予以注明。被逮捕人员如果拒捕，公安人员有权使用适当的强制方法，必要时可以使用戒具、武器。

第二款规定了逮捕后应当立即将被逮捕人送看守所羁押以及尽快通知被逮捕人的家属。逮捕后，除无法通知的以外，公安机关应在二十四小时以内，把逮捕的原因和羁押的处所通知被逮捕人的家属。人民检察院和人民法院自行决定逮捕的，应由人民检察院和人民法院通知。这里的“无法通知”，主要是指被逮捕人不讲真实姓名、住址的，或者其家属在边远地区，交通不便，二十四小时难以通知到的，以及被逮捕人无家属的，等等。

第九十二条　人民法院、人民检察院对于各自决定逮捕的人，公安机关对于经人民检察院批准逮捕的人，都必须在逮捕后的二十四小时以内进行讯问。在发现不应当逮捕的时候，必须立即释放，发给释放证明。

【条文主旨】本条是关于逮捕后及时讯问的规定。

【修改情况】本条未作修改。

【条文解读】人民法院、人民检察院对于各自决定逮捕的人，公安机关对于经人民检察院批准逮捕的人，都必须在逮捕后的二十四小时以内进行讯问，其目的是通过讯问，及时查明对犯罪嫌疑人、被告人所采取的逮捕措施是否正确，逮捕所依据的证据是否确凿，同时也可以及时收集证据，查明其他同案犯，不贻误办案时机。发现不应当逮捕的，应当及时纠正，并立即释放，发给释放证明。所谓“不应当逮捕的”，是指：（1）犯罪行为没有发生，或者被逮捕人的行为不构成犯罪的；（2）虽有犯罪行为，但罪行轻微，不会判处有期徒刑以上刑罚的；（3）虽有犯罪行为，也可能判处有期徒刑以上刑罚，但法律有规定，不予追究刑事责任的；（4）犯罪行为虽然是被逮捕人所为，但该人没有自杀、逃跑、串供、毁灭证据或者继续犯罪的可能，采取取保候审、监视居住等强制措施足以防止发生社会危险性，因而不需要对其实行逮捕的。

第九十三条　犯罪嫌疑人、被告人被逮捕后，人民检察院仍应当对羁押的必要性进行审查。对不需要继续羁押的，应当建议予以释放或者变更强制措施。有关机关应当在十日以内将处理情况通知人民检察院。

【条文主旨】本条是关于逮捕后对羁押的必要性进行审查的规定。

【修改情况】本条是新增条文。

【条文解读】为了保障逮捕措施的正确适用，减少审前羁押，防止超期羁押，加大检察机关诉讼监督的力度，增加本条规定。根据本条规定，犯罪嫌疑人、被告人被逮捕后，人民检察院仍应当对羁押的必要性进行审查。对不需要继续羁押的，应该建议予以释放或者变更强制措施。有关机关应当在十日以内将处理情况通知人民检察院。所谓羁押的必要性审查，是指人民检察院依据本法第七十九条规定的逮捕条件，结合被逮捕人不断变化的个人情况以及办案期限规定等，对被告人的羁押是否具有必要性进行持续性的审查判断，并在不需要继续羁押时，建议予以释放或者变更强制措施。为加强检察机关诉讼监督的效力，法律明确要求，对于检察机关的法律监督建议，有关机关应当在法律确定的期限即十日内作出处理，并将处理情况通知人民检察院。

第九十四条　人民法院、人民检察院和公安机关如果发现对犯罪嫌疑人、被告人采取强制措施不当的，应当及时撤销或者变更。公安机关释放被逮捕的人或者变更逮捕措施的，应当通知原批准的人民检察院。

【条文主旨】本条是关于强制措施的撤销和变更的规定。

【修改情况】本条未作修改。

【条文解读】强制措施涉及限制或者剥夺公民的人身自由，因此，运用强制措施应当严格按照《刑事诉讼法》规定的条件和程序，对于采取强制措施不当的，应当及时撤销或者变更。刑事诉讼强制措施采取后并不是一成不变的，随着对案件事实的深入调查和对案件证据的不断收集，或者经犯罪嫌疑人、被告人及其近亲属、法定代理人、辩护人指出，人民法院、人民检察院和公安机关可能发现对犯罪嫌疑人、被告人采取的强制措施不当，在此情况下应当及时予以纠正。纠正的方法有撤销和变更两种。“撤销”，是指公检法机关对自己作出的采取强制措施的决定予以撤销；“变更”，是指改变强制措施的种类。

由于逮捕的批准权依法属于人民检察院，因此公安机关释放被逮捕的人或者变更逮捕措施的，有义务通知原批准的人民检察院。

第九十五条　犯罪嫌疑人、被告人及其法定代理人、近亲属或者辩护人有权申请变更强制措施。人民法院、人民检察院和公安机关收到申请后，应当在三日以内作出决定；不同意变更强制措施的，应当告知申请人，并说明不同意的理由。

【条文主旨】本条是关于申请变更强制措施程序的规定。

【修改情况】本条作了如下修改：一是扩大了申请变更强制措施的范围，将只能申请由羁押转为取保候审修改为可以申请变更所有的强制措施；二是扩展了有权申请变更强制措施的主体范围，增列辩护人为申请权主体；三是增加了人民法院、人民检察院和公安机关审查、决定是否变更强制措施的期限、程序等方面的规定，强化了程序上的可操作性。

【条文解读】强化对犯罪嫌疑人、被告人合法权利的保障是此次《刑事诉讼法》修正时的基本指导思想之一。而刑事诉讼强制措施就直接涉及对犯罪嫌疑人、被告人人身自由的限制或者剥夺，由此不仅给其本人带来了痛苦，而且对其家庭和亲友也造成了诸多的不良影响。犯罪嫌疑人、被告人及其法定代理人、近亲属、辩护人有权向公安机关、人民检察院、人民法院提出变更强制措施的申请，这是修正后的《刑事诉讼法》赋予已被采取强制措施的犯罪嫌疑人、被告人及其法定代理人、近亲属、辩护人的一项重要诉讼权利。此处的近亲属应当是指犯罪嫌疑人、被告人的父、母、夫、妻、子、女、同胞兄弟姊妹。犯罪嫌疑人、被告人及其法定代理人、近亲属、辩护人可以在刑事诉讼的任何一个阶段向强制措施的决定机关提出强制措施的变更申请。当然，在向公安机关、人民检察院、人民法院提出变更强制措施的申请时，应当说明自己申请变更强制措施的条件和理由，以便于公安司法机关考虑或者决定是否同意时，根据其各方面的情况进行综合评判。

在司法实践中，对于犯罪嫌疑人、被告人一方提出的变更强制措施的申请，人民法院、人民检察院、公安机关往往不予理会，导致被不当适用强制措施的犯罪嫌疑人、被告人的权利得不到切实有效的救济。为此，修改后的《刑事诉讼法》增加规定，人民法院、人民检察院、公安机关在收到变更强制措施的申请后，应该进行审查，并在三日以内作出决定；如果人民法院、人民检察院、公安机关决定不变更强制措施，则应当如实、及时地告知申请人，并对不同意的理由进行说明。

第九十六条　犯罪嫌疑人、被告人被羁押的案件，不能在本法规定的侦查羁押、审查起诉、一审、二审期限内办结的，对犯罪嫌疑人、被告人应当予以释放；需要继续查证、审理的，对犯罪嫌疑人、被告人可以取保候审或者监视居住。

【条文主旨】本条是关于逾期羁押处理的规定。

【修改情况】本条增加了犯罪嫌疑人、被告人被逾期羁押时，对犯罪嫌疑人、被告人应当予以释放的规定。

【条文解读】犯罪嫌疑人、被告人被羁押的案件，在法定办案期限内不能结案的，犯罪嫌疑人、被告人就可能一直处于被羁押状态。有时甚至久拖不决，导致当事人被超期羁押。这样既不利于保护公民的合法权益，也不利于促使办案机关提高工作效率，在法定办案期限内办结案件。

根据本条规定，犯罪嫌疑人、被告人被羁押的案件，如果没有在本法规定的侦查羁押、审查起诉、一审、二审期限内办结的，对犯罪嫌疑人、被告人应当予以释放。如果案件事实需要进一步查证和审理，只要犯罪嫌疑人、被告人符合本法第六十五条、第七十二条的规定，以变更为取保候审或者监视居住措施为宜，这样有助于防止犯罪嫌疑人、被告人完全恢复人身自由后可能会妨碍侦查、起诉和审判，甚至可能会继续实施危害社会的行为。

第九十七条　人民法院、人民检察院或者公安机关对被采取强制措施法定期限届满的犯罪嫌疑人、被告人，应当予以释放、解除取保候审、监视居住或者依法变更强制措施。犯罪嫌疑人、被告人及其法定代理人、近亲属或者辩护人对于人民法院、人民检察院或者公安机关采取强制措施法定期限届满的，有权要求解除强制措施。

【条文主旨】本条是关于被追诉方要求解除强制措施以及司法机关应当解除或者变更强制措施的规定。

【修改情况】本条在表述上有所变化，将公安司法机关对被采取强制措施法定期限届满的犯罪嫌疑人、被告人的处理移到了被追诉方有权要求解除强制措施之前。

【条文解读】本条有两方面的内容：第一，规定了司法机关对被采取强制措施超过法定期限的犯罪嫌疑人、被告人的处理方式，对于犯罪嫌疑人、被告人在押的，应当予以释放。如果需要继续查证、审理的，依法可以将逮捕变更为取保候审或者监视居住；对于取保候审超过十二个月或者监视居住超过六个月的，应当解除取保候审、监视居住。传唤、拘传超过十二小时的，应当停止传唤、拘传，让被传唤人、被拘传人回去。

第二，犯罪嫌疑人、被告人及其法定代理人、近亲属或者辩护人对司法机关采取强制措施超过法定期限的，有权要求解除强制措施。此处的“法定代理人”，是指犯罪嫌疑人、被告人的父母、养父母、监护人和负有保护义务的机关、团体代表；“近亲属”，是指犯罪嫌疑人、被告人的夫、妻、父、母、子、女、同胞兄弟姊妹；“辩护人”，是指犯罪嫌疑人、被告人委托的律师及其他辩护人。“法定期限届满”，是指对在押的犯罪嫌疑人、被告人而言，已达到了本法规定的侦查羁押、审查起诉、一审、二审的最长办案期限；对不在押的犯罪嫌疑人、被告人而言，取保候审已满十二个月，或者监视居住已满六个月，或者拘传已满法定期限。

第九十八条　人民检察院在审查批准逮捕工作中，如果发现公安机关的侦查活动有违法情况，应当通知公安机关予以纠正，公安机关应当将纠正情况通知人民检察院。

【条文主旨】 本条是关于人民检察院在审查批捕中对公安机关的侦查活动实施监督的规定。

【修改情况】 本条未作修改。

【条文解读】 人民检察院是国家的法律监督机关，依法对刑事诉讼实行法律监督。侦查监督是人民检察院刑事诉讼法律监督的重要组成部分，人民检察院在审查批捕工作中，通过实施审查核实案卷材料、讯问犯罪嫌疑人、听取辩护律师意见等工作，如果发现侦查机关及其工作人员在侦查活动中存在违反法定程序的行为和其他违法现象，应当通知公安机关及其他侦查机关予以纠正。此处的“纠正”，是指公安机关及其他侦查机关根据侦查活动违法行为的不同内容、不同程度，采取不同的方式予以改正。公安机关应当接受人民检察院的监督，及时纠正违法行为，并且将纠正情况通知人民检察院。

第七章　附带民事诉讼

主旨	本章是关于附带民事诉讼制度的规定。
定义	附带民事诉讼，又称刑事附带民事诉讼，是指公安司法机关在解决刑事被告人刑事责任的同时，附带解决由遭受物质损失的被害人或人民检察院提起的，由于被告人的犯罪行为所引起的物质损失的赔偿而进行的诉讼活动。
拓展	附带民事诉讼制度在我国是一项重要的诉讼制度，这一制度的实行对于及时、有效地维护被害人的合法权益和节约有限的司法资源，提高诉讼效率有着重要的意义。
条文	本章共 4 条，修改 1 条，增加 1 条。
修改	本章主要进行了以下修改： 1. 增加规定被害人死亡或者丧失行为能力的，其法定代理人、近亲属有权提起附带民事诉讼。 2. 规定对附带民事诉讼可以采取诉讼保全措施。 3. 明确人民法院审理附带民事诉讼案件，可以进行调解，或者根据物质损失情况作出判决、裁定。

第九十九条　被害人由于被告人的犯罪行为而遭受物质损失的，在刑事诉讼过程中，有权提起附带民事诉讼。被害人死亡或者丧失行为能力的，被害人的法定代理人、近亲属有权提起附带民事诉讼。

如果是国家财产、集体财产遭受损失的，人民检察院在提

起公诉的时候，可以提起附带民事诉讼。

【条文主旨】本条是有关刑事附带民事诉讼的概念、提起主体、提起条件、提起方式的规定。

【修改情况】本条修改之处是增加规定了“被害人死亡或者丧失行为能力的，被害人的法定代理人、近亲属有权提起附带民事诉讼”。同时将1996年《刑事诉讼法》第三款的内容，即“人民法院在必要的时候，可以查封或者扣押被告人的财产”移至第一百条中。

【条文解读】本条共两款。第一款是有关提起刑事附带民事诉讼的条件和主体的规定。对于第一款应从如下五个方面进行理解：第一，附带民事诉讼的前提是被告人的行为构成犯罪。如果被告人的行为不构成犯罪，没有被提起刑事指控，那么基于附带民事诉讼对于刑事诉讼的附随性，被害人和人民检察院就不能在刑事诉讼中提起附带民事诉讼。第二，附带民事诉讼只能在被告人的犯罪行为给被害人造成物质损失时才可以提起。物质损失必须是因为犯罪行为引起，即犯罪行为和物质损失之间有直接的因果关系。第三，所谓物质损失，指的是因人身权利受到犯罪侵犯而遭受物质损失或者财物被犯罪分子毁坏而遭受物质损失。物质损失的范围包括被害人因犯罪行为已经遭受的实际损失和将来必然遭受的损失。第四，附带民事诉讼只能在刑事诉讼过程当中提起。在刑事诉讼过程中，指的是刑事案件立案以后至第一审判决宣告以前，如果有权提起附带民事诉讼的人在第一审判决宣告以前没有提起，为保证刑事诉讼及时打击犯罪的任务，则不得再提起附带民事诉讼，但可以在刑事判决生效后另行提起民事诉讼。第五，有权提起附带民事诉讼的主体可以是被害人（公民、法人和其他组织），已死亡或丧失行为能力的被害人的法定代理人、近亲属。

第二款是关于人民检察院提起附带民事诉讼的规定。如果国家财产、集体财产因犯罪行为遭受损失时，人民检察院可以在提起刑事公诉的时候提起附带民事诉讼。国家财产、集体财产是公共财产，当因犯罪行为而遭受损失时，一样可以要求被告人赔偿。如果没有单位或者个人代表国家或者集体的被害人提起附带民事诉讼，势必影响国家财产和公共利益的维护，为此法律赋予人民检察院在提起公诉的同时提起附带民事诉讼的权利，这样有利于保护国家财产和集体财产不受犯罪行为的侵害。

第一百条　人民法院在必要的时候，可以采取保全措施，查封、扣押或者冻结被告人的财产。附带民事诉讼原告人或者人民检察院可以申请人民法院采取保全措施。人民法院采取保全措施，适用民事诉讼法的有关规定。

【条文主旨】本条是关于人民法院在受理附带民事诉讼案件后有权采取查封、扣押或者冻结被告人财产等保全措施的规定。

【修改情况】本条是在 1996 年《刑事诉讼法》第七十七条第三款规定的基础上修改增加的条款，明确对于附带民事诉讼案件可以采取诉讼保全措施。立法明确了诉讼保全措施适用的方式、启动的程序和法律依据。

【条文解读】为了保证附带民事诉讼原告人的合法权益得到有效维护，使遭受犯罪侵害而产生的物质损失能够及时得到有效赔偿，在附带民事诉讼审理过程中，人民法院认为有必要时，可依原告人、人民检察院的申请或者依职权，根据《民事诉讼法》的规定，对附带民事诉讼被告人的财产采取查封、扣押或者冻结等诉讼保全措施。这里的“有必要时”，是指被告人或者其他负有赔偿责任的人或者单位有转移、隐匿财产的行为，可能致使附带民事判决不能执行或者难以执行的情况。人民法院可以根据案件的实际情况，根据《民事诉讼法》有关查封、扣押或者冻结被告人财产的规定予以实施。查封、扣押或者冻结财产措施针对的只能是附带民事诉讼被告人的合法财产，查封、扣押和冻结财产的数额，应当以能够保障附带民事诉讼判决得到顺利执行为限。

第一百零一条　人民法院审理附带民事诉讼案件，可以进行调解，或者根据物质损失情况作出判决、裁定。

【条文主旨】本条是关于人民法院对附带民事诉讼案件审理结案方式的规定。

【修改情况】本条是新增条文。

【条文解读】附带民事诉讼本质上是民事诉讼，因此其审理和结案可以适用《民事诉讼法》的有关规定。人民法院对附带民事诉讼案件可以进行调解。调解应当由人民法院根据案件事实和有关法律，在附带民事诉讼当事人自愿、合法的基础上进行。经调解达成协议的，应当及时制作调解书，送达当事人双方签收后立即发生法律效力。调解达成协议并当庭执行完毕的，可以不制作调解书，但是，经双方当事人、审判人员、书记员签名或者盖章后即生效。调解未达成协议或者调解书未送达前当事人一方反悔的，附带民事诉讼应当通过审判迅速解决案件，不可久调不决，更不可强制或胁迫调解结案。

审判人员应当根据附带民事诉讼原告人的物质损失情况作出判决或裁定，刑事被害人的物质损失得到赔偿可以被作为量刑的重要情节予以考虑。这样规定有利于促使附带民事诉讼被告人对因自己的犯罪行为给附带民事诉讼原告人造成的物质损失给予积极赔偿。一方面可以及时弥补原告人的经济损失，最大限度地维护原告人的合法权益；另一方面也可以表明附带民事诉讼被告人真诚悔罪争取从宽处理的态度。当然，更有利于案结事了，减少上诉与涉法信访上访，维护社会的和谐稳定。

第一百零二条　附带民事诉讼应当同刑事案件一并审判，只有为了防止刑事案件审判的过分迟延，才可以在刑事案件审判后，由同一审判组织继续审理附带民事诉讼。

【条文主旨】本条是关于刑事附带民事诉讼审理方式的规定。

【修改情况】本条未作修改。

【条文解读】附带民事诉讼应当同刑事案件一并审判，指的是人民法院应当由同一审判组织对附带民事诉讼与刑事案件一并审理、一并判决。在刑事诉讼过程中合并审理因被告人的同一犯罪行为而引起的刑事责任和民事责任，既有利于案件的正确处理，又可以节约司法资源、提高诉讼效率。同时审理刑事和民事案件，可以全面地查明被告人是否有罪及罪行轻重，以及犯罪行为是否造成了被害人物质损失、损失的程度等，为合理确定被告人的刑事责任和民事责任提供依据。因为被告人的犯罪行为所造成的物质损失程度，往往是人民法院进行定罪量刑的重要考虑因素。合并审理由被告人的犯罪行为所引起的彼此密切相关的刑事、民事两种责任，可以避免刑事、民事案件分别审理时所产生的调查和审理上的重复，从而节省司法资源。因此，原则上附带民事诉讼应当同刑事案件一并审理并同时判决，只有为了防止刑事案件审判的过分迟延，才可以在刑事案件审判后，由同一审判组织继续审理附带民事诉讼案件。为了及时惩罚犯罪和保障被告人的合法权益，刑事案件审判有严格的期限。有时，由于犯罪行为涉及的被害人人数多、涉及面广、物质损失数额巨大、认定复杂等因素，将附带民事诉讼与刑事案件一并审判，可能造成刑事案件审判的过分迟延，在此情况下可以先对刑事案件进行审判，随后由同一审判组织继续对附带民事诉讼进行审理和判决。这里的“同一审判组织”，是指人民法院在审理该刑事案件时组成的同一个合议庭。

第八章　期间、送达

主旨	本章是关于诉讼期间、诉讼文件送达的规定。
定义	期间，是指公安机关、人民检察院、人民法院和当事人以及其他诉讼参与人进行刑事诉讼时必须遵守的时间期限。 送达，是指公安机关、人民检察院、人民法院按照法定的程序和方式，将诉讼文件送交诉讼参与人，或者公安司法机关相互之间递交诉讼文件的诉讼行为。
条文	本章共 3 条，修改 1 条。
修改	本章第 103 条在原有三款的基础上，增加一款补充规定，作为第四款。

第一百零三条　期间以时、日、月计算。

期间开始的时和日不算在期间以内。

法定期间不包括路途上的时间。上诉状或者其他文件在期满前已经交邮的，不算过期。

期间的最后一日为节假日的，以节假日后的第一日为期满日期。但犯罪嫌疑人、被告人或者罪犯在押期间，应当至期满之日为止，不得因节假日而延长。

【条文主旨】本条是关于期间的计算单位和期间计算方法的规定。

【修改情况】本条增加了一款对期满日期为节假日时，期间计算方法的规定。

【条文解读】本条共四款。根据本条规定，刑事诉讼中的期间以时、日、月计算。“期间开始的时和日不算在期间以内”是指以时为计算单位的期间，开始之时不计算在期间之内，从期间开始的下一时起算；以日为计算单位的期间，期间开始从次日开始起算。例如，传唤、拘传持续的时间不得超过12小时，若犯罪嫌疑人被传唤的时间为当日8时，那么12小时应当从当日9时开始进行计算。由于开始的时和日都不算，计量单位“时”和“日”之间不能相互换算，“24小时”不能用“1日”代替。对于法定期间的计算，不包括在路途上的时间。这是考虑到诉讼参与人的住所或工作地点可能离公安司法机关较远，他们为参加诉讼所花费在路途上的时间，应从法定期间内扣除。这一点同样适用于公安司法机关。有关诉讼文件材料在公安司法机关之间传递的时间，也应在法定期间内予以扣除。通过邮寄方式送达上诉状或者其他诉讼文件的，应当以在当地交邮盖戳的时间为准，而不能以邮件到达的时间为准。即使文件到达司法机关时已经超过法定期限，仍视为有效。期间最后一日为节假日的，以节假日后的第一日为期满日期。例如，被告人上诉届满之日为10月1日，那么期满日期应当是国庆节假期结束后的第一个工作日。但对于犯罪嫌疑人、被告人或者罪犯在押的，如果期满日为5月1日，5月1日即为期满之日，不得延长至五一假期结束后的第一个工作日。这样规定体现了对犯罪嫌疑人、被告人权益的尊重和保护。

第一百零四条　当事人由于不能抗拒的原因或者有其他正当理由而耽误期限的，在障碍消除后五日以内，可以申请继续进行应当在期满以前完成的诉讼活动。

前款申请是否准许，由人民法院裁定。

【条文主旨】本条是关于诉讼期间的耽误和申请恢复的规定。

【修改情况】本条未作修改。

【条文解读】诉讼期间的耽误，是指当事人由于某种原因未能在法定期限内完成应当进行的诉讼行为。期间的恢复，是指当事人未能在法定期限内完成应当进行的诉讼行为，经人民法院许可，可以继续进行诉讼活动。刑事诉讼中，耽误期间的情况是客观存在的，当事人耽误了期间，就要承担一定的法律后果。如耽误了上诉期，就要承担判决生效的后果。但当事人由于不可抗拒的原因或有其他正当理由而耽误期间的，可以申请恢复诉讼期间。

期间的恢复要满足下列条件：一是只有当事人才能提出恢复期间的申请，其他诉讼参与人无权提出。二是期间的耽误是由于不能抗拒的原因，或者有其他正当理由。不能抗拒的原因是指在诉讼活动中，发生了当事人无法预见、无法克服的客观困难，如地震、洪水、台风等自然灾害引起的道路中断或交通工具损毁，使当事人无法继续进行诉讼活动。其他正当理由是指由上述情况以外的情况引起的，如当事人没有收到诉讼文书或家中突逢剧变使其不得分身等情况。三是当事人的申请应当在障碍消除的五日以内提出，这是该申请的时间要求。四是期间恢复的申请经人民法院裁定批准后才能恢复期间。当事人需向审判本案的人民法院提出口头或书面的申请，人民法院在接到申请后，经过审查，认为当事人的情况确属于不能抗拒的原因或者有其他正当理由的，应当裁定准许当事人继续进行未完成的诉讼活动。

第一百零五条　送达传票、通知书和其他诉讼文件应当交给收件人本人；如果本人不在，可以交给他的成年家属或者所在单位的负责人员代收。

收件人本人或者代收人拒绝接收或者拒绝签名、盖章的时候，送达人可以邀请他的邻居或者其他见证人到场，说明情况，把文件留在他的住处，在送达证上记明拒绝的事由、送达的日期，由送达人签名，即认为已经送达。

【条文主旨】本条是关于诉讼文件送达的规定。

【修改情况】本条未作修改。

【条文解读】本条共有两款。第一款是对直接送达的规定。直接送达，是指公安司法机关指派专人将诉讼文件直接送交收件人的一种方式。这种方式较为稳妥，可靠性强，所需时间也短。收件人本人收到诉讼文件时，应在送达回证上记明收到的日期，并且签名或者盖章。当收件人本人不在时，可以交由其成年家属或者所在单位的负责人员代收，代收人也应在送达回证上记明收到的日期，并且签名或者盖章，再由他们转交收件人本人。

送达证，也称送达回证，是指由公安司法机关制作，用以证明已经进行送达及其结果的诉讼文件。

第二款是对留置送达的规定。留置送达，是指收件人本人或者代收人拒绝签收向其送达的诉讼文件时，送达人依法将诉讼文件留在收件人住处的送达方式。留置送达是在收件人本人或者代收人拒绝接受诉讼文件或者拒绝签名、盖章时才能采用。找不到收件人本人也找不到代收人时，不能采用留置送达。收件人本人或者代收人拒绝接受诉讼文件或者拒绝签名、盖章时，送达人员应邀请他的邻居或者其他见证人到场，说明情况，把诉讼文件留在他的住处，并在送达回证上记明拒绝的事由、送达日期，由送达人签名。这样即使收件人拒绝签收，也视为已经送达。

除上述两种送达方式外，实践中还有委托送达、邮寄送达、转交送达等送达方式。

第九章　其他规定

主旨	本章是对本法中一些法律用语的含义进行了规定。
条文	本章共1条，未作修改。

第一百零六条　本法下列用语的含意是：

（一）“侦查”是指公安机关、人民检察院在办理案件过程中，依照法律进行的专门调查工作和有关的强制性措施；

（二）“当事人”是指被害人、自诉人、犯罪嫌疑人、被告人、附带民事诉讼的原告人和被告人；

（三）“法定代理人”是指被代理人的父母、养父母、监护人和负有保护责任的机关、团体的代表；

（四）“诉讼参与人”是指当事人、法定代理人、诉讼代理人、辩护人、证人、鉴定人和翻译人员。

（五）“诉讼代理人”是指公诉案件的被害人及其法定代理人或者近亲属、自诉案件的自诉人及其法定代理人委托代为参加诉讼的人和附带民事诉讼的当事人及其法定代理人委托代为参加诉讼的人；

（六）“近亲属”是指夫、妻、父、母、子、女、同胞兄弟姊妹。

【条文主旨】本条是关于“侦查”、“当事人”、“法定代理人”、“诉讼参与人”、“诉讼代理人”和“近亲属”等法律用语的含义的规定。

【修改情况】本条未作修改。

【条文解读】“侦查”中的“专门调查工作”是指讯问犯罪嫌疑人，询问证人、被害人，勘验，检查，搜查，扣押物证、书证，鉴定，辨认，通缉等活动；“强制性措施”是指拘传、取保候审、监视居住、拘留和逮捕五种限制或剥夺人身自由的强制措施。

“当事人”中的“被害人”是指其人身、财产或其他权益受到犯罪行为直接侵害的人；“自诉人”是指在自诉案件中，以自己的名义直接向人民法院提起诉讼的人；“犯罪嫌疑人”和“被告人”是对涉嫌犯罪而受到刑事追诉的人的两种称谓。以检察机关制作正式的起诉书并向法院提起公诉这一诉讼活动为分界线，此前受到刑事追诉的人称为犯罪嫌疑人，此后受到刑事追诉的人称为被告人；“附带民事诉讼的原告人”是指在刑事诉讼中，因被告人的犯罪行为遭受物质损失，并在刑事诉讼过程中提出赔偿请求的人。既可以是受到犯罪行为直接侵害的被害人本人，也可以是已经死亡或者丧失行为能力被害人的法定代理人和近亲属；“附带民事诉讼的被告人”是指在刑事诉讼中，对犯罪行为所造成的物质损失负有赔偿责任的人。

“法定代理人”中的“监护人”是指对未成年人、无行为能力或者限制行为能力的精神病人依照法律规定，负有专门保护义务的人。未成年人的监护人首先是其父母，父母死亡或者没有监护能力的，可由其祖父母、外祖父母、兄、姐担任监护人；关系密切的其他亲属、朋友愿意承担监护责任，经未成年人父母所在单位或未成年人住所地的居民委员会、村民委员会同意，也可以作为监护人。无行为能力或限制行为能力的精神病人通常由配偶、父母、成年子女、其他近亲属担任监护人。关系密切的其他亲属、朋友愿意承担监护责任，经精神病人所在单位或住所地居民委员会、村民委员会同意后，也可以作为监护人。

“诉讼参与人”中的“辩护人”是指在刑事诉讼中接受犯罪嫌疑人、被告人及其法定代理人的委托或者接受公安机关、人民检察院、人民法院的指定，依法为犯罪嫌疑人、被告人进行辩护，以维护其合法权益的人；“鉴定人”是指在刑事诉讼中接受公安机关、人民检察院、人民法院的指派或者聘请，运用自己的专门知识或者技能，对案件中涉及的专门性问题进行分析判断并作出书面意见的自然人。

本条关于“近亲属”的规定，有别于我国《民事诉讼法》和《行政诉讼法》中有关“近亲属”的规定。本法中，“近亲属”中的“父母”是指亲生父母、继父母和养父母；“子女”是指亲生子女、继子女和养子女；“同胞兄弟姊妹”包括同父同母、同父异母、同母异父的兄弟姊妹。

第二编　立案、侦查和提起公诉

本编是关于刑事审判前程序的规定。刑事审判前程序，是指刑事案件进入审判程序之前所经过的程序。我国《刑事诉讼法》将刑事审判前程序分为立案、侦查和提起公诉三个独立的阶段。刑事审判前程序的主要任务是发现犯罪、追诉犯罪。具体而言，刑事审判前程序具有收集、调查犯罪证据，查获犯罪嫌疑人，审查案件是否符合起诉条件，为审判程序的开始和公正进行作出准备的功能。现代刑事诉讼理论认为，刑事审判前程序犹如刑事诉讼大厦的地基，如果地基没有打好，案件处理就可能出现这样那样的问题。中外司法经验表明，错误判决往往植根于刑事审判前程序的错误，正如有学者指出，“再好的法官、再完美的审判制度，往往也挽救不了侦查方向的偏差所造成的恶果。”

本编共71条，分“立案”、“侦查”、“提起公诉”三章。与1996年《刑事诉讼法》相比，本编增加了7条，修改了15条，删除了1条。修改的内容主要有以下方面：第一，在“侦查”一章中新增了“技术侦查措施”一节，具体规定了技术侦查措施的适用范围及其限制；第二，改变了公诉案件的起诉方式，即由1996年《刑事诉讼法》规定的“移送主要证据复印件”转变为“将案卷材料、证据”全卷移送人民法院；第三，完善了侦查讯问制度，增加了同步录音录像的规定；第四，增加了对严重程序违法行为的程序救济措施。修改后的刑事审判前程序将更有利于实现刑事诉讼控制犯罪和保障人权相统一的目的。

第一章　立　案

主旨	本章是关于立案程序的规定。
定义	立案是公安机关、人民检察院或人民法院对报案、控告、举报、自首以及自诉人的起诉等材料，根据各自的职能管辖范围进行审查，判明有无犯罪事实以及是否需要追究刑事责任，决定是否将其作为刑事案件的一项诉讼活动。
拓展	立案是刑事诉讼的一个独立、必经的诉讼阶段，也是刑事诉讼程序的开始。立案的具体程序包括对立案材料的接受、对材料的审查、作出立案或不立案的决定以及相应的救济等。
条文	本章共6条，未作修改。

第一百零七条　公安机关或者人民检察院发现犯罪事实或者犯罪嫌疑人，应当按照管辖范围，立案侦查。

【条文主旨】本条是关于公安机关、检察机关发现犯罪，依职权立案侦查的规定。

【修改情况】本条未作修改。

【条文解读】公安机关是国家治安保卫机关，人民检察院是国家法律监督机关，都是享有侦查权的专门机关，肩负着发现犯罪、惩罚犯罪的光荣使命，因此应当积极主动地履行职责。一旦在行使职权的过程中发现了犯罪事实或者犯罪嫌疑人，需要追究刑事责任的，应当按照职能管辖的规定，立即立案侦查。

另外，根据本法第四条的规定，国家安全机关依照法律规定，办理危害国家安全的刑事案件，行使与公安机关相同的职权。因此国家安全机关如果发现危害国家安全方面的犯罪事实或者犯罪嫌疑人，应当按照管辖范围立案侦查。根据本法第二百九十条的规定，军队保卫部门发现军队内部的刑事案件，有权立案侦查；监狱在刑罚执行中，发现罪犯在监狱内犯罪的案件，也有立案侦查权；海关缉私部门负责对其自身管辖范围内的案件进行立案侦查。

第一百零八条　任何单位和个人发现有犯罪事实或者犯罪嫌疑人，有权利也有义务向公安机关、人民检察院或者人民法院报案或者举报。

被害人对侵犯其人身、财产权利的犯罪事实或者犯罪嫌疑人，有权向公安机关、人民检察院或者人民法院报案或者控告。

公安机关、人民检察院或者人民法院对于报案、控告、举报，都应当接受。对于不属于自己管辖的，应当移送主管机关处理，并且通知报案人、控告人、举报人；对于不属于自己管辖而又必须采取紧急措施的，应当先采取紧急措施，然后移送主管机关。

犯罪人向公安机关、人民检察院或者人民法院自首的，适用第三款规定。

【条文主旨】本条是关于立案材料来源以及如何接受处理的规定。

【修改情况】本条未作修改。

【条文解读】本条共分四款。根据第一款、第二款和第四款的规定，立案材料除了来源于公安司法机关主动发现的以外，还可能来源于单位或个人的报案或举报，被害人的报案或控告以及犯罪人的自首等。

单位或个人的报案或举报是立案材料的来源之一。为维护国家、集体、单位或个人的合法权益，单位或公民个人在发现有犯罪事实或者犯罪嫌疑人时应当及时向公安司法机关报案或举报。报案和举报的区别在于，报案的内容较为简单笼统，是单位或个人在发现犯罪事实后向公安司法机关的报告；举报的内容则较为详细，一般既包括犯罪事实，也包括犯罪嫌疑人的相关信息。

被害人的报案或控告也是立案材料的来源之一。首先，被害人是直接遭受犯罪行为侵害的人，为了维护其合法权益和及时挽回损失，具有追究犯罪的强烈愿望和积极主动性；其次，被害人通常与犯罪嫌疑人有直接接触，对犯罪事实和犯罪嫌疑人比较了解，往往能够提供较为详细、具体的案件情况。因此，被害人的报案或控告是另一个重要的立案材料来源。报案与控告的区别与上述的报案与举报的区别类似。而控告和举报的区别在于，控告一般来自于遭受犯罪行为直接侵害的被害人，而举报则是与案件无直接利害关系的单位或个人提出的。

犯罪人的自首也是重要的立案材料来源。自首，是指犯罪分子犯罪后，自动投案，如实交代自己的罪行，接受公安司法机关审查和裁判的行为。自首既可以是犯罪人自己去投案，也可以通过其亲属规劝、陪同等方式投案。对于具有自首情节的被追诉人，一般应从轻、减轻处罚。

本条第三款规定了对立案材料的接受和处理。为了便于普通公民积极发现并报告违法犯罪的行为，也为了便于公安司法机关及时有效地收集信息打击犯罪，公安机关、人民检察院或人民法院对于报案、控告、举报以及自首等材料都应当立即接受，不得以任何借口推诿和拒绝。经过对立案材料的审查，认为属于自己管辖的，应当立即受理；经审查对于不属于本机关管辖的，应当移送有管辖权的机关处理，同时通知报案人、控告人、举报人；对于不属于自己管辖但是需要立即采取紧急措施的，应当先采取紧急措施，然后再移送主管机关处理。

如果经过审查确实不属于立案范围的，接受立案材料的机关应当向报案人、控告人或举报人说明不予受理的理由，并告诉他们应当向其他有关单位或部门去控告、检举。

第一百零九条　报案、控告、举报可以用书面或者口头提出。接受口头报案、控告、举报的工作人员，应当写成笔录，经宣读无误后，由报案人、控告人、举报人签名或者盖章。

接受控告、举报的工作人员，应当向控告人、举报人说明诬告应负的法律责任。但是，只要不是捏造事实，伪造证据，即使控告、举报的事实有出入，甚至是错告的，也要和诬告严格加以区别。

公安机关、人民检察院或者人民法院应当保障报案人、控告人、举报人及其近亲属的安全。报案人、控告人、举报人如果不愿公开自己的姓名和报案、控告、举报的行为，应当为他保守秘密。

【条文主旨】本条规定了报案、控告、举报的具体形式和如何接受处理的内容。

【修改情况】本条未作修改。

【条文解读】为了方便有关单位和个人报案、控告和举报，本条规定报案、控告和举报可以用书面或口头的方式提出，二者具有同等的效力，公安司法机关都应当接受。接受口头报案、控告、举报时，工作人员应当仔细询问，并将内容写成笔录，经宣读或交本人阅读。如果有意见应当允许对方更正，确认无误后让其在笔录上签名或盖章。必要的时候对这一阶段可以录音。单位的书面报案、控告、举报应有单位公章，并由单位负责人签名或盖章。

为了确保控告、举报材料的真实客观，防止诬告陷害，接受控告、举报的工作人员，要向控告人、举报人告知诬告应负的法律责任，要求其实事求是、客观准确地提供信息。但是，应当严格区分故意捏造事实伪造证据的诬告和因各种主客观因素造成的控告、举报事实出入及错告。只有诬告需要承担法律责任。

为了解除报案人、控告人和举报人的思想顾虑，防止他们及其亲属遭受打击报复，保障其安全，本条第三款规定了对报案人、控告人、举报人及其近亲属安全的保障。由于在立案阶段大多数犯罪嫌疑人没有确定，更没有被限制人身自由，因此在这一阶段报案人、控告人、举报人及其近亲属就可能面临危险，公安司法机关应当提供保护。这种保护既包括保障其人身安全，也包括保障其财产安全。报案人、控告人、举报人如果不愿意公开自己的姓名和报案、控告、举报的行为，接受报案、控告、举报的单位应当为他们保守秘密。需要指出的是，修正后的《刑事诉讼法》进一步加大了对证人的保护力度，完善了对证人的保护措施。

另外，对于实践中常见的匿名报案、控告或举报，公安司法机关应当审慎对待。既不能一概否定其证据价值，也不能轻易相信其内容。对待此类材料应当仔细审查，其内容经查证属实的可以作为立案依据。

第一百一十条　人民法院、人民检察院或者公安机关对于报案、控告、举报和自首的材料，应当按照管辖范围，迅速进行审查，认为有犯罪事实需要追究刑事责任的时候，应当立案；认为没有犯罪事实，或者犯罪事实显著轻微，不需要追究刑事责任的时候，不予立案，并且将不立案的原因通知控告人。控告人如果不服，可以申请复议。

【条文主旨】本条是关于立案条件、立案的审查处理以及控告人对不立案申请复议的规定。

【修改情况】本条未作修改。

【条文解读】根据本条规定，公安司法机关对于立案的材料，应当按照管辖范围迅速进行审查，审查的重点是是否具备立案的条件。立案的条件包括两个方面，即有犯罪事实和需要追究刑事责任。

1. 有犯罪事实，又称为事实条件，即已有的材料说明存在危害社会的犯罪行为，包括预备犯罪，正在实施犯罪，犯罪未遂、既遂或中止。这是立案的首要条件。需要注意的是，首先，必须是刑法规定构成犯罪的行为，应严格区分罪与非罪，避免滥用刑事程序，尤其应当避免司法实践中经常出现的利用刑事手段插手经济纠纷的情况。其次，该犯罪事实的存在应当有一定的证据材料加以证明。判断犯罪事实是否存在应当建立在客观存在的证据材料的基础上，但是此阶段并不要求掌握全部的证据，只要所掌握的证据能够证明犯罪事实确实发生即可。

2. 需要追究刑事责任，又称为法律条件，指的是根据所发生的犯罪事实，依照实体法和程序法的规定应当追究行为人刑事责任。依照《刑法》和《刑事诉讼法》的规定，并不是所有的犯罪行为都需要追究其刑事责任，因此并不是发生了犯罪事实就必然会立案，而是在发生了犯罪事实的前提下，还需要追究行为人刑事责任时，才能立案。除却《刑法》中存在若干不需要追究刑事责任的规定外，新《刑事诉讼法》第十五条亦规定了不需要追究刑事责任的六种情形，具体包括：（1）情节显著轻微、危害不大，不认为是犯罪的；（2）犯罪已过追诉时效期限的；（3）经特赦令免除刑罚的；（4）依照刑法告诉才处理的犯罪，没有告诉或者撤回告诉的；（5）犯罪嫌疑人、被告人死亡的；（6）其他法律规定免予追究刑事责任的。

经过公安司法机关审查，只有同时符合上述立案的条件且属于该机关的管辖范围，才会立案，否则就不予立案。决定不予立案的，应当将不立案原因通知控告人。如果控告人对于不立案的决定不服，可以申请复议。控告人一般是被害人。法律赋予控告人申请复议权，既是为了保障被害人的合法权益，也是为了对公安司法机关的立案程序进行监督和制约，防止出现应当立案而不立案的情形。控告人申请复议应当向原作出不立案决定的机关提出，该机关应当及时受理。

第一百一十一条　人民检察院认为公安机关对应当立案侦查的案件而不立案侦查的，或者被害人认为公安机关对应当立案侦查的案件而不立案侦查，向人民检察院提出的，人民检察院应当要求公安机关说明不立案的理由。人民检察院认为公安机关不立案理由不能成立的，应当通知公安机关立案，公安机关接到通知后应当立案。

【条文主旨】本条是关于人民检察院对公安机关不立案进行监督的规定。

【修改情况】本条未作修改。

【条文解读】人民检察院是国家的法律监督机关，依法对整个刑事诉讼活动实行法律监督。立案是刑事诉讼的起始，如果依法应当立案而有关部门不予立案，会放纵犯罪并且损害被害人利益，因此是人民检察院诉讼监督的重要内容。人民检察院对公安机关立案活动进行监督主要有两种情况：一是人民检察院通过办案、调查研究以及接受单位、个人报案、控告、举报等途径，发现公安机关存在应当立案而不立案的情况，有权要求公安机关说明不立案的理由，如果认为公安机关不立案的理由不能成立，应当通知公安机关立案；二是被害人认为公安机关应当立案而没有立案，向人民检察院提出，要求追究行为人的刑事责任的，人民检察院也应当要求公安机关说明不立案的理由。如果认为公安机关不立案的理由不能成立，应当通知公安机关立案。公安机关接到通知后应当立案。这一通知具有法律效力，公安机关必须遵守。

需要指出，在目前的立案监督中，仅有对公安机关应当立案而不立案情形的监督，对公安机关不应当立案而立案、人民检察院直接受理案件的立案以及人民法院的立案都缺乏有效的监督措施。

第一百一十二条　对于自诉案件，被害人有权向人民法院直接起诉。被害人死亡或者丧失行为能力的，被害人的法定代理人、近亲属有权向人民法院起诉。人民法院应当依法受理。

【条文主旨】本条是关于自诉案件的起诉与受理的规定。

【修改情况】本条未作修改。

【条文解读】自诉案件，是指依照法律规定被害人可以向法院提起，由人民法院直接受理审判的案件。按照本法第二百零四条的规定，自诉案件包括下列案件：告诉才处理的案件；被害人有证据证明的轻微刑事案件；被害人有证据证明对被告人侵犯自己人身权利、财产权利的行为应当依法追究刑事责任，而公安机关或者人民检察院不予追究被告人刑事责任的案件。

自诉案件的被害人有权直接向人民法院提起诉讼，要求追究被告人的刑事责任。这是自诉案件中被害人的诉权，任何人都不得非法剥夺或者限制。人民法院应当保障自诉案件被害人诉权的行使，及时受理被害人提起诉讼的案件。自诉案件通常由被害人向法院提起。但被害人死亡或者丧失行为能力的，被害人的法定代理人、近亲属也有权提起。“被害人死亡或者丧失行为能力”主要是指由于犯罪行为致使被害人死亡或者失去以自己行为依法行使权利、承担义务的能力，也包括被害人在案件发生后，因其他原因死亡或者本来就无行为能力的情况。

人民法院对于被害人提起诉讼的属于自诉范围的案件，都应当受理。受理后按照本法第二百零五条的规定进行处理。经审查不属于自己管辖的，应当将材料移送有管辖权的机关处理。

第二章 侦 查

主旨	本章是关于侦查程序的规定。
定义	侦查，是指公安机关、人民检察院在办理案件过程中，依照法律进行的专门调查工作和有关的强制性措施，其中“专门调查工作”是指本法所规定的为收集证据、查明犯罪而进行的调查工作，即讯问犯罪嫌疑人，询问证人、被害人，勘验，检查，搜查，查封，扣押物证、书证，鉴定，技术侦查措施和通缉等各种侦查行为。
拓展	侦查是刑事诉讼中独立的、重要的阶段，其任务是收集证据，查明犯罪事实，查获犯罪嫌疑人，以及采取必要的强制性措施，防止犯罪嫌疑人逃避刑事追究或者继续危害社会，同时保障无罪的人不受刑事追究。侦查活动必须严格依照法定程序进行。
条文	本章共 11 节 54 条，修改 18 条，增加 8 条，删去 1 条。
修改	本章主要有以下两个方面修改：第一，新增“技术侦查措施”一节；第二，改革讯问犯罪嫌疑人程序，建立同步录音录像制度。

第一节　一般规定

主旨	本节是关于侦查的一般规定，对侦查程序中的一些共同问题进行了规定。
条文	本节共3条，增加1条。
修改	本节增加规定了对侦查活动中违法行为的监督与救济。

第一百一十三条　公安机关对已经立案的刑事案件，应当进行侦查，收集、调取犯罪嫌疑人有罪或者无罪、罪轻或者罪重的证据材料。对现行犯或者重大嫌疑分子可以依法先行拘留，对符合逮捕条件的犯罪嫌疑人，应当依法逮捕。

【条文主旨】本条是关于公安机关对已经立案的刑事案件应当进行哪些诉讼活动的规定。

【修改情况】本条未作修改。

【条文解读】公安机关是最主要的侦查机关，对于已经立案的刑事案件，应当立即进行侦查，即实施讯问犯罪嫌疑人，询问证人、被害人，勘验，检查，搜查等行为。通过开展侦查活动，收集、调取各种证据，查清案件事实，确定犯罪嫌疑人。在侦查过程中，为保证侦查活动的顺利进行，遇有本法第八十条所规定的紧急情况，可以对现行犯或重大嫌疑分子依法先行拘留。对于符合逮捕条件的，应当依法报请人民检察院批准逮捕。

执行本条规定应当注意几点：第一，收集证据应当客观全面，既要收集、调取能够证明犯罪嫌疑人有罪或者罪重的证据，也要收集、调取能够证明犯罪嫌疑人无罪或者罪轻的证据；既要收集证人证言、被害人陈述、被告人供述和辩解等言词证据，也要注意物证、书证、音像资料、电子数据等实物证据。避免因侦查工作的片面、粗糙而给案件处理留下后患。第二，收集证据应当迅速及时，不能拖拖拉拉，贻误战机，避免造成证据的毁坏、灭失，使案件无法侦破，影响惩罚犯罪任务的实现。第三，侦查工作必须严格依法进行，不得违背法定程序收集证据，更不能采取非法手段收集证据。

第一百一十四条　公安机关经过侦查，对有证据证明有犯罪事实的案件，应当进行预审，对收集、调取的证据材料予以核实。

【条文主旨】本条是关于公安机关预审的规定。

【修改情况】本条未作修改。

【条文解读】预审，是指公安机关依法对犯罪嫌疑人进行讯问和调查。尽管实践中有对预审存在的意义和实际功效的质疑，但是1996年《刑事诉讼法》已增加此条，本次修改继续予以保留体现了对预审制度的重视，希望预审能够发挥其在侦查阶段的重要作用。本条规定包含两层含义：一是公安机关进行一系列侦查活动后，应当进行预审。而预审的前提是经过侦查，已经收集和调取的证据可以证明有犯罪事实并且已经查获犯罪嫌疑人，犯罪嫌疑人已经被公安机关控制；二是预审的任务是对侦查中收集、调取的各种证据材料予以核实。通过预审，进一步查清案件事实，审查核实证据，进一步发现犯罪线索，扩大侦查战果，为终结侦查、正确处理案件提供可靠基础。

第一百一十五条　当事人和辩护人、诉讼代理人、利害关系人对于司法机关及其工作人员有下列行为之一的，有权向该机关申诉或者控告：

（一）采取强制措施法定期限届满，不予以释放、解除或者变更的；

（二）应当退还取保候审保证金不退还的；

（三）对与案件无关的财物采取查封、扣押、冻结措施的；

（四）应当解除查封、扣押、冻结不解除的；

（五）贪污、挪用、私分、调换、违反规定使用查封、扣押、冻结的财物的。

受理申诉或者控告的机关应当及时处理。对处理不服的，可以向同级人民检察院申诉；人民检察院直接受理的案件，可以向上一级人民检察院申诉。人民检察院对申诉应当及时进行审查，情况属实的，通知有关机关予以纠正。

【条文主旨】本条是关于对侦查活动中的违法行为进行监督与救济的规定。

【修改情况】本条是新增条文。

【条文解读】侦查程序必须严格依法进行。由于侦查活动具有一定的隐蔽性和很大的强制性，极易侵害公民的人身权利和财产权利，因此必须严格遵守法律规定，依法进行专门的调查工作和采取有关强制性措施。只有这样才能保证侦查活动的合法性，在有效打击犯罪的同时，保障公民的合法权益不受侵犯。但是，在我国司法实践中，由于受到“重实体、轻程序”等传统观念的影响，往往只重视案件的实体处理结果，而对程序合法性问题较为忽视。近年来，随着程序正义理念的普及以及程序法独立价值的强调，人们已经普遍意识到程序违法的危害性，程序违法不仅可能导致错误的实体结果，而且直接侵害了诉讼参与人的合法权益，严重损害了公安司法机关的社会公众形象。因此，在此次《刑事诉讼法》修改中，立法者对程序违法问题予以了高度重视：一方面在总则部分针对严重违法取证行为规定了非法证据排除规则（见本法第五十四条），另一方面则针对司法实践中常见的违法取证行为设置了专门的救济程序，即本条的有关规定内容。

本条列举了司法实践中常见的重大程序违法情形，完善了当事人及其利害关系人的救济途径与手段。本条规定主要包含以下三方面内容：

1. 明确了五种司法实践中常见的重大程序违法情形。在总结实践经验基础上，此次《刑事诉讼法》修改明确列举了司法实践中较为常见的五种程序违法情形：采取强制措施法定期限届满，不予以释放、解除或者变更的；应当退还取保候审保证金不退还的；对与案件无关的财物采取查封、扣押、冻结措施的；应当解除查封、扣押、冻结不解除的；贪污、挪用、私分、调换、违反规定使用查封、扣押、冻结的财物的。对于这些程序违法行为，合法利益受到侵害的当事人、利害关系人有权提出申诉、控告；有权向检察机关申诉。值得注意的是，就第五种违法行为而言，如果“贪污、挪用、私分、调换、违反规定使用查封、扣押、冻结的财物”，情节严重的，可能会构成贪污罪，应当追究刑事责任。因此，当事人、利害关系人提出申诉或者控告的，应当作为立案线索进行立案调查。

2. 明确了申诉、控告的主体范围。违法的侦查活动可能侵害的对象不限于当事人及其他诉讼参与人，也可能是与案件相关的人，如在查封、扣押、冻结中，可能会牵连到第三人的财产。因此，本条规定，有权向办案机关提出申诉或控告的，应当是因程序违法行为致使其合法权益受到直接侵害的当事人或利害关系人。换句话说，有权申诉、控告的主体，不限于刑事诉讼的诉讼参与人，还包括因程序违法行为遭受利益侵害的其他人，如财产的所有人、占有人、管理人等。在具体程序上，如果受到侵害的是刑事案件的当事人，那么，当事人的辩护人、诉讼代理人也有权独立提起申诉、控告。

3. 明确了当事人、利害关系人合法权益受到侵害时的救济手段。根据本条规定，当事人、利害关系人的救济手段有两种：（1）向程序违法机关提出申诉、控告。为了强化对当事人、利害关系人的保护，立法要求，对于当事人、利害关系人的申诉、控告，受理申诉或者控告的机关应当及时处理。（2）向检察机关提起申诉，启动诉讼监督。提出申诉或者控告的当事人、利害关系人，如果对于受理申诉或者控告的机关的处理不服，还可以向检察机关提起申诉。具体又分两种情形：如果是公安机关等机关立案侦查的案件，当事人、利害关系人对该机关处理不服，可以向同级人民检察院申诉；如果是人民检察院直接受理的案件，则可以向上一级人民检察院申诉。

需要特别说明的是，在顺序上，当事人和辩护人、诉讼代理人、利害关系人应当先向程序违法机关提出申诉、控告；对于处理不服的，再向同级或上一级人民检察院提起申诉。对于当事人和辩护人、诉讼代理人、利害关系人的申诉，人民检察院应当及时进行审查，情况属实的，通知有关机关予以纠正。

第二节　讯问犯罪嫌疑人

主旨	本节是关于讯问犯罪嫌疑人的程序和方法的规定。
定义	讯问犯罪嫌疑人，是指侦查人员依照法定程序，就案件事实以及与案件有关的其他情况以言词方式对犯罪嫌疑人提问并要求回答的一种侦查行为。
拓展	讯问犯罪嫌疑人有利于侦查人员获得侦查线索，收集、核实证据，查明案件事实真相。犯罪嫌疑人虽有涉案嫌疑，但法律依然有必要保障其合法权益。因此，侦查人员讯问犯罪嫌疑人应依法进行，严禁刑讯逼供和以威胁、引诱、欺骗以及其他非法的方法获取口供。
条文	本节共6条，修改3条，增加1条，删去1条。
修改	本节主要有以下修改： 1. 明确了讯问犯罪嫌疑人的场所。 2. 细化了传唤、拘传的相关内容。

修改	3. 增加侦查人员告知犯罪嫌疑人如实供述可从宽处理的义务。 4. 建立了讯问过程中录音录像主动。 以上修改有利于加强对犯罪嫌疑人合法权益的保障，体现了尊重与保障人权的基本原则。

第一百一十六条　讯问犯罪嫌疑人必须由人民检察院或者公安机关的侦查人员负责进行。讯问的时候，侦查人员不得少于二人。

犯罪嫌疑人被送交看守所羁押以后，侦查人员对其进行讯问，应当在看守所内进行。

【条文主旨】本条是关于讯问犯罪嫌疑人的侦查人员以及讯问地点的规定。

【修改情况】本条第二款增加了讯问在押犯罪嫌疑人应当在看守所内进行的规定。

【条文解读】讯问犯罪嫌疑人只能由人民检察院或者公安机关的侦查人员进行，其他任何机关、团体和个人均无权进行。讯问犯罪嫌疑人时，侦查人员不得少于二人。这种规定是出于以下考虑：一方面有利于侦查人员之间相互监督讯问行为的合法性，防止可能出现的差错和刑讯逼供的发生；另一方面，防止犯罪嫌疑人为逃脱法律制裁而逃跑、自杀和自伤等。

本条第二款是新增内容，旨在通过对讯问地点的规范来预防刑讯逼供等违法行为的发生。实践中刑讯逼供等违法行为大多发生于将犯罪嫌疑人送交看守所之前，并且随着看守所规范化建设的推进，看守所从设施设备到监管水平都有很大改进，因此立法强调侦查讯问只能在看守所进行，将会大大缩减侦查人员为获取口供而采取不当手段的可能性。就此而言，该款规定将从空间上防止侦查人员对犯罪嫌疑人进行刑讯逼供，保障犯罪嫌疑人的合法权益。同时，该规定也为本法第一百二十一条规定的同步录音录像制度提供了现实基础。

第一百一十七条　对不需要逮捕、拘留的犯罪嫌疑人，可以传唤到犯罪嫌疑人所在市、县内的指定地点或者到他的住处进行讯问，但是应当出示人民检察院或者公安机关的证明文件。对在现场发现的犯罪嫌疑人，经出示工作证件，可以口头传唤，但应当在讯问笔录中注明。

传唤、拘传持续的时间不得超过十二小时；案情特别重大、复杂，需要采取拘留、逮捕措施的，传唤、拘传持续的时间不得超过二十四小时。

不得以连续传唤、拘传的形式变相拘禁犯罪嫌疑人。传唤、拘传犯罪嫌疑人，应当保证犯罪嫌疑人的饮食和必要的休息时间。

【条文主旨】本条是关于传唤、拘传的规定。

【修改情况】本条第一款增加了讯问现场犯罪嫌疑人可以口头传唤的规定，还增加了传唤、拘传重大、复杂案情嫌疑人时间的规定，以及保障犯罪嫌疑人必要休息和饮食时间的规定。

【条文解读】传唤是通知犯罪嫌疑人到案接受讯问且带有一定强制性的方法。讯问犯罪嫌疑人原则上在侦查机关办案地点进行，但是对于不需要逮捕、拘留的犯罪嫌疑人，可以传唤犯罪嫌疑人到所在的市、县内指定地点（包括国家机关、社会团体、企事业单位以及居委会等）或者在犯罪嫌疑人的住处进行讯问。在讯问之前，侦查人员应当向犯罪嫌疑人出示证明文件。一般情况下，应出示侦查机关派遣某侦查员担任该案件讯问工作的公函。情况紧急也可以出示侦查人员的工作证。这种法律规定的程序，一方面表明侦查人员是依法进行讯问，属于合法的讯问主体，另一方面有利于防止非侦查人员滥用侦查权。对于在现场发现的犯罪嫌疑人，来不及办理相关手续的，侦查人员经出示工作证件，可以口头传唤，但是应当在讯问笔录中予以注明。为保证传唤、拘传的依法进行，保护不需要逮捕、拘留的犯罪嫌疑人的合法权益，防止变相拘禁犯罪嫌疑人的情况发生，对传唤、拘传作出不得超过12小时的时间限制和禁止变相拘禁犯罪嫌疑人的规定。但是，对于案情特别重大、复杂的案件，需要采取拘留、逮捕措施的犯罪嫌疑人的讯问，在12小时内无法完成侦查任务的，可以将传唤、拘传的持续时间延长至24小时。传唤、拘传犯罪嫌疑人，应当保证犯罪嫌疑人必要的饮食、休息时间，这是对犯罪嫌疑人基本人权予以保障的重要体现。

第一百一十八条　侦查人员在讯问犯罪嫌疑人的时候，应当首先讯问犯罪嫌疑人是否有犯罪行为，让他陈述有罪的情节或者无罪的辩解，然后向他提出问题。犯罪嫌疑人对侦查人员的提问，应当如实回答。但是对与本案无关的问题，有拒绝回答的权利。

侦查人员在讯问犯罪嫌疑人的时候，应当告知犯罪嫌疑人如实供述自己罪行可以从宽处理的法律规定。

【条文主旨】本条是关于讯问犯罪嫌疑人的步骤和方法，以及对如实供述的犯罪嫌疑人从宽处理的规定。

【修改情况】本条新增了侦查人员告知犯罪嫌疑人如实供述可以从宽处理的规定。

【条文解读】侦查人员在讯问犯罪嫌疑人时应该全面、客观。侦查人员应首先讯问犯罪嫌疑人是否有犯罪行为。如果犯罪嫌疑人坦白了犯罪行为，则要求其陈述犯罪的具体情节；如果犯罪嫌疑人否认了犯罪事实，则让其提出无罪的辩解。对此，侦查人员应该认真听取。然后，侦查人员向犯罪嫌疑人就案件的情况进行提问，犯罪嫌疑人对侦查人员的提问应当如实回答。这是我国法律对犯罪嫌疑人的要求，是本着实事求是的精神和原则提出的。但是，对于与本案无关的问题，犯罪嫌疑人有权拒绝回答。法律这样规定，是为了保证讯问能够仅仅围绕查明案件事实、揭露犯罪进行，防止涉及与案件无关的国家秘密和个人隐私。

犯罪嫌疑人在接受讯问时，侦查人员应当告知犯罪嫌疑人，如其能对犯罪事实作出与客观事实相一致的供述，可以对其进行从宽处理。这是坦白从宽刑事司法政策在法律上的体现，能够鼓励犯罪嫌疑人如实回答问题，配合侦查人员调查。

第一百一十九条　讯问聋、哑的犯罪嫌疑人，应当有通晓聋、哑手势的人参加，并且将这种情况记明笔录。

【条文主旨】本条是关于讯问聋、哑犯罪嫌疑人的规定。

【修改情况】本条未作修改。

【条文解读】聋、哑的犯罪嫌疑人属于听力和言语上有残疾的犯罪嫌疑人，与他人的沟通存在障碍。为保障聋、哑犯罪嫌疑人的合法权益，尽早查明案件事实，侦查人员在讯问时，应当有通晓聋、哑手势的人参加，以方便两者的沟通。在讯问笔录中应记明通晓聋、哑手势的人参与讯问这一情况。

第一百二十条　讯问笔录应当交犯罪嫌疑人核对，对于没有阅读能力的，应当向他宣读。如果记载有遗漏或者差错，犯罪嫌疑人可以提出补充或者改正。犯罪嫌疑人承认笔录没有错误后，应当签名或者盖章。侦查人员也应当在笔录上签名。犯罪嫌疑人请求自行书写供述的，应当准许。必要的时候，侦查人员也可以要犯罪嫌疑人亲笔书写供词。

【条文主旨】本条是关于讯问笔录的规定。

【修改情况】本条未作修改。

【条文解读】讯问笔录是侦查人员为了查明犯罪事实，对犯罪嫌疑人进行讯问时记载讯问情况的一种文字记录。讯问笔录的内容要准确、全面、清楚，要如实反映侦查人员提问和犯罪嫌疑人回答的真实情况，忠于原意。对于重要的情节和供词，应尽可能地记录原话。为了保证讯问笔录是犯罪嫌疑人的真实意思表达，应该将笔录交由犯罪嫌疑人核对或者向犯罪嫌疑人宣读。对于无法进行阅读的嫌疑人，记录人应当按照笔录原本对其进行宣读。如果犯罪嫌疑人认为讯问笔录有遗漏需要补充或者有差错需要改正的，应当允许犯罪嫌疑人进行补充或改正。讯问笔录核对无误后，犯罪嫌疑人应当在讯问笔录上签名或者盖章。进行讯问的侦查人员也应当在讯问笔录上签名。如果有涂改，应当在涂改处加盖图章或者捺指印。

如果犯罪嫌疑人请求自行书写供述的，侦查人员应当准许。必要的时候，侦查人员也可以要求犯罪嫌疑人亲笔书写供词。本条规定的“必要的时候”主要指两种情况：一是根据犯罪嫌疑人的情况书写供述更能准确地表达犯罪嫌疑人的真实意思和案件的真实情况，如被告人口吃或口齿不清，难以准确表达所要表达的意思；二是根据侦查的需要，从犯罪嫌疑人的书面笔录上追查犯罪线索，如需要笔迹鉴定等。

第一百二十一条　侦查人员在讯问犯罪嫌疑人的时候，可以对讯问过程进行录音或者录像；对于可能判处无期徒刑、死刑的案件或者其他重大犯罪案件，应当对讯问过程进行录音或者录像。

录音或者录像应当全程进行，保持完整性。

【条文主旨】 本条是关于讯问过程中录音录像的规定。

【修改情况】 本条是新增条文。

【条文解读】 对犯罪嫌疑人的讯问过程进行录音录像是一种有效的监控方式。一方面，能够有效防止刑讯逼供等违法行为发生；另一方面，是证明侦查人员取证合法的有效手段。修改后的《刑事诉讼法》对于是否在讯问时进行录音录像进行了区别规定：（1）对于讯问一般犯罪嫌疑人，侦查人员可以进行录音或者录像，也可以不进行录音或者录像，是否录音、录像由侦查机关根据案件的具体情况决定；（2）对于讯问可能被判处无期徒刑、死刑的犯罪嫌疑人或者其他重大犯罪案件的犯罪嫌疑人，侦查人员必须进行录音或者录像，没有裁量的余地。其他重大犯罪案件包括在社会上具有重大影响、涉案金额巨大、涉案人数众多等案件，侦查机关具有一定的自由裁量权。录音、录像应当全程进行，中途不能暂停、终止，并且侦查机关应妥善保管录音、录像材料，保证其完整性，不能损毁、修改、剪辑等。

第三节　询问证人

主旨	本节是关于询问证人、被害人的程序和方法的规定。
定义	询问证人、被害人，是指侦查人员依照法定程序以言词方式向证人、被害人调查，了解案件情况的一种侦查行为。
拓展	在实践中，询问证人、被害人是一项广泛运用且十分重要的侦查方式。通过询问证人、被害人，侦查人员能够发现、收集和核实证据，查明案件事实真相，查获犯罪嫌疑人，揭露和证实犯罪，保障无罪的人不受追究。
条文	本节共4条，修改2条。
修改	本节增加规定了询问证人、被告人的地点，并对询问程序进行了细化规定。

第一百二十二条　侦查人员询问证人，可以在现场进行，也可以到证人所在单位、住处或者证人提出的地点进行，在必要的时候，可以通知证人到人民检察院或者公安机关提供证言。在现场询问证人，应当出示工作证件，到证人所在单位、住处或者证人提出的地点询问证人，应当出示人民检察院或者公安

机关的证明文件。

询问证人应当个别进行。

【条文主旨】本条是关于询问证人的地点和方式的规定。

【修改情况】本条增加了询问证人可以在现场和证人提出的地点进行的规定，还增加了在现场询问证人应当出示工作证件的规定。

【条文解读】本条共两款。根据第一款规定，侦查人员询问证人以了解案件情况，可以在现场进行，也可以到证人所在单位、住处或者证人提出的地点进行。在现场进行询问，有助于证人对案件的回忆和侦查人员了解案情。犯罪现场是犯罪行为发生的地点，证人身处现场，可以根据现场情况的提示，还原自己感受到的案件情况，回忆起一些在现场以外的地方很难回忆的案情。此外，侦查人员还可以根据现场情况与证人的陈述进行比对，对于证人陈述中与现场情况不符或存在矛盾的地方及时询问证人，有利于侦查人员及时、准确地了解案情。对于没必要或不适合在现场询问证人的案件，一般情况下应到证人的所在单位、住处或者证人提出的地点进行，以方便证人，节省证人的时间，减轻证人的思想顾虑，同时也有利于获得证人所在单位的支持，了解证人的情况。在必要的时候，如为了保守侦查秘密，保护证人安全，防止证人的单位、亲属或其他人的干扰，保障证人如实提供证言，也可以通知证人到侦查机关接受询问。为了防止侦查人员滥用侦查权，侵犯公民的合法权利，或者有人冒充侦查人员，对证人造成不利，法律要求侦查人员在现场询问证人，应当出示工作证件，到证人所在单位、住处或者证人提出的地点询问证人，应当出示人民检察院或者公安机关的证明文件。

为了保证证人能够独立、如实地提供证言，防止证人之间相互影响、相互串通，同一案件有几个证人需要询问的时候，侦查人员应当对每个证人进行单独询问；询问某一证人时，不得有其他证人在场。

第一百二十三条　询问证人，应当告知他应当如实地提供证据、证言和有意作伪证或者隐匿罪证要负的法律责任。

【条文主旨】本条是关于询问证人时侦查人员告知义务的规定。

【修改情况】修改后的《刑事诉讼法》将“询问不满十八岁的证人，可以通知其法定代理人到场”的规定移至第五编的“未成年人刑事案件诉讼程序”之中，并作适当修改。

【条文解读】为保证证人如实陈述，防止证人作伪证和隐匿罪证，侦查人员询问证人时，应当告知证人要如实提供证据、证言以及有意作伪证或者隐匿罪证要负的法律责任。侦查人员询问证人，应当先让证人就他所知道的案件情况连续地陈述出来，然后再就其陈述中不清楚、不全面或者有矛盾的地方向他询问。应尽量避免打断证人的陈述，以保证其记忆的连贯性和陈述的客观性。侦查人员不得向证人泄露案情或者表示对案件的看法，严禁使用威胁、引诱和其他非法方法询问证人。

第一百二十四条　本法第一百二十条的规定，也适用于询问证人。

【条文主旨】本条是关于询问证人笔录的规定。

【修改情况】本条除援引条文序号调整外，未作修改。

【条文解读】询问证人，应当制作询问笔录。虽然证人证言与犯罪嫌疑人供述和辩解的性质不同，但两者均属言词证据，采用相同的制作程序和方法。依照本法第一百二十条的规定，询问笔录应交证人核对，对于没有阅读能力的证人，应当向他宣读。对于询问笔录中的遗漏或者差错，证人可以提出补充或者改正。证人对询问笔录核对无误后，应当签名或者盖章。侦查人员也应当在笔录上签名。证人要求自行书写供述的，应当准许。必要的时候，侦查人员也可以要求证人亲笔书写证词。

第一百二十五条 询问被害人，适用本节各条规定。

【条文主旨】 本条是关于询问被害人的规定。

【修改情况】 本条未作修改。

【条文解读】 本节关于询问证人的各条规定，包括询问证人的地点、方式、程序和笔录的制作等，也同样适用于询问被害人。但是，被害人与一般证人有所不同。由于被害人受到犯罪行为的直接侵害，与犯罪嫌疑人有着直接的利害关系，在诉讼中与证人的地位、心理状态不同，因此，询问被害人除了应当遵守询问证人的各项规定以外，还应当注意被害人害怕打击报复或顾及名誉、情面的特殊心理以及被害人急于证实犯罪、希望犯罪受到惩罚的心理，耐心做好被害人的思想工作，使其如实陈述，做到既不遗漏又不夸大案件情节。对伤势较重、有生命危险的被害人，要及时询问并进行录音、录像。要采取措施保障被害人的人身安全，并对询问中涉及的被害人隐私予以保密。

第四节 勘验、检查

主旨	本节是关于勘验、检查的程序和方法的规定。
定义	勘验、检查，是侦查人员利用科学技术手段，对与犯罪有关的场所、物品、人身、尸体等进行勘验、检查的一种侦查活动，以发现、固定、提取与犯罪有关的痕迹、物证及其他信息，判断案件性质，分析犯罪过程，确定侦查方向和范围，为侦查破案、刑事诉讼提供线索和证据。
条文	本节共8条，修改2条。
修改	本节增加规定了人身检查的内容，并对侦查实验的相关程序进行了修改。

第一百二十六条　侦查人员对于与犯罪有关的场所、物品、人身、尸体应当进行勘验或者检查。在必要的时候，可以指派或者聘请具有专门知识的人，在侦查人员的主持下进行勘验、检查。

【条文主旨】本条是关于勘验、检查的对象和执行勘验、检查人员的规定。

【修改情况】本条未作修改。

【条文解读】勘验、检查的对象包括与犯罪有关的场所、物品、人身、尸体。与犯罪有关的场所，是指犯罪现场、现场外围以及其他可能留有犯罪物品和痕迹的地方。与犯罪有关的物品，是指犯罪工具和现场遗留物等。与犯罪有关的人身，是指犯罪分子或者被害人的身体。与犯罪有关的尸体，是指死因与犯罪有关的尸体，可能是被害人的尸体，也可能是犯罪分子的尸体。

勘验、检查的主体是侦查人员。执行勘验、检查的侦查人员应当具备勘验、检查的专业知识和专业技能，具有勘验、检查资格。不过，考虑到犯罪的复杂性，有些案件，尤其是利用高科技手段的犯罪案件，需要拥有专门知识的人参与勘验、检查，帮助侦查人员查明案件事实。因此，本条还规定，在必要的时候，可以指派或者聘请具有专门知识的人，在侦查人员的主持下进行勘验、检查。

第一百二十七条　任何单位和个人，都有义务保护犯罪现场，并且立即通知公安机关派员勘验。

【条文主旨】本条是关于保护犯罪现场的规定。

【修改情况】本条未作修改。

【条文解读】犯罪现场是破案的门户，对侦查工作至关重要。犯罪现场能够反映犯罪分子作案的过程、手段及其他有关情况。犯罪分子作案后，一般也会在犯罪现场留下指纹、掌纹、脚印、毛发、犯罪工具等痕迹、物证。因此，保护现场对于侦破刑事案件，查获犯罪分子具有重要的意义。

根据本条规定，保护犯罪现场是每个单位和公民的义务。任何单位和个人发现犯罪现场后，都要积极主动地设法保护犯罪现场，防止他人进入现场，触摸现场中的痕迹、物品和尸体，并且要立即通知公安机关，报告发现犯罪现场的时间、地点、犯罪性质及相关情况。公安机关接到报案后，应当迅速派员赶赴现场进行勘验。

第一百二十八条　侦查人员执行勘验、检查，必须持有人民检察院或者公安机关的证明文件。

【条文主旨】本条是关于侦查人员勘验、检查必须持有证明文件的规定。

【修改情况】本条未作修改。

【条文解读】勘验、检查是一种专门的侦查活动。根据本条规定，侦查人员在执行勘验、检查时，必须持有人民检察院或者公安机关的证明文件，以证明检察人员或者公安人员的身份以及执行勘验、检查的任务，防止他人滥用勘验、检查权，干扰或破坏侦查活动。所谓证明文件，是指人民检察院或公安机关开具的执行勘验、检查任务的证明文件。检察人员进行勘验、检查，应当持有检察长签发的勘查证。公安人员执行现场勘验、检查任务，应当佩带由公安部统一制发的刑事案件现场勘验检查证。

第一百二十九条　对于死因不明的尸体，公安机关有权决定解剖，并且通知死者家属到场。

【条文主旨】本条是关于解剖尸体的权限和程序的规定。

【修改情况】本条未作修改。

【条文解读】本规定有两层含义：一是对于死因不明的尸体，公安机关有权决定解剖。对死因不明的尸体决定解剖的权力属于公安机关，其他任何单位、个人无权决定对死因不明的尸体进行解剖。死因不明，是指死者系正常死亡还是非正常死亡，属于自杀、他杀还是责任事故，原因不明。为了确定死因，经县级以上公安机关负责人批准，可以解剖尸体。决定解剖死因不明的尸体是公安机关行使侦查权的具体体现。二是公安机关决定解剖尸体，应当通知死者家属到场。解剖尸体时通知死者家属到场，既是对死者家属的尊重，也有利于家属了解解剖情况，配合公安机关查明案情，同时也可以对公安机关解剖尸体进行监督。实践中，死者家属无正当理由拒不到场或者拒绝签名、盖章的，不影响解剖或者开棺检验，但是应当在解剖尸体通知书上注明。对于身份不明的尸体，无法通知死者家属的应当在笔录中注明。另外，对于重大、疑难、复杂的案件，可能引起争议的案件，死者家属无正当理由拒不到场或者拒绝签名、盖章的案件，为确保取得良好的社会效果，公安机关在进行尸体解剖、开棺检验时，可以进行录音、录像，商请人民检察院派员到场，邀请与案件无关的第三方或者死者家属聘请的律师到场见证。解剖尸体应当根据卫生部 1979 年颁布的《解剖尸体规则》进行。解剖结束后，应当制作尸体检验报告书。

第一百三十条　为了确定被害人、犯罪嫌疑人的某些特征、伤害情况或者生理状态，可以对人身进行检查，可以提取指纹信息，采集血液、尿液等生物样本。

犯罪嫌疑人如果拒绝检查，侦查人员认为必要的时候，可以强制检查。

检查妇女的身体，应当由女工作人员或者医师进行。

【条文主旨】本条是关于人身检查的规定。

【修改情况】第一款增加规定对被害人、犯罪嫌疑人“可以提取指纹信息，采集血液、尿样等生物样本”。

【条文解读】本条共三款。第一款是关于人身检查的目的、对象和内容的规定。人身检查的对象是被害人和犯罪嫌疑人身体。人身检查的目的是确定被害人、犯罪嫌疑人的某些特征、伤害情况或者生理状态。人身检查的内容包括被害人、犯罪嫌疑人的人身特征、伤害情况、生理状态。人身特征，主要是指被害人、犯罪嫌疑人有别于他人的身体特征，如相貌、肤色、疤痕等。伤害情况主要是指被害人、犯罪嫌疑人身体受损的部位、程度、形态等。生理状态主要是指被害人、犯罪嫌疑人有无生理缺陷，如智力发育情况、各种生理机能等。通过人身检查，可以为确定犯罪嫌疑人、犯罪结果、责任能力以及其他证据的真实性等提供依据。进行人身检查时，可以提取被害人、犯罪嫌疑人的指纹信息，采集血液、尿液等生物样本。该规定为新增内容，为侦查人员进行上述行为提供了明确的法律依据。

本条第二款是关于强制检查的规定。在一般情况下，侦查人员对犯罪嫌疑人进行人身检查，应争取犯罪嫌疑人的配合。如果犯罪嫌疑人拒绝的，依据本款规定，侦查人员在必要时，可以强制对其进行检查。而对被害人进行人身检查，应当征得被害人同意，不得强制检查。对于被害人不愿进行人身检查的，侦查人员应当耐心做好说服教育工作，必要时可以请被害人家属配合。

本条第三款是关于对妇女进行人身检查的特殊规定。为了保护妇女的权益，防止发生有伤风化的行为，同时避免出现不必要的误解，对妇女的人身进行检查，应当由女工作人员或者医师进行。

第一百三十一条　勘验、检查的情况应当写成笔录，由参加勘验、检查的人和见证人签名或者盖章。

【条文主旨】本条是关于勘验、检查笔录的规定。

【修改情况】本条未作修改。

【条文解读】首先，勘验、检查的情况应当写成笔录。勘验、检查笔录是《刑事诉讼法》规定的证据种类之一，也是侦查分析研究案情、确定侦查范围、开展侦查活动的依据。勘验、检查笔录应当客观、全面、详细、准确、规范地记载勘验、检查的情况，能够作为核查现场或者恢复现场原状的依据，符合法定的证据要求。现场勘验、检查笔录一般包括以下基本内容：（1）前言部分：笔录文号，接报案件时间和内容，现场地点，现场保护情况，勘验、检查的起止时间，天气情况，勘验、检查利用的光线，组织指挥人员，现场方位和周围环境等；（2）正文部分：与犯罪有关的痕迹和物品的名称、部位、数量、性状、分布等情况，尸体的位置、衣着、姿势、损伤、血迹分布、形状和数量等；（3）结尾部分：提取痕迹、物证情况，扣押物品情况，制图和照相的数量，录像、录音的时间，笔录人、制图人、照相人、录像人、录音人，执行现场勘验、检查任务人员的单位、职务及签名，见证人签名等。

其次，勘验、检查笔录，应当由参加勘验、检查的人和见证人签名或者盖章。除参加勘验、检查的人员外，勘验、检查一般应当邀请一至二名与案件无关的公民作见证人，并在笔录上签名、盖章，以保证勘验、检查的客观公正。

第一百三十二条　人民检察院审查案件的时候，对公安机关的勘验、检查，认为需要复验、复查时，可以要求公安机关复验、复查，并且可以派检察人员参加。

【条文主旨】本条是关于复验、复查的规定。

【修改情况】本条未作修改。

【条文解读】根据本条规定，人民检察院在审查案件时，认为公安机关的勘验、检查存在错误，情况不清，或者还有遗漏或疑点的，有权要求公安机关复验、复查。公安机关应当按照人民检察院的要求，对已经勘验、检查过的与犯罪有关的场所、物品、人身、尸体等，再次进行勘验、检查，以进一步查明情况，收集证据，排除疑义。复验、复查时，人民检察院可以派员参加。该规定是人民检察院对公安机关的侦查活动实行监督的具体体现，有利于人民检察院实地了解复验、复查情况，保证勘验、检查结果的可靠性，正确处理案件。

第一百三十三条　为了查明案情，在必要的时候，经公安机关负责人批准，可以进行侦查实验。

侦查实验的情况应当写成笔录，由参加实验的人签名或者盖章。

侦查实验，禁止一切足以造成危险、侮辱人格或者有伤风化的行为。

【条文主旨】本条是关于侦查实验的规定。

【修改情况】本条将侦查实验的批准主体由“公安局长”修改为“公安机关负责人”，并增加条款：“侦查实验的情况应当写成笔录，由参加实验的人签名或者盖章。”

【条文解读】本条共三款。第一款是关于侦查实验的目的和批准程序的规定。所谓侦查实验，是指为了查明或证实在特定条件下某种情况、某种行为能否发生而进行模拟重演实验的一种侦查活动。其形式主要有：验证在某种条件下能否听到某种声音或者看到某种情形；验证在一定时间内能否完成某一行为；确定某种条件下某种工具能否形成某种痕迹等。侦查实验应当经公安机关负责人批准。1996年《刑事诉讼法》第一百零八条规定，“经公安局长批准，可以进行侦查实验”。本次修改将“公安局长”改为“公安机关负责人”，以与本法第三十条中的“公安机关负责人”的用语保持一致。

本条第二款是关于侦查实验笔录的规定。该款为新增内容。本次修改吸收了实践中的成熟做法，在第四十八条第二款第（七）项的证据种类中增加“侦查实验笔录”作为证据的一种。侦查实验笔录是对侦查实验过程和结果的记录，具有重要的证据作用。侦查实验笔录一般包括三部分：（1）序言部分：包括时间、地点，进行实验的人员及职务职称，侦查实验的目的；（2）实验过程：包括详细叙述实验内容、条件及实施过程情况，客观描述实验所获得的结果；（3）结论部分：包括实验的结论，参加人员签名及日期。

本条第三款是关于侦查实验禁止事项的规定。进行侦查实验，应当做到安全和文明，不仅要特别注意安全性要求，还要遵守法律规定，尊重民族风俗习惯，尊重人格，严禁一切足以造成危险、侮辱人格、有伤风化的行为。“足以造成危险”，主要是指进行侦查实验所采取的手段、方法违背客观规律、违反操作规程，极有可能造成人身、财产的损失。“侮辱人格”，主要是指进行侦查实验所采取的手段、方法损害当事人及其他诉讼参与人的人格尊严和名誉等。“有伤风化”，主要是指破坏风俗、败坏风气的行为。

第五节　搜　查

主旨	本节是关于搜查方法和程序的规定。
定义	搜查，是指侦查人员为查缉犯罪人、搜寻犯罪证据，对犯罪嫌疑人以及可能隐匿犯罪嫌疑人或者犯罪证据的人体、物品、住处和其他有关场所，依法进行搜索检查的一种侦查行为。
拓展	搜查直接关系到公民人身自由和住宅不受侵犯的基本权利。我国《宪法》第三十七条和第三十九条对公民人身自由和住宅不受侵犯以及禁止非法搜查公民的身体、禁止非法搜查或者非法侵入公民的住宅予以了明确规定。我国《刑法》第二百四十五条规定：“非法搜查他人身体、住宅，或者非法侵入他人住宅的，处三年以下有期徒刑或者拘役。司法工作人员滥用职权，犯前款罪的，从重处罚。”因此，本节对搜查的方法和程序作了明确规定，侦查人员必须严格依照法定程序开展搜查工作。
条文	本节共5条，修改1条。
修改	本节对第一百三十五条进行了细微调整。

第一百三十四条　为了收集犯罪证据、查获犯罪人，侦查

人员可以对犯罪嫌疑人以及可能隐藏罪犯或者犯罪证据的人的身体、物品、住处和其他有关的地方进行搜查。

【条文主旨】本条是关于搜查的目的、对象的规定。

【修改情况】本条未作修改。

【条文解读】搜查的目的是收集犯罪证据、查获犯罪人。搜查的对象主要为以下几种：一是人身，就是要对犯罪嫌疑人以及其他相关可疑人员的身体进行搜查，以便及时发现、收集或收缴证据、凶器、武器、危险品以及赃款、赃物等；二是物品，就是要对犯罪嫌疑人以及可能隐藏罪犯或者犯罪证据的人的物品进行搜查，要特别留意一些电子存储介质，以便及时发现、收集物证、书证；三是场所，就是要对犯罪嫌疑人以及可能隐藏罪犯或者犯罪证据的人的住处和其他有关的地方进行搜查，以便及时收集犯罪证据，查获犯罪人。

第一百三十五条 任何单位和个人，有义务按照人民检察院和公安机关的要求，交出可以证明犯罪嫌疑人有罪或者无罪的物证、书证、视听资料等证据。

【条文主旨】本条是关于单位和个人协助义务的规定。

【修改情况】本条增加了“等证据”三个字，以涵盖一切实物证据种类。

【条文解读】根据本条规定，任何单位和个人，都有义务按照人民检察院和公安机关的要求，交出可以证明犯罪嫌疑人有罪或者无罪的物证、书证、视听资料等证据，不得拒绝。侦查人员进行搜查时，应当向被搜查的单位或个人讲明法律规定和上述义务，提出搜查的目的和要求。被搜查单位和个人应当积极配合，按照侦查人员的要求交出相关物证、书证或视听资料等证据，包括搜查机关已掌握的和在搜查中新发现的。对于事先已确定搜查的物证、书证或者视听资料等证据，搜查人员可以先动员被搜查者主动交出，如果拒不交出，搜查人员可以强行搜查，任何人不得以任何理由加以阻拦。对于故意隐匿罪证的应当依照法律规定追究责任，构成犯罪的，依照刑法规定追究刑事责任。对于以暴力、威胁或其他方法妨碍搜查的，应当依照刑法或其他法律规定追究责任。

搜查是重要的侦查措施，只有具有侦查权的机关才能进行。本条明确规定，提出搜查要求和进行搜查行为的只能是人民检察院和公安机关。其他任何单位和个人都无权进行搜查。搜查人员发现被搜查的单位或个人交出的物证、书证或者视听资料等证据与本案无关的，应当及时退回。

第一百三十六条　进行搜查，必须向被搜查人出示搜查证。

在执行逮捕、拘留的时候，遇有紧急情况，不另用搜查证也可以进行搜查。

【条文主旨】本条是关于“有证”或者“无证”进行搜查的规定。

【修改情况】本条未作修改。

【条文解读】根据本条规定，侦查人员进行搜查时，必须向被搜查的单位或个人出示搜查证。搜查证是县级以上公安机关或人民检察院负责人签发的进行合法搜查的证明文件，是保障被搜查人人身自由和住宅不受侵犯的基本权利的刑事法律文书。实施搜查前必须开具搜查证，进行搜查时必须向被搜查人出示。不过，在执行逮捕、拘留的时候，遇有下列紧急情况之一的，不用搜查证也可以进行搜查，即侦查实践中所谓的“无证搜查”：犯罪嫌疑人可能随身携带凶器的；可能隐藏爆炸、剧毒等危险物品的；可能隐匿、毁弃、转移犯罪证据的；可能隐匿其他犯罪嫌疑人的；其他突然发生的紧急情况。

第一百三十七条　在搜查的时候，应当有被搜查人或者他的家属，邻居或者其他见证人在场。

搜查妇女的身体，应当由女工作人员进行。

【条文主旨】本条是关于搜查时的在场人员和搜查妇女身体的规定。

【修改情况】本条未作修改。

【条文解读】本条共两款。第一款规定搜查时在场人员。侦查人员在执行搜查时，应当安排两类人在场：一类是被搜查人或者其家属，这里所说的家属通常是指与被搜查人共同生活的成年家属；另一类是见证人，包括被搜查人的邻居或者被搜查人所在单位的领导、同事、居民小区物业管理人员以及所在地居（村）民委员会成员等能够作为见证人的人。该规定有利于证实搜查情况，增强搜查所取得的证据的真实性、可靠性，也有利于侦查人员严格依法进行搜查，主动接受群众监督。同时，还可以防止一些被搜查人诬告搜查人员违法搜查，从而保证侦查活动有效而顺畅地开展。

第二款规定搜查妇女的身体时，应当由女工作人员进行。这样规定是对妇女权益的特殊保护，防止在侦查时出现人身侮辱等违法行为，确保被搜查妇女的人身权利不受非法侵害，同时防止被搜查人诬告、陷害侦查人员，保障搜查活动的顺利进行。

第一百三十八条　搜查的情况应当写成笔录，由侦查人员和被搜查人或者他的家属，邻居或者其他见证人签名或者盖章。如果被搜查人或者他的家属在逃或者拒绝签名、盖章，应当在笔录上注明。

【条文主旨】本条是关于制作搜查笔录的规定。

【修改情况】本条未作修改。

【条文解读】搜查是侦查中获取证据、查获犯罪人的重要手段，搜查的情况直接关系到证据的取得是否合法、证据材料是否真实可靠等问题。所以，必须以笔录的形式并严格履行相关手续将搜查情况固定下来，以便存查和分析案情以及用做判明被搜查人有罪或无罪、罪重或罪轻的证据。为保证搜查笔录的真实性、准确性，不仅笔录中要全面而准确地记载被搜查人的基本情况，搜查的时间、地点、进行状况及查获的人员、物品等详细情况，而且，侦查人员和被搜查人以及他的家属、邻居或者其他见证人还应当在笔录上签名或者盖章。如果被搜查人或者他的家属在逃或者拒绝签名、盖章，应当在笔录上注明，以证明搜查时的情况和表明为何没有被搜查人或其家属的签名盖章。

第六节　查封、扣押物证、书证

主旨	本节是关于查封、扣押物证、书证以及查询、冻结犯罪嫌疑人的存款、汇款、债券、股票、基金份额等财产的规定。
定义	查封、扣押物证、书证，是侦查机关对于与案件有关的财物（包括动产和不动产）、文件、邮件、电子邮件、电报等强行提取、扣留或者封存的一种侦查行为，其目的是提取和保全证据，以免造成证据灭失或被人为破坏。
拓展	实施该项侦查行为常常与搜查、现场勘验一起进行，也可以单独进行。由于查封、扣押物证、书证以及查询、冻结犯罪嫌疑人的存款、汇款、债券、股票、基金份额等财产直接涉及公民的基本权利，侦查机关必须严格履行相关审批手续，依照法定程序进行。对于应当解除查封、扣押、冻结的要依法及时予以解除，以维护公民或单位的合法权益。
条文	本节共5条，修改4条。
修改	本节修改内容主要包括以下三个方面： 1. 增加了“查封”的内容，将节名中的“扣押”修改为“查封、扣押”。 2. 增加了“查询、冻结犯罪嫌疑人的债券、股票、基金份额等财产”内容。 3. 将作为查封、扣押对象的“物品”改为“财物”。

第一百三十九条 在侦查活动中发现的可用以证明犯罪嫌疑人有罪或者无罪的各种财物、文件，应当查封、扣押；与案件无关的财物、文件，不得查封、扣押。

对查封、扣押的财物、文件，要妥善保管或者封存，不得使用、调换或者损毁。

【条文主旨】本条是关于查封、扣押物证、书证范围以及对所查封、扣押的财物、文件保管、保全的规定。

【修改情况】本条增加了应当查封或不得查封的规定以及对查封的财物、文件保管的规定，还将作为查封、扣押对象的“物品”改为“财物”。

【条文解读】本条共两款。第一款规定查封、扣押物证和书证的范围只限于可用以证明犯罪嫌疑人有罪或者无罪的各种财物和文件；与案件无关的财物、文件，不得查封、扣押。但是，法律、法规禁止持有的物品、文件，诸如毒品，淫秽物品，非法收藏的枪支、弹药、爆炸物，管制刀具，机密文件等，不管是否与案件有关，都应当扣押并交有关部门处理。“查封”的对象主要包括账号、不动产或者不便搬运的物品等；“扣押”的对象主要包括一般物品、账册、文件等。

第二款规定对于查封、扣押的财物、文件，要妥善保管或者封存，不得使用或者损毁。比如，对于扣押金银珠宝、文物、名贵字画以及其他不易辨别真伪的贵重物品，除了详细填写查封、扣押物品清单以外，还应当拍照后当场密封，并由扣押人员、见证人和持有人在密封材料上签名或者盖章。

第一百四十条 对查封、扣押的财物、文件，应当会同在场见证人和被查封、扣押财物、文件持有人查点清楚，当场开列清单一式二份，由侦查人员、见证人和持有人签名或者盖章，一份交给持有人，另一份附卷备查。

【条文主旨】本条是关于清点查封、扣押财物、文件和制作查封、扣押财物、文件清单的规定。

【修改情况】本条增加了清点查封的财物、文件和制作查封财物、文件清单的规定，还将清点查封对象由物品扩大到财物。

【条文解读】根据本条规定，无论是进行搜查或者现场勘验过程中进行的查封、扣押，还是单独进行的查封、扣押，侦查人员都应当会同在场见证人或者邀请见证人与被查封、扣押物品持有人履行查验程序，对所查封、扣押的财物、文件要当场逐一查点清楚，并在此基础上当场开列查封、扣押财物、文件清单一式二份，由侦查人员、见证人和持有人签名或者盖章，一份交给持有人，另一份附卷备查。被查封、扣押物品的持有人，既包括财物的所有者、使用者，也包括财物的占有人、保管人、承运人。

制作查封、扣押财物、文件清单除了要准确标明查封、扣押财物的名称、数量、封存的详细地点、品牌、规格，以及文件的名称、份数、页数、存储位置等情况之外，还必须标明财物的新旧程度、突出特征等，有编号的贵重物品要在清单上准确记载。扣押一些特殊物品时，要注意作出妥善处理。比如，扣押录音带、录像带、磁盘、光盘、U 盘、移动硬盘等磁质、电子存储介质，应当注明案由、内容、规格、类别、应用长度、文件格式、制作或者提取时间、制作人或者提取人等；扣押易损毁、灭失、变质以及其他不宜长期保存的物品的，除了开列清单外，还应当采取笔录、绘图、拍照、录像等方法加以固定。

第一百四十一条　侦查人员认为需要扣押犯罪嫌疑人的邮件、电报的时候，经公安机关或者人民检察院批准，即可通知邮电机关将有关的邮件、电报检交扣押。

不需要继续扣押的时候，应即通知邮电机关。

【条文主旨】本条是关于扣押犯罪嫌疑人的邮件、电报的规定。

【修改情况】本条未作修改。

【条文解读】根据本条规定，侦查人员认为需要扣押犯罪嫌疑人的邮件、电报的时候，经公安机关或者人民检察院批准，即可通知邮电机关将有关的邮件、电报检交扣押。应当注意的是，我国《宪法》第四十条规定："中华人民共和国公民的通信自由和通信秘密受法律的保护。除因国家安全或者追查刑事犯罪的需要，由公安机关或者检察机关依照法律规定的程序对通信进行检查外，任何组织或者个人不得以任何理由侵犯公民的通信自由和通信秘密。"因此，侦查人员扣押犯罪嫌疑人的邮件、电报时，必须要以"因国家安全或者追查刑事犯罪"为前提，严格履行相关的审批手续，依照法定程序进行。

由于互联网的日益普及和广泛应用，犯罪嫌疑人使用电子邮件的情况也越来越多，因此，本条所称的"邮件"应当包括普通邮件、挂号邮件、保价邮件、包裹以及电子邮件，所通知检交扣押的单位除了传统意义上的邮电机关外，还应当包括网络服务单位等。犯罪嫌疑人邮件、电报的范围包括以下四个方面：其一，该犯罪嫌疑人寄发的；其二，直接寄交该犯罪嫌疑人的；其三，寄交他人转交该犯罪嫌疑人的；其四，寄交该犯罪嫌疑人转交他人的。根据侦查的进展和需求情况，不需要继续扣押犯罪嫌疑人邮件、电报的时候，应即通知邮电机关和网络服务机构。

第一百四十二条　人民检察院、公安机关根据侦查犯罪的需要，可以依照规定查询、冻结犯罪嫌疑人的存款、汇款、债券、股票、基金份额等财产。有关单位和个人应当配合。

犯罪嫌疑人的存款、汇款、债券、股票、基金份额等财产已被冻结的，不得重复冻结。

【条文主旨】本条是关于查询和冻结犯罪嫌疑人的存款、汇款、债券、股票、基金份额等财产以及不得重复冻结的规定。

【修改情况】本条增加了查询、冻结犯罪嫌疑人的债券、股票、基金份额等财产的规定，还增加了不得重复冻结犯罪嫌疑人的债券、股票、基金份额等财产的规定。

【条文解读】本条共两款。第一款规定，人民检察院、公安机关根据侦查犯罪的需要，可以依照规定向有关部门进行查询、冻结犯罪嫌疑人有关财产的侦查行为。查询、冻结的范围，除了犯罪嫌疑人的“存款、汇款”以外，还包括犯罪嫌疑人的债券、股票、基金份额等财产。其中“等财产”是开放式规定，除了上述财产外还包括投资权益、期货、证券交易结算资金等。对于人民检察院、公安机关查询、冻结的要求，有关单位和个人应当配合，不得拒绝或阻碍。

第二款规定，对于犯罪嫌疑人的存款、汇款、债券、股票、基金份额等财产已被冻结的，不得重复冻结，以维护犯罪嫌疑人的合法权益和刑事诉讼活动的顺利进行。

第一百四十三条　对查封、扣押的财物、文件、邮件、电报或者冻结的存款、汇款、债券、股票、基金份额等财产，经查明确实与案件无关的，应当在三日以内解除查封、扣押、冻结，予以退还。

【条文主旨】本条是关于对与本案无关的财产解除查封、扣押、冻结的规定。

【修改情况】本条增加了对查封财物应当在三日以内解除查封并予以退还的规定，还增加了对冻结的债券、股票、基金份额等财产应当在三日以内解除冻结并予以退还的规定。

【条文解读】查封、扣押财物、文件、邮件、电报或者冻结的存款、汇款、债券、股票、基金份额等财产的目的是查明犯罪、证实犯罪，及时、准确地惩治犯罪，保护国家、集体和公民的合法权益。侦查是一把“双刃剑”，在查证犯罪的同时，又要切实保障公民的合法权益。侦查人员对查封、扣押的财物、文件、邮件、电报或者冻结的存款、汇款、债券、股票、基金份额等财产，应当及时进行审查。通过审查或者侦查活动的深入进行，认定所查封、扣押的财物、文件、邮件、电报或者冻结的存款、汇款、债券、股票、基金份额等财产与案件无关，即既非犯罪嫌疑人违法所得，也不具有证明犯罪嫌疑人是否犯罪、罪轻、罪重的作用，不能作为证据使用，与犯罪行为无任何牵连的，应当在3日以内予以退还。依照本法第一百一十五条的规定，当事人和辩护人、诉讼代理人、利害关系人认为司法机关及其工作人员应当解除查封、扣押、冻结不依法解除，侵犯其合法权益的，有权向该司法机关申诉或者控告。受理申诉或者控告的机关应当及时处理。申诉或者控告人对处理不服的，可以向同级或者上一级人民检察院申诉。人民检察院对申诉应当及时进行审查，必要时可以对有关情况进行调查核实；对于情况属实的，依法予以纠正。

第七节 鉴 定

主旨	本节是关于侦查中鉴定工作的规定。
定义	鉴定，是指公安司法机关为查明案情，指派或聘请具有专门知识的人，就案件中某些专门性问题进行鉴别和判断并且作出鉴定意见的侦查活动。
拓展	刑事鉴定主要分为法医类鉴定与物证类鉴定两大类。法医类鉴定是指法医病理、法医损伤、法医物证和法医毒理等；物证类鉴定是指痕迹检验、理化检验、文件检验、音像检验、声纹检验、电子物证检验、心理测试技术、警犬鉴别技术等。此外，运输、建筑、会计、价格等方面专门问题的鉴定也在侦查活动中常有涉及。鉴定在认定案件事实方面具有重要作用。
条文	本节共4条，修改1条。

修改	本节主要进行了以下修改： 1. 在表述上，将“鉴定结论”修改为“鉴定意见”。 2. 删除了1996年《刑事诉讼法》第一百二十条第二款“对人身伤害的医学鉴定有争议需要重新鉴定或者对精神病的医学鉴定，由省级人民政府指定的医院进行。鉴定人进行鉴定后，应当写出鉴定结论，并且由鉴定人签名，医院加盖公章”的规定。

第一百四十四条　为了查明案情，需要解决案件中某些专门性问题的时候，应当指派、聘请有专门知识的人进行鉴定。

【条文主旨】本条是关于指派、聘请鉴定人的规定。

【修改情况】本条未作修改。

【条文解读】根据本条规定，为了查明案情，需要解决案件中某些专门性问题时，公安司法机关应当指派或者聘请有专门知识的人进行鉴定。接受指派和聘请的鉴定人，必须具备以下基本要件：(1)资格性要件，即具有解决案件中某些专门性问题的专业知识与专业技能，具备相关鉴定资格。根据全国人大常委会《关于司法鉴定管理问题的决定》，从事司法鉴定的基本条件包括：第一，具有与所申请从事的司法鉴定业务相关的高级专业技术职称；第二，具有与所申请从事的司法鉴定业务相关的专业执业资格或者高等院校相关专业本科以上学历，从事相关工作五年以上；第三，具有与所申请从事的司法鉴定业务相关工作十年以上经历，具有较强的专业技能。除上述基本条件外，法律、法规、规章根据业务特点对鉴定执业资格有特殊要求的，还必须满足其要求；(2)公正性要件，即与本案没有利害关系。依照本法第二十八条的规定，没有利害关系是指非本案的当事人或当事人的近亲属，本人及其近亲属与本案无利害关系，未担任过本案的证人、辩护人、翻译人员与诉讼代理人，未参与过本案侦查等不具有影响公正鉴定可能性的情形。

鉴定须经县级以上侦查机关负责人批准后依法进行。侦查机关选定鉴定人后，应当为鉴定人进行鉴定提供必要条件，及时向鉴定人送交有关检材和对比样本等原始材料，介绍与鉴定有关的情况，并且明确提出要求鉴定解决的问题。侦查人员不得暗示或者强迫鉴定人作出某种鉴定意见，以确保鉴定意见的公正性。出于鉴定工作的需要，鉴定人可以查阅与案件有关的材料，有权要求侦查人员提供鉴定所必需的文件、物品、痕迹以及其他材料，必要时可以在侦查人员的许可和主持下，参加现场勘查、现场复验、现场复查和讯问犯罪嫌疑人、被告人及询问证人等活动。鉴定人应当独立、客观、公正地进行鉴定，并对自己的鉴定意见负责。

为了保证鉴定意见的可靠性，鉴定人在按时完成鉴定任务的前提下，还应妥善保管有关检材和物品，保守在执业活动中知悉的国家秘密、商业秘密和个人隐私，遵守职业道德和执业纪律等。鉴定人如遇到不适宜鉴定的情形，可申请回避，当事人及法律授权的其他主体也可以要求其回避，是否准许，由公安司法机关依照规定决定。

第一百四十五条　鉴定人进行鉴定后，应当写出鉴定意见，并且签名。

鉴定人故意作虚假鉴定的，应当承担法律责任。

【条文主旨】本条是关于鉴定意见的形成、鉴定人责任的规定。

【修改情况】本条将“鉴定结论”证据种类修改为“鉴定意见”，并将1996年《刑事诉讼法》中第一百二十条第二款“对人身伤害的医学鉴定有争议需要重新鉴定或者对精神病的医学鉴定，由省级人民政府指定的医院进行。鉴定人进行鉴定后，应当写出鉴定结论，并且由鉴定人签名，医院加盖公章”之规定删除。

【条文解读】鉴定的目的是查明案情，解决案件中的某些专门性问题。鉴定人员按照有关技术规程，运用专门知识、仪器设备和技术方法对案件的事实性问题进行鉴别、判断后所提出的鉴定意见，属于刑事诉讼法定证据形式之一。作为证据材料的鉴定意见经审查核实后，可以作为定案依据。根据本条规定，鉴定人进行鉴定后应当出具鉴定意见，内容包括制作鉴定书的事由，受哪个机关指派或聘请，鉴定起止时间，鉴定的对象，制作鉴定书的依据，得出意见的科学依据等。鉴定意见应当由鉴定人签名或盖章，以明确法律责任。如系侦查机关刑事技术部门的侦查人员鉴定的，须加盖鉴定部门专用章。多人对同一专门性问题进行鉴定，可以互相讨论，共同作出鉴定意见；如果对鉴定有不同意见，应当在鉴定意见中注明，每个鉴定人都有权单独作出自己的鉴定意见。

根据本条第二款的规定，鉴定人应当遵守法律、法规，遵守职业道德和职业纪律，尊重科学，遵守技术操作规范。因严重不负责任出具错误鉴定意见，应承担相应的行政责任。鉴定人徇私舞弊、故意作虚假鉴定，构成犯罪的，应依法追究刑事责任。

第十届全国人大常委会第十四次会议通过的《关于司法鉴定管理问题的决定》，对司法鉴定程序、司法鉴定人准入标准以及司法鉴定人权利、义务作了较为规范、详尽的规定，并明确要求对法医类鉴定应当委托编入鉴定人名册的鉴定人进行鉴定。人身伤害鉴定和精神病鉴定属于法医类鉴定，因此修改后的《刑事诉讼法》删去原第一百二十条第二款的内容。

第一百四十六条　侦查机关应当将用作证据的鉴定意见告知犯罪嫌疑人、被害人。如果犯罪嫌疑人、被害人提出申请，可以补充鉴定或者重新鉴定。

【条文主旨】本条是关于鉴定意见的告知以及申请补充鉴定或重新鉴定的规定。

【修改情况】本条将“鉴定结论”的表述修改为“鉴定意

见”，其他内容未作修改。

【条文解读】根据本条规定，侦查机关应当将用作证据的鉴定意见及时告知犯罪嫌疑人、辩护人。如果犯罪嫌疑人、被害人对鉴定意见不服或者存有疑问，可以申请侦查机关进行补充鉴定或者重新鉴定。其中，“用作证据的鉴定意见”是指由专门机构或专门人员鉴定后形成的鉴定意见，经侦查机关审查后认为可以作为证据使用。由于用作证据的鉴定意见直接关系到案件事实的认定，与犯罪嫌疑人、被害人有直接的利害关系，因此法律赋予犯罪嫌疑人、被害人对鉴定意见的知情权，使其有机会申请补充鉴定或者重新鉴定，体现了对犯罪嫌疑人、辩护人诉讼权利的保障。侦查机关应当将用作证据的鉴定意见及时告知犯罪嫌疑人、被害人以及他们的辩护人、诉讼代理人。

申请补充鉴定与重新鉴定是犯罪嫌疑人、被害人的重要诉讼权利。申请“补充鉴定”，是指犯罪嫌疑人或者被害人认为鉴定意见有遗漏或者不够明确，可能影响对案件事实的认定，从而影响对案件的处理和自己的合法权益而提出的申请。补充鉴定系第一次鉴定的继续，是在原鉴定意见的基础上对有关部分或个别问题进行修改、补充和明确。申请“重新鉴定”，是指犯罪嫌疑人、被害人认为原鉴定意见确有错误或者鉴定人鉴定资格、鉴定程序出现问题而影响鉴定意见的科学性、可靠性，提出申请对原鉴定客体进行再次鉴定。对犯罪嫌疑人或者被害人提出的申请，侦查机关应当认真审查，认为原鉴定意见正确，不存在需要补充鉴定或者重新鉴定理由的，驳回申请人的申请，并说明理由；认为原鉴定意见确实存在疑问、疏漏，或者鉴定人不适格，鉴定程序不合法或鉴定人应当回避而未回避的，应当进行补充鉴定或重新鉴定，并将结果及时告知申请人。如果侦查人员或侦查部门认为鉴定意见存在问题或确有错误，可以主动补充鉴定或者重新鉴定。重新鉴定的，应当另行指派或聘请鉴定人。

第一百四十七条　对犯罪嫌疑人作精神病鉴定的期间不计入办案期限。

【条文主旨】本条是关于对犯罪嫌疑人作精神病鉴定的期间不计入办案期限的规定。

【修改情况】本条未作修改。

【条文解读】在侦查过程中，查明行为人在实施犯罪行为时是否有精神病，对决定是否追究其刑事责任起到至关重要的作用。我国《刑法》第十八条规定："精神病人在不能辨认或者不能控制自己行为的时候造成危害结果，经法定程序鉴定确认的，不负刑事责任，但是应当责令他的家属或者监护人严加看管和医疗；在必要的时候，由政府强制医疗。间歇性的精神病人在精神正常的时候犯罪，应当负刑事责任。尚未完全丧失辨认或者控制自己行为能力的精神病人犯罪的，应当负刑事责任，但是可以从轻或者减轻处罚……"根据这一规定，对犯罪嫌疑人进行精神病鉴定的主要范围是确定被鉴定人是否患有精神疾病，患何种精神疾病，实施危害行为时的精神状态，精神疾病和所实施的危害行为之间的关系，以及有无刑事责任能力等，这些均是关系到犯罪嫌疑人的罪与非罪、此罪与彼罪、轻罪与重罪界限认定的重大事实问题，因而，对犯罪嫌疑人进行精神病鉴定不同于一般的鉴定，需要谨慎对待，防止发生错误。此外，精神病病症因人而异，病情易反复，情况复杂，出具鉴定意见通常需要一定时期的观察和调查，因此本条特别规定了对犯罪嫌疑人作精神病鉴定的期间不计入办案期限。"不计入办案期限"是指不计入侦查羁押期限。当然，为防止案件久拖不决，实践中对犯罪嫌疑人作精神病鉴定也应有适当的时间限制，或者对犯罪嫌疑人及时变更强制措施。

第八节　技术侦查措施

主旨	本节是关于技术侦查措施的规定。
定义	技术侦查措施，是指侦查机关为了侦查犯罪而采取的特殊侦查措施，包括电子侦听、电话监听、电子监控、秘密拍照或录像、秘密获取某些物证、邮件检查等秘密的专门技术手段。
条文	技术侦查措施在我国《刑事诉讼法》中一直未有规定。1993年施行的《国家安全法》第十条规定："国家安全机关因侦察危害国家安全行为的需要，根据国家有关规定，经过严格的批准手续，可以采用技术侦察措施。"1995年施行的《人民警察法》第十六条也规定："公安机关因侦查犯罪的需要，根据国家有关规定，经过严格的批准手续，可以采取技术侦察措施"。这两部法律虽然对采用技术侦查措施进行了授权，却没有明确规定技术侦查措施的适用范围、审批程序、救济措施和证据效力等内容。这一方面导致了通过技术侦查措施所获得的材料不能在刑事诉讼中直接作为证据使用；另一方面，由于技术侦查措施没有被纳入到《刑事诉讼法》中，其合法性也一直受到各方面的质疑。此次《刑事诉讼法》修改终于将技术侦查措施正式纳入到了《刑事诉讼法》中。本节内容涉及技术侦查措施的适用主体、适用范围、适用条件、适用期限、审批程序、所获材料的保密和销毁、证据效力等多个方面，初步建立起较为完善的技术侦查规范体系。
修改	本节为新增节，共5条。

第一百四十八条　公安机关在立案后，对于危害国家安全犯罪、恐怖活动犯罪、黑社会性质的组织犯罪、重大毒品犯罪或者其他严重危害社会的犯罪案件，根据侦查犯罪的需要，经过严格的批准手续，可以采取技术侦查措施。

人民检察院在立案后，对于重大的贪污、贿赂犯罪案件以及利用职权实施的严重侵犯公民人身权利的重大犯罪案件，根据侦查犯罪的需要，经过严格的批准手续，可以采取技术侦查措施，按照规定交有关机关执行。

追捕被通缉或者批准、决定逮捕的在逃的犯罪嫌疑人、被告人，经过批准，可以采取追捕所必需的技术侦查措施。

【条文主旨】本条是关于技术侦查措施的适用主体和适用条件的规定。

【修改情况】本条是新增条文。

【条文解读】本条共三款，主要规定了以下内容：（1）关于技术侦查的适用主体。有权适用技术侦查的机关包括公安机关和人民检察院。在此需要指出的是，在我国原有法律中，人民检察院并不是技术侦查的适用主体。随着犯罪形势的不断变化，职务犯罪出现了智能化、隐秘化等新的特点和趋势，为了适应这种犯罪形势的变化，提高侦查技能，多年来我国检察机关一直呼吁将技术侦查引入职务犯罪侦查中。此次《刑事诉讼法》修改对此作出了积极的回应，使检察机关成为有权适用技术侦查的又一主体。（2）关于技术侦查适用的案件范围。由于公安机关和检察机关所管辖案件的种类和性质不同，因此两大机关可以适用技术侦查的案件范围并不相同，但都必须遵循重罪原则。根据本条第一款的规定，公安机关适用技术侦查的案件主要是危害国家安全犯罪、恐怖活动犯罪、黑社会性质的组织犯罪、重大毒品犯罪。可以适用技术侦查的其他严重危害社会的犯罪，是指虽然不属于上述几类犯罪但对社会的危害程度相当严重的犯罪案件，如故意杀人、绑架勒索、投毒爆炸等。根据本条第二款的规定，检察机关适用技术侦查的案件主要是重大的贪污、贿赂犯罪案件以及利用职权实施的严重侵犯公民人身权利的重大犯罪案件。（3）关于适用技术侦查的条件。无论公安机关还是检察机关适用技术侦查，都必须根据侦查犯罪的实际需要，通常认为采用常规侦查手段不能获取相关证据和犯罪线索，而有必要采取有关的技术侦查措施。（4）关于技术侦查的批准。由于技术侦查涉及公民的隐私权、通信自由权等基本权利，为防止技术侦查措施的不当适用，法律要求无论公安机关还是人民检察院，采取技术侦查都必须经过严格的审批手续，具体手续和程序尚有待司法解释和实施细则来明确和细化。（5）检察机关适用技术侦查措施，实行决定与执行相分离。本条第二款明确规定，人民检察院根据侦查犯罪的需要，经过严格的批准手续，可以采取技术侦查措施，按照规定交有关机关执行。

本条第三款对在追捕环节适用技术侦查措施作出了单独规定。追捕是侦查活动的组成部分，在追捕被通缉或者被批准、决定逮捕的在逃的犯罪嫌疑人、被告人时，可以不受严重犯罪才可适用技术侦查措施的条件限制，采用追捕所必需的技术侦查措施。在人员大流动的开放性社会里，在追捕环节广泛适用必要的技术侦查措施，是保证尽快抓获在逃犯罪嫌疑人、被告人的实际需要。

第一百四十九条　批准决定应当根据侦查犯罪的需要，确定采取技术侦查措施的种类和适用对象。批准决定自签发之日起三个月以内有效。对于不需要继续采取技术侦查措施的，应当及时解除；对于复杂、疑难案件，期限届满仍有必要继续采取技术侦查措施的，经过批准，有效期可以延长，每次不得超过三个月。

【条文主旨】本条是关于技术侦查措施批准决定内容和适用期限的规定。

【修改情况】本条是新增条文。

【条文解读】根据本条规定，在审批适用技术侦查措施的申请时，应当在批准决定中明确两项内容，一是采取技术侦查措施的种类，二是具体的适用对象。侦查部门和执行部门在实施技术侦查措施时，必须按照批准决定中所明确的一种或几种技术侦查措施针对具体的对象开展技术侦查工作，而不能超出批准决定中的内容采取其他未经批准的技术侦查措施或者对未经批准的对象采取技术侦查措施。

在适用期限方面，技术侦查的批准决定自签发之日起三个月以内有效。也就是说，在一般情况下，技术侦查措施的适用期限为三个月。考虑到有些复杂、疑难的案件，三个月的期限届满后，仍有继续采取技术侦查措施的必要，法律允许侦查机关在此种情况下申请延长适用期限，但每次延长期限都不能超过三个月。而对于在案件侦查过程中，不需要继续采取技术侦查措施的，应当及时予以解除。

第一百五十条　采取技术侦查措施，必须严格按照批准的措施种类、适用对象和期限执行。

侦查人员对采取技术侦查措施过程中知悉的国家秘密、商业秘密和个人隐私，应当保密；对采取技术侦查措施获取的与案件无关的材料，必须及时销毁。

采取技术侦查措施获取的材料，只能用于对犯罪的侦查、起诉和审判，不得用于其他用途。

公安机关依法采取技术侦查措施，有关单位和个人应当配合，并对有关情况予以保密。

【条文主旨】本条是关于如何执行技术侦查措施的规定。

【修改情况】本条是新增条文。

【条文解读】本条共四款。第一款规定，公安机关和人民检察院采取技术侦查措施时，必须严格按照批准决定中的措施种类、适用对象和期限执行，即按照批准决定中所明确的一种或几种技术侦查措施针对具体的适用对象在特定的期限内开展技术侦查工作，而不能超出批准决定中的内容采取其他未经批准的技术侦查措施或者对未经批准的适用对象或者超过批准期限采取技术侦查措施。

本条第二款规定，侦查人员对于在采取技术侦查措施过程中知悉的国家秘密、商业秘密和个人隐私，应当严格保密。对于所获取的与案件无关的材料，应当及时予以销毁。技术侦查是一种极易对公民隐私造成侵害的侦查措施，在技术侦查措施实施的过程中，会不可避免地获取其他与案件无关的信息，甚至包括一些国家秘密、商业秘密和个人隐私，因此本条中对于这些信息保密的规定可谓意义重大，是对公民的隐私权利和其他正当权益的重要保障。

本条第三款对通过技术侦查措施获取的材料的用途进行了明确规定，即只能用于对犯罪的侦查、起诉和审判，而不能用作他途。

本条第四款对有关单位和个人的配合义务和保密义务作出了规定。技术侦查措施在实施的过程中，需要有关单位和个人的支持和配合，比如电信部门、邮政部门等，没有这些部门和个人的配合，技术侦查就很难取得良好的效果，甚至难以实施。同时，在配合侦查机关实施技术侦查的过程中，这些单位也会了解到案件的一些情况和适用对象的一些个人信息。为了保证技术侦查的顺利实施和保障公民的基本权利，有关单位和个人应当配合，并对有关情况予以保密。这也是这些单位和个人应尽的义务。

第一百五十一条　为了查明案情，在必要的时候，经公安机关负责人决定，可以由有关人员隐匿其身份实施侦查。但是，不得诱使他人犯罪，不得采用可能危害公共安全或者发生重大人身危险的方法。

对涉及给付毒品等违禁品或者财物的犯罪活动，公安机关根据侦查犯罪的需要，可以依照规定实施控制下交付。

【条文主旨】本条是关于秘密侦查措施的规定。

【修改情况】本条是新增条文。

【条文解读】本条共两款。第一款规定了秘密侦查措施的适用主体、适用条件、审批主体等内容。在适用主体方面，有权适用秘密侦查措施的只有公安机关，不包括检察机关，这一点与技术侦查措施不同；在审批主体方面，有权批准实施秘密侦查的是公安机关负责人；在执行主体方面，隐匿身份实施侦查的有关人员，既可以是具有执法主体资格的侦查人员，也可以是不具有执法主体资格、受侦查人员委派和指挥的隐蔽探查力量，即国际社会统称的“眼线”；在适用中的行为规范和注意事项方面，由于秘密侦查需要有关人员隐藏身份，采取欺骗的方式进行侦查，行为分寸极难把握，因此，立法要求在适用过程中，不能使用诱使他人犯罪和可能危害公共安全或者发生重大人身危险的方法进行秘密侦查，以免诱发新的犯罪或者造成其他危害。

本条第二款明确授权公安机关可以适用控制下交付的侦查手段。作为一种秘密侦查手段，控制下交付多用于毒品犯罪的侦查之中，是指禁毒侦查部门发现有关毒品贩运线索或者在已查获毒品但尚未被有关侦查对象察觉的情况下，将毒品置于侦查机关的严密监视控制下，按照毒贩事先计划或约定的贩运毒品的方向、路线、地点和方式，将毒品最终交付给接货人，使禁毒侦查部门能够控制毒品贩运的全过程，并借此将涉及的所有贩毒人员全部查获、一网打尽的侦查措施。在侦破涉及给付毒品等违禁品或者财物的犯罪活动时，控制下交付是一种十分有效的侦查手段，但这一手段也一直没有得到我国法律的明确认可。此次《刑事诉讼法》修改授权公安机关在侦破涉及给付毒品等违禁品或者财物的犯罪时，可以使用控制下交付手段，填补了这一立法空白。

在适用控制下交付手段过程中，如同采取其他秘密侦查措施一样，不能使用诱使他人犯罪的方法，并且必须精心筹划、严密实施，确保毒品等违禁品或者财物不会失控并流向社会，防止由于侦查活动暴露导致控制下交付活动失败，更要防止侦查人员受到犯罪分子的暗算报复，招致伤亡。

第一百五十二条　依照本节规定采取侦查措施收集的材料在刑事诉讼中可以作为证据使用。如果使用该证据可能危及有关人员的人身安全，或者可能产生其他严重后果的，应当采取不暴露有关人员身份、技术方法等保护措施，必要的时候，可以由审判人员在庭外对证据进行核实。

【条文主旨】本条是关于通过技术侦查所获得证据的证据能力以及如何使用的规定。

【修改情况】本条是新增条文。

【条文解读】长期以来，由于缺乏明确的法律依据，通过采取技术侦查、秘密侦查措施所获得的证据都不能在刑事诉讼中直接作为证据使用。如果要作为证据，通常需要经过二次取证，对其进行转化，给侦查工作带来不必要的负担。此次《刑事诉讼法》修改在授权侦查机关可以使用技术侦查、秘密侦查措施的同时，也明确了通过这些措施所获材料的证据效力问题，结束了通过这些措施所获材料不能作为证据使用的尴尬局面。另外，我国已先后加入了《联合国打击跨国有组织犯罪公约》和《联合国反腐败公约》。这两项公约都允许缔约国主管机关在其领域内酌情使用控制下交付和在其认为适当时使用特殊侦查手段，并允许法庭采信由这些手段获取的证据。因此，本条规定也是我国对已签署国际公约的积极回应。

在证据使用方面，本条明确规定，在使用通过技术侦查措施和秘密侦查措施收集的证据时，要注意对有关人员的人身安全和有关技术方法的保护。如有必要，可以由审判人员在庭外对证据进行审查、核实。技术侦查、秘密侦查不同于常规侦查手段。技术侦查措施的功效性主要依赖于有关技术设备和方法，如果有关技术方法泄露，必然会对技术侦查的功效性产生巨大影响。秘密侦查措施的开展，主要依靠有关人员采用隐匿身份的方法获取证据，如果暴露有关人员的身份，不仅会对有关人员的人身安全造成极大危险，而且会使有关人员从此失去从事同类秘密侦查活动的条件。因此，在使用通过技术侦查措施和秘密侦查措施收集的证据时，一定要注意对有关人员的身份和有关技术方法的保护。审判人员在庭外进行证据核实，是对这类通过特殊侦查措施获取的特殊证据在使用方法上的一种特殊规定。

第九节　通　缉

主旨	本节是关于通缉的规定。
定义	通缉是公安机关通令缉拿依法应当逮捕的犯罪嫌疑人的侦查行为。通缉越狱逃跑的犯罪嫌疑人、被告人或者罪犯，适用本节的规定。
拓展	通缉令发布之后，接到通缉令的各有关公安机关应及时布置查缉，尽快将犯罪嫌疑人抓捕归案。任何公民如果发现被通缉在案的犯罪嫌疑人，都可以立即扭送公安机关、人民检察院或者人民法院处理。
条文	本节共1条，未作修改。

第一百五十三条　应当逮捕的犯罪嫌疑人如果在逃，公安机关可以发布通缉令，采取有效措施，追捕归案。

各级公安机关在自己管辖的地区以内，可以直接发布通缉令；超出自己管辖的地区，应当报请有权决定的上级机关发布。

【条文主旨】本节是关于通缉的对象、条件以及通缉令发布的机关、范围的规定。

【修改情况】本条未作修改。

【条文解读】本条共两款。第一款是关于通缉权和通缉对象、通缉条件的规定。根据本款规定，公安机关具有通缉权，通缉以发布通缉令进行，通缉的对象必须是应当逮捕而在逃的犯罪嫌疑人。这里既包括本法第七十九条规定的逮捕条件，依法应当逮捕而下落不明的犯罪嫌疑人，也包括已经依法执行逮捕、羁押期间又逃跑的犯罪嫌疑人。对于应当逮捕而在逃的犯罪嫌疑人，公安机关可以发布通缉令，采取有效措施，实行追捕。通缉令中应当写明被通缉人的姓名、性别、年龄、民族、籍贯、出生地、户籍所在地、职业、身份证号码、体貌特征等信息，并附被通缉人近期照片，可以附指纹及其他物证的照片。除了必须保密的事项以外，应当写明发案的时间、地点和简要案情。通缉令发出后，如果发现新的重要情况，可以补发通报。通报必须注明原通缉令的编号和日期。

第二款是关于各级公安机关发布通缉令的权限的规定。根据本款规定，县级以上公安机关在自己的管辖地区以内，可以直接发布通缉令。超出自己管辖地区的，应当报请有权决定的上级公安机关发布。人民检察院直接受理的案件在侦查过程中，如果决定通缉的，应当通知公安机关发布通缉令。通缉令的发送范围，由签发通缉令的公安机关负责人决定。

为发动群众，及时查获犯罪嫌疑人，在必要时，经县级以上公安机关负责人批准，可以发布悬赏通告。悬赏通告应当写明悬赏对象的基本情况和赏金数额。通缉令和悬赏通告可以通过广播、电视、报刊、网络等媒体来发布，以充分调动社会力量追捕犯罪嫌疑人。

被通缉人自首、被抓获或者被击毙并且上述情形经核实之后，原发布机关应当按照原通缉范围撤销通缉令。

第十节　侦查终结

主旨	本节是关于侦查终结程序的规定。
定义	侦查终结，是侦查的结束程序，指侦查机关对其立案侦查的案件，经过一系列侦查活动之后，认为案件事实已经查明，证据确实、充分，能够对犯罪嫌疑人是否犯罪、应否追究刑事责任作出认定，从而决定结束侦查、依法对案件作出处理或提出处理意见的诉讼活动。
拓展	侦查机关在侦查终结时，根据案件的具体情况有两种不同形式的处理：其一，对于犯罪事实清楚，证据确实、充分，应当追究刑事责任的犯罪嫌疑人，在侦查终结后写出起诉意见书，连同案卷材料、证据一并移送人民检察院审查起诉，同时将案件移送情况告知犯罪嫌疑人及其辩护律师；其二，对于不应当追究刑事责任的犯罪嫌疑人，则撤销案件。 与侦查终结紧密相关的一个重要问题就是对犯罪嫌疑人实施的羁押。由于羁押直接关系到犯罪嫌疑人的人身自由，因此对其期限必须予以严格规定且不得任意延长，本节即对侦查羁押的期限和延长侦查羁押期限的具体程序作出了明确规定。
条文	本节共8条，修改2条，增加1条。
修改	本节对身份不明的犯罪嫌疑人侦查羁押期限进行了适当调整，增加了侦查机关在侦查终结前应当听取辩护律师意见以及移送审查起诉应同时将案件移送情况告知犯罪嫌疑人及其辩护律师的规定。

第一百五十四条　对犯罪嫌疑人逮捕后的侦查羁押期限不得超过二个月。案情复杂、期限届满不能终结的案件，可以经上一级人民检察院批准延长一个月。

【条文主旨】本条是关于犯罪嫌疑人在侦查中的羁押期限的规定。

【修改情况】本条未作修改。

【条文解读】羁押，是指对被拘留或逮捕的犯罪嫌疑人依法实施的关押。对被拘留或逮捕的犯罪嫌疑人，应当立即送看守所羁押。羁押不能超过法定期限，否则即为超期羁押，是对犯罪嫌疑人人身权利的严重侵犯。本条对犯罪嫌疑人被逮捕后的侦查羁押期限进行了规定，即不得超过二个月。

案情复杂、期限届满不能终结侦查的案件，可以经上一级人民检察院批准延长一个月。能够延长羁押期限的案件，通常是情节复杂、侦查工作量大、短时间内难以查清的案件。出现上述情况而导致通常的二个月期限不足以侦查终结时，可以报请上一级人民检察院批准，延长一个月的期限。具体的程序是，侦查机关制作提请批准延长羁押期限意见书，写明案件的主要案情和延长期限的主要理由，并在侦查羁押期限届满七日前，送请同级人民检察院报送上一级人民检察院批准。上一级人民检察院应于侦查羁押期限届满前作出是否批准延长的决定。

第一百五十五条　因为特殊原因，在较长时间内不宜交付审判的特别重大复杂的案件，由最高人民检察院报请全国人民代表大会常务委员会批准延期审理。

【条文主旨】本条是关于因特殊原因在较长时间内不宜交付审判的特别重大复杂案件延期审理的规定。

【修改情况】本条未作修改。

【条文解读】本条中“不宜交付审判”不是指一般的因案情复杂在羁押期限内不能办结，而是由于政治上的原因在一定时期内不能交付审判，如历史上的日本战犯、国民党战犯等案件，或者具有其他特殊的原因，在相当长的时期内不宜交付审判。本条所谓"特别重大复杂的案件"，是指案件涉及的是全国性的犯罪或者是在全国乃至国际上将产生重大影响的案件。本条所谓"延期审理"，不同于一般案件人民法院在审判阶段的延期审理，而是意味着对犯罪嫌疑人、被告人侦查羁押期限的延长。本条是针对极个别情况所作的特殊规定，不能任意解释，不能扩大适用。对于此类案件，需要延期审理的，由最高人民检察院报请全国人民代表大会常务委员会批准。

第一百五十六条　下列案件在本法第一百五十四条规定的期限届满不能侦查终结的，经省、自治区、直辖市人民检察院批准或者决定，可以延长二个月：

（一）交通十分不便的边远地区的重大复杂案件；

（二）重大的犯罪集团案件；

（三）流窜作案的重大复杂案件；

（四）犯罪涉及面广，取证困难的重大复杂案件。

【条文主旨】 本条是关于重大复杂案件延长羁押期限的规定。

【修改情况】 本条未作修改。

【条文解读】 实践中，一些重大复杂的案件无法在短时间内侦查终结，因而需要对侦查羁押期限予以适当延长。对于符合本条所列四种情形之一的，侦查机关可以经同级人民检察院逐级报请省、自治区、直辖市人民检察院批准或者决定，将侦查羁押期限延长二个月。

第一种情形是"交通十分不便的边远地区的重大复杂案件"，主要是针对我国新疆、西藏、青海等省、自治区的重大复杂案件规定的，这些地区由于幅员辽阔，地形复杂，交通很不发达，给办理案件带来诸多不便。第二种情形是"重大的犯罪集团案件"，主要是针对一些严重危害公共安全、民愤极大而又案情复杂、不易侦破的集团作案的案件规定的。第三种情形是“流窜作案的重大复杂案件”，主要是针对现在交通发达情况下，流窜作案犯罪增多而侦破比较困难的案件规定的。第四种情形是“犯罪涉及面广，取证困难的重大复杂案件”，主要是指犯罪涉及多个地区，取证人员多，取证范围广，甚至要到境外取证的案件。应当指出，上述四种案件由于其特殊性，使得在一般规定的侦查羁押期限内难以完成侦破和取证工作，因此法律作出特殊规定，以满足侦查工作的实际需要。但在适用时必须严格掌握，因此本条规定，对于这四种情形，延长羁押期限必须经省级人民检察院批准或者决定。

第一百五十七条　对犯罪嫌疑人可能判处十年有期徒刑以上刑罚，依照本法第一百五十六条规定延长期限届满，仍不能侦查终结的，经省、自治区、直辖市人民检察院批准或者决定，可以再延长二个月。

【条文主旨】本条是关于对可能判处重刑的犯罪嫌疑人再次延长侦查羁押期限的规定。

【修改情况】本条未作修改。

【条文解读】对可能被判处十年有期徒刑以上刑罚的犯罪嫌疑人，即属于可能判处重刑的案件，侦查机关进行侦查往往需要耗费更多的时间和精力。因此，如果是属于可能判处重刑的案件，在已经按照第一百五十六条规定延长羁押期限之后仍然无法侦查终结的，经省、自治区、直辖市人民检察院批准或者决定，可以再次延长二个月，这样可以给侦查机关更为充足的时间进行侦查，以保证案件办理的准确性。

本条中“可能判处十年有期徒刑以上刑罚”是指根据犯罪嫌疑人的主要犯罪事实和已获取的证据，依照刑法的规定，可能被判处十年有期徒刑以上刑罚。“依照本法第一百五十六条规定延长期限届满”，是指除本法第一百五十四条规定的一般案件侦查羁押期限二个月经上一级人民检察院批准可以延长一个月共三个月以外，又依照第一百五十六条的规定再延长二个月的基础上，对“可能判处十年有期徒刑以上刑罚”的案件，可以再延长二个月。此类案件对犯罪嫌疑人逮捕后的侦查羁押期限最长为七个月。同时本条也限定了可以适用本条规定再延长期限的仅限于第一百五十六条规定的四种案件。“经省、自治区、直辖市人民检察院批准或者决定”，是指公安机关、省级以下的人民检察院立案侦查的案件需要延长期限的，应当报请省、自治区、直辖市人民检察院批准。对省级人民检察院立案侦查的案件，需要延长期限的，由本院审查决定延长侦查羁押期限。

第一百五十八条　在侦查期间，发现犯罪嫌疑人另有重要罪行的，自发现之日起依照本法第一百五十四条的规定重新计算侦查羁押期限。

犯罪嫌疑人不讲真实姓名、住址，身份不明的，应当对其身份进行调查，侦查羁押期限自查清其身份之日起计算，但是不得停止对其犯罪行为的侦查取证。对于犯罪事实清楚，证据确实、充分，确实无法查明其身份的，也可以按其自报的姓名起诉、审判。

【条文主旨】本条是关于对犯罪嫌疑人另有重要罪行和不讲真实姓名、住址、身份的犯罪嫌疑人如何计算羁押期限的规定。

【修改情况】本条主要存在三处变化：其一，对不讲真实姓名、住址，身份不明的犯罪嫌疑人，增加规定“应当对其身份进行调查”；其二，将“确实无法查明身份”确定为以犯罪嫌疑人自报姓名结案的必要条件；其三，对确实无法查明身份的犯罪嫌疑人，将原规定的“也可以按其自报的姓名移送人民检察院审查起诉”修改为“也可以按其自报的姓名起诉、审判”。

【条文解读】本条共两款。第一款是关于发现犯罪嫌疑人另有重要罪行，重新计算侦查羁押期限的规定。“另有重要罪行”，是指在犯罪嫌疑人被羁押后，侦查机关又发现犯罪嫌疑人犯有已被侦查的罪行以外的重要罪行。这种“发现”既包括犯罪嫌疑人的主动交代，也包括侦查人员采用侦查手段得到的犯罪线索。另外发现的重要罪行，主要指与正在侦查的罪行不同种的犯罪，也包括同种的重大的将影响定罪量刑的犯罪。对于此类案件，从发现之日起，按照本法第一百五十四条的规定重新计算侦查羁押期限。侦查机关重新计算侦查羁押期限的，应当及时将此情形报同级人民检察院备案。

第二款是关于身份不明的犯罪嫌疑人侦查羁押期限的规定。在实践中，犯罪嫌疑人向侦查机关隐匿其真实身份的情形屡见不鲜，由于我国幅员辽阔，人口众多，侦查技术设备还不是很先进，有时候要查清犯罪嫌疑人的真实身份确实不易。针对这种情况，1996年《刑事诉讼法》规定，犯罪嫌疑人不讲真实姓名、住址，身份不明的，侦查羁押期限自查清其身份之日起开始计算。这一规定固然有其现实意义，但在实践中一些侦查机关疏于对犯罪嫌疑人真实身份的调查，由此导致对犯罪嫌疑人长期羁押、案件久拖不决的情形。鉴于此，本次修法增加规定“应当对其身份进行调查”，赋予了侦查机关查清犯罪嫌疑人身份的义务。同时，即使犯罪嫌疑人不讲真实姓名、住址，身份不明，侦查机关也不得停止对其犯罪行为的侦查取证。对于犯罪嫌疑人身份确实无法查明，但犯罪事实已经查明，证据确实、充分，达到侦查终结的要求的，也可以按其自报的姓名进入审查起诉和审判程序。

第一百五十九条　在案件侦查终结前，辩护律师提出要求的，侦查机关应当听取辩护律师的意见，并记录在案。辩护律师提出书面意见的，应当附卷。

【条文主旨】本条是关于侦查机关在侦查终结前听取辩护律师意见的规定。

【修改情况】本条是新增条文。

【条文解读】本条明确了律师在侦查阶段的辩护人地位，本条规定即是对律师介入侦查时辩护人地位的有效维护和保障。根据本条规定，在案件侦查终结前，辩护律师提出要求的，侦查机关应当听取辩护律师的意见，并在案卷中将此情况注明。辩护律师提出书面意见的，应当附卷。这一规定有利于发挥辩护律师在侦查程序中的作用，保证辩护律师依法履行职责，有利于侦查机关全面审查判断案情，正确处理案件。

第一百六十条　公安机关侦查终结的案件，应当做到犯罪事实清楚，证据确实、充分，并且写出起诉意见书，连同案卷材料、证据一并移送同级人民检察院审查决定；同时将案件移送情况告知犯罪嫌疑人及其辩护律师。

【条文主旨】本条是关于侦查终结的条件和程序的规定。

【修改情况】本条增加了公安机关将案件移送人民检察院审查起诉应“同时将案件移送情况告知犯罪嫌疑人及其辩护律师”的规定。

【条文解读】根据本条规定，公安机关侦查终结的案件，应当符合犯罪事实清楚，证据确实、充分的要求。在此基础上，认为应当追究犯罪嫌疑人刑事责任的，要制作起诉意见书，连同案卷材料和证据，一并移送人民检察院审查决定。“起诉意见书”是公安机关对案件侦查终结移送人民检察院审查处理的法律文书，在起诉意见书中应当写清犯罪嫌疑人的基本情况、认定的犯罪事实、处理的意见和理由，以及依据的法律条文等。对于共同犯罪的案件，在起诉意见书中应当写明每个犯罪嫌疑人在共同犯罪中的地位、作用、具体罪责和认罪态度，分别提出处理意见。公安机关制作起诉意见书，必须忠实于事实真相。对于在起诉意见书中故意隐瞒事实真相的，应当追究法律责任。

修改后的《刑事诉讼法》增加规定了公安机关还应在将案件移送人民检察院审查起诉的同时，将案件的移送情况告知犯罪嫌疑人及其辩护律师，这一方面是为了落实犯罪嫌疑人及其辩护律师对诉讼进展的知情权，另一方面是为了使犯罪嫌疑人及其辩护律师对检察机关的审查起诉及早作出准备。这一规定有利于犯罪嫌疑人的权利保障。

第一百六十一条　在侦查过程中，发现不应对犯罪嫌疑人追究刑事责任的，应当撤销案件；犯罪嫌疑人已被逮捕的，应当立即释放，发给释放证明，并且通知原批准逮捕的人民检察院。

【条文主旨】本条是关于对不应追究犯罪嫌疑人刑事责任的情形如何处理的规定。

【修改情况】本条未作修改。

【条文解读】根据本条规定，侦查机关在侦查过程中，发现存在不应对犯罪嫌疑人追究刑事责任情形的，应当及时作出撤销案件的决定，终止侦查，刑事诉讼活动就此终结。如果犯罪嫌疑人已被逮捕，侦查机关在撤销案件的同时应当立即将其释放，发给释放证明，并通知原批准逮捕的人民检察院。其中，“在侦查过程中”，是指在侦查阶段的整个过程，即在侦查阶段，伴随着侦查活动的开展，何时发现不应对犯罪嫌疑人追究刑事责任，即应当按照本条规定撤销案件，终止侦查。“不应对犯罪嫌疑人追究刑事责任的”，是指经侦查查明犯罪嫌疑人没有实施犯罪行为，或者实施的行为依法不构成犯罪，或者具有本法第十五条规定的不追究刑事责任的情形，即情节显著轻微、危害不大，不认为是犯罪的；犯罪已过追诉时效期限的；经特赦令免除刑罚的；依照刑法规定告诉才处理的犯罪，没有告诉或者撤回告诉的；犯罪嫌疑人、被告人死亡的；其他法律规定免予追究刑事责任的。

第十一节　人民检察院对直接受理的案件的侦查

主旨	本节是关于人民检察院对直接受理的案件进行侦查的规定。
定义	按照法律规定，检察机关享有部分刑事案件的侦查权，主要是对国家工作人员利用职权实施的犯罪案件直接受理，自行侦查。为了明确、规范检察机关自侦案件的侦查活动，针对检察机关自侦案件的特点作出科学、合理的规定，所以将“人民检察院对直接受理的案件的侦查”作为一节单独规定。
条文	本节共5条，修改2条。
修改	本节修改涉及人民检察院直接受理案件中对犯罪嫌疑人进行拘留与决定逮捕的相关内容。

第一百六十二条　人民检察院对直接受理的案件的侦查适用本章规定。

【条文主旨】本条是关于人民检察院对直接受理的案件进行侦查适用本章的规定。

【修改情况】本条未作修改。

【条文解读】本条中“人民检察院对直接受理的案件”，是指由人民检察院立案侦查的案件，具体包括贪污贿赂犯罪案件，国家工作人员的渎职犯罪案件，国家机关工作人员利用职权实施的非法拘禁、刑讯逼供、报复陷害、非法搜查侵犯公民人身权利的犯罪以及侵犯公民民主权利的犯罪案件。此外，对于国家机关工作人员利用职权实施的其他重大的犯罪案件，需要由人民检察院直接受理的时候，经省级以上人民检察院决定，也可以由人民检察院立案侦查。本条规定的“人民检察院对直接受理的案件的侦查适用本章规定”，是指人民检察院对自侦案件的侦查适用本法第二编第二章“侦查”中的规定，即“一般规定”，“讯问犯罪嫌疑人”，“询问证人”，“勘验、检查”，“搜查”，“查封、扣押物证、书证”，“鉴定”，“技术侦查措施”等规定。这些规定，不仅是公安机关在侦查活动中必须遵守的法定程序，在涉及检察机关自侦案件的有关侦查活动时，也是检察机关必须遵守的。

第一百六十三条　人民检察院直接受理的案件中符合本法第七十九条、第八十条第四项、第五项规定情形，需要逮捕、拘留犯罪嫌疑人的，由人民检察院作出决定，由公安机关执行。

【条文主旨】本条是关于人民检察院在直接受理的案件中拘留、逮捕犯罪嫌疑人的规定。

【修改情况】本条未作修改。

【条文解读】根据人民检察院自侦案件的实际需要，应适当赋予人民检察院以拘留决定权，即在人民检察院直接受理的案件中，犯罪嫌疑人“犯罪后企图自杀、逃跑或者在逃的”或者“有毁灭、伪造证据或者串供可能的”，人民检察院可以决定先行拘留。之所以仅仅规定了这两种情形，这是由检察院直接受理的案件的自身特点所决定的。人民检察院决定逮捕犯罪嫌疑人的，应当符合本法第七十九条关于逮捕五种适用情形的相关规定，并注意进行区分适用。

人民检察院在直接受理的自侦案件中，可以自行决定逮捕、拘留犯罪嫌疑人，但是，执行逮捕、拘留由公安机关行使。这一规定不仅是相互制约原则的要求和体现，也是对检察机关在执行逮捕、拘留方面本身力量不足这一现实的充分考虑。

第一百六十四条　人民检察院对直接受理的案件中被拘留

的人，应当在拘留后的二十四小时以内进行讯问。在发现不应当拘留的时候，必须立即释放，发给释放证明。

【条文主旨】本条是关于人民检察院对直接受理的案件中被拘留的人及时讯问以及释放的规定。

【修改情况】本条删除了“对需要逮捕而证据还不充分的，可以取保候审或者监视居住”的表述，这和本法第八十四条删除“公安机关对需要逮捕而证据还不充分的，可以采取取保候审或者监视居住”的表述是一致的。

【条文解读】根据本条规定，人民检察院在办理自侦案件中对于被拘留的犯罪嫌疑人应当在拘留后的24小时以内进行讯问。及时对犯罪嫌疑人进行讯问，一方面可以防止犯罪嫌疑人毁灭、伪造证据或者串供，有利于查明案件事实，收集固定证据；另一方面可以及时发现拘留可能存在的错误，保障犯罪嫌疑人和无辜者的合法权益。“不应当拘留”是指拘留不符合法定的条件，主要有三种情况：一是对执行对象判断错误，如公安机关在执行拘留的时候张冠李戴，拘留对象错误；二是对行为性质判断错误，被拘留的人实施的行为情节显著轻微、危害不大，不认为是犯罪，或者根本不是犯罪；三是对拘留的条件判断错误，不属于本法第八十条第四项、第五项规定情形。对于上述不符合拘留条件的人，一经发现，必须立即释放，发给释放证明。

第一百六十五条　人民检察院对直接受理的案件中被拘留的人，认为需要逮捕的，应当在十四日以内作出决定。在特殊情况下，决定逮捕的时间可以延长一日至三日。对不需要逮捕的，应当立即释放；对需要继续侦查，并且符合取保候审、监视居住条件的，依法取保候审或者监视居住。

【条文主旨】本条是关于人民检察院对直接受理的案件中被拘留的人决定逮捕时限的规定。

【修改情况】修改后的《刑事诉讼法》将人民检察院对直接受

理的案件中被拘留的人的决定逮捕期限由“十日以内”修改为“十四日以内”，并且，对于特殊情况下可以延长的期限，由“一日至四日”改为“一日至三日”。

【条文解读】在自侦案件中，人民检察院对于已被拘留的犯罪嫌疑人，经过审查和进一步的侦查，认为需要逮捕的，应当在十四日内作出决定。这里的时间包括两部分内容：一是人民检察院的侦查部门对被拘留的人决定是否将其提请批准逮捕的时间；二是人民检察院的侦查监督部门审查批准逮捕的时间。鉴于自侦案件中提请批准逮捕和决定逮捕分别由人民检察院内设不同职能部门行使，所以《刑事诉讼法》并未规定这两个阶段的时间分界，而是从两个阶段的时间总量上进行控制。考虑到自侦案件可能出现重大、复杂的特殊情况，难以在“十四日内”作出决定，本条还规定“在特殊情况下，决定逮捕的时间可以延长一日至三日”，因此，十七天就是自侦案件拘留的总期限，无论何种情况，人民检察院对于先行拘留的人的拘留期限都不能超过十七天。

经过对被拘留的人进行审查，人民检察院认为不需要逮捕的，应当立即释放。这里“不需要逮捕的”，是指经过审查认为被拘留的人不符合本法第七十九条规定的逮捕条件。如果需要继续侦查，并且符合本法规定的取保候审、监视居住条件的，可以依法取保候审或者监视居住。

第一百六十六条　人民检察院侦查终结的案件，应当作出提起公诉、不起诉或者撤销案件的决定。

【条文主旨】本条是关于人民检察院侦查终结后案件处理的规定。

【修改情况】本条未作修改。

【条文解读】人民检察院直接受理的案件，经人民检察院的侦查部门侦查终结后，认为不应对犯罪嫌疑人追究刑事责任的，应当作出撤销案件的决定；认为需要提起公诉的，应当由侦查部门写出起诉意见书，连同案卷材料、证据一并移送给人民检察院的公诉部门进行审查起诉。经审查起诉后认为犯罪事实已经查清，证据确实、充分的，人民检察院应当作出提起公诉的决定；如果符合不起诉情形的，则应当作出不起诉的决定。人民检察院作为一个整体而言，对于侦查终结案件的处理，可以分别作出提起公诉、不起诉或者撤销案件的决定，但是在人民检察院内部实行不同职能部门之间的分工负责和相互制约。

第三章　提起公诉

主旨	本章是关于人民检察院提起公诉程序的规定。
定义	公诉，是指由人民检察院代表国家将犯罪嫌疑人诉交人民法院，要求人民法院通过审判追究其刑事责任的诉讼活动。 提起公诉则是一个诉讼阶段，指人民检察院对公安机关侦查终结后移送起诉的案件，以及人民检察院直接受理侦查终结的案件进行审查并依法决定是否提起公诉的诉讼活动。
拓展	提起公诉的内容包括：第一，全面审查侦查机关移送审查起诉的案件，并作出提起公诉或者不起诉的决定；第二，对侦查机关的侦查活动进行合法性监督，纠正违法情况；第三，复查被害人、犯罪嫌疑人对不起诉决定提起的申诉；第四，对公安机关认为不起诉的决定有错误而要求复议、提请复核的及时进行复议、复核。
条文	本章共 11 条，修改 4 条。

修改	本章主要进行了以下修改： 1. 完善了辩护人、被害人及其诉讼代理人意见记录在案及书面意见附卷制度。 2. 增加规定人民检察院可以要求公安机关对证据收集的合法性作出说明。 3. 修改了关于经补充侦查后人民检察院仍然认为不符合起诉条件的案件作出不起诉决定的规定。 4. 规定了起诉案卷材料、证据的移送制度。 5. 增加“犯罪嫌疑人没有犯罪事实”的不起诉情形以及解除查封制度的规定。

第一百六十七条　凡需要提起公诉的案件，一律由人民检察院审查决定。

【条文主旨】 本条是关于公诉权由人民检察院统一行使的规定。

【修改情况】 本条未作修改。

【条文解读】 在我国，公诉权由人民检察院统一行使。对于公诉案件，由人民检察院审查决定是否提交人民法院进行审判，这是法律赋予人民检察院的重要职权，也是人民检察院实施法律监督的重要内容。本条中“凡需要提起公诉的案件”包括二类：一是公安机关侦查终结移送人民检察院审查起诉的案件；二是人民检察院侦查部门侦查终结移送公诉部门审查起诉的案件。实际上包括除公安机关、人民检察院以外的侦查机关侦查终结的所有案件。“人民检察院审查决定”，是指人民检察院对移送的公诉案件进行审查核实，作出起诉或不起诉决定的过程。包括两个方面的内容：一是审查，即对公安机关和人民检察院侦查终结，需要提起公诉的案件进行全面审查，包括对案卷材料的审查和对全案证据的审查；二是决定，即根据审查的结果，分别作出起诉和不起诉的决定。

提起公诉是我国刑事诉讼程序中的重要阶段。人民检察院通过审查起诉，可以统一掌握追诉标准，严格审查起诉程序，保证案件起诉质量，既保证惩罚犯罪任务的顺利实现，又保障公民的合法权益。同时加强对侦查活动的监督，发挥人民检察院作为国家法律监督机关的职能作用。

第一百六十八条　人民检察院审查案件的时候，必须查明：

（一）犯罪事实、情节是否清楚，证据是否确实、充分，犯罪性质和罪名的认定是否正确；

（二）有无遗漏罪行和其他应当追究刑事责任的人；

（三）是否属于不应追究刑事责任的；

（四）有无附带民事诉讼；

（五）侦查活动是否合法。

【条文主旨】本条是关于检察机关审查案件具体内容的规定。

【修改情况】本条未作修改。

【条文解读】根据本条规定，人民检察院在审查案件的时候，必须围绕以下几个方面进行查明：

1. 审查犯罪事实、情节是否清楚，证据是否确实、充分，犯罪性质和罪名的认定是否正确。查明犯罪嫌疑人的犯罪事实和情节，是决定是否提起公诉的关键，是正确处理案件的前提。犯罪事实，是指我国刑法中规定的犯罪构成所须具备的犯罪主体、犯罪客体、犯罪主观方面、犯罪客观方面等的事实；犯罪情节，是指影响案件定罪量刑的情节，既包括反映犯罪构成事实的情节，也包括虽不具有犯罪构成事实的意义，但是行为的严重程度对准确量刑产生重大影响的情节，如自首、立功等法定量刑情节以及犯罪动机、犯罪后悔罪态度等酌定量刑情节。有的情节同时具备犯罪构成要件和量刑情节两种功能，如危害结果在某些案件中是犯罪构成要件，但在不以危害结果为构成要件的犯罪中则是量刑情节。

犯罪事实、情节是否清楚，应当依靠证据来认定。因此在审查起诉阶段，主要应当查明证据是否确实、充分，这就需要对侦查机关所移送的所有证据进行全面审查：一是衡量证据是否具有客观性、真实性，即证据是否能够反映案件的真实情况；二是判断证据与案件的关联性，看证据与本案的关联程度和证明力如何；三是考察证据是否具有可采性，即收集证据的程序是否合法。根据本法第五十条规定，审判人员、检察人员、侦查人员必须依照法定程序，收集能够证实犯罪嫌疑人、被告人有罪或者无罪、犯罪情节轻重的各种证据。因此检察机关在审查侦查机关移送的证据时，既要审查能够证明犯罪嫌疑人有罪和罪重的证据，还要审查证明犯罪嫌疑人无罪和罪轻的证据。

在审查犯罪事实和核实证据的基础上，检察机关还必须依照我国刑法规定，审查判断侦查机关是否正确地认定了犯罪性质和罪名，这包括以下几个层面：一是区分罪与非罪的界限，即人民检察院应当审查犯罪嫌疑人的行为是否已经构成了刑事犯罪，是否需要追究刑事责任。例如，犯罪嫌疑人实施的行为是合法行为还是违法行为，是一般的违法行为还是犯罪行为。二是区分此罪与彼罪的界限。这首先应根据犯罪侵犯的客体认定犯罪嫌疑人所触犯的是我国刑法分则十项类罪中的哪一类，如属于危害公共安全罪还是破坏社会主义市场经济秩序罪；之后应进一步审查侦查机关所认定的具体罪名是否恰当，如是故意伤害罪还是故意杀人罪。

2. 有无遗漏罪行和其他应当追究刑事责任的人。这是指检察机关在审查起诉中应当全面审查侦查机关所移送的案件，防止出现“漏罪”和“漏犯”的问题。人民检察院的起诉书必须忠实于事实真相，而有无遗漏罪行及被追诉人显然是检察机关客观认定事实、正确适用法律的必然要求。同时，现代刑事诉讼遵循控审分离、诉审同一的原则，审判机关不能超出起诉范围而作出裁判，检察机关提起公诉的质量直接关系到案件的最终处理结果。检察机关在审查中可不限于侦查机关所移送的案件材料，对同一犯罪嫌疑人应查明其所涉嫌的全部犯罪行为，在共同犯罪中应查明是否还有其他应当追究刑事责任的人。

3. 是否属于不应追究刑事责任的情形。在刑法理论上，犯罪的基本特征一般包括社会危害性、刑事违法性、应受刑罚惩罚性，这也体现在我国刑法对于犯罪概念的规定中。但是应当认识到，依法应当受到刑罚惩罚与是否需要予以刑罚惩罚不同，在行为人的行为构成犯罪并且依法应受刑罚惩罚的情况下，也可因其他价值的考量而对犯罪嫌疑人免予刑事处罚，不再追究其刑事责任。本法第十五条规定了不追究刑事责任的六种情形，包括：情节显著轻微、危害不大，不认为是犯罪的；犯罪已过追诉时效期限的；经特赦令免除刑罚的；依照刑法告诉才处理的犯罪，没有告诉或者撤回告诉的；犯罪嫌疑人、被告人死亡的；其他法律规定免予追究刑事责任的。如果在审查起诉阶段检察机关发现有这六种情形之一的，则应当作出不起诉决定。

4. 审查有无附带民事诉讼。附带民事诉讼，是指在追究犯罪嫌疑人刑事责任的刑事诉讼中，同时要求犯罪嫌疑人承担相应的民事赔偿责任。附带民事诉讼制度是基于全面保护国家利益、社会利益和公民个人利益的价值理念，其前提就是被害人由于被告人的犯罪行为而遭受物质损失。人民检察院在审查起诉阶段，应当查明犯罪嫌疑人所涉嫌的犯罪行为是否导致被害人遭受了物质损失；如果确实如此，被害人是否已经提起了附带民事诉讼。对已经提起附带民事诉讼的被害人，检察机关依法保护其诉讼请求；对没有提起附带民事诉讼的被害人，检察机关应当告知其有权提起。被害人死亡或者丧失行为能力的，被害人的法定代理人、近亲属有权提起附带民事诉讼。检察机关在审查此类案件时，也应告知被害人的法定代理人或近亲属有提起附带民事诉讼的权利。此外，如果是国家财产、集体财产遭受损失的，人民检察院在提起公诉的时候，可以提起附带民事诉讼。因此人民检察院在审查起诉时也应当注意这类案件，为提起公诉时一并提起附带民事诉讼做好准备。

5. 审查侦查活动是否合法。人民检察院是我国的法律监督机关，依法对刑事诉讼进行监督，包括侦查监督。在审查起诉时，人民检察院能够通过审查案件来发现侦查活动中可能存在的违法行为，从而对侦查活动发挥法律监督的作用。具体而言，检察机关对侦查活动应当审查如下几个方面：（1）对侦查机关及其人员的专门调查工作进行审查，包括侦查机关在讯问犯罪嫌疑人，询问证人、被害人，勘验、检查，搜查、查封、扣押、冻结，鉴定等专门性调查工作中是否存在违法行为；（2）对侦查机关适用强制措施是否合法进行审查，包括侦查机关采取拘传、取保候审、监视居住、拘留、执行逮捕等强制措施时是否存在违法行为，是否存在超期羁押现象；（3）对证据是否非法取得进行审查，特别要注意有无非法取证、刑讯逼供等违法情况。检察机关一旦发现侦查活动中存在违法情况，应当立即提出纠正违法的意见。对于违反本法第五十四条规定收集的非法证据要加以排除，不能作为起诉的依据。对于在侦查活动中进行刑讯逼供或者贪污、挪用赃款赃物以及徇私枉法情节严重构成犯罪的，应当依法追究刑事责任。

第一百六十九条　人民检察院对于公安机关移送起诉的案件，应当在一个月以内作出决定，重大、复杂的案件，可以延长半个月。

人民检察院审查起诉的案件，改变管辖的，从改变后的人民检察院收到案件之日起计算审查起诉期限。

【条文主旨】本条是关于审查起诉期限的规定。

【修改情况】本条未作修改。

【条文解读】本条共两款。根据第一款规定，人民检察院的审查起诉工作必须在一定时限内完成，尤其是在犯罪嫌疑人被采取羁押性强制措施的案件中，更应当在法定期限内及时完成审查起诉，使案件能够得到及时处理，以保障犯罪嫌疑人的基本权利。审查起诉的期限为一个月，检察机关必须在期满之前作出起诉或者不起诉的决定。对于重大、复杂的案件，考虑到案件事实可能难以在一个月内查明，法律规定可以延长半个月。在实践中，人民检察院审查案件应当注意两点：一是应当严格依照法律规定的期限办结案件；二是如果在法律规定的期限内不能办结的，可以按照本法第九十六条的规定采取取保候审或者监视居住的办法。取保候审、监视居住期间，不计入本条规定的办案期限，但不能中断审查。

第二款是关于对人民检察院审查起诉的案件改变管辖的如何计算审查起诉期限的规定。改变管辖的公诉案件，是指具有本法第二十三条规定的情况。主要有：上级人民检察院认为自己审查的案件，不属于同级人民法院管辖的第一审刑事案件，移交下级人民检察院审查的；下级人民检察院发现自己审查的案件依法应由上级人民法院进行第一审，请求移送上级人民检察院审查的；上级人民检察院发现下级人民检察院审查的案件，应当由上一级人民法院进行第一审，要求下级人民检察院移送上级人民检察院审查的；对于犯罪嫌疑人的犯罪地认定有误，应移送犯罪地人民检察院管辖的，以及其他依法改变管辖的情况。根据本款规定，人民检察院审查起诉的案件，改变管辖的，从改变后的人民检察院收到案件之日起计算审查起诉期限。

第一百七十条　人民检察院审查案件，应当讯问犯罪嫌疑人，听取辩护人、被害人及其诉讼代理人的意见，并记录在案。辩护人、被害人及其诉讼代理人提出书面意见的，应当附卷。

【条文主旨】本条是关于人民检察院审查起诉具体程序的规定。

【修改情况】修改后的《刑事诉讼法》在审查起诉的具体程序规定方面存在两处重大变化：一是将“犯罪嫌疑人委托的人”修改为“辩护人”，将“被害人”以及“被害人委托的人”修改为“被害人及其诉讼代理人”；二是要求在案卷中记录辩护人、被害人及其诉讼代理人的意见，并将书面意见予以附卷。

【条文解读】人民检察院审查案件，讯问犯罪嫌疑人，以及听取辩护人、被害人及其诉讼代理人的意见是审查起诉程序的重要内容，是保证正确作出审查起诉决定的重要方面，具体分述如下：

1. 在审查起诉中讯问犯罪嫌疑人。这是指检察机关公诉人员直接听取犯罪嫌疑人供述和辩解的程序。审查起诉阶段是承前启后的诉讼阶段，检察机关通过讯问犯罪嫌疑人能够了解在侦查阶段中侦查人员是否有刑讯逼供等违法行为，从而判断侦查阶段所得口供的可采性，决定是否需要排除违法所得的言词证据。同时，讯问犯罪嫌疑人也能够对侦查阶段讯问所得的口供进行核实，判断侦查阶段所得口供的可靠性，在此基础上结合其他证据查明案件的犯罪事实和情节，正确认定犯罪性质和罪名，为提起公诉做好准备。通过直接讯问犯罪嫌疑人，还有可能发现没有被公安司法机关所掌握的遗漏罪行或遗漏犯罪嫌疑人，做到全面准确地提起公诉。此外，直接与犯罪嫌疑人进行当面交流，也有助于了解犯罪嫌疑人的认罪态度和思想动态，为审判阶段出庭支持公诉做准备。

2. 听取辩护人的意见。修改后的《刑事诉讼法》明确了律师在侦查阶段的辩护人地位，侦查期间只能委托律师作为辩护人，但到审查起诉阶段辩护人则不限于律师。因此，在审查起诉阶段中，无论犯罪嫌疑人委托的是律师还是其他人，其法律上的地位都是辩护人。检察机关在审查起诉阶段应当听取辩护人的意见，包括辩护人对案件事实的意见和适用法律的意见，审查判断辩护人所提供的证实犯罪嫌疑人罪轻或无罪的证据。听取辩护人意见，有助于检察机关认定案件事实、正确适用法律，全面掌握案件证据，切实保障犯罪嫌疑人权利。律师和其他辩护人权利的充分行使，能够弥补刑事诉讼中犯罪嫌疑人法律知识不足的缺陷，使得犯罪嫌疑人的辩护权得到充分保障。

3. 听取被害人及其诉讼代理人的意见。检察机关应当主要从刑事追诉和民事赔偿两方面了解被害人的诉求。在刑事追诉方面，被害人陈述本身是刑事诉讼中非常重要的证据，听取被害人意见是调查取证的一种方法，有助于进一步查清案件事实，核实侦查阶段所取得证据的可靠性。通过与被害人进行交流，还能够了解其对于刑事处理方面的意见。在民事赔偿方面，应当向被害人了解其是否因为犯罪嫌疑人的犯罪行为而遭受了物质损失，告知其有提起附带民事诉讼的权利。

人民检察院审查案件，应当讯问犯罪嫌疑人，听取辩护人、被害人及其诉讼代理人的意见，这不但是当事人以及其他诉讼参与人程序参与权的重要体现，也有利于保证检察机关更为全面地了解案情，更为准确地作出决定。法律要求检察机关将辩护人、被害人及其诉讼代理人提出的意见记录在案，并要求如果提出书面意见的应当将意见附卷，这就表明审查起诉阶段辩护人、被害人及其诉讼代理人的意见应当成为检察机关决定是否起诉的重要依据。检察机关不但在形式上要保证当事人及其辩护人、诉讼代理人在审查起诉中的程序参与权，而且从效果上也要保证当事人及其辩护人、诉讼代理人在审查起诉中发挥作用。

第一百七十一条　人民检察院审查案件，可以要求公安机关提供法庭审判所必需的证据材料；认为可能存在本法第五十四条规定的以非法方法收集证据情形的，可以要求其对证据收集的合法性作出说明。

人民检察院审查案件，对于需要补充侦查的，可以退回公安机关补充侦查，也可以自行侦查。

对于补充侦查的案件，应当在一个月以内补充侦查完毕。补充侦查以二次为限。补充侦查完毕移送人民检察院后，人民检察院重新计算审查起诉期限。

对于二次补充侦查的案件，人民检察院仍然认为证据不足，不符合起诉条件的，应当作出不起诉的决定。

【条文主旨】本条是关于审查起诉中对证据合法性进行审查以及补充侦查的规定。

【修改情况】本条第一款新增要求检察机关在审查起诉时可以要求公安机关对证据收集的合法性作出说明的规定，第四款则将两次补充侦查后仍不符合起诉条件的明确规定为应当作出不起诉决定。

【条文解读】本条共四款。第一款是检察机关在审查起诉时对证据进行审查的规定。在控辩对抗、法院居中的现代刑事诉讼结构中，公诉机关负有证明被告人犯有其所指控罪行的责任，应当在庭审中举证证明被告人有罪。检察机关向人民法院提起公诉时，应将案卷材料、证据移送人民法院。在庭审程序中，检察机关出庭支持起诉，同样必须依靠证据来证明被告人犯有被指控的罪行。因此，人民检察院在审查起诉时，应当审查提起公诉所需具备的各类证据，为出庭支持公诉做好准备。在审查过程中，如果发现侦查机关移送的证据不足以支持其提起公诉的，检察机关可以要求其予以补充。值得注意的是，修改后的《刑事诉讼法》在本条第一款中明确规定检察机关在审查案件中认为公安机关可能存在以非法方法收集证据情形的，可以要求公安机关对证据收集的合法性作出说明。这是在审查起诉环节排除非法证据的相关规定，是我国非法证据排除规则的进一步落实。

本条第二款规定了“补充侦查”的两种具体方式。审查起诉阶段的补充侦查，是指人民检察院审查起诉中发现案件事实不清、证据不足等问题，需要进一步补充侦查以查明有关事实或证据，以决定是否对犯罪嫌疑人提起公诉。审查起诉阶段的补充侦查包括两种方式：一种是由人民检察院退回公安机关补充侦查，一般适用于主要犯罪事实不清、证据不足、有遗漏罪行或遗漏同案犯罪嫌疑人，或需要公安机关专门侦查手段方能查明案件事实，以及其他适宜由公安机关进行侦查的案件。人民检察院退回公安机关补充侦查，应当向公安机关提出补充侦查的书面意见，说明需要公安机关补充侦查的问题及要求，连同案卷材料一并退回公安机关补充侦查。另一种是由人民检察院自行侦查，一般适用于以下情况：非主要犯罪事实、情节不清、证据不足的，公安机关在侦查阶段有刑讯逼供等违法行为的，人民检察院与公安机关在认定事实和证据上存在差异较大的，已经过公安机关补充侦查仍然未能查清的，或者退回公安机关补充侦查将会延误办案时间等。

本条第三款规定了补充侦查的期限和次数。对于补充侦查的案件，无论是退回公安机关补充侦查，还是检察机关自行补充侦查，都应当在一个月以内补充侦查完毕。补充侦查以二次为限。补充侦查完毕移送审查起诉后，人民检察院重新计算审查起诉期限。在立法中明确补充侦查的时间和次数限制，既可以提高办案的效率，防止案件多次退查、久拖不决，又可以防止审查起诉过程中羁押状态的长期持续，对保障犯罪嫌疑人的合法权益有重要意义。

本条第四款是关于证据不足不起诉的规定。依照本法第一百七十二条的规定，人民检察院提起公诉应当犯罪事实清楚，证据确实、充分。对于经二次退回补充侦查的案件，如果指控犯罪的证据仍然不足，应当对犯罪嫌疑人作出不予追究的决定，以避免案件久拖不决，甚至对犯罪嫌疑人超期羁押。立法修改时将原法规定的“可以作出不起诉的决定”改为“应当作出不起诉的决定”，规定更加明确，以示在此问题上检察机关没有裁量权，排除了证据不足也可以起诉的情况。

第一百七十二条　人民检察院认为犯罪嫌疑人的犯罪事实已经查清，证据确实、充分，依法应当追究刑事责任的，应当作出起诉决定，按照审判管辖的规定，向人民法院提起公诉，并将案卷材料、证据移送人民法院。

【条文主旨】本条是关于提起公诉的规定。

【修改情况】本条增加规定人民检察院向人民法院提起公诉时应当将案卷材料、证据移送人民法院。

【条文解读】提起公诉是人民检察院审查案件之后，代表国家将犯罪嫌疑人提交人民法院，要求人民法院通过审判追究其刑事责任的一种诉讼活动。提起公诉之后，“犯罪嫌疑人”的诉讼地位就转化为审判阶段“被告人”的诉讼地位。

根据本条规定，提起公诉需要具备以下条件：

第一，人民检察院认为犯罪嫌疑人的犯罪事实已经查清，证据确实、充分。这是提起公诉的事实条件。查清犯罪事实是对刑事案件正确定罪和量刑的基础，在司法实践中，具备下列情形之一的，可以认为犯罪事实已经查清：一是属于单一罪行的案件，查清的事实足以定罪量刑或者与定罪量刑有关的事实已经查清；二是属于数个罪行的案件，部分罪行已经查清并符合起诉条件，其他罪行无法查清的；三是无法查清作案工具、赃物去向，但有其他证据足以对被告人定罪量刑的；四是证人证言、犯罪嫌疑人供述和辩解、被害人陈述的内容中主要情节一致，只有个别情节不一致且不影响定罪的。对于符合第二类情形的，应当以已经查清的罪行起诉。在共同犯罪中，如果有犯罪嫌疑人在逃的，为及时惩罚犯罪，检察机关可以对已经查清犯罪事实的犯罪嫌疑人先行提起公诉，待在逃犯罪嫌疑人归案后再另案起诉。需要注意的是，本条中所谓“人民检察院认为”，表明对于事实和证据的判断仅仅是检察机关作为控方的审查结论，并非最终确定的结论。根据本法第十二条规定，未经人民法院依法判决，对任何人都不得确定有罪。因此，犯罪事实是否清楚、证据是否确实充分最终须由人民法院通过审判程序来认定，审查起诉阶段人民检察院只能是“认为”。

第二，对犯罪嫌疑人依法应当追究刑事责任。这是提起公诉的法律条件。根据本法第十五条规定，具备以下情形之一的，应当不追究刑事责任：情节显著轻微、危害不大，不认为是犯罪的；犯罪已过追诉时效期限的；经特赦令免除刑罚的；依照刑法告诉才处理的犯罪，没有告诉或者撤回告诉的；犯罪嫌疑人、被告人死亡的；其他法律规定免予追究刑事责任的。如果符合以上条件之一的，人民检察院应当作出不起诉的决定。

第三，提起公诉符合审判管辖的规定。这是对人民检察院提起公诉的程序性要求。人民检察院作出起诉决定后，应当向有管辖权的法院提起公诉，即应当符合地域管辖、级别管辖、专门管辖等规定。

第四，人民检察院向人民法院提起公诉时，应将案卷材料、证据移送人民法院。在卷宗移送方式上，修正后的《刑事诉讼法》作出了较大修改，即由1996年《刑事诉讼法》第一百五十条规定的移送“主要证据复印件”修改为“随案移送全部案卷材料和证据”。

第一百七十三条　犯罪嫌疑人没有犯罪事实，或者有本法第十五条规定的情形之一的，人民检察院应当作出不起诉决定。

对于犯罪情节轻微，依照刑法规定不需要判处刑罚或者免除刑罚的，人民检察院可以作出不起诉决定。

人民检察院决定不起诉的案件，应当同时对侦查中查封、扣押、冻结的财物解除查封、扣押、冻结。对被不起诉人需要给予行政处罚、行政处分或者需要没收其违法所得的，人民检察院应当提出检察意见，移送有关主管机关处理。有关主管机关应当将处理结果及时通知人民检察院。

【条文主旨】本条是关于不起诉的规定。

【修改情况】本条修改之处是在第一款中将“犯罪嫌疑人没有犯罪事实”增加为法定不起诉的情形，以及在第三款中增加解除查封的规定。

【条文解读】本条共三款。第一款是关于法定不起诉的规定。不起诉是人民检察院对公安机关侦查终结移送起诉的案件和检察机关侦查部门自行侦查终结的案件进行审查后，认为犯罪嫌疑人没有犯罪事实，或者其行为不构成犯罪，或者依法不应追究刑事责任，从而作出不将犯罪嫌疑人提交人民法院进行审判、追究刑事责任的处理决定。其中，“犯罪嫌疑人没有犯罪事实”是立法修改增加的法定不起诉情形，使不起诉的适用情形更加周延。如果人民检察院查明根本没有犯罪事实发生的，也应对犯罪嫌疑人作出不起诉的决定。

本条第二款规定了酌定不起诉。犯罪嫌疑人的行为已经构成犯罪，但是犯罪情节轻微，依照刑法规定不需要判处刑罚或者免除刑罚的，人民检察院可以作出不起诉决定。具体而言，“不需要判处刑罚”是指《刑法》第三十二条规定情形。免除刑罚的情形有以下几种：(1)《刑法》第十条规定，凡在我国领域外犯罪，依照本法应当负刑事责任，但是在外国已经受过刑罚处罚的，可以免除或者减轻处罚。(2)《刑法》第十九条规定，又聋又哑的人或者盲人犯罪，可以从轻、减轻或者免除处罚。(3)《刑法》第二十条规定，正当防卫明显超过必要限度造成重大损害的，应当负刑事责任，但应当减轻或者免除处罚。(4)《刑法》第二十一条规定，紧急避险超过必要限度造成不应有的损害的，应当负刑事责任，但应当减轻或者免除处罚。(5)《刑法》第二十二条规定，对于预备犯，可以比照既遂犯从轻、减轻处罚或者免除处罚。(6)《刑法》第二十四条规定，对于中止犯，没有造成损害的，应当免除处罚；造成损害的，应当减轻处罚。(7)《刑法》第二十七条规定，对于从犯，应当从轻、减轻处罚或者免除处罚。(8)《刑法》第二十八条规定，对于被胁迫参加犯罪的，应当按照他的犯罪情节减轻处罚或者免除处罚。(9)《刑法》第六十七条规定，对于自首的犯罪分子，可以从轻或者减轻处罚。其中，犯罪较轻的，可以免除处罚。(10)《刑法》第六十八条规定，有重大立功表现的，可以减轻或者免除处罚。犯罪后自首又有重大立功表现的，应当减轻或者免除处罚。(11)《刑法》第一百六十四条规定了对非国家工作人员行贿罪及对外国公职人员、国际公共组织官员行贿罪，行贿人在被追诉前主动交代行贿行为的，可以减轻处罚或者免除处罚。(12)《刑法》第三百五十一条规定了非法种植毒品原植物罪，非法种植罂粟或者其他毒品原植物，在收获前自动铲除的，可以免除处罚。(13)《刑法》第三百八十九条、第三百九十条规定了行贿罪，行贿人在被追诉前主动交代行贿行为的，可以减轻处罚或者免除处罚。(14)《刑法》第三百九十二条规定了介绍贿赂罪，介绍贿赂人在被追诉前主动交代介绍贿赂行为的，可以减轻处罚或者免除处罚。人民检察院对犯罪情节轻微、依照刑法规定不需要判处刑罚或者可以免除刑罚的，都可以运用起诉裁量权，结合本案的具体情况决定是否起诉。必须强调的是，本款所说的"犯罪情节轻微"中关于犯罪的认定，只是检察机关在审查起诉中的认识，并不是确定犯罪嫌疑人有罪。一旦依照本款作出不起诉的决定，从法律意义上讲，被决定不起诉的人是作为无罪处理的。

本条第三款规定了人民检察院作出不起诉决定后的相关处理方式。首先是在作出不起诉决定的同时应当对侦查中查封、扣押、冻结的财物解除查封、扣押、冻结。与1996年《刑事诉讼法》相比，修正后的《刑事诉讼法》增加规定"查封"的解除制度。这是因为，查封与扣押、冻结的性质相同，都属于侦查阶段中对物的强制性侦查措施，与被不起诉人的利益密切相关，因此检察机关在作出不起诉决定之后就应当解除这类措施，以保护被不起诉人的合法权益。此外，虽然犯罪嫌疑人具有不需要追究刑事责任或者免除刑罚的情形，但是被不起诉人的行为很可能已经达到了一般违法的程度，对社会造成了一定的危害后果，因此需要通过较刑事追诉为轻的方式来追究其责任，这就是本款所规定的：在需要给予被不起诉人行政处罚、行政处分或者需要没收其违法所得的情形下，人民检察院应当在决定不起诉后，提出检察建议，将案件移送有关主管机关处理。有关主管机关也应当将处理结果及时通知人民检察院，这是加强检察机关法律监督职能的体现。

第一百七十四条　不起诉的决定，应当公开宣布，并且将不起诉决定书送达被不起诉人和他的所在单位。如果被不起诉人在押，应当立即释放。

【条文主旨】 本条是关于不起诉决定书宣布和送达程序的

规定。

【修改情况】本条未作修改。

【条文解读】根据本条规定，人民检察院作出不起诉决定应当制作不起诉决定书。不起诉决定书是人民检察院代表国家依法确认不追究犯罪嫌疑人刑事责任的具有终结诉讼效力的法律文书。不起诉决定书的内容主要由三部分组成：一是犯罪嫌疑人的基本情况；二是检察机关认定的事实和证据；三是不起诉的决定、理由和法律依据以及有关事项的告知。如果有被查封、扣押、冻结的财物，或者需要移送其他有关主管机关处理，则应当写明如何处理的意见。

不起诉决定书应当由人民检察院公开宣布，并且将不起诉决定书送达被不起诉人和他的所在单位。不起诉决定书自公开宣布之日起发生法律效力，该案的刑事诉讼程序即告终止。不起诉决定一经作出，就应当立即释放在押的被不起诉人。

第一百七十五条 对于公安机关移送起诉的案件，人民检察院决定不起诉的，应当将不起诉决定书送达公安机关。公安机关认为不起诉的决定有错误的时候，可以要求复议，如果意见不被接受，可以向上一级人民检察院提请复核。

【条文主旨】本条是关于向公安机关送达不起诉决定书程序的规定。

【修改情况】本条未作修改。

【条文解读】公安机关在案件侦查终结后，对于需要追究犯罪嫌疑人刑事责任的，应当写出起诉意见书，连同案卷材料、证据一并移送同级人民检察院审查决定。人民检察院作出不起诉决定后，也应当将不起诉决定书送达公安机关。这一送达程序有两方面意义：一方面如果被不起诉人在押，公安机关应当立即释放；另一方面，如果公安机关认为不起诉决定有错误的，可以要求作出不起诉决定的机关进行复议。公安机关要求复议的，人民检察院审查起诉部门应当另行指定检察人员进行审查并提出审查意见，经审查起诉部门负责人审核，报请检察长或者检察委员会决定。

如果意见不被接受，公安机关还可以向上一级人民检察院提请复核。上一级人民检察院作出决定后，应当制作复核决定书送交提请复核的公安机关和下级人民检察院。经复核改变下级人民检察院不起诉决定的，应当撤销下级人民检察院作出的不起诉决定，交由下级人民检察院执行。《刑事诉讼法》中有关公安机关复议、复核权的规定，体现了公安机关与检察机关分工负责、相互制约的原则，能够及时地防止和纠正错误。

第一百七十六条　对于有被害人的案件，决定不起诉的，人民检察院应当将不起诉决定书送达被害人。被害人如果不服，可以自收到决定书后七日以内向上一级人民检察院申诉，请求提起公诉。人民检察院应当将复查决定告知被害人。对人民检察院维持不起诉决定的，被害人可以向人民法院起诉。被害人也可以不经申诉，直接向人民法院起诉。人民法院受理案件后，人民检察院应当将有关案件材料移送人民法院。

【条文主旨】本条是关于将不起诉决定书送达被害人以及被害人对不起诉决定书不服如何处理的规定。

【修改情况】本条未作修改。

【条文解读】本条对检察机关决定不起诉而有被害人的案件应当如何处理包含五层意思：（1）对于有被害人的案件，决定不起诉的，人民检察院应当将不起诉决定书送达被害人。其中，“有被害人的案件”是指由于被不起诉人的行为给其他人造成了一定危害后果的案件。此处，“被害人”既包括自然人，也包括法人或单位。人民检察院将不起诉决定书送达被害人，有利于被害人及时了解案件处理结果，保护自己的合法权益。（2）如果被害人认为被不起诉人的行为应当追究刑事责任，人民检察院不起诉决定有错误，可以在收到不起诉决定书后七日以内向作出不起诉决定的上一级人民检察院申诉，请求提起公诉。上一级人民检察院应当及时复查，并将复查结果告知被害人。（3）经过上一级人民检察院复查后仍维持不起诉决定的，被害人仍认为应当追究被不起诉人刑事责任的，可以向人民法院提起自诉。（4）对有证据证明对不起诉人侵犯自己人身权利、财产权利的行为应当追究刑事责任，而人民检察院作出不起诉决定的，被害人也可以不经向上一级人民检察院申诉的程序而直接向人民法院起诉。（5）人民法院决定受理上述案件后，人民检察院应当将有关案卷材料及时移送人民法院，以使审判活动顺利进行。这样规定是考虑到自诉案件自诉人应当履行举证责任，提供证明被告人有罪的证据，而上述案件中被害人在侦查过程中可能已经将证据提供给公安机关或者已经被公安机关收集，移送人民检察院，被害人难以再举出证据，因此要求人民检察院向法院移送相关证据材料。

第一百七十七条　对于人民检察院依照本法第一百七十三条第二款规定作出的不起诉决定，被不起诉人如果不服，可以自收到决定书后七日以内向人民检察院申诉。人民检察院应当作出复查决定，通知被不起诉的人，同时抄送公安机关。

【条文主旨】本条是关于被不起诉人申诉程序的规定。

【修改情况】本条除援引条文序号调整外，未作修改。

【条文解读】本条是关于被酌定不起诉人申诉的规定。根据本条规定，对于人民检察院依照本法第一百七十三条第二款规定作出的不起诉决定，被不起诉人不服，认为自己没有犯罪，不存在本法第一百七十三条第二款所述情形的，可以自收到不起诉决定书后七日以内向作出不起诉决定的人民检察院申诉。人民检察院应当进行复查，并作出复查决定，通知不起诉人。这是因为虽然酌定不起诉与法定不起诉同样具有无罪处理、终结诉讼的效力，但是酌定不起诉适用于犯罪情节轻微，依照刑法规定不需要判处刑罚或者免除刑罚的案件，这类不起诉在事实认定上检察机关认为被不起诉人已经构成犯罪，仅是因为犯罪情节轻微，依照刑法规定不需要判处刑罚或者免除刑罚而作不起诉处理。但被不起诉人可能确实未实施犯罪行为，或者认为其行为并不构成犯罪或者不应追究刑事责任，应当属于法定不起诉的情形。为了充分保障被不起诉人的合法权益，应允许其向作出不起诉决定的人民检察院进行申诉。同时，如果案件是公安机关侦查终结移送审查起诉的，应当将复查决定抄送公安机关，以便公安机关及时了解检察机关对案件的处理情况，并依法行使其相应权利。

第三编　审　判

本编是关于审判程序的规定，共70条，修改24条，增加9条。审判控辩双方在法庭上各自提出己方主张和证据，进行辩论，法官居于第三方地位上，基于国家权力依法进行审理并作出裁判的诉讼活动，是决定被告人是否构成犯罪和判处刑罚的关键阶段。按照我国《刑事诉讼法》的规定，审判环节包括审判组织、一审程序、二审程序、死刑复核程序和审判监督程序五个部分。此次《刑事诉讼法》的修改进一步保证了司法公正，提高了诉讼效率。审判部分的修改主要集中在如下几个方面：

1. 完善第一审程序，调整简易程序适用范围。在保证司法公正的前提下，适当调整简易程序的适用范围，实行案件的繁简分流。为此，本法将适用简易程序审判的案件范围，修改为基层人民法院管辖的可能判处有期徒刑以下刑罚、被告人承认自己所犯罪行的案件。同时，根据审判工作实际，对第一审普通程序中的案卷移送制度、开庭前的准备程序、量刑程序、中止审理程序等作了补充完善。

2. 明确第二审应当开庭审理的案件范围，对发回重审的情况作出限制规定。一是为保证案件的公正审理，本法进一步明确了第二审应当开庭审理的案件范围，增加规定：上诉人对第一审认定的事实、证据提出异议，可能影响定罪量刑的，被告人被判处死刑的上诉案件等，第二审人民法院应当开庭审理。二是为避免案件反复发回重审，久拖不决，增加规定：对于因事实不清或者证据不足，第二审人民法院发回原审人民法院重新审判的案件，原审人民法院再次作出判决后，被告人提出上诉或者人民检察院提出抗诉的，第二审人民法院应当依法作出判决或者裁定。三是为落实上诉不加刑原则，避免发生在上诉案件中第二审人民法院发回重审，下级人民法院在重审中加刑的情况，增加规定：第二审人民法院发回重新审判的案件，除有新的犯罪事实，人民检察院补充起诉的以外，原审人民法院不得加重被告人的刑罚。此外，本法还完善了查封、扣押、冻结的财物及其孳息的处理程序等。

3. 对死刑复核程序作出具体规定。为体现适用死刑的慎重，进一步保证死刑复核案件质量，加强对死刑复核程序的法律监督，本法明确规定：最高人民法院复核死刑案件，应当作出核准或者不核准死刑的裁定。对于不核准死刑的，最高人民法院可以发回重新审判或者予以改判。同时，增加规定：最高人民法院复核死刑案件，应当讯问被告人，辩护律师提出要求的，应当听取辩护律师的意见。在复核死刑案件过程中，最高人民检察院可以向最高人民法院提出意见。最高人民法院应当将死刑复核结果通报最高人民检察院。

4. 对审判监督程序进行补充完善。通过审判监督程序对确有错误的生效判决、裁定予以纠正，有利于确保案件质量，维护司法公正。本法对申诉案件决定重审的条件，指令原审人民法院以外的下级人民法院审理，人民检察院派员出席法庭，再审案件强制措施的决定程序，原判决、裁定的中止执行等内容作了补充完善。

第一章　审判组织

主旨	本章对审判组织的种类、审判组织的组成以及各类审判组织审理的案件范围进行了明确规定。
定义	审判组织，是指人民法院内部负责对具体案件进行审判的组织。
条文	本章共3条，未作修改。

第一百七十八条　基层人民法院、中级人民法院审判第一审案件，应当由审判员三人或者由审判员和人民陪审员共三人组成合议庭进行，但是基层人民法院适用简易程序的案件可以由审判员一人独任审判。

高级人民法院、最高人民法院审判第一审案件，应当由审判员三人至七人或者由审判员和人民陪审员共三人至七人组成合议庭进行。

人民陪审员在人民法院执行职务，同审判员有同等的权利。

人民法院审判上诉和抗诉案件，由审判员三人至五人组成合议庭进行。

合议庭的成员人数应当是单数。

合议庭由院长或者庭长指定审判员一人担任审判长。院长或者庭长参加审判案件的时候，自己担任审判长。

【条文主旨】本条是关于人民法院审理案件的审判组织的规定。

【修改情况】本条未作修改。

【条文解读】本条共六款。第一款是对基层人民法院、中级人民法院审判第一审案件的组织形式的规定。其中“人民陪审员”是指有选举权和被选举权的年满23周岁的公民，经选举与人民法院的审判员一起进行审判活动的人员。“合议庭”是指根据合议制原则组成的审判具体案件的组织，是人民法院审理案件最基本的组织形式。其任务是通过法庭审判活动，核实证据，查明案情，进行评议，根据已查明的事实、证据和有关法律规定，作出被告人有罪或无罪、犯何罪、适用何刑罚的判决。根据本款规定，基层人民法院、中级人民法院审判第一审案件的审判组织主要是合议庭，合议庭由法律规定的三人组成，只有简易程序可以由审判员一人独任审判。

第二款是对高级人民法院、最高人民法院审判第一审案件组织形式及其组成人员的规定。根据本款规定，高级人民法院、最高人民法院审判第一审案件，既可以由审判员三人至七人组成合议庭进行，也可以由审判员和人民陪审员共三人至七人组成合议庭进行。

第三款是对人民陪审员在法院执行职务时的权利的规定。本款规定，人民陪审员在人民法院执行职务时，享有与审判员同等权利，如查阅案卷、了解案情、审查证据、讯问被告人、提出对被告人的定罪量刑意见等。

第四款是关于对人民法院审判上诉和抗诉案件的组织形式及其组成人员的规定。根据本款规定，人民法院审判上诉和抗诉案件的审判组织是合议庭。合议庭的组成人员只能是审判员，人数是三人至五人。

第五款是关于合议庭的成员人数应当是单数的规定。这样规定便于贯彻少数服从多数的原则。1996年《刑事诉讼法》第一百四十八条规定，合议庭进行评议时，应当按多数人的意见作出决定。本条规定的增加，有利于合议庭在评议中，意见分歧时作出决定。

第六款是关于合议庭的审判长如何确定的规定。合议庭是人民法院审判案件最主要的组织形式，由若干名审判员、人民陪审员组成。审判长是合议庭的组成人员之一，负责主持合议庭的审判工作，通常由具有比较丰富的审判实践经验的审判员担任。根据本款规定，合议庭审判案件时，审判长由法院院长或者庭长指定，并且只能由一名审判员担任。院长或庭长作为合议庭组成人员参加审判案件的时候，由院长或庭长担任审判长。如果院长、庭长同时作为合议庭成员参加审判案件，应当由院长担任审判长。

第一百七十九条　合议庭进行评议的时候，如果意见分歧，应当按多数人的意见作出决定，但是少数人的意见应当写入笔录。评议笔录由合议庭的组成人员签名

【条文主旨】本条是关于合议庭评议的规定。

【修改情况】本条未作修改。

【条文解读】在本条中，“评议”是指合议庭的组成人员通过对案件的审理，在事实的认定、证据的核实、是否构成犯罪以及量刑的适用等方面进行评判、讨论的过程。“按多数人的意见作出决定”是指合议庭经过对案件的评议，以超过半数人的意见作出对被告人有罪、无罪以及罪轻、罪重，适用什么刑罚的决定。“少数人的意见应当写入笔录”是指合议庭组成人员中不超过半数的人对案件的评议结果存在异议或者持有不同意见，将其提出的异议或不同意见记入评议笔录。根据本条规定，合议庭对案件进行评议时，应当制作评议笔录，如果存在不同意见，应当按照多数人的意见作出决定。但是对少数人坚持的不同意见，应当写入笔录。评议结束后，合议庭的组成人员应当在评议笔录上签名。

第一百八十条　合议庭开庭审理并且评议后，应当作出判决。对于疑难、复杂、重大的案件，合议庭认为难以作出决定的，由合议庭提请院长决定提交审判委员会讨论决定。审判委员会的决定，合议庭应当执行。

【条文主旨】本条是关于合议庭开庭审理并评议后应当作出判

决以及对疑难、复杂、重大案件如何提交审判委员会讨论的规定。

【修改情况】 本条未作修改。

【条文解读】 本条规定了三层意思，其一，“合议庭开庭审理并且评议后，应当作出判决”。这是指合议庭受理的案件经开庭审理、评议后，对一般案件都应当独立作出被告人是否有罪、罪行轻重、适用刑罚的判决。其二，“对于疑难、复杂、重大的案件，合议庭认为难以作出决定的，由合议庭提请院长决定提交审判委员会讨论决定。”其中“审判委员会”是人民法院负责审判工作的常设组织，其成员由同级人民代表大会常务委员会任免。审判委员会的任务是总结审判经验，讨论重大或者疑难案件和其他有关审判工作的问题。各级人民法院审判委员会会议由院长主持。审判委员会讨论案件时采取少数服从多数的原则，多数委员的意见形成审判委员会的决定。根据本条规定，合议庭在审理中，遇到疑难、复杂、重大难以作出决定的案件，应当由合议庭提请院长决定提交审判委员会讨论决定。“疑难、复杂、重大案件” 主要是指以下三种情况：一是案情特殊，难以划清罪与非罪、此罪与彼罪界限及难以正确适用刑罚的案件；二是案件情况复杂，犯罪次数众多，证据繁杂的案件；三是犯罪性质严重，影响很大的案件。其三，“审判委员会的决定，合议庭应当执行”，这是指审判委员会对疑难、复杂、重大的案件经过讨论，作出的对案件的处理决定，合议庭必须执行。

第二章　第一审程序

主旨	本章是对第一审程序的规定
定义	第一审程序是人民法院对刑事案件进行初次审判所应遵循的法定程序。

拓展	我国第一审程序在整个审判程序体系中居于最基础、最核心的地位。按照审理案件性质不同，第一审程序可分为公诉案件第一审程序与自诉案件第一审程序；按照程序繁简不同，第一审程序可分为普通程序与简易程序。
条文	本章共35条，修改16条，增加5条。
修改	本章主要对以下内容进行了修改：一是公诉案件第一审程序的公诉审查，庭前准备，证人、鉴定人与警察出庭作证，中止审理与审理期限；二是自诉案件的审理期限；三是简易程序的适用范围、审判组织、审理程序和审理期限等。

第一节　公诉案件

主旨	本节是关于公诉案件第一审程序的规定。
定义	公诉案件第一审程序指人民法院对人民检察院提起公诉的案件进行第一次审判所必须遵循的程序，主要包括庭前审查、庭前准备、法庭审判、评议和宣判等环节。
条文	本节共23条，修改10条，增加3条。
修改	本节主要进行了以下修改： 1. 保留了对公诉案件进行程序性审查的规定，但将移送部分证据材料修改为移送全案证据材料。 2. 在庭审活动中，明确了对量刑有关的事实和证据也要在法庭审理过程中进行调查和辩论，增加了对证人、鉴定人应出庭作证情形的规定，并且规定了可以强制证人到庭及其例外情形，对逃避出庭或者拒绝作证情节严重的证人规定了处罚措施。

修改	3. 新增了法庭审理过程中公诉人、当事人和辩护人、诉讼代理人可以申请通知有专门知识的人作为专家辅助人出庭；还增加了中止审理的事由、扩充了公开审判的例外情形。

第一百八十一条　人民法院对提起公诉的案件进行审查后，对于起诉书中有明确的指控犯罪事实的，应当决定开庭审判。

【条文主旨】本条是决定开庭审判的条件的规定。

【修改情况】本条取消了关于“证据目录、证人名单和主要证据复印件或者照片”的规定。由于本法第一百七十二条恢复了1979年《刑事诉讼法》规定的检察机关在提起公诉时进行全案卷宗移送的制度。如此一来，本条再规定“证据目录、证人名单和主要证据复印件或者照片”已无必要，所以本条删除了相应的内容。

【条文解读】本条是对1996年《刑事诉讼法》第一百五十条“人民法院对提起公诉的案件进行审查后，对于起诉书中有明确的指控犯罪事实并且附有证据目录、证人名单和主要证据复印件或者照片的，应当决定开庭审判”这一规定进行的修改。修改之后变为，人民法院对提起公诉的案件进行审查后，对于起诉书中有明确的指控犯罪事实的，应当决定开庭审判。“明确的指控犯罪事实”是指人民检察院在起诉书中必须载明被告人因何罪而被起诉和被告人的犯罪事实，而这种犯罪事实必须是刑法规定的应当予以刑事处罚的。应当注意的是，人民检察院在提起公诉时，应当将案卷材料、证据移送人民法院。

第一百八十二条　人民法院决定开庭审判后，应当确定合议庭的组成人员，将人民检察院的起诉书副本至迟在开庭十日以前送达被告人及其辩护人。

在开庭以前，审判人员可以召集公诉人、当事人和辩护人、诉讼代理人，对回避、出庭证人名单、非法证据排除等与审判相关的问题，了解情况，听取意见。

人民法院确定开庭日期后，应当将开庭的时间、地点通知人民检察院，传唤当事人，通知辩护人、诉讼代理人、证人、鉴定人和翻译人员，传票和通知书至迟在开庭三日以前送达。公开审判的案件，应当在开庭三日以前先期公布案由、被告人姓名、开庭时间和地点。

上述活动情形应当写入笔录，由审判人员和书记员签名。

【条文主旨】本条是关于开庭前准备的规定。

【修改情况】本条有两处修改：增加了起诉书副本送达辩护人的规定和庭前会议的程序。增加起诉书副本同时送达辩护人的规定，是为了使辩护人尽早知悉被告人被指控的罪名和有关情况，以及时做好辩护的准备。检察院的起诉书副本同时送达辩护人，强化了诉讼中的辩护职能，对于保障被告人的辩护权有一定意义。

【条文解读】本条共四款。第一款规定了人民法院在决定开庭审判后，应当进行如下准备工作：（1）确定合议庭的组成人员。根据本法第一百七十八条、第二百一十条的规定，除基层人民法院适用简易程序审理的可能判处三年有期徒刑以下刑罚的案件，都应当组成合议庭进行审理。所以，确定合议庭的组成人员是决定公诉案件开庭审判后的首要工作。主要包括由哪些人组成合议庭和由谁担任审判长。合议庭的书记员不是合议庭的组成人员。（2）将人民检察院的起诉书副本至迟在开庭十日前送达被告人及其辩护人。对于被告人未委托辩护人的，告知被告人可以委托辩护人，或者依法通知法律援助机构指派律师为其提供辩护。修正后的《刑事诉讼法》充分考虑了完善辩护制度的需要，根据本法第三十四条、第三十八条的规定，增加了将人民检察院起诉书副本抄送辩护人的新规定，体现了对被告人的更多人权保障。

第二款初步规定了庭前程序。即开庭审判前，审判人员可以召集公诉人、当事人和辩护人、诉讼的代理人，对回避、出庭证人名单、非法证据排除等程序性问题，听取各方意见，了解情况。这样规定，有助于提高庭审效率，同时也可以避免庭审过程中的证据突袭，属于富有建设性的规定。

第三款规定了人民法院在确定庭审日期后，应当在开庭三日以前进行如下工作：（1）将开庭的时间、地点通知人民检察院。对于公诉案件，人民法院开庭审理时，人民检察院应当派员出庭支持公诉，并对人民法院的审判活动进行监督。因此，将开庭时间、地点在开庭三日以前通知人民检察院，便于人民检察院做好出庭支持公诉的准备工作。（2）传唤当事人，通知辩护人、诉讼代理人、证人、鉴定人和翻译人员。上述人员是否准时出庭，直接关系到法庭审判能否正常进行。（3）公开审判的案件，在开庭三日以前先期公布案由、被告人姓名、开庭时间和地点。根据公开审判原则的要求，对于公开审判的案件，先期公布有关事项，有利于与案件相关的人和其他公民及时了解案件审理情况，旁听案件的审理。

第四款是对上述开庭准备工作的情形写入笔录的规定。对于以上开庭前的各项准备工作，应当由书记员分别制成笔录，由审判人员和书记员分别签名，附卷保存。

第一百八十三条　人民法院审判第一审案件应当公开进行。但是有关国家秘密或者个人隐私的案件，不公开审理；涉及商业秘密的案件，当事人申请不公开审理的，可以不公开审理。

不公开审理的案件，应当当庭宣布不公开审理的理由。

【条文主旨】本条是关于公开审理的原则与例外的规定。

【修改情况】本条在内容上并无修改，仅将第二款关于未成年人不公开审理的规定移至本法第五编（特别程序）第一章（未成年人刑事案件诉讼程序）作为第二百七十四条。

【条文解读】公开审判是我国刑事诉讼法的一项基本原则。本款中“公开审理”是指人民法院审理第一审案件对社会公开，有两层含义：(1) 允许群众旁听人民法院对刑事案件的审理；(2) 允许记者报道。记者可以将案件的审理情况在报刊中报道和其他媒体中转播。“有关国家秘密”或者“个人隐私的案件”可以不公开审理。“有关国家秘密”的案件是指该案件涉及国家秘密。关于什么是国家秘密，应根据保守国家秘密法的规定认定。“个人隐私的案件”是指案件涉及个人不愿公开的隐私，这些隐私的公开会给当事人的生活造成不好的后果，给心理带来痛苦和压力。例如，两性关系、生育能力、收养子女等。对这类案件的“不公开审理”，是指这类案件的审理过程不公开，既不允许群众旁听，也不允许记者报道，但宣判一律公开进行。这样规定是为了保守国家秘密，保护当事人的名誉，避免对社会产生不良影响。对于“涉及商业秘密的案件”，经当事人申请，人民法院可以酌情决定是否公开审理。“商业秘密”是指不为公众所知悉、能为权利人带来经济利益，具有实用性并经权利人采取保密措施的技术信息和经营信息。因此，商业秘密包括两部分：技术信息和经营信息。

第一百八十四条　人民法院审判公诉案件，人民检察院应当派员出席法庭支持公诉。

【条文主旨】本条是关于人民检察院应当派员出庭支持公诉的规定。

【修改情况】本条删除了适用简易程序时人民检察院可以不派员出庭的规定。体现出重视法庭审判阶段发挥控辩双方的作用，解决了大部分适用简易程序审理的案件都没有检察机关派员出庭的现实问题。

【条文解读】“出庭支持公诉”是指人民法院在开庭审判时，人民检察院派员出席法庭支持和维护人民检察院代表国家提起的公诉。检察人员出席法庭支持公诉前要认真阅卷，熟悉案情和与本案有关的法律规定，制作公诉词；公诉人在法庭审理过程中，要通过宣读起诉书、讯问被告人、询问证人、出示物证和法庭辩论，控诉犯罪，证实犯罪，分析犯罪的根源，揭露犯罪的社会危害性，提高人民群众遵纪守法的自觉性和同违法犯罪行为作斗争的积极性。人民检察院的公诉人在庭审过程中，必须以事实为根据，以法律为准绳。对被告人的指控应该事实清楚，证据确凿。

第一百八十五条　开庭的时候，审判长查明当事人是否到庭，宣布案由；宣布合议庭的组成人员、书记员、公诉人、辩护人、诉讼代理人、鉴定人和翻译人员的名单；告知当事人有权对合议庭组成人员、书记员、公诉人、鉴定人和翻译人员申请回避；告知被告人享有辩护权利。

【条文主旨】本条是关于开庭后审判长应当做哪些程序性工作的规定。

【修改情况】本条未作修改。

【条文解读】根据本条规定，审判长应当做以下工作：

其一，审判长宣布开庭后，首先应查明当事人姓名、年龄、民族、籍贯、出生地、文化程度、职业、住址。还应当问明被告人是否曾经受过法律处分，是否被采取强制措施，收到人民检察院起诉书副本的时间，核对被告人是否是本案被指控的人，如果案件中有附带民事诉讼的，还应当查明附带民事诉讼的当事人或其诉讼代理人是否到庭，并应当问明附带民事诉讼的被告人收到民事诉状的时间。

其二，审判长公布案件的来源、起诉的案由，附带民事诉讼当事人姓名，使被告人知道自己被指控为何罪。对依法不公开审理的案件，应当当庭宣布不公开审理的理由。

其三，宣布参与本案审判的合议庭的组成人员、书记员，公诉人、辩护人、诉讼代理人、鉴定人、翻译人员名单。

其四，宣布上述人员名单后，审判长应告知当事人有对合议庭组成人员、书记员、公诉人、鉴定人和翻译人员申请回避的权利。审判长应当分别询问当事人及其法定代理人是否申请回避，申请何人回避以及申请回避的理由。如果当事人及其法定代理人认为上述人员与本案有利害关系或者其他关系，会影响本案的公正审理而申请回避的，依照本法第二十八条、第二十九条、第三十条的规定办理。

第一百八十六条　公诉人在法庭上宣读起诉书后，被告人、被害人可以就起诉书指控的犯罪进行陈述，公诉人可以讯问被告人。

被害人、附带民事诉讼的原告人和辩护人、诉讼代理人，经审判长许可，可以向被告人发问。

审判人员可以讯问被告人。

【条文主旨】本条是有关一审程序中法庭调查的规定。

【修改情况】本条未作修改。

【条文解读】本条共三款。第一款是关于公诉人宣读起诉书后，被告人、被害人进行陈述及公诉人可以讯问被告人的规定。根据本款的规定，公诉人在审判庭上宣读起诉书后，被告人和被害人可以分别就起诉书指控的犯罪进行陈述。被告人如果承认公诉人的指控，则应当对自己的犯罪行为进行陈述；被告人如果不承认公诉人的指控，则应当提出自己无罪的意见。同时，被害人也可以针对起诉书中指控的犯罪陈述自己受害的过程以及有关的诉讼请求。公诉人代表国家在法庭上起诉和证实被告人的罪行，为了更好地揭露被告人的犯罪事实，论证其犯罪行为应予追究，本款规定，公诉人可以讯问被告人，讯问的主要内容应限定于其指控的犯罪。讯问的主要目的是让审判人员当庭听取被告人的供述或者辩解，弄清案件事实。

第二款是被害人、附带民事诉讼的原告人和辩护人、诉讼代理人向被告人发问的程序规定。被害人是犯罪行为的直接受害者，他可以并有权揭露、控诉犯罪；附带民事诉讼的原告人有权要求赔偿由于被告人的犯罪行为而遭受到的物质损失；辩护人要为被告人作无罪、罪轻或者减轻处罚的辩护；诉讼代理人向被告人发问是受被害人及其法定代理人或者近亲属、附带民事诉讼的当事人及其法定代理人的委托代行其诉讼权利，因此本款规定，这些人可以向被告人发问。

第三款是关于审判人员可以讯问被告人的规定。由于审判人员掌握和指挥庭审的进行，所以对审理过程中有疑问的地方，以及被告人在陈述时有表述不清的地方，可以直接讯问被告人。

第一百八十七条　公诉人、当事人或者辩护人、诉讼代理人对证人证言有异议，且该证人证言对案件定罪量刑有重大影响，人民法院认为证人有必要出庭作证的，证人应当出庭作证。

人民警察就其执行职务时目击的犯罪情况作为证人出庭作证，适用前款规定。

公诉人、当事人或者辩护人、诉讼代理人对鉴定意见有异议，人民法院认为鉴定人有必要出庭的，鉴定人应当出庭作证。经人民法院通知，鉴定人拒不出庭作证的，鉴定意见不得作为定案的根据。

【条文主旨】 本条是关于证人、警察及鉴定人出庭的规定。

【修改情况】 本条是新增条文。

【条文解读】 本条共三款。第一款是关于证人出庭的规定。根据本款规定，在同时满足如下三个条件时证人应当出庭：（1）公诉人、当事人或者辩护人、诉讼代理人对证人证言提出异议，这是证人出庭的程序性条件。“异议”指对证人证言的质疑、疑问，包括对证人证言的证据能力（如证人证言取得的合法性）的质疑，也包括对证人证言的证明力（如证人证言的真实性）的质疑。控辩双方“异议”的提出必须采用明示的方式，既可以采用书面方式提起，也可以采用口头方式提起，既可以根据本法第一百八十二条的规定在庭审前提出，也可以在庭审质证时提出，但不得是默示。如在庭审中，控辩双方未明确表达对证人证言的异议，则应视其无异议。(2) 证人证言对案件定罪量刑有重大影响。这是证人出庭的实体性条件。“对定罪量刑有重大影响”是指证人证言关乎所涉犯罪事实的关键性要件，被告人实施的犯罪行为及被告人实施犯罪行为的时间、地点、手段后果及其他情节，影响被告人定罪的身份情况，被告人的刑事责任能力，被告人的罪过，是否共同犯罪及被告人在共同犯罪中的地位、作用，对被告人从重处罚的事实，等等。此外某些重要的程序性事项，如证据取得的合法性问题，也是“对定罪量刑有重大影响”。(3) 人民法院认为证人有必要出庭作证，这是证人出庭的法庭评判条件。即在满足上述两项条件的情况下，还必须经过人民法院的判定，人民法院具有判断是否需要证人出庭作证的裁量权。需要指出的是，在同时满足上述三种条件时，证人“应当”出庭，即赋予证人强制出庭的义务。如果证人没有正当理由未依法出庭作证，根据本法第一百八十九条第二款的规定予以处理。

第二款是关于人民警察出庭作证的规定。需要注意的是，根据本款规定人民警察出庭作证的范围限于人民警察就其执行职务时目击的犯罪情况，关于证据合法性问题的侦查人员出庭作证的情形，适用本法第五十七条、第一百七十一条。从理论上看，此时人民警察系案件所涉犯罪事实的目击证人，而非传闻证人。人民警察在上述范围内的出庭作证适用本条第一款的规定，即人民警察就其执行职务时目击的犯罪情况，出庭作证也需同时满足如下三个条件：(1) 对案件定罪量刑有重大影响；(2) 公诉人、当事人或者辩护人、诉讼代理人有异议；(3) 人民法院认为有必要出庭作证。在上述情形下，人民警察具有出庭作证的义务。

第三款是关于鉴定人出庭作证的规定。根据本款规定，鉴定人出庭需同时满足如下两个条件：(1) 控辩双方对鉴定意见有异议；(2) 人民法院认为鉴定人有必要出庭。实务中需要注意的是，只要满足上述两项条件，鉴定人就应当出庭，无须鉴定意见对案件的定罪量刑有重大影响。在上述情形下，经人民法院通知，鉴定人必须出庭作证，鉴定人拒不出庭作证的，鉴定意见不得作为定案的根据。

第一百八十八条　经人民法院通知，证人没有正当理由不出庭作证的，人民法院可以强制其到庭，但是被告人的配偶、父母、子女除外。

证人没有正当理由拒绝出庭或者出庭后拒绝作证的，予以训诫，情节严重的，经院长批准，处以十日以下的拘留。被处罚人对拘留决定不服的，可以向上一级人民法院申请复议。复议期间不停止执行。

【条文主旨】本条规定了强制证人出庭作证及近亲属拒绝作证的制度。

【修改情况】本条是新增条文。

【条文解读】本条共两款。第一款规定了强制证人出庭作证及强制出庭的例外。根据本款规定，经人民法院通知，证人没有正当理由不出庭作证的，人民法院可以强制其到庭作证。人民法院采取强制证人作证的措施是拘传。但强制证人出庭作证具有例外，本款将强制证人出庭的例外范围限定为被告人的配偶、父母、子女。

第二款是关于证人不出庭作证的处罚措施的规定。根据本款规定，证人没有正当理由拒绝出庭或者出庭后拒绝作证的，人民法院可以先进行训诫，如果达到了情节严重的，经院长批准，可以处以十日以下的拘留。需要注意的是，在司法实务中，证人不出庭作证的处罚措施必须符合比例原则，即达到情节严重，并且在程序上经过人民法院院长的批准，才能采取拘留措施。

第一百八十九条　证人作证，审判人员应当告知他要如实地提供证言和有意作伪证或者隐匿罪证要负的法律责任。公诉人、当事人和辩护人、诉讼代理人经审判长许可，可以对证人、鉴定人发问。审判长认为发问的内容与案件无关的时候，应当

制止。

审判人员可以询问证人、鉴定人。

【条文主旨】本条是关于证人作证和询问证人、鉴定人的具体程序的规定。

【修改情况】本条未作修改。

【条文解读】本条共两款。第一款是关于证人作证以及公诉人、当事人、辩护人、诉讼代理人询问证人、鉴定人的具体程序的规定。根据本款规定，证人在法庭上作证，在对证人进行询问前，审判人员应当告知其要如实地提供证言和有意作伪证或者隐匿罪证要负的法律责任。证人是知道全部或者部分案件事实真相的人，如何使证人真实作证十分关键。因此，《刑事诉讼法》明确作此规定。“有意作伪证或者隐匿罪证要负的法律责任”，主要是指对于有意作伪证或者隐匿罪证的人，构成犯罪的，依照《刑法》第三百零五条的规定，追究其刑事责任。公诉人、当事人和辩护人、诉讼代理人在证人提供证言、鉴定人提供鉴定意见后，认为需要询问证人、鉴定人的，经审判长许可，可以对证人、鉴定人进行发问。询问证人、鉴定人，不能采用威胁、利诱、暗示、提示等方法；多个证人作证的，应当分别进行，其他证人不能在场。对于证人的陈述不清或者矛盾之处，应当要求证人作进一步陈述和说明；对于证人之间的证言相互矛盾的，公诉人、当事人和辩护人、诉讼代理人可以进一步核实，互相质证。审判长认为发问的内容与案件无关的时候，应当制止。“内容与案件无关”是指发问的内容与案件涉及的定罪量刑无关。

第二款是关于审判人员可以对证人、鉴定人进行询问的规定。对证人、鉴定人进行询问主要是由公诉人、当事人和辩护人、诉讼代理人进行，但审判人员在必要的时候，也有权询问证人、鉴定人。这对于保证法庭准确调查核实案件真相和证据，也是必不可少的。

第一百九十条　公诉人、辩护人应当向法庭出示物证，让当事人辨认，对未到庭的证人的证言笔录、鉴定人的鉴定意见、勘验笔录和其他作为证据的文书，应当当庭宣读。审判人员应当听取公诉人、当事人和辩护人、诉讼代理人的意见。

【条文主旨】本条是关于法庭调查核实物证、书证的规定。

【修改情况】本条略作修改，将“鉴定结论”改为“鉴定意见”。

【条文解读】本条包含三层意思：（1）公诉人、辩护人向法庭出示物证，应当经当事人辨认。公诉人向法庭出示证明被告人罪行的物证，辩护人则出示证明被告人无罪或者罪轻的物证。在出示物证前，公诉人、辩护人应当先向当事人问明该物证的特征，然后向法庭出示，让当事人辨认核实，并问清辨认意见。当事人在法庭上辨认物证时要如实回答。不便或者不能拿到法庭上出示的物证，应当出示原物的照片或者投影。（2）对未到庭的证人的证言笔录、鉴定人的鉴定意见、勘验笔录和其他作为证据的文书，应当当庭宣读。对于有正当理由未能到庭的证人，辩护人应当将其证言笔录当庭宣读，对未到庭的鉴定人的鉴定意见、勘验笔录和其他作为证据的文书，也应当庭宣读。（3）审判人员应当听取公诉人、当事人和辩护人、诉讼代理人的意见。对于在法庭上出示的物证和宣读的其他证据，审判人员应当听取公诉人、当事人和辩护人、诉讼代理人的意见，认真进行核对。只有经过当事人辨认，各方面的证人证言相互印证，核对属实后，才能作为定案的根据。

第一百九十一条　法庭审理过程中，合议庭对证据有疑问的，可以宣布休庭，对证据进行调查核实。

人民法院调查核实证据，可以进行勘验、检查、查封、扣押、鉴定和查询、冻结。

【条文主旨】本条是关于合议庭庭审与庭外对证据进行调查核实的规定。

【修改情况】与1996年《刑事诉讼法》第一百五十八条的规定相比，修订后的本条增加了人民法院调查核实证据的方法——“查封”。

【条文解读】本条共有两款。第一款是关于合议庭在审理过程中对有疑问的证据可以休庭进行调查核实的规定。根据本款规定，合议庭可以休庭进行调查核实证据是在对“证据有疑问的”情况下。“合议庭对证据有疑问的”，主要是指合议庭在法庭审理过程中，认为公诉人、辩护人提出的主要证据是清楚、充分的，但某个证据或者证据的某一方面存在不足或者相互矛盾，如对同一法律事实，公诉人、辩护人各有不同的物证、书证、证人证言或者鉴定意见等证据。在这种情况下，不排除疑问，就会影响定罪或者判刑，但控辩双方各执一词，法庭无法及时判定真伪，很有必要先宣布休庭，对证据进行调查核实。

第二款是关于人民法院在调查核实证据时可以使用哪些具体措施的规定。本款规定，这些措施是勘验、检查，查封，扣押，鉴定和查询、冻结。“勘验、检查”主要是指对于与犯罪有关的场所、物品、人身、尸体进行勘验或者检查；“查封”主要是指对于与犯罪有关的财产进行封存；“扣押”主要是指扣押可用于证明被告人有罪、无罪或罪轻的各种物品和文件、邮件、电报等，必要时也可以查封或者扣押被告人的财产，但与案件无关的上述物品等不得扣押；“鉴定”是指为查明证据的真伪，指派、聘请有专门知识的人就案件中的某个专门问题进行鉴别、确定；“查询、冻结”主要是指依照规定查询、冻结被告人的存款、汇款。人民法院在采取上述措施时，应当遵守本法关于侦查中相关措施的规定。

第一百九十二条　法庭审理过程中，当事人和辩护人、诉讼代理人有权申请通知新的证人到庭，调取新的物证，申请重新鉴定或者勘验。

公诉人、当事人和辩护人、诉讼代理人可以申请法庭通知

有专门知识的人出庭，就鉴定人作出的鉴定意见提出意见。

法庭对于上述申请，应当作出是否同意的决定。

第二款规定的有专门知识的人出庭，适用鉴定人的有关规定。

【条文主旨】 本条是关于申请新证人到庭，调取新物证以及鉴定人出庭作证的规定。

【修改情况】 本条作出两处修改：一是将原来的第二款变更为第三款；二是增加了申请通知有专门知识的人出庭，对鉴定意见提出意见的规定，并对有专门知识的人出庭需要适用何种程序作了规定。

【条文解读】 本条共四款。第一款是关于当事人和辩护人、诉讼代理人有权申请新的证人到庭、调取新的物证、申请重新鉴定或者勘验的规定。根据本款规定，在法庭审理过程中，如果当事人和辩护人、诉讼代理人发现了新的证据或者对原有证据产生疑问，认为有必要重新取证或者进行补充的，有权以口头或者书面形式随时向法庭提出申请，请求通知新的证人到庭，调取新的物证，进行重新鉴定或者勘验。

第二款是关于申请有专门知识的人出庭就鉴定意见提出意见的规定。本款规定包含如下几层意思：（1）申请法庭通知有专门知识的人出庭就鉴定意见提出意见是公诉人、当事人和辩护人、诉讼代理人在法庭审理阶段的一种权利。（2）就鉴定意见发表意见的人必须具有专门知识。（3）该具有专门知识的人仅能就鉴定意见发表意见，不得就案件事实表达意见。

第三款是关于是否允许具有专门知识的人出庭作证的决定权的规定。根据本款规定，对于公诉人、当事人和辩护人、诉讼代理人提出的申请具有专门知识的人出庭作证的申请，应当由法庭决定是否同意。法庭可以根据案件的具体情况，作出同意或者不同意的决定。

第四款是关于专门知识的人出庭作证适用规则的规定。根据本款规定，有专门知识的人出庭作证适用鉴定人的有关规定，如接受控辩双方的质证，实事求是、客观、科学地发表专门性意见，保守案件的相关秘密等。

第一百九十三条　法庭审理过程中，对与定罪、量刑有关的事实、证据都应当进行调查、辩论。

经审判长许可，公诉人、当事人和辩护人、诉讼代理人可以对证据和案件情况发表意见并且可以互相辩论。

审判长在宣布辩论终结后，被告人有最后陈述的权利。

【条文主旨】本条是关于法庭辩论和被告人最后陈述权利的规定。

【修改情况】将原来的规定变为第二款，增加了第一款，即对定罪、量刑的有关事实和证据，可以在法庭上进行调查和辩论。本条规定的修改强调对法庭审理中对被告人量刑的法庭调查活动，旨在刑罚方面保障程序公正和被告人权利，是一项重要的进步。

【条文解读】本条共三款。第一款是关于法庭辩论内容的新增规定。根据本款规定，在法庭审理过程中，凡是与定罪、量刑有关的事实、证据均应进行调查、辩论。本款在修改时体现了量刑改革的成果，在法庭调查、法庭辩论等阶段，将量刑程序作为法庭审理程序的一部分，确保量刑活动的相对独立性。在法庭审理过程中，可以根据案件具体情况先调查犯罪事实，后调查量刑事实；在法庭辩论过程中，也可以先辩论定罪问题，后辩论量刑问题。需要注意的是，量刑程序并非完全与定罪程序完全分离，综合考虑我国的诉讼制度、庭审模式、犯罪构成理论和司法资源等多种因素，本条中所规定的“对与定罪、量刑有关的事实、证据都应当进行调查、辩论”是指确立相对独立的量刑程序，包含以下两层含义：一是要注重量刑活动与定罪活动在性质、目的、任务和遵循的刑罚基本原则等方面的差别，不能将两者混同；二是在庭审过程中，量刑程序与定罪程序的分离只能是相对的，不能将两者截然分离，在法庭的定罪事实调查阶段，应当一并调查与定罪和量刑有关的犯罪事实，之后再调查其他与犯罪无关的量刑事实，如被告人是否自首、是否赔偿损失等。

第二款是关于法庭辩论程序的规定。根据本款规定，辩论的具体程序是：公诉人、当事人和辩护人、诉讼代理人在要求发言时，应当提出申请，经审判长许可后发言。在庭审中，发表意见和互相辩论的发言机会应当是均等的。公诉人、当事人和辩护人、诉讼代理人应当遵循实事求是的原则，坚持以事实为根据，以法律为准绳，对证据和案件情况发表意见和展开辩论。审判长在宣布法庭辩论结束前，要征求以上各方是否还有新的意见，在各方表示没有新的意见后，审判长应当宣布辩论结束。如果在辩论中发现证据有疑问的，合议庭可以宣布休庭，决定案件延期审理，进行调查核实证据。

第三款是关于被告人最后陈述的规定，被告人最后陈述是法庭审判的一个独立阶段，是刑事诉讼法赋予被告人的一项十分重要的诉讼权利。根据本条规定，被告人有最后陈述的权利。在法庭辩论结束后，审判长应当告知并保证被告人有这项权利。被告人可以根据事实和法律，申请法庭调查核对证据，提出自己无罪、有罪以及罪轻、罪重以及定罪量刑的意见、要求，分析自己的犯罪原因，请求法庭给予重新做人的机会等。

第一百九十四条　在法庭审判过程中，如果诉讼参与人或者旁听人员违反法庭秩序，审判长应当警告制止。对不听制止的，可以强行带出法庭；情节严重的，处以一千元以下的罚款或者十五日以下的拘留。罚款、拘留必须经院长批准。被处罚人对罚款、拘留的决定不服的，可以向上一级人民法院申请复议。复议期间不停止执行。

对聚众哄闹、冲击法庭或者侮辱、诽谤、威胁、殴打司法工作人员或者诉讼参与人，严重扰乱法庭秩序，构成犯罪的，

依法追究刑事责任。

【条文主旨】 本条是关于法庭秩序的规定。

【修改情况】 本条未作修改。

【条文解读】 本条共两款。第一款是关于对诉讼参与人或者旁听人员违反法庭秩序应当如何处理的规定及具体处理程序的规定。法庭审判是刑事诉讼活动的重要组成部分，是人民法院代表国家行使审判权的严肃活动。所有的诉讼参与人和旁听人员都必须严格遵守法庭秩序，以保障审判工作的审理进行。本法第一百零六条条对“诉讼参与人”已进行了明确规定，是指当事人、法定代理人、诉讼代理人、辩护人、证人、鉴定人和翻译人员。“旁听人员”是指依法进行公开审判的案件，在法庭里旁听的群众以及在场采访的记者等人员。“法庭秩序”是指为保证法庭审理的正常进行，诉讼参与人、旁听人员应当遵守的有关纪律和规定。诉讼参与人在法庭上应当严格遵守以下规定：经审判长同意才能发言，在法庭上不得大声喧哗、吵闹，听从审判长指挥，等等。这些纪律、规定在法庭审判开始时应当当庭宣布。根据本款的规定，对诉讼参与人或者旁听人员违反法庭秩序，审判长应当警告制止；对不听制止的，可以强行带出法庭；情节严重的，处以一千元以下的罚款或者十五日以下的拘留。这里的“不听制止”是指经审判长警告制止后，不听警告，仍然继续违反法庭秩序的；“情节严重”是指违反法庭秩序者的态度比较恶劣，造成的后果、影响比较坏等，损害法庭尊严，使审判活动不能正常进行。进行罚款、拘留时，合议庭应当制作决定书，经本院院长批准。被处罚的人对罚款、拘留的决定不服的，可以向上一级人民法院申请复议，复议期间不停止执行。

第二款是关于严重扰乱法庭秩序构成犯罪的如何处罚的规定。根据本款规定，扰乱法庭秩序的行为是聚众哄闹、冲击法庭或者侮辱、诽谤、威胁、殴打司法工作人员或者诉讼参与人。“司法工作人员”在这里主要包括审判人员、公诉人以及司法警察等人员。“依法追究刑事责任”是指依照刑事诉讼法规定的程序，移送侦查、起诉和审判，进行定罪处刑。依法追究刑事责任的条件是以上行为严重扰乱法庭秩序，构成犯罪。是否构成犯罪，要根据刑法有关规定加以认定。

第一百九十五条　在被告人最后陈述后，审判长宣布休庭，合议庭进行评议，根据已经查明的事实、证据和有关的法律规定，分别作出以下判决：

（一）案件事实清楚，证据确实、充分，依据法律认定被告人有罪的，应当作出有罪判决；

（二）依据法律认定被告人无罪的，应当作出无罪判决；

（三）证据不足，不能认定被告人有罪的，应当作出证据不足、指控的犯罪不能成立的无罪判决。

【条文主旨】本条是关于合议庭应当如何进行评议和判决的规定。

【修改情况】本条未作修改。

【条文解读】根据本条规定，在被告人最后陈述后，审判长应当宣布休庭，合议庭进行评议，经过评议后作出判决。这里的“评议”是指合议庭的组成人员对与案件有关的问题，在认定事实和适用法律上，进行集体研究、交换意见，最后对案件的处理形成决议的过程。在评议中，审判人员应当坚持“以事实为根据，以法律为准绳”的原则，根据已经查明的事实、证据和有关的法律规定，对被告人作出判决。评议由审判长主持，其他合议庭组成人员与审判长享有同等的权利。如果意见不一致，应当按多数人的意见作出决定，但是少数人的意见应当由书记员记入笔录。参加评议的合议庭组成人员应当在评议笔录上签名。“判决”是指人民法院对被告人是否有罪，犯的什么罪，适用什么刑罚或者免除处罚的决定。本条规定，判决有以下三种情况：（1）案件事实清楚，证据确实、充分，依据法律认定被告人有罪的，应当作出有罪判决。判决具体包括犯什么罪、处何种刑以及具体刑期等内容。（2）依据法律认定被告人无罪的，应当作出无罪判决。（3）证据不足，不能认定被告人有罪的，应当作出证据不足、指控的犯罪不能成立的无罪判决。这种判决在性质上是无罪判决，与前项无罪判决在法律后果上完全相同。法院判决后，如果侦查机关后来又取得了犯罪的证据，可以另行起诉。

第一百九十六条　宣告判决，一律公开进行。

当庭宣告判决的，应当在五日以内将判决书送达当事人和提起公诉的人民检察院；定期宣告判决的，应当在宣告后立即将判决书送达当事人和提起公诉的人民检察院。判决书应当同时送达辩护人、诉讼代理人。

【条文主旨】本条是关于判决宣告方式和判决书送达的规定。

【修改情况】本条第二款增加了“判决书应当同时送达辩护人、诉讼代理人”的规定。

【条文解读】本条共两款。第一款是关于宣告判决一律公开进行的规定。“宣告判决”是指人民法院对案件的判决予以宣布。根据本款规定，人民法院宣告判决，无论是公开审理的案件，还是不公开审理的案件，一律公开进行。不公开审理的案件，审理过程不对外公开，宣告判决应当公开进行，但对于不宜公开的内容，应当不写入判决书。

第二款是关于判决书送达的规定。宣告判决分为当庭宣告和定期宣告两种。当庭宣告一般适用于案情相对简单，所处刑罚较轻的案件。对这类案件，合议庭经过评议，可以当庭作出判决。定期宣告一般适用于比较重大、复杂的案件。这类案件，合议庭、审判委员会往往要经过反复研究，可以另定日期宣告判决。根据本款规定，当庭宣告判决的，人民法院应当在五日以内将判决书送达当事人和提起公诉的人民检察院，同时抄送辩护人、诉讼代理人。定期宣告判决的，人民法院应当在宣告判决后立即将判决书送达当事人和提起公诉的人民检察院，同时抄送辩护人、诉讼代理人。这样规定，当事人和人民检察院接到判决书后，如不服人民法院的判决可以及时提出上诉或者抗诉。

第一百九十七条　判决书应当由审判人员和书记员署名，并且写明上诉的期限和上诉的法院。

【条文主旨】本条是关于判决书署名以及写明上诉信息的规定。

【修改情况】修改后的法条将“合议庭的组成人员”改为“审判人员”。

【条文解读】根据本条规定，判决书应当由审判人员和书记员署名，并且写明上诉的期限和上诉的法院。“判决书”是人民法院对于被告人是否有罪，犯什么罪，适用什么刑罚或者免除刑罚所作出的书面决定。它是刑事诉讼中最重要的法律文书，也是执行机关执行人民法院判决的依据。“审判人员”是指组成合议庭的全部审判人员，包括审判长、审判员和人民陪审员。在判决书上，合议庭的全体组成人员和书记员都要签署姓名，没有上述人员签署姓名的判决书不具有法律效力。“写明上诉的期限和上诉的法院”是指在判决书中必须明确写出被告人如对判决不服，可在多长的时间内向哪个法院提出上诉。根据本法第二百一十九条的规定，不服判决的上诉期限为十日。上诉法院，是指作出一审刑事判决的人民法院的上一级人民法院，基层法院一审的，上诉法院就是该市、地区、自治州的中级人民法院；中级人民法院一审的，上诉法院就是该省、自治区、直辖市高级人民法院。

第一百九十八条　在法庭审判过程中，遇有下列情形之一，影响审判进行的，可以延期审理：

（一）需要通知新的证人到庭，调取新的物证，重新鉴定或者勘验的；

（二）检察人员发现提起公诉的案件需要补充侦查，提出建

议的；

（三）由于申请回避而不能进行审判的。

【条文主旨】本条是关于延期审理的规定。

【修改情况】本条将“由于当事人申请回避而不能进行审判的”改为“由于申请回避而不能进行审判的”。

【条文解读】“延期审理”是指在法庭审判过程中，由于本条规定的三种情形的出现，使审判活动不能继续进行，合议庭因此中止审判活动，等影响审判正常进行的情形消失后，再开庭审理。根据本法规定，人民法院延期审理的情形有以下三种：

其一，当事人和辩护人、诉讼代理人申请新的证人到庭，调取新的物证，重新鉴定或者勘验的。如果合议庭同意上述申请，而当庭又无法解决的，可以决定延期审理。

其二，在审判过程中，检察人员发现提起公诉的案件中有些犯罪事实还不清楚，证据还不确实、充分，提出需要补充侦查的建议，被合议庭接受的，可以决定延期审理。

其三，由于当事人申请回避而不能进行审判的。这有两种情形：一是合议庭对当事人的申请不能当庭作出决定；二是申请回避的人员应当回避，需要更换人员的。对这两种情况，合议庭可以决定延期审理。

第一百九十九条　依照本法第一百九十八条第二项的规定延期审理的案件，人民检察院应当在一个月以内补充侦查完毕。

【条文主旨】本条是关于人民检察院进行补充侦查期限的规定。

【修改情况】本条除条文序号调整外，未作修改。

【条文解读】依照本法第一百九十八条第二项的规定延期审理的案件，是在法庭审判过程中，检察人员发现提起公诉的案件需要补充侦查，提出建议，人民法院决定延期审理的案件。根据本条规定，人民检察院对自己申请补充侦查的案件，应当在一个月以内补充侦查完毕。

第二百条　在审判过程中，有下列情形之一，致使案件在较长时间内无法继续审理的，可以中止审理：

（一）被告人患有严重疾病，无法出庭的；

（二）被告人脱逃的；

（三）自诉人患有严重疾病，无法出庭，未委托诉讼代理人出庭的；

（四）由于不能抗拒的原因。

中止审理的原因消失后，应当恢复审理。中止审理的期间不计入审理期限。

【条文主旨】本条是对中止审理的规定。

【修改情况】本条是新增条文。

【条文解读】“中止审理”是指在审判过程中，出现了某些使审判活动在一定期限内无法继续进行的情况时，审判人员决定暂时停止审判活动，待有关情形消失后，再行恢复审判。

第一款规定了适用中止审理的情形，有如下四种：（1）被告人患有严重疾病，并且无法出庭的；（2）被告人脱逃的；（3）自诉人患有严重疾病，无法出庭，未委托诉讼代理人出庭的；（4）由于不能抗拒的原因。当出现上述四种情形之一，致使案件在较长时间内无法继续审理时，可以中止审理。

第二款规定了中止原因消失后的恢复审理，根据本款规定，中止审理的原因消失后，应当恢复审理，中止审理的期限不计入审理期限。

第二百零一条　法庭审判的全部活动，应当由书记员写成笔录，经审判长审阅后，由审判长和书记员签名。

法庭笔录中的证人证言部分，应当当庭宣读或者交给证人

阅读。证人在承认没有错误后，应当签名或者盖章。

法庭笔录应当交给当事人阅读或者向他宣读。当事人认为记载有遗漏或者差错的，可以请求补充或者改正。当事人承认没有错误后，应当签名或者盖章。

【条文主旨】本条是关于制作法庭笔录的程序要求的规定。

【修改情况】本条未作修改。

【条文解读】本条共三款。第一款是关于法庭审判的全部活动必须要制成笔录并经有关人员审阅、签名的规定。法庭笔录是记载全部审判活动的文字材料，是重要的诉讼文书，既是合议庭分析研究案情的重要依据，又是审查审判活动是否合法的主要依据。制作法庭笔录，必须将审判中的全部活动以及全部过程按照时间顺序如实记载，不能遗漏，不能增减，不能自行涂改，做到客观、真实、准确、全面。书记员在记录时，要注意做到字迹清楚。根据本款规定，书记员写成法庭笔录，经审判长审阅后，审判长和书记员应在笔录上签字。

第二款是关于法庭笔录中的证人证言部分当庭宣读或者交给证人阅读并签名的规定。根据本款规定，法庭笔录中的证人证言部分，合议庭应当当庭宣读或者交给证人阅读，宣读通常由书记员进行。宣读或者交给证人阅读的证人证言部分，应当限于该证人本人的证人证言部分。证人在听完宣读或者阅读完笔录后，认为记录与自己陈述一致，没有出入的，应当签名或者盖章。如果证人不会写字，也没有图章，可以按手印。证人提出证言笔录记录有误的，书记员应当及时修改、补充，到证人承认没有错误后，再签名或者盖章。

第三款是关于将法庭笔录交给当事人阅读或者向他宣读并由其签名的规定。根据本款规定，法庭笔录应当交给当事人阅读或者向他宣读。当事人认为笔录记载有遗漏或者差错的，可以请求补充或者改正，法庭认为当事人请求有理由的，应当进行补充或者改正。当事人承认笔录记载没有错误后，应当签名或者盖章，也可以按手印替代签名、盖章。

第二百零二条　人民法院审理公诉案件，应当在受理后二个月以内宣判，至迟不得超过三个月。对于可能判处死刑的案件或者附带民事诉讼的案件，以及有本法第一百五十六条规定情形之一的，经上一级人民法院批准，可以延长三个月；因特殊情况还需要延长的，报请最高人民法院批准。

人民法院改变管辖的案件，从改变后的人民法院收到案件之日起计算审理期限。

人民检察院补充侦查的案件，补充侦查完毕移送人民法院后，人民法院重新计算审理期限。

【条文主旨】本条是关于人民法院审理期限的规定。

【修改情况】本条主要有以下几处变动：一是将人民法院审理公诉案件，应当在受理后一个月以内宣判，改为应当在受理后二个月以内宣判；二是将至迟不得超过一个半月，改为至迟不得超过三个月；三是增加了对于可能判处死刑的案件或者附带民事诉讼的案件，可以上报延长审限的规定；四是将经省、自治区、直辖市高级人民法院批准或者决定，改为经上一级人民法院批准；五是将上报后可以再延长一个月，改为可以延长三个月；六是增加了因案件特殊情况还需要延长的，报请最高人民法院批准的规定。

【条文解读】本条共三款。第一款是关于人民法院对一审刑事案件的审限。本条规定的“期限”，是指被告人被羁押的刑事案件的办案期限，从人民法院收到同级人民检察院移送来案件的第二日开始计算。根据本款规定，人民法院审理公诉案件，应当在受理后的两个月内宣判，至迟不得超过三个月。有以下情形的，经上一级人民法院批准，可以延长三个月：（1）可能判处死刑的案件；（2）附带民事诉讼的案件；（3）交通十分不便的边远地区的重大复杂案件；（4）重大的犯罪集团案件；（5）流窜作案的重大复杂案件；（6）犯罪涉及面广，取证困难的重大、复杂案件。“交通十分不便的边远地区”主要是指地势复杂、多山、多水或者管辖区域很大，交通基础设施和交通工具又都十分落后的边远地区。办理这些地方发生的案件，路途中就要占去很多时间。“重大、复杂案件”，主要是指性质比较严重或者影响比较重大，犯罪分子作案次数、人数比较多以及犯罪手段狡诈等，调查核实证据的工作量很大的案件。“重大的犯罪集团”，主要是指犯罪人数众多，作案次数多，影响恶劣，严重危害社会的犯罪集团。“流窜作案”，主要是指犯罪分子流窜到外地，跨省、市、地区作案。“犯罪涉及面广，取证困难”，主要是指犯罪涉及的地区广，有的甚至涉及境外，取证工作量大。

第二款是关于人民法院改变管辖的案件如何计算审理期限的规定。根据本款规定，人民法院改变管辖的案件，从改变后的人民法院收到案件之日起计算审理期限。

第三款是关于人民法院对人民检察院补充侦查完毕移送的案件如何计算审理期限的规定。根据本款规定，人民检察院补充侦查的案件，补充侦查完毕移送人民法院后，人民法院重新计算审理期限。

第二百零三条　人民检察院发现人民法院审理案件违反法律规定的诉讼程序，有权向人民法院提出纠正意见。

【条文主旨】本条是关于人民检察院对人民法院审判活动实施法律监督的规定。

【修改情况】本条未作修改。

【条文解读】根据本条规定，人民检察院对人民法院审理案件违反法律规定的程序，有权向人民法院提出纠正意见。“违反法律规定的诉讼程序”是指人民法院在审理刑事案件过程中，违反本法规定的有关程序。“提出纠正意见”是指人民检察院进行法律监督，明确指出人民法院在审理哪个案件中，如何违反了法律规定的诉讼程序，无论是否实际影响到案件审理结果，都应当提出纠正意见。对于人民检察院提出的纠正意见，人民法院应当认真研究，对于错误要及时纠正，并应当向人民检察院通报改正情况。根据本条规定，人民检察院对人民法院审理案件活动的监督，从审判程序上既包括第一审审判活动，又包括第二审和再审审判活动；从案件性质上讲，既包括公诉案件的审判活动，又包括自诉案件的审判活动和附带民事诉讼审判活动；从审判的具体阶段上讲，既包括人民法院法庭审理活动，也包括人民法院对刑事案件的受理、审判前的审查与准备等庭下活动。

第二节　自诉案件

主旨	本节是关于自诉案件第一审程序的规定。
定义	自诉案件是公诉案件的对称，是指法律规定的，由被害人或其法定代理人直接向人民法院提起刑事诉讼的案件。自诉案件第一审程序即《刑事诉讼法》规定的人民法院对自诉案件进行第一次审判的程序。
拓展	自诉案件的第一审程序总体上与公诉案件第一审程序相同，但由于其自身的性质特征，在审判程序上存在有别于公诉案件的特殊之处，如允许自诉人在宣告判决前同被告人自行和解或者撤回起诉，人民法院可以进行调解，符合法定条件的案件中被告人或其法定代理人可以提起反诉等。
条文	本节共4条，修改1条。
修改	本节增加了对自诉案件审限的规定。

第二百零四条　自诉案件包括下列案件：

（一）告诉才处理的案件；

（二）被害人有证据证明的轻微刑事案件；

（三）被害人有证据证明对被告人侵犯自己人身、财产权利的行为应当依法追究刑事责任，而公安机关或者人民检察院不

予追究被告人刑事责任的案件。

【条文主旨】本条是关于自诉案件范围的规定。

【修改情况】本条未作修改。

【条文解读】本条规定的“自诉案件”，是指被害人或者他的法定代理人以书面或者口头形式直接向人民法院提起刑事诉讼，由人民法院直接受理的刑事案件。根据本条规定，自诉案件包括以下三种：（1）告诉才处理。根据现行《刑法》的规定，告诉才处理的案件有侮辱、诽谤案件，暴力干涉婚姻自由案件，虐待案件，侵占案件。（2）被害人有证据证明的轻微刑事案件。“有证据证明”，主要是指被害人能够明确提供被告人的身份，有确实、充分的证据证明该被告人对自己实施了犯罪行为。被害人的证据不足以证明被告人犯罪的案件，应当向侦查机关报案，由侦查机关进行立案侦查。（3）被害人有证据证明对被告人侵犯自己人身、财产权利的行为应当依法追究刑事责任，而公安机关或者人民检察院不予追究被告人刑事责任的案件。这类自诉案件必须同时具备以下三个条件：一是被告人实施了犯罪行为；二是被害人有证据证明；三是公安机关或者人民检察院对被告人的犯罪行为不予追究。“公安机关或者人民检察院不予追究被告人刑事责任”是指经向公安机关、人民检察院报案、控告、检举，公安机关、人民检察院未立案侦查，或者撤销案件，或者不起诉的。

第二百零五条　人民法院对于自诉案件进行审查后，按照下列情形分别处理：

（一）犯罪事实清楚，有足够证据的案件，应当开庭审判；

（二）缺乏罪证的自诉案件，如果自诉人提不出补充证据，应当说服自诉人撤回自诉，或者裁定驳回。

自诉人经两次依法传唤，无正当理由拒不到庭的，或者未经法庭许可中途退庭的，按撤诉处理。

法庭审理过程中，审判人员对证据有疑问，需要调查核实

的，适用本法第一百九十一条的规定。

【条文主旨】本条是关于人民法院对于自诉案件区别情形进行处理的规定。

【修改情况】本条除条文序号调整外，其他未作修改。

【条文解读】本条共三款。第一款是关于人民法院如何审查处理自诉案件的规定。根据本款规定，人民法院对自诉案件进行审查后，有以下两种处理办法：一是犯罪事实清楚，有足够证据的案件，应当开庭审判；二是缺乏罪证的自诉案件，如果自诉人提不出补充证据，应当说服自诉人撤回自诉，或者裁定驳回。“缺乏罪证”是指没有罪证和罪证不足两种情况。

第二款是关于对自诉人拒不到庭或者中途擅自退庭的规定。根据本款规定，自诉人经两次依法传唤，无正当理由拒不到庭的，或者未经法庭许可中途退庭的。按撤诉处理。“无正当理由拒不到庭”是指不是出于客观原因，而是故意不出席法庭审理。“未经法庭许可中途退庭”是指没有向法庭申请并经法庭同意，退出法庭，不再参加案件审理的行为。

第三款是关于法庭审理自诉案件对证据有疑问的如何处理的规定。根据本款规定，法庭审理过程中，审判人员对证据有疑问，需要调查核实的，适用本法第一百九十一条的规定，即法庭可以宣布休庭，对证据进行核实。在核实证据时，可以进行勘验、检查、扣押、鉴定和查询、冻结。

第二百零六条　人民法院对自诉案件，可以进行调解；自诉人在宣告判决前，可以同被告人自行和解或者撤回自诉。本法第二百零四条第三项规定的案件不适用调解。

人民法院审理自诉案件的期限，被告人被羁押的，适用本法第二零二条第一款、第二款的规定；未被羁押的，应当在受理后六个月以内宣判。

【条文主旨】本条是关于人民法院审理自诉案件适用调解制度

的有关规定。

【修改情况】与原条文相比，修订后的主要变化是增加了自诉案件的审理期限的相关规定。

【条文解读】本条共两款。第一款是关于自诉案件调解的规定。人民法院对自诉案件，可以进行调解；自诉人在宣告判决前，可以同被告人自行和解或者撤回自诉。本法第二百零四条第三项规定的案件不适用调解。这里规定的“调解”主要是指人民法院处理轻微刑事案件，通过说服教育等工作，使当事人双方达成和解的一种方式。调解应当出于当事人的真实意愿，不得强迫进行。通过审判员与当事人协商最终达成的调解协议对双方当事人都具有约束力。人民法院应当制作调解书，调解书送达当事人即发生法律效力。如果在调解书送达当事人以前，当事人中有一方反悔的，人民法院可以再行调解，也可以开庭审理。“自行和解”是在法庭宣判以前，自诉人和被告人在法庭外自愿达成谅解协议。当事人双方和解，自诉人应该以书面或者口头形式向人民法院撤回自诉；“撤回自诉”是指自诉人向法院控诉以后，由于某种原因，自动放弃法律赋予他的自诉权利，向人民法院申请撤销自己对被告人的控诉。自行撤诉的案件，除有正当理由外，不得就同一案件再行起诉。“本法第二百零四条第三项规定的案件”是指本法第二百零四条第三项规定的“被害人有证据证明对被告人侵犯自己人身、财产权利的行为应当依法追究刑事责任，而公安机关或者人民检察院不予追究被告人刑事责任的案件。”这类案件不适用调解，但自诉人在宣判前可以同被告人自行和解或者撤回自诉。

第二款是对自诉案件审理期限的规定。为了更好地保护被羁押人的权利，防止超期羁押，本条第二款专门列明对于自诉案件凡是被告人羁押的，应当适用本法关于审理期限的规定。同时，对于未被羁押的案件，为防止案件的久拖不决，规定了此类案件的审理期限为 6 个月。

第二百零七条　自诉案件的被告人在诉讼过程中，可以对自诉人提起反诉。反诉适用自诉的规定。

【条文主旨】本条是关于自诉案件中反诉的规定。

【修改情况】本条未作修改。

【条文解读】本条规定主要有以下两层意思：（1）自诉案件的被告人可以提起反诉。“反诉”是指在诉讼过程中，被告人就自诉人控告的案件，人民法院对自诉人提起刑事诉讼。反诉应当具备以下几个条件：一是反诉的对象必须是同一案件的自诉人；二是被告人反诉所指控自诉人的犯罪行为必须与自诉案件的案情有直接关系；三是反诉案件必须是可以直接受理的自诉案件。反诉案件可以同原来已经提起的自诉案件合并审理。（2）“反诉适用自诉的规定”，主要是指人民法院处理反诉案件适用本法第二百零四条、第二百零五条、第二百零六条的规定，即反诉案件审理活动适用自诉案件诉讼程序的所有规定。

第三节　简易程序

主旨	本节是关于简易程序的规定。
定义	简易程序，是指基层人民法院审理符合法律规定的刑事案件适用的相对简单的审判程序。
条文	本节共8条，修改5条，增加2条。
修改	本节在扩大适用简易程序的案件范围的同时对简易程序适用进行了科学规制，赋予了被告人程序选择权，并明确规定适用简易程序的案件人民检察院应派员出庭支持公诉，有利于进一步合理配置司法资源，提高诉讼效率，维护司法公正。

第二百零八条 基层人民法院管辖的案件，符合下列条件的，可以适用简易程序审判：

（一）案件事实清楚、证据充分的；

（二）被告人承认自己所犯罪行，对指控的犯罪事实没有异议的；

（三）被告人对适用简易程序没有异议的。

人民检察院在提起公诉的时候，可以建议人民法院适用简易程序。

【条文主旨】本条是关于简易程序适用条件的规定。

【修改情况】本条做了如下变动：一是将简易程序的适用范围修改为“基层人民法院管辖的案件”，并且需符合下列条件：（1）案件事实清楚、证据充分的；（2）被告人承认自己所犯罪行，对指控的犯罪事实没有异议的；（3）被告人对适用简易程序没有异议的，可以适用简易程序审判。二是将“人民检察院建议或者同意适用简易程序的”修改为“人民检察院在提起公诉时候，可以建议人民法院适用简易程序”。

【条文解读】本条共两款。第一款规定了简易程序的适用条件。根据本款规定，可以适用简易程序的案件必须同时满足以下条件：（1）案件属于基层人民法院管辖。根据本法第十九条、第二十条、第二十一条、第二十二条的规定，除危害国家安全、恐怖活动案件，可能判处无期徒刑、死刑的案件，全省（自治区、直辖市）性的重大案件和全国性的重大刑事案件，都属于基层人民法院管辖。（2）案件事实清楚，证据确实充分，即案件事实简单明了，定罪量刑的证据客观全面。（3）被告人承认自己所犯罪行，对起诉书指控的犯罪事实没有异议的；即被告人认罪的同时对起诉书中指控的犯罪事实没有提出相反意见，两项要求缺一不可。“承认自己所犯罪行”是指对起诉书中指控的犯罪事实全盘承认，如果被告人承认了部分犯罪事实，对于其他犯罪事实并不承认，也不能适用简易程序；如果被告人对被指控的犯罪事实无异议，但拒不认罪的，不能适用简易程序；如果被告人对被指控的犯罪事实无异议，并自愿认罪，而仅对被指控的罪名有异议的，可以适用简易程序。(4) 被告人对适用简易程序没有异议，即被告人对适用简易程序审理表示同意。被告人同意适用简易程序的，应当记入笔录。

第二款规定了人民检察院有向人民法院建议适用简易程序的权利。人民检察院在审查起诉时，认为案件符合第一款规定的适用简易程序的条件的，可以向人民法院提出适用简易程序的建议。

第二百零九条　有下列情形之一的，不适用简易程序：

（一）被告人是盲、聋、哑人，或者是尚未完全丧失辨认或者控制自己行为能力的精神病人；

（二）有重大社会影响的；

（三）共同犯罪案件中部分被告人不认罪或者对适用简易程序有异议的；

（四）其他不宜适用简易程序审理的。

【条文主旨】本条是对基层人民法院适用简易程序的除外性规定。

【修改情况】本条是新增条文，与前一条文共同构成基层人民法院适用简易程序审理案件的范围界定。

【条文解读】凡是存在下列情形之一的，即使符合本法第二百零八条规定的条件，也不能适用简易程序审理：(1) 被告人是盲、聋、哑人，或者尚未完全丧失辨认或者控制自己行为能力的精神病人，这主要是考虑到这类人的辨别能力不如普通人，通常不能正确理解指控的性质及作有罪答辩可能导致的后果，需要对其在诉讼中的防卫权利、救济权利加以特别保护。(2) 有重大社会影响的，对于此类案件适用普通程序审理，有利于保证办案质量和社会效果。(3) 共同犯罪案件中部分被告人不认罪或者对适用简易程序有异议的，在共同犯罪中，部分被告人犯罪事实的认定直接影响到全案事实和定罪量刑，因此对于部分被告人不认罪的案件不能适用简易程序。适用简易程序的首要条件之一，即获得被告人的同意，在共同犯罪案件中，如果部分被告人对适用简易程序审理提出异议，则难以满足适用简易程序的条件，此时不适用简易程序审理，既是对被告人诉讼权利的尊重，也是保障案件审理质量的前提。（4）其他不宜适用简易程序审理的情况，这是本条对于不适用简易程序审理的兜底性规定。

第二百一十条 适用简易程序审理案件，对可能判处三年有期徒刑以下刑罚的，可以组成合议庭进行审判，也可以由审判员一人独任审判；对可能判处的有期徒刑超过三年的，应当组成合议庭进行审判。

适用简易程序审理公诉案件，人民检察院应当派员出席法庭。

【条文主旨】本条是对简易程序审判组织形式的有关规定，分别对简易程序的审判组织和简易程序的公诉人出庭进行了规定。

【修改情况】本条做了如下修改：一是增加一款“适用简易程序审理案件，对可能判处三年有期徒刑以下刑罚的，可以组成合议庭进行审判，也可以由审判员一人独任审判，对可能判处的有期徒刑超过三年的，应当组成合议庭进行审判”。二是将“人民检察院可以不派员出席法庭”修改为“人民检察院应当派员出席法庭”。

【条文解读】本条共两款。第一款规定了简易程序的审判组织，根据本款规定，适用简易程序的案件分为独任审判和合议庭审判两种审判组织：（1）对可能判处三年有期徒刑以下刑罚的案件，可以组成合议庭进行审判，也可以由审判员一人独任审判，因为此类案件大多案情简单，刑罚轻微，这样审判足以保证案件质量，同时节约司法资源。这里使用的是“可以”而非“应当”，即人民法院可以根据案件的具体情况，既可以采用独任审判，也可以组成合议庭进行审理。（2）对可能判处三年有期徒刑以上刑罚的案件，应当组成合议庭进行审理，这主要是考虑到本法第二百零八条对简易程序的适用条件进行了修改，扩大了适用简易程序的案件范围，根据司法实践中的相关数据，有相当一部分刑罚较重的案件也符合适用简易程序的客观条件，为了确保这部分案件的办案质量，充分保护被告人的合法权益，在此规定，对于可能判处三年有期徒刑以上刑罚的案件，应当组成合议庭进行审理。

第二款规定了适用简易程序案件，公诉人应当出庭。这里是“应当”，而非可以，即无论案件是独任审判员审理还是合议庭审理，人民检察院均应派员出庭。

第二百一十一条　适用简易程序审理案件，审判人员应当询问被告人对指控的犯罪事实的意见，告知被告人适用简易程序审理的法律规定，确认被告人是否同意适用简易程序审理。

【条文主旨】本条是关于适用简易程序询问被告人认罪和是否同意适用简易程序的规定。

【修改情况】本条是新增条文。

【条文解读】根据本条规定，对适用简易程序审理的案件：一是在公诉人宣读起诉书后，审判人员必须询问被告人对起诉书中指控的犯罪事实的意见。根据本法第二百零八条“被告人承认自己所犯罪行，对指控的犯罪事实没有异议”是适用简易程序的要件之一，如果被告人承认了部分犯罪事实，对于其他犯罪事实并不承认或者被告人对被指控的犯罪事实无异议，但拒不认罪的，不能适用简易程序。如果被告人对起诉书指控的犯罪事实无异议，并自愿认罪，但对被指控的罪名有异议，可以适用简易程序。二是审判人员要向被告人告知适用简易程序审理的法律规定，并确认被告人是否同意适用简易程序。如果被告人不同意适用简易程序，则不能适用简易程序。被告人享有简易程序适用上的选择权，这是此次修改的一大进步。

第二百一十二条　适用简易程序审理案件，经审判人员许

可，被告人及其辩护人可以同公诉人、自诉人及其诉讼代理人互相辩论。

【条文主旨】本条是关于简易程序的辩护的规定。

【修改情况】本条做了如下变动：一是删除了“宣读起诉书后”这一规定；二是将“被告人及其辩护人可以同自诉人及其诉讼代理人互相辩论”修改为“被告人及其辩护人”。

【条文解读】本条主要包括：其一，被告人可以就起诉书指控的犯罪进行陈述和辩护。对起诉书指控的犯罪事实、性质和情节等，被告人有不同意见的，可以进行陈述和辩护；有辩护人的，辩护人也可以发表辩护意见。如果被告人没有不同意见的，可以不作陈述和辩护。其二，经审判人员许可，被告人及其辩护人可以同公诉人、自诉人及其诉讼代理人互相辩论。“互相辩论”的程序和内容与本法一百九十三条规定相同。辩论时，公诉人、被告人或者辩护人、自诉人及其诉讼代理人应当先向审判人员请求发言，得到许可后再进行发言，辩论是“互相”进行，没有严格顺序。辩论的内容，包括犯罪事实、证据以及案件的其他情况，只要与本案有关的，都可进行辩论。审判中，如果被告人翻供的，要慎重处理。一般来说，人民法院应当不宜再适用简易程序，依照本法第二百一十五条的规定处理。

第二百一十三条　适用简易程序审理案件，不受本章第一节关于送达期限、讯问被告人、询问证人、鉴定人、出示证据、法庭辩论程序规定的限制。但在判决宣告前应当听取被告人的最后陈述意见。

【条文主旨】本条是关于简易程序简化的规定。

【修改情况】本条增加规定了适用简易程序审理案件，不受本章第一节关于送达期限规定的限制。

【条文解读】本条包含两层意思：其一，适用简易程序审理案件，不受本章第一节关于送达期限、讯问被告人、询问证人、鉴定人、出示证据、法庭辩论程序规定的限制。这里规定的“本章第一节关于送达期限、讯问被告人、询问证人、鉴定人、出示证据、法庭辩论程序规定”，是指本法第三编第二章第一节对第一审公诉案件普通程序中关于送达期限、讯问被告人、询问证人、鉴定人、出示证据、法庭辩论程序的规定。“不受限制”是指根据审理案件的事实，可以进行某一程序，也可以不进行某一程序。其二，适用简易程序审理案件，在判决宣告前应当听取被告人的最后陈述意见。根据这一规定，听取被告人的最后陈述意见是必经程序，是被告人的一项重要诉讼权利。最后陈述应在法庭调查辩论结束后、判决宣告前进行，时间一般不应受到具体限制，陈述的内容如果不是与本案毫无关系，也不应当进行制止。

第二百一十四条　适用简易程序审理案件，人民法院应当在受理后二十日以内审结；对可能判处的有期徒刑超过三年的，可以延长至一个半月。

【条文主旨】本条是关于简易程序审理期限的规定。

【修改情况】本条增加了对于可能判处的有期徒刑超过三年的，审理期限可以延长至1个半月的规定。

【条文解读】本条包含两层意思：其一，根据本条规定，人民法院在适用简易程序审理案件时，一般应当在受理后的二十日以内审结。这里规定的“在受理后二十日以内”，是指在人民法院接到案件之日起二十日以内。“审结”是指通过对案件的审理，作出处理结论。主要包括以下几种情况：（1）依照本法第一百九十五条的规定作出有罪、无罪以及证据不足、指控的犯罪不能成立的无罪判决；（2）对自诉案件依法作出调解；（3）自诉人依法自行和解或者撤回自诉。其二，对于可能判处三年以上有期徒刑的适用简易程序的案件，人民法院审理案件的时限可以延长至一个半月。“延长至一个半月”是指自人民法院接到案件之日起一个半月以内。

第二百一十五条　人民法院在审理过程中，发现不宜适用

简易程序的，应当按照本章第一节或者第二节的规定重新审理。

【条文主旨】 本条是对适用简易程序向普通程序回转的规定。

【修改情况】 本条未作修改。

【条文解读】 根据本条规定，人民法院在审理案件过程中，发现不宜适用简易程序的，应当按照本章第一节或者第二节的规定重新审理。“不宜适用简易程序的”是指人民法院在适用简易程序审理案件时，发现案件不属于本法第二百零八条规定的可以适用简易程序的案件。不应当适用简易程序审理；或者在案件审理过程中，案件情况发生某种变化，不宜再适用简易程序来审理。前者如案情较为复杂，证据不足，后者为被告人在法庭上翻供的等。是否不宜适用简易程序，应当由法院依法作出决定。“应当按照本章第一节或者第二节的规定”是指应当依照本法第二编第二章第一节关于第一审公诉案件程序或者第二节关于第一审自诉案件程序的有关规定。“重新审理”是指停止适用简易程序，代之以适用第一审公诉案件普通程序或者第一审自诉案件普通程序，从头开始审理。需要指出的是，转为普通程序审理的案件，审理期限自决定转为普通程序之日起计算。同时，第一审普通程序是法律设置相当完善的正当程序，具有排他性，已经确定为适用普通程序，不应转换为适用简易程序。

第三章 第二审程序

主旨	本章是关于刑事诉讼第二审程序的规定。
定义	第二审程序又称上诉审程序，是第二审人民法院根据上诉人的上诉或者人民检察院的抗诉，就第一审人民法院尚未发生法律效力的判决或裁定所认定的事实和适用的法律进行审理时所应当遵循的步骤和方式、方法。

拓展	第二审程序的任务是，对第一审人民法院作出的判决或裁定进行全面审查和审理，维持正确的一审判决和裁定，纠正错误的一审判决和裁定。
条文	本章共19条，修改6条。
修改	本章在以下五个方面进行了修改： 1. 明确了第二审开庭审理适用的案件范围。 2. 对第二审适用发回重审进行了限制。 3. 对上诉不加刑原则作了更为严格的规定。 4. 对二审的审理期限作了适当的延长。 5. 完善了对查封、扣押、冻结财物及其孳息的处理方式等。

第二百一十六条　被告人、自诉人和他们的法定代理人，不服地方各级人民法院第一审的判决、裁定，有权用书状或者口头向上一级人民法院上诉。被告人的辩护人和近亲属，经被告人同意，可以提出上诉。

附带民事诉讼的当事人和他们的法定代理人，可以对地方各级人民法院第一审的判决、裁定中的附带民事诉讼部分，提出上诉。

对被告人的上诉权，不得以任何借口加以剥夺。

【条文主旨】本条是关于被告人、自诉人和他们的法定代理人以及附带民事诉讼的当事人和他们的法定代理人的上诉权的规定。

【修改情况】本条未作修改。

【条文解读】“判决”是指人民法院对案件实体问题所作的处理决定，包括刑事判决和附带民事诉讼的判决。“裁定”主要是指人民法院在审理案件过程中对诉讼程序问题所作的决定，如移送案件的裁定、驳回自诉的裁定等。“上诉”是指被告人、自诉人和他们的法定代理人，以及附带民事诉讼的当事人和他们的法定代理人不服地方各级人民法院尚未发生法律效力的第一审判决或者裁定，要求上一级人民法院对案件重新进行审判的诉讼活动。

本条共三款。根据第一款规定，关于刑事案件被告人、自诉人和他们的法定代理人对地方各级人民法院第一审的判决、裁定不服，有权提出上诉的规定。根据本款规定，对刑事判决、裁定提出上诉的主体是被告人、自诉人和他们的法定代理人。如果被告人、自诉人在案件发生时是未成年人或者精神上有缺陷而不能正常进行诉讼活动的人，其法定代理人应当有独立的上诉权。另外，经被告人同意，被告人的辩护人和近亲属可以提出上诉。这里的“辩护人”主要指辩护律师，也包括其他辩护人；“近亲属”是指夫、妻、父、母、子、女、同胞兄弟姐妹。上诉的原因是“不服地方各级人民法院第一审的判决、裁定”，对最高人民法院作出的第一审判决、裁定，或者对中级人民法院以上各级人民法院作出的第二审判决，不得上诉。上诉的形式，可以是书面形式，向法院递交上诉状，也可以是口头形式。对口头上诉，人民法院应当接受，并且应当制作笔录。

根据第二款规定，关于附带民事诉讼当事人和他们的法定代理人有权对各级人民法院第一审的判决、裁定中的附带民事诉讼部分提出上诉的规定。根据本款的规定，附带民事诉讼的当事人和他们的法定代理人，可以对地方各级人民法院第一审的判决、裁定中的附带民事诉讼部分，提出上诉。上诉的主体是附带民事诉讼的当事人和他们的法定代理人，即附带民事诉讼的原告人、被告人和他们的法定代理人。上诉的内容，只限于附带民事诉讼部分，对刑事判决、裁定部分无权提出上诉。

第三款规定了是对被告人的上诉权不得剥夺的规定。根据本款规定，对被告人的上诉权不得以任何借口加以剥夺。我国法律规定二审终审制，对未生效第一审判决或者裁定的上诉必然引发第二审，赋予被告人上诉权，目的是通过这一制度来保证判决和裁定的正确性，及时纠正错误，减少和杜绝冤、假、错案，提高办案质量，从而保证准确地惩罚犯罪，保护公民的合法权利，维护法律的尊严。“对被告人的上诉权，不得以任何借口加以剥夺”是指对所有被告人，不论犯什么罪、罪行多严重，动机和态度多恶劣，都不影响其依法享有上诉权，人民法院应当绝对保障这项权利，任何个人、单位不得以任何理由剥夺这项权利。被告人只要“不服地方各级人民法院第一审的判决、裁定”就可以提出上诉，不受上诉理由是否充分等限制。

本条第三款规定的被告人的上诉权，这里的上诉权应当包括自诉人、附带民事诉讼的当事人的上诉权。因此，不仅要绝对保证被告人的上诉权，对自诉人、附带民事诉讼的当事人和他们的法定代理人的上诉权也要保障，不得以任何借口加以剥夺。

第二百一十七条　地方各级人民检察院认为本级人民法院第一审的判决、裁定确有错误的时候，应当向上一级人民法院提出抗诉。

【条文主旨】本条是关于人民检察院依法提出抗诉的规定。

【修改情况】本条未作修改。

【条文解读】本条规定的“抗诉”，是指人民检察院发现或者认为判决或者裁定确有错误，提请审判机关重新审理并予以纠正的诉讼行为。抗诉通常分为对一审未生效裁判的抗诉和对生效裁判的抗诉，本条规定的抗诉是指对一审未生效裁判的抗诉。根据本条规定，地方各级人民检察院认为本级人民法院第一审的判决、裁定确有错误的时候，应当向上一级人民法院提出抗诉。“地方各级人民检察院认为本级人民法院的第一审判决、裁定确有错误的”，主要是指人民检察院认为本级人民法院第一审的判决、裁定存在以下情况之一的：（1）认定事实不清楚或者有错误；（2）定案的证据不确实、充分；（3）适用法律不当，定罪有错误；（4）处刑不当，量刑过轻或者过重；（5）审判程序严重违法；（6）原判决、裁定是审判人员徇私舞弊、枉法裁判的结果。这种“确有错误”不论是加重了被告人的罪责，还是减轻了被告人的罪责，人民检察院都有权利也有责任向上一级人民法院提出抗诉，不能只抗轻判不抗重判。

第二百一十八条　被害人及其法定代理人不服地方各级人民法院第一审的判决的，自收到判决书后五日以内，有权请求人民检察院提出抗诉。人民检察院自收到被害人及其法定代理人的请求后五日以内，应当作出是否抗诉的决定并且答复请求人。

【条文主旨】本条是关于被害人及其法定代理人有权请求人民检察院提出抗诉的规定。

【修改情况】本条未作修改。

【条文解读】本条主要规定了以下两方面内容：一是被害人有权请求人民检察院提出抗诉。规定被害人及其法定代理人不服地方各级人民法院第一审判决的，自收到判决书后五日以内，有权请求人民检察院提出抗诉。提出请求的主体，是被害人及其法定代理人。提出请求的原因是不服地方各级人民法院第一审判决。这里的“判决”，不包括裁定。这主要是考虑到在刑事诉讼中裁定一般是就程序方面的问题作出的，通常不涉及认定事，是适用法律的问题。被害人提出请求的时间，自收到判决书第二日算起五日以内。这主要是考虑到本法规定的人民检察院对一审判决提起抗诉的期限是十日，规定被害人自收到判决书五日内请求人民检察院提起抗诉，就给了人民检察院对被害人的请求进行研究考虑的时间，而不会超过提出抗诉的期限。二是人民检察院应当作出是否抗诉的决定并答复请求人。在司法实践中，人民检察院应当切实保障本条规定赋予被害人的权利，被害人的请求有道理的，应当作出决定依法抗诉。

第二百一十九条　不服判决的上诉和抗诉的期限为十日，不服裁定的上诉和抗诉的期限为五日，从接到判决书、裁定书的第二日起算。

【条文主旨】本条是关于上诉和抗诉期限的规定。

【修改情况】本条未作修改。

【条文解读】本条规定的上诉和抗诉期限，是指上诉人根据本法第二百一十六条的规定提出上诉和人民检察院根据本法第二百一十七条的规定提出抗诉的有效期限。在这个期限内，提出的上诉和抗诉具有法律效力，案件要进行第二审程序；超出这个期限，如果没有人民法院认定的合理理由，提出的上诉和抗诉就不具有法律效力，第一审判决、裁定即告生效。本条规定了以下三方面内容：（1）不服判决的上诉和抗诉的期限为十日，即指被告人、自诉人和他们的法定代理人、被告人的辩护人和近亲属、附带民事诉讼的当事人和他们的法定代理人，不服地方各级人民法院的第一审判决的上诉期限为十日；地方各级人民检察院对认为本级人民法院确有错误的第一审判决的抗诉期限为十日。（2）不服裁定的上诉和抗诉的期限为五日，即上诉人不服地方人民法院第一审的裁定，提出上诉的期限为五日；地方各级人民检察院对本级人民法院确有错误的第一审裁定，提出抗诉的期限为五日。（3）上诉和抗诉的期限，从接到判决书、裁定书的第二日起算。根据本法第一百零四条的规定，当事人由于不能抗拒的原因或者有其他正当理由而耽误期限的，在障碍消除后五日以内，可以申请继续进行应当在期满以前完成的诉讼活动。这种申请是否准许，由人民法院裁定。如果没有正当理由的，人民法院即予裁定驳回申请。当事人仍然坚持上诉的，按本法规定的审判监督程序处理。

第二百二十条　被告人、自诉人、附带民事诉讼的原告人和被告人通过原审人民法院提出上诉的，原审人民法院应当在三日以内将上诉状连同案卷、证据移送上一级人民法院，同时

将上诉状副本送交同级人民检察院和对方当事人。

被告人、自诉人、附带民事诉讼的原告人和被告人直接向第二审人民法院提出上诉的，第二审人民法院应当在三日以内将上诉状交原审人民法院送交同级人民检察院和对方当事人。

【条文主旨】本条是关于人民法院移送上诉状程序的规定。

【修改情况】本条未作修改。

【条文解读】本条共两款。第一款是上诉人通过原审法院提出上诉，原审人民法院如何移送上诉状的规定。这里规定的“被告人、自诉人、附带民事诉讼的原告人和被告人通过原审人民法院提出上诉”，是上诉人提出上诉的方式之一，指上诉人对地方各级人民法院第一审的判决、裁定不服，向作出第一审判决的人民法院口头表示上诉的要求或者提交上诉状。根据本款规定，上诉人通过原审人民法院提出上诉的，原审人民法院应当在三日以内将上诉状连同案卷、证据移送上一级人民法院，同时将上诉状副本送交同级人民检察院和对方当事人。根据本法第一百零三条规定，这里规定的“三日以内”不包括在路途上的时间，在期满前交邮的，不算过期。“对方当事人”，主要包括被告人、被害人、自诉人、附带民事诉讼的原告人和被告人，在具体的案件中，要根据上诉人是哪一方来确定。

第二款是关于上诉人直接向第二审人民法院提出上诉，第二审人民法院如何移送上诉状的规定。“直接向第二审人民法院提出上诉”，也是上诉人提出上诉的一种方式，指上诉人不经过第一审人民法院，直接向第二审人民法院表示上诉的要求或者提交上诉状。根据本款规定，被告人、自诉人、附带民事诉讼的原告人和被告人直接向第二审人民法院提出上诉的，第二审人民法院应当在三日以内将上诉状交原审人民法院送交同级人民检察院和对方当事人。

第二百二十一条　地方各级人民检察院对同级人民法院第一审判决、裁定的抗诉，应当通过原审人民法院提出抗诉书，

并且将抗诉书抄送上一级人民检察院。原审人民法院应当将抗诉书连同案卷、证据移送上一级人民法院，并且将抗诉书副本送交当事人。

上级人民检察院如果认为抗诉不当，可以向同级人民法院撤回抗诉，并且通知下级人民检察院。

【条文主旨】 本条是关于人民检察院抗诉程序的规定。

【修改情况】 本条未作修改。

【条文解读】 本条共两款。第一款是关于地方各级人民检察院对本级人民法院第一审的判决、裁定如何提出抗诉以及人民法院对人民检察院提出的抗诉案件如何移送的规定。根据本法第二百一十七条规定，地方各级人民检察院对本级人民法院第一审的判决、裁定，如果认为确有错误的，应当提出抗诉。根据本款的规定，提出抗诉的程序是：（1）以书面形式，即人民检察院应当制作抗诉书。上诉可以是书面形式，也可以是口头形式，抗诉则必须以书面形式，不能口头提出。（2）通过原审人民法院提出抗诉。上诉可以通过原审人民法院提出，也可以直接向第二审人民法院提出；抗诉要向原审人民法院递交抗诉书，不能直接向第二审人民法院抗诉。（3）在向原审人民法院递交抗诉书的同时，将抗诉书抄送上一级人民检察院。关于人民法院接到人民检察院抗诉的案件，应当如何移送，本条规定，原审人民法院应当将抗诉书连同案卷、证据移送上一级人民法院，并且将抗诉书副本送交当事人。

第二款是关于上级人民检察院认为抗诉不当，可以向同级人民法院撤回抗诉的规定。"抗诉不当"，主要是指第一审的判决、裁定没有错误，而人民检察院对同级人民法院第一审的判决、裁定提出抗诉，理由不正确、不充分，缺乏法律依据。根据本款规定，上级人民检察院接到下级人民检察院抄送的抗诉书后，应当在第二审人民法院审判以前，对抗诉的案件进行认真审查，如果认为抗诉不当，可以向同级人民法院撤回抗诉，并且通知下级人民检察院。应当注意，本款规定的"上级人民检察院"，不只包括上一级人民检察院，也包括其他上级人民检察院。一审程序中的检察机关在决定提出抗诉前是否可以事先请示上级检察机关，对此法律没有明确规定。但是，法律把抗诉权明确赋予下级人民检察院，请示不是必经程序，下级检察机关不应依赖上级检察机关的表态来决定是否抗诉。

第二百二十二条　第二审人民法院应当就第一审判决认定的事实和适用法律进行全面审查，不受上诉或者抗诉范围的限制。

共同犯罪的案件只有部分被告人上诉的，应当对全案进行审查，一并处理。

【条文主旨】本条是关于第二审人民法院对上诉和抗诉的案件应当如何进行审查的规定。

【修改情况】本条未作修改。

【条文解读】本条共两款。第一款是关于第二审人民法院对上诉案件应当进行全面审查的规定，根据本款规定，第二审人民法院应当就第一审判决认定的事实和适用法律进行全面审查，不受上诉或者抗诉范围的限制。这里规定的“全面审查”，是指对一审判决所认定的事实和适用的法律和诉讼程序进行全面的审查。主要包括以下这些具体方面：(1）第一审判决认定的事实是否清楚，证据是否确实、充分，证据之间有无矛盾，有无遗漏罪行和犯罪分子；(2）适用法律是否正确，定罪量刑是否适当；(3）侦查、起诉和第一审程序中有无严重违反法定程序的情形；(4）上诉、抗诉是否具备法定的主体资格，提出的理由是否有新的事实和证据；(5）被告人有无翻供，翻供的情况及原因；(6）辩护人的意见应否采纳；(7）一审合议庭或审判委员会讨论的意思；(8）其他与第一审判决、裁定是否正确有关的情况。“不受上诉和抗诉范围的限制”是指第二审人民法院在对上诉和抗诉案件和适用的法律进行全面审查时，对上诉或者抗诉提出来的部分要进行审查，对上诉或者抗诉没有提出来的部分也要进行审查，在审查的范围上，不受上诉人上诉和人民检察院抗诉范围的限制。

第二款是关于第二审人民法院对部分被告人提出上诉的共同犯罪案件如何进行审查的规定。“共同犯罪案件”是指刑法规定的二人以上共同故意犯罪的案件。根据本款规定，共同犯罪的案件，只有部分被告人上诉的，应当对全案进行审查，一并处理。这里规定的“全案进行审查，一并处理”，是指不仅要对提出上诉的被告人的判决部分所认定的事实和运用的法律进行全面审查，其他被告人未提出上诉的，对未提出上诉的被告人的判决部分也要进行全面审查。如果提出上诉的被告人在二审程序中死亡，人民法院仍应对全案进行审查。死亡的被告人不构成犯罪的，应当宣告无罪；构成犯罪的，宣告终止审理。对其他同案的被告人，应当根据事实和法律作出二审判决或者裁定。

第二百二十三条　第二审人民法院对于下列案件，应当组成合议庭，开庭审理：

（一）被告人、自诉人及其法定代理人对第一审认定的事实、证据提出异议，可能影响定罪量刑的上诉案件；

（二）被告人被判处死刑的上诉案件；

（三）人民检察院抗诉的案件；

（四）其他应当开庭审理的案件。

第二审人民法院决定不开庭审理的，应当讯问被告人，听取其他当事人、辩护人、诉讼代理人的意见。

第二审人民法院开庭审理上诉、抗诉案件，可以到案件发生地或者原审人民法院所在地进行。

【条文主旨】本条规定了第二审案件的审理方式。

【修改情况】本条修改后，一是规定了人民法院应当开庭审理的四种情形；二是规定了第二审人民法院决定不开庭审理时，应当讯问被告人，听取其他当事人、辩护人、诉讼代理人的意见。

【条文解读】 本条共三款。第一款是关于二审开庭审理的案件范围。根据本款规定，如下情形的案件第二审人民法院必须开庭审理：(1) 被告人、自诉人及其法定代理人对人民法院第一审判决中认定的事实或者证据提出异议，并且第二审人民法院经审查认为被告人、自诉人及其法定代理人所提出的异议有可能影响对被告人的定罪量刑。(2) 在一审判决中被告人被判处死刑，被告人提起上诉的案件。由于死刑案件人命关天，必须适用极为严格、审慎的审理程序。最高人民法院自2005年起，要求死刑案件二审一律开庭审理，并相继出台了《最高人民法院关于进一步做好死刑第二审案件开庭审理工作的通知》、《最高人民法院、最高人民检察院关于死刑第二审案件开庭审理程序若干问题的规定（试行)》。需要注意的是，根据本款规定，“被告人判处死刑的上诉案件”，包括被告人被判处死刑立即执行的上诉案件，也包括被告人被判处死刑缓期二年执行的上诉案件，这与原先司法解释的要求有所区别。(3) 人民检察院抗诉的案件。(4) 其他应当开庭审理的案件。这是本款规定的应当开庭审理情形的兜底条款。第二款是关于第二审审判地点的规定。根据本款规定，第二审人民法院开庭审理上诉、抗诉案件，可以在第二审人民法院所在地进行，也可以到案件发生地或者原审人民法院所在地进行。

第二款是对人民法院不开庭审理案件的程序要求。根据本款规定，对于不开庭审理的被告人上诉案件，人民法院应当讯问被告人，同时听取其他当事人、辩护人和诉讼代理人的意见。应当注意，本条规定的不开庭审理，不是单纯的书面审理，而是要组成合议庭。

第三款是关于二审案件审判地点的规定。根据本款规定，第二审人民法院开庭审理上诉、抗诉案件，可以在第二审人民法院所在地进行，也可以到案件发生地或者原审人民法院所在地进行。

第二百二十四条　人民检察院提出抗诉的案件或者第二审人民法院开庭审理的公诉案件，同级人民检察院都应当派员出席法庭。第二审人民法院应当在决定开庭审理后及时通知人民检察院查阅案卷。人民检察院应当在一个月以内查阅完毕。人民检察院查阅案卷的时间不计入审理期限。

【条文主旨】本条是关于人民检察院派员出席第二审案件庭审及人民检察院查阅案卷的规定。

【修改情况】本次修改在原来的基础上，增加了以下内容：一是第二审人民法院应当在决定开庭审理后及时通知人民检察院查阅案卷；二是人民检察院应当在一个月以内查阅完毕；三是人民检察院查阅案卷的时间不计入审理期限。

【条文解读】根据本条规定，二审案件人民检察院应当派员出庭的案件有两种：一是人民检察院提出抗诉的案件；二是第二审人民法院开庭审理的公诉案件。派员出庭的应当是与第二审人民法院同级的人民检察院。为了第二审检察院出庭的人员了解案情，做好出庭准备，本条规定了第二审人民法院在决定开庭审理后及时通知人民检察院查阅案卷。人民检察院应当派员对全部案卷进行查阅，对第一审判决认定的事实和适用法律，认真加以审查。对于人民检察院阅卷的期限，本条进行了明确规定，要求人民检察院应当在一个月以内查阅完毕案卷，并且人民检察院查阅案卷的期限不计入审理期限。

第二百二十五条　第二审人民法院对不服第一审判决的上诉、抗诉案件，经过审理后，应当按照下列情形分别处理：

（一）原判决认定事实和适用法律正确、量刑适当的，应当裁定驳回上诉或者抗诉，维持原判；

（二）原判决认定事实没有错误，但适用法律有错误，或者量刑不当的，应当改判；

（三）原判决事实不清楚或者证据不足的，可以在查清事实后改判；也可以裁定撤销原判，发回原审人民法院重新审判。

原审人民法院对于依照前款第三项规定发回重新审判的案件作出判决后，被告人提出上诉或者人民检察院提出抗诉的，第二审人民法院应当依法作出判决或者裁定，不得再发回原审人民法院重新审判。

【条文主旨】本条是关于第二审人民法院对上诉、抗诉案件，如何区分情况作出处理的规定。

【修改情况】本次修改在原来的基础上增加了“原审人民法院对于依照前款第三项规定发回重新审判的案件作出判决后，被告人提出上诉或者人民检察院提出抗诉的，第二审人民法院应当依法作出判决或者裁定”的规定。

【条文解读】本条共两款。第一款是关于第二审法院对上诉、抗诉案件分情况处理的规定：

1. 原判决认定事实和适用法律正确、量刑适当的，应当裁定驳回上诉或者抗诉，维持原判。“原判决认定事实和适用法律正确”是指原判决对是否有犯罪事实、被告人的行为是否构成犯罪等的认定没有错误，适用的法律符合《刑法》总则和分则以及决定、补充规定的有关规定。“量刑适当”是指根据犯罪事实和法律规定，对犯罪分子决定的刑罚得当，不畸轻畸重。二审人民法院维持原判以裁定的形式作出。

2. 原判决认定事实没有错误，但适用法律有错误或者量刑不当的，应当改判。“适用法律有错误”是指根据被告人的情况和犯罪事实，一审判决中适用的有关法律规定不正确、不恰当，主要是对案件的定性错误。“量刑不当”是指根据犯罪情节、被告人的情况和法律规定，对被告人判刑过重或者过轻。“改判”是指二审人民法院直接作出判决，改变一审判决的内容。

3. 原判决事实不清楚或者证据不足的，可以在查清事实后改判；也可以裁定撤销原判，发回原审人民法院重新审判。“原判决认定事实不清楚或者证据不足”，主要是指犯罪时间、地点、手段、危害后果等事实没有全部查清，证据不够充分或者遗漏了犯罪事实，原审收集的证据未经调查核实等。在上述情况下，第二审人民法院既可以自己查清事实，直接依法改判；也可以裁定撤销原判，发回原审人民法院重新审判。发回重审的案件，原审人民法院应当另行组成合议庭审理，按第一审程序进行审理，对其判决、裁定仍可提出上诉或者抗诉。

第二款是关于对因事实不清、证据不足而发回重审案件的处理。根据本款规定，第二审法院因事实不清、证据不足裁定撤销原判，发回原审人民法院重新审判的，原审人民法院经过审理并作出判决后，被告人提出上诉或者人民检察院提起抗诉的，第二审人民法院不得再次发回原审人民法院重审，而应当根据本条第一款的规定，依法作出维持原判或者改判的决定。

第二百二十六条　第二审人民法院审理被告人或者他的法定代理人、辩护人、近亲属上诉的案件，不得加重被告人的刑罚。第二审人民法院发回原审人民法院重新审判的案件，除有新的犯罪事实，人民检察院补充起诉的以外，原审人民法院也不得加重被告人的刑罚。

人民检察院提出抗诉或者自诉人提出上诉的，不受前款规定的限制。

【条文主旨】本条是关于上诉不加刑的规定。

【修改情况】本次修改在原来的基础上增加了“第二审人民法院发回原审人民法院重新审判的案件，除有新的犯罪事实，人民检察院补充起诉的以外，原审人民法院也不得加重被告人的刑罚”的规定。

【条文解读】本条共两款。第一款是关于上诉不加刑的一般规定。本款包含两层意思：一是第二审人民法院审判被告人一方上诉的案件，不得加重被告人的刑罚。依据本法第一百八十条的规定，对地方各级人民法院第一审的判决、裁定，被告人和他的法定代理人有权向上一级人民法院提出上诉；被告人的辩护人和近亲属，经被告人同意，也可以提出上诉。为了有效地保障被告人的上诉权，免除被告人因害怕上诉后被加重刑罚的顾虑；从而通过对上诉案件的审理保证办案质量，保证法律的正确实施。本款规定，第二审人民法院审判被告人或者他的法定代理人、辩护人、近亲属上诉的案件，经过审理决定改判的，对被告人只能适用比原判决轻的刑罚，不能加重被告人的刑罚，即不得判处比原判决重的刑种，不得加长原判同一刑种的刑期或者增加原判罚金刑的金额，对被告人判处拘役或者有期徒刑宣告缓刑的，不得撤销原判决宣告的缓刑或者延长缓刑考验期。此外，在司法实践中还应当注意，对于共同犯罪案件，只有部分被告人上诉的，既不得加重提出上诉的被告人的刑罚，也不得加重其他未上诉的同案被告人的刑罚；对于数罪并罚的案件，既不得加重决定执行的刑罚，也不得在保持决定执行的刑罚不变的情况下，加重数罪中部分罪的刑罚。二是由被告人或者他的法定代理人、辩护人、近亲属上诉而发动二审，二审人民法院经审理后发回原审人民法院重新审判，也不得加重被告人的刑罚，除非定罪量刑的事实发生了变化。

第二款是对二审案件中不受上诉不加刑原则限制的两种情况的规定。为了保障人民检察院通过抗诉进行法律监督的职权和保护上诉的自诉人的合法权益，本款规定，对于人民检察院提出抗诉的案件或者自诉人和他的法定代理人提出上诉的案件，不论被告人或者他的法定代理人、辩护人、近亲属是否同时提出上诉，均不受前款规定的上诉不加刑原则的限制。第二审人民法院经过审理，对案件进行全面审查，如果认为原判决确属过轻的，需要改判的，则可以作出比原判决重的刑罚。这里所说的“人民检察院提出抗诉的案件”，包括地方各级人民检察院认为本级人民法院第一审的判决确有错误，处刑过轻，提出抗诉的和被害人及其法定代理人不服地方各级人民法院第一审的判决，请求人民检察院提出抗诉，人民检察院经审查后提出抗诉的案件。但人民检察院认为第一审的判决确有错误，处刑过重而提出抗诉的，第二审人民法院经过审理也不应当加重被告人的刑罚。

第二百二十七条　第二审人民法院发现第一审人民法院的审理有下列违反法律规定的诉讼程序的情形之一的，应当裁定撤销原判，发回原审人民法院重新审判：

（一）违反本法有关公开审判的规定的；

（二）违反回避制度的；

（三）剥夺或者限制了当事人的法定诉讼权利，可能影响公正审判的；

（四）审判组织的组成不合法的；

（五）其他违反法律规定的诉讼程序，可能影响公正审判的。

【条文主旨】本条是关于第二审人民法院如何处理第一审人民法院违反法律规定的诉讼程序的上诉或者抗诉案件的规定。

【修改情况】本条未作修改。

【条文解读】根据本条规定，第二审人民法院在审理上诉或者抗诉案件过程中，合议庭经过开庭审理或者经过阅卷、讯问被告人，听取其他当事人、公诉人、辩护人、诉讼代理人的意见等，发现第一审人民法院的审理具有本条规定的违反法定诉讼程序的情形，并经查证属实的时候，应当作出裁定，撤销原判决，发回原审人民法院按照第一审程序重新审判。原审人民法院应当重新组成合议庭对案件进行审判，必须纠正违反法律规定的诉讼程序的做法。违反法律规定的诉讼程序的情形共有五项：一是违反本法有关公开审判的规定的；二是违反回避制度的；三是剥夺或者限制了当事人的法定诉讼权利，可能影响公正审判的；四是审判组织的组成不合法的；五是其他违反法律规定的诉讼程序，可能影响公正审判的。其中第五项规定是对前四项规定的补充，除了前四项列举的违反法定诉讼程序的情形外，第一审人民法院可能还有其他违反法定诉讼程序的情形，如不按法定程序对证据进行调查核实等，对于第一审人民法院有其他违反法定诉讼程序的情形的，如果该情形可能影响公正审判，影响一审判决正确认定案件事实，正确适用法律的，第二审人民法院也应当撤销原判，将案件发回原审人民法院重新审判。

第二百二十八条　原审人民法院对于发回重新审判的案件，应当另行组成合议庭，依照第一审程序进行审判。对于重新审判后的判决，依照本法第二百一十六条、第二百一十七条、第二百一十八条的规定可以上诉、抗诉。

【条文主旨】本条是关于原审人民法院审判发回重新审判案件的程序的规定。

【修改情况】本条除引用条文序号调整外，其他未作修改。

【条文解读】根据本条规定，原审人民法院对于发回重新审判的案件，应当另行组成合议庭，依照第一审程序进行审判。对于发回重新审判的案件，如果仍由原审判组织审理，因为原审判人员已经审理过本案，对案件可能会有先入为主或有成见的情况，从而可能影响案件重新审判时正确认定案件事实和正确适用法律，不能保证判决公正，因此为了慎重起见，发回重新审判的案件应当另行组成合议庭进行审判。应当注意的是，如果原第一审是适用简易程序进行审理的案件，因为发回重审的案件是事实不清楚或者证据不足的从而不宜适用简易程序的案件或者是有违反法律规定的诉讼程序情形的案件，为了保障案件重新审判的质量，也应当另行组成合议庭进行审判。

第二百二十九条　第二审人民法院对不服第一审裁定的上诉或者抗诉，经过审查后，应当参照本法第二百二十五条、第二百二十七条和第二百二十八条的规定，分别情形用裁定驳回

上诉、抗诉，或者撤销、变更原裁定。

【条文主旨】本条是关于第二审人民法院审查不服一审裁定的上诉或者抗诉案件后，根据不同情形分别处理的规定。

【修改情况】本条除引用条文序号调整外，其他未作修改。

【条文解读】根据本条规定，第二审人民法院对不服第一审裁定的上诉或者抗诉案件，组成合议庭进行审查后，应当参照本章关于审理不服第一审判决的上诉或者抗诉案件的有关规定，根据不同情形分别处理。其一，根据本法第二百二十五条的规定，原裁定认定事实和适用法律正确的，应当裁定驳回上诉或者抗诉，维持原裁定；原裁定认定事实没有错误，但适用法律有错误的，应当以裁定形式变更原裁定；原裁定事实不清楚或者证据不足的，可以在查清事实后以裁定形式变更原裁定；也可以裁定撤销原判，发回原审人民法院重新审判。其二，根据本法第二百二十七条的规定，第二审人民法院发现第一审人民法院的审理有违反法律规定的诉讼程序的情形的，应当裁定撤销原判，发回原审人民法院重新审判。其三，根据本法第二百二十八条的规定，原审人民法院对于发回重新审判的案件，应当另行组成合议庭，依照第一审程序进行审判。对于重新审判后作出的裁定，可以上诉、抗诉。

第二百三十条　第二审人民法院发回原审人民法院重新审判的案件，原审人民法院从收到发回的案件之日起，重新计算审理期限。

【条文主旨】本条是关于原审人民法院对发回重新审判的案件重新计算审理期限的规定。

【修改情况】本条未作修改。

【条文解读】根据本条规定，原审人民法院对于第二审人民法院撤销原判决、裁定，发回重新审判的案件，应当另行组成合议庭，依照第一审程序进行审判。其审理期限从收到发回重新审判的案件之日起计算办案期限。

第二百三十一条　第二审人民法院审判上诉或者抗诉案件的程序，除本章已有规定的以外，参照第一审程序的规定进行。

【条文主旨】本条是关于第二审人民法院除本章明确规定的二审程序外，应参照第一审程序审判上诉或者抗诉案件的规定。

【修改情况】本条未作修改。

【条文解读】根据本章规定和其他有关规定，第二审程序不同于第一审程序的主要有以下几点：第一，不能适用简易程序；第二，合议庭只能由审判员组成，人民陪审员不能作为合议庭的组成人员；第三，可以开庭审理，也可以不开庭审理，可以到案件发生地或者原审人民法院所在地进行审理；第四，人民检察院派员出庭的案件，应当通知人民检察院阅卷；第五，通过二审程序对一审判决或者裁定进行全面审查，查明一审判决或者裁定认定事实和适用法律是否正确；第六，对被告人提出上诉的案件，不能加重被告人的刑罚；第七，所作的判决、裁定是终审判决、裁定，不能再上诉或者抗诉等。根据本条规定，除上述规定外，第二审人民法院开庭审理上诉或者抗诉案件，应当参照本法规定的第一审程序进行。

第二百三十二条　第二审人民法院受理上诉、抗诉案件，应当在二个月以内审结。对于可能判处死刑的案件或者附带民事诉讼的案件，以及有本法第一百五十六条规定情形之一的，经省、自治区、直辖市高级人民法院批准或者决定，可以延长二个月；因特殊情况还需要延长的，报请最高人民法院批准。

最高人民法院受理上诉、抗诉案件的审理期限，由最高人民法院决定。

【条文主旨】本条是关于二审审理期限的规定。

【修改情况】本次修改在原来的基础上把二审的审理期限由一个月延长到二个月；增加对于死刑案件经高级人民法院批准可以延长的规定；增加了因案件情况特殊，报请最高人民法院批准可以继续延长审限的规定。

【条文解读】本条共两款。第一款共有三层意思：第一，一般情况下，二审人民法院受理上诉、抗诉案件后，应当在两个月以内审结。第二，在下列情况下，经过省、自治区高级人民法院批准或者决定，可以延长两个月：（1）案件可能判处死刑的；（2）附带民事诉讼的案件；（3）本法第一百五十六条规定的情形，即交通不便的边远地区的重大复杂案件，重大的犯罪集团案件等。第三，案件情况特殊，经过省级人民法院批准的延长期限内，依然无法审理完毕的，应当报请最高人民法院批准。第二审人民法院的办案期限，从第二审人民法院收到上诉状或者抗诉书的次日起算。

第二款是关于最高人民法院二审案件的审理期限的规定，根据本款规定，应当由最高人民法院决定。

第二百三十三条　第二审的判决、裁定和最高人民法院的判决、裁定，都是终审的判决、裁定。

【条文主旨】本条是关于什么是终审判决、裁定的规定。

【修改情况】本条未作修改。

【条文解读】终审的判决、裁定是指一经人民法院宣布，即发生法律效力的判决、裁定，对于这种判决、裁定，应当立即依法交付执行。它表示人民法院对案件的审理宣告终结。根据本法的规定，对于终审的判决、裁定，即已经发生法律效力的判决、裁定，不能再按照第二审程序提出上诉、抗诉。如果该判决、裁定确有错误，只能通过审判监督程序进行纠正。根据本条规定，人民法院终审的判决、裁定有两种，即第二审的判决、裁定和最高人民法院的判决、裁定。应当注意的是，本法还规定了死刑复核程序，因此二审判处死刑立即执行和死刑缓期二年执行的案件，其判决或者裁定虽然也不能按照第二审程序再提出上诉、抗诉，但在宣告后也并不立即发生法律效力，而是必须按照本法规定报请最高人民法院或者高级人民法院核准后才能发生法律效力，依法交付执行。

第二百三十四条 公安机关、人民检察院和人民法院对查封、扣押、冻结的犯罪嫌疑人、被告人的财物及其孳息，应当妥善保管，以供核查，并制作清单，随案移送。任何单位和个人不得挪用或者自行处理。对被害人的合法财产，应当及时返还。对违禁品或者不宜长期保存的物品，应当依照国家有关规定处理。

对作为证据使用的实物应当随案移送，对不宜移送的，应当将其清单、照片或者其他证明文件随案移送。

人民法院作出的判决，应当对查封、扣押、冻结的财物及其孳息作出处理。

人民法院作出的判决生效以后，有关机关应当根据判决对查封、扣押、冻结的财物及其孳息进行处理。对查封、扣押、冻结的赃款赃物及其孳息，除依法返还被害人的以外，一律上缴国库。

司法工作人员贪污、挪用或者私自处理查封、扣押、冻结的财物及其孳息的，依法追究刑事责任；不构成犯罪的，给予处分。

【条文主旨】本条是关于对被查封、扣押、冻结的犯罪嫌疑人、被告人的财物及其孳息如何处理的规定。

【修改情况】本次修改在原来的基础上增加了“查封”这一限制财物的行为，增加了“人民法院作出的判决，应当对查封、扣押、冻结的财物及其孳息作出处理。人民法院作出的判决生效以后，有关机关应当根据判决对查封、扣押、冻结的财物及其孳息进行处理”的规定。

【条文解读】本条共五款。第一款是关于对被查封、扣押、冻结的财物及其孳息如何保管、返还和处理的规定。这里所说的查封、扣押、冻结犯罪嫌疑人、被告人的财物，主要是指扣押的与案件有关的，可用来证明犯罪嫌疑人、被告人有罪或者无罪的各种物品和文件和根据侦查犯罪的需要冻结的犯罪嫌疑人、被告人的存款、汇款。这里所说的“孳息”，是指由物或者权利而产生的收益，包括天然孳息和法定孳息。根据本款规定，公安机关、人民检察院和人民法院对于查封、扣押、冻结犯罪嫌疑人、被告人的财物及其孳息，应当妥善保管或者封存，不能随便存放，要采取有效措施保证被扣押、冻结的财物不会丢失或者损毁，以便案件办理过程中随时核查。对于被查封、扣押、冻结的财物及其孳息，任何单位都不能挪作公用，如使用扣押的汽车办案等，任何个人更不能挪作私用。对于被查封、扣押、冻结的财物及其孳息，应当按照本条及其他国家有关规定处理，任何单位和个人不能不按规定自行处理。其中对于被害人有证据证明的合法财产，如果不是必须在法庭上作为证据出示的，应当及时返还给被害人，以保证被害人的生产、生活需要。对于国家禁止持有、经营、流通的违禁品，依照规定处理。对于易腐烂变质及其他不宜长期保存的物品，应当依照国家有关规定予以变卖。

第二款是关于被查封、扣押、冻结的财物作为证据的实物如何随案移送的规定。根据本款规定，被查封、扣押、冻结的财物及其孳息中，对于其中与案件定罪量刑有直接关系，应当作为证据在法庭上使用的实物，主要是物证、书证等原则上应当随案移送，但有些实物由于其性质、体积、重量等原因不宜移送的，应当查点清楚，开列清单，并将其清单或者照片以及其他证明文件随案移送。

第三款是关于人民法院作出的判决，应当对查封、扣押、冻结的财物及其孳息作出处理的规定。

第四款是关于没收被查封、扣押、冻结的赃款赃物及其孳息的规定。对赃款赃物的处理，是人民法院判决书主文的主要内容之一。人民法院对案件进行审理后，对于案件事实清楚，证据确实、充分，依据法律认定被告人有罪的，除对被告人定罪量刑以外，还应同时决定对赃款赃物如何处理。人民法院作出的判决生效以后，对被查封、扣押、冻结的赃款赃物及其孳息，其中属于被害人合法财产的，应当及时返还被害人，其他赃款赃物及其孳息，一律没收，上缴国库。

第五款是关于法律责任的规定。对于被查封、扣押、冻结的财物、赃款赃物及其孳息，应当妥善保管或者依照本条及其他国家有关规定处理，对于司法工作人员贪污、挪用或者私自处理，构成犯罪的，应当依照《刑法》关于贪污罪、挪用公款罪等规定依法追究刑事责任；对于不构成犯罪的，应当依照监察部的有关规定等给予纪律或者行政处分。

第四章　死刑复核程序

主旨	本章是关于死刑复核程序的规定。
定义	死刑复核程序，是指对判处死刑的案件进行复审核准的一种特殊程序。
拓展	死刑判决涉及公民生命权的剥夺，一旦出现错误，其后果将难以挽回。为此，我国《刑事诉讼法》设立了死刑复核程序，旨在通过对死刑案件进行复核以避免可能出现的错误，确保死刑判决的正确性。这也是我国长期以来奉行的“少杀、慎杀”的刑事政策在刑事诉讼领域的体现。同时，死刑复核也是统一死刑适用的关键程序。
条文	本章共6条，增加2条。
修改	本章主要从以下几个方面进行了修改： 1. 规定最高人民法院对于不核准死刑的案件，可以发回重新审判或提审改判。 2. 增加规定，在死刑复核程序中讯问被告人和听取辩护人意见的环节，强化辩方的程序参与。 3. 增加规定，在复核死刑案件过程中，最高人民检察院可以向最高人民法院提出意见，强化检察监督。

第二百三十五条　死刑由最高人民法院核准。

【条文主旨】本条是关于死刑复核权的权限主体的规定。

【修改情况】本条未作修改。

【条文解读】根据本条的规定，死刑案件的核准权只能由最高人民法院行使。判决死刑的案件包括判处死刑立即执行和判处死刑缓期二年执行的案件。从立法技术上，本条中所列明适用对象的“死刑”，仅指二审判决“死刑立即执行”的案件，而“判决死刑缓期二年执行”的案件由高级人民法院进行复核，即并不是所有的人民法院都有核准权。但如共同犯罪的案件中，有部分被判决死刑立即执行的，该案需报送全部的案卷材料和证据，由最高人民法院进行死刑复核。判处死刑的案件除了经过一审和二审程序外，无须附加任何条件须逐级上报复核，只有经过最高人民法院核准的死刑判决才能生效，并交付执行。

第二百三十六条　中级人民法院判处死刑的第一审案件，被告人不上诉的，应当由高级人民法院复核后，报请最高人民法院核准。高级人民法院不同意判处死刑的，可以提审或者发回重新审判。

高级人民法院判处死刑的第一审案件被告人不上诉的，和判处死刑的第二审案件，都应当报请最高人民法院核准。

【条文主旨】本条是关于复核死刑案件中审级和具体报送程序的规定。

【修改情况】本条未作修改。

【条文解读】根据本条规定，最高人民法院进行死刑复核的案件主要包括：（1）中级人民法院判处死刑，被告人不上诉的第一审案件；（2）高级人民法院判处死刑，被告人不上诉的第一审案件；（3）高级人民法院判处死刑的第二审案件。高级人民法院不同意判处死刑的，主要是指中级人民法院判处死刑的案件，被告人不服的，上诉到二审法院，即高级人民法院后，高级人民法院经审查后认为不应当判处死刑的案件，程序上可以采取二种方式处理：一是将该案提级到高级人民法院进行审判；二是将案件发回到中级人民法院进行重新审理。

死刑复核程序的启动不附任何条件，不必由起诉（公诉或自诉）、上诉或抗诉才能引起。死刑复核程序是人民法院逐级上报复核，无须附加任何的条件，即使没有被告人的上诉或检察机关的抗诉，仍然要报请最高人民法院进行复核。

第二百三十七条　中级人民法院判处死刑缓期二年执行的案件，由高级人民法院核准。

【条文主旨】 本条是关于判处死刑缓期二年执行案件的核准权限的规定。

【修改情况】 本条未作修改。

【条文解读】 本法将死刑案件和死刑缓期二年执行案件复核程序的核准权规定在不同的两个条文中，这样不仅从立法技术上能够保证将死刑核准权分配得更加清晰明确，而且从实体上更为准确。本法规定了死刑缓期二年执行的复核程序，既是贯彻“宽严相济”政策，坚持少杀、慎杀的刑事政策的体现，又是给不属于必须立即执行死刑的被告人一次改过自新的机会，体现了人道主义的精神。

死刑缓期二年执行不是一种独立的刑种，而是死刑的一种特殊执行方法，存在转化为死刑立即执行的可能。如果在缓刑期内故意犯罪的，仍可以执行死刑；如果在二年内未故意犯罪，不再执行死刑。中级人民法院判处死刑缓期二年执行的案件，在法定期限内，被告人不上诉、检察机关不抗诉的，在程序上应当报请高级人民法院进行核准，即死刑缓期二年执行的核准权归高级人民法院行使。之所以将该权力交由高级人民法院行使，原因主要有：（1）从审判管辖、审级配置和审判业务量的分配等角度，符合高级人民法院与最高人民法院的审级分工的诉讼规律要求，便于最高人民法院集中有限的审判资源处理死刑立即执行的案件，提高审判效率。（2）判处死刑缓期二年执行的案件，一是实行人罪不至“立即执行”；二是留存了合理的考验期间，相对还有一定纠错余地；三是最高人民法院的审判资源有限；四是从多年的司法实践来看，绝大多数罪犯在缓期执行期间确有悔改或立功，不需要再执行死刑。

中级人民法院判处死刑缓期二年执行的案件，在法定期限内，被告人不上诉、检察机关不抗诉的，由中级人民法院报请高级人民法院进行复核。如果高级人民法院认为原判决认定事实准确，证据确实充分，适用法律适当的，同意判处死刑缓期二年执行的，应当核准中级人民法院的判决。如果认为原判决有错误，不同意判处死刑缓期二年执行的，应当撤销原判决，适用发回重审或提审，即发回原审的中级人民法院进行重新审理或将该案“提级”到本院进行审判。

中级人民法院判处死刑缓期二年执行的案件，在法定期限内，被告人上诉或检察机关抗诉的，由高级人民法院按照第二审程序进行审理。经审理后，高级人民法院维持死刑缓期二年执行的二审判决和高级人民法院判处死刑缓期二年执行，被告人不上诉、检察机关不抗诉的，应当由高级人民法院另行组成合议庭，进行死刑缓期二年执行的判决的复核。而不能只由高级人民法院二审维持原判后就不再进行复核或高级人民法院将二审程序与复核程序“合一”，作出同一份判决。

第二百三十八条　最高人民法院复核死刑案件，高级人民法院复核死刑缓期执行的案件，应当由审判员三人组成合议庭进行。

【条文主旨】本条是关于死刑复核案件的审判组织的规定。

【修改情况】本条未作修改。

【条文解读】本条包括几层意思：一是从人员的组成上看，必须由审判员三名组成，排除了采用单数制度的五名或七名审判员组成。高级或最高人民法院的审判员都是高级法律专门人士，不但具有较高的法律专业素养，而且拥有较丰富的审判经验，由专职审判人员组成合议庭，有利于准确地复核死刑或者死缓案件，体现了国家对于这类案件的审判质量的重视程度。二是必须依法组成合议庭。如果意见不一致，应当按照少数服从多数的原则，少数人的意见应当记入合议庭笔录，最后由最高人民法院院长提交审判委员会讨论决定。三是适用的案件范围是死刑案件和死刑缓期二年执行的案件。四是从审级方面看，适用主体包括复核死刑案件的最高人民法院和复核死刑缓期二年执行案件的高级人民法院。

第二百三十九条　最高人民法院复核死刑案件，应当作出核准或者不核准死刑的裁定。对于不核准死刑的，最高人民法院可以发回重新审判或者予以改判。

【条文主旨】本条规定了最高人民法院对死刑复核案件的处理结果。

【修改情况】本条是新增条文。

【条文解读】根据本条规定，最高人民法院核准死刑案件，应当根据不同情况作出如下处理：原判决认定事实和适用法律正确、量刑适当、诉讼程序合法的，裁定予以核准；原判决认定事实不清、证据不足的，裁定不予核准，并撤销原判，发回重新审判；原判决认定事实正确，但依法不应当判处死刑的，裁定不予核准，并撤销原判，发回重新审判；原审人民法院违反法定诉讼程序，可能影响公正审判的，裁定不予核准，并撤销原判，发回重新审判。另外，对数罪并罚案件或共同犯罪案件，可做如下处理：一人有两罪以上被判处死刑，最高人民法院复核后，认为其中部分犯罪的死刑裁判认定事实不清、证据不足的，对全案裁定不予核准，并撤销原判，发回重新审判；认为其中部分犯罪的死刑裁判认定事实正确，但依法不应当判处死刑的，可以改判并对其他应当判处死刑的犯罪作出核准死刑的判决；一案中两名以上被告人被判处死刑，最高人民法院复核后，认为其中部分被告人的死刑裁判认定事实不清、证据不足的，对全案不予核准，并撤销原判，发回重新审判；认为其中部分被告人的死刑裁判认定事实正确，但依法不应当判处死刑的，可以改判并对其他应当判处死刑的被告人作出核准死刑的判决。

第二百四十条　最高人民法院复核死刑案件，应当讯问被告人，辩护律师提出要求的，应当听取辩护律师的意见。

在复核死刑案件过程中，最高人民检察院可以向最高人民法院提出意见。最高人民法院应当将死刑复核结果通报最高人民检察院。

【条文主旨】本条规定了最高人民法院死刑复核的程序和法律监督。

【修改情况】本条是新增条文。

【条文解读】本条共两款。第一款是关于最高人民法院复核死刑案件讯问被告人、听取辩护人意见的规定。根据本款规定，该款明确了两点：一是最高人民法院复核死刑案件，“应当”讯问被告人，注意是“应当”而不是“可以”，也就是说，讯问被告人是复核死刑案件的必经程序，以体现对当事人程序权利的尊重和对死刑案件的慎重。二是如果辩护律师提出要求，主张陈述意见的，合议庭应当听取辩护律师的意见；如果辩护律师没有提出要求，可以不用听取辩护律师的意见。通过将讯问被告人和听取辩护律师意见两项内容明确为复核程序的法定内容，以增强死刑复核程序的透明度，并保证死刑案件的质量。

第二款是关于死刑复核的法律监督。本款规定包含两层意思：一是最高人民检察院可以向最高人民法院提出意见，即对最高人民法院死刑复核案件的法律监督的方式是通过最高人民检察院向最高人民法院提出意见的方式。二是为确保最高人民检察院对死刑复核监督的可操作性，要求最高人民法院应当将死刑复核的结果通报最高人民检察院。

第五章　审判监督程序

主旨	本章是关于审判监督程序的规定。
定义	审判监督程序又称再审程序，是指人民法院、人民检察院对于已经发生法律效力的判决和裁定，发现在认定事实或者适用法律上确有错误时，依法提出并由人民法院对其重新审判所应遵循的步骤和方式、方法。
拓展	审判监督程序体现了“实事求是、有错必纠”的思想，对于及时发现和纠正冤、假、错案，促进审判公正，保障公民的合法权益具有积极意义。
条文	本章共7条，修改1条，增加2条。
修改	本章主要对以下内容进行了调整：一是申诉的理由；二是上级法院指令再审的法院；三是再审案件中适用强制措施的决定机关。

第二百四十一条　当事人及其法定代理人、近亲属，对已经发生法律效力的判决、裁定，可以向人民法院或者人民检察院提出申诉，但是不能停止判决、裁定的执行。

【条文主旨】本条是关于对生效判决、裁定申诉的规定。

【修改情况】本条未作修改。

【条文解读】根据本法规定，有权对法院生效判决、裁定提起申诉的主体是与判决、裁定有直接或者间接利害关系的当事人及其法定代理人、近亲属。当事人包括被害人、自诉人、被告人、附带民事诉讼的原告人和被告人。其中附带民事诉讼原告人和被告人，可以对附带民事诉讼提出申诉。法定代理人指被代理人的父母、养父母、监护人和有保护责任的机关、团体的代表。近亲属是指夫、妻、父、母、子、女、同胞兄弟姊妹。

本条明确了申诉的效力，即申诉并不直接导致审判监督程序的开始和原生效裁判的停止执行，只是审判监督程序的重要材料来源之一，不具有直接提起再审的法律效力，不能停止判决、裁定的执行。是否重新审判，取决于司法机关对申诉的审查。只有经过审查认为确有错误，才能按照审判监督程序对案件重新审判。只有人民法院作出改判，才能停止对原生效裁判的执行。

第二百四十二条　当事人及其法定代理人、近亲属的申诉符合下列情形之一的，人民法院应当重新审判：

（一）有新的证据证明原判决、裁定认定的事实确有错误，可能影响定罪量刑的；

（二）据以定罪量刑的证据不确实、不充分、依法应当予以排除，或者证明案件事实的主要证据之间存在矛盾的；

（三）原判决、裁定适用法律确有错误的；

（四）违反法律规定的诉讼程序，可能影响公正审判的；

（五）审判人员在审理该案件的时候，有贪污受贿，徇私舞弊，枉法裁判行为的。

【条文主旨】本条是关于申诉理由的规定。

【修改情况】本条在第一项中增加了“可能影响定罪量刑的”；在第二项中增加了“依法应当予以排除”；此外，增加了一项关于程序方面的规定：“（四）违反法律规定的诉讼程序，可能影响公正审判的”。

【条文解读】根据本条规定，在下列情形下人民法院应当重新审判，启动再审程序：1. 有新的证据证明原判决、裁定认定的事实确有错误，可能影响定罪量刑的。所谓“新的证据”是指在判决、裁定发生法律效力以后发现的，原审法院在审判中没有掌握，且能够证明原判决、裁定认定的事实不存在或严重失实的证据。此次修改《刑事诉讼法》时，新增了“可能影响定罪量刑”这一要件，也就是说，并非在判决生效后，发现新的证据必然引发再审程序的启动，如果在判决、裁定生效之后发现了原审法院没有掌握的证据，但对定罪量刑并未产生实际影响，则不必启动再审程序。但如果新的证据有可能对定罪量刑产生影响，则必须启动再审程序。（2）据以定罪量刑的证据不确实、不充分、依法应当予以排除，或者证明案件事实的主要证据之间存在矛盾的。此次修改《刑事诉讼法》，在第五十四条、第五十八条完善了非法证据排除制度，对于非法收集的证据，不能够作为定罪量刑的依据。同时，第五十三条明确了定罪量刑的证明标准。本条根据上述规定，对再审发动的条件进行了相应修改。（3）原判决、裁定适用法律确有错误。主要包括定性不准、罪与非罪不清、此罪与彼罪不明、一罪与数罪不分等。（4）违反法律规定的诉讼程序，可能影响公正审判的。本款是此次修法新增的内容，凸显了诉讼程序的重要意义，当原审诉讼程序违反法律规定，并可能对公正审判造成影响的，应当提起再审。主要包括违反公开审判、回避制度，剥夺或限制当事人法定权利，审判组织不合法等可能影响公正审判等情况。（5）审判人员在审理该案件的时候，有贪污受贿，徇私舞弊，枉法裁判行为的，即原审合议庭成员以及参与本案讨论的庭长、副庭长、审委会委员，只要有确实证据证明其中有一人出现上述行为的，都是提起再审的法定理由。

第二百四十三条　各级人民法院院长对本院已经发生法律效力的判决和裁定，如果发现在认定事实上或者在适用法律上确有错误，必须提交审判委员会处理。

最高人民法院对各级人民法院已经发生法律效力的判决和裁定，上级人民法院对下级人民法院已经发生法律效力的判决和裁定，如果发现确有错误，有权提审或者指令下级人民法院再审。

最高人民检察院对各级人民法院已经发生法律效力的判决

和裁定，上级人民检察院对下级人民法院已经发生法律效力的判决和裁定，如果发现确有错误，有权按照审判监督程序向同级人民法院提出抗诉。

人民检察院抗诉的案件，接受抗诉的人民法院应当组成合议庭重新审理，对于原判决事实不清楚或者证据不足的，可以指令下级人民法院再审。

【条文主旨】本条是关于提起审判监督程序的规定。

【修改情况】本条未作修改。

【条文解读】提起审判监督程序，是对已经发生法律效力包括已经执行完毕的判决和裁定提起重新审判的程序，是对生效裁判既判力的一种修正，必须特别慎重，因此本条对开启审判监督程序的主体和理由作了严格限制，使之既能维护法院裁判的严肃性和稳定性，又能充分保证公民的合法权益。

提起审判监督程序的主体只能是：（1）各级人民法院院长和审判委员会。各级人民法院院长享有提起审判监督程序的提交讨论权，审判委员会享有决定权，即各级人民法院院长发现本院的生效裁判在认定事实或适用法律上确有错误，必须提交审判委员会讨论决定，审判委员会经过讨论认为应当再审的，应当作出另行组成合议庭再审的决定。（2）最高人民法院和上级人民法院。如果发现确有错误，最高人民法院可以对地方各级人民法院和专门人民法院的生效判决提审或指令再审；上级人民法院对下级人民法院的生效判决，如果发现确有错误，经审判委员会讨论决定，有权提审或者指令下级法院再审。提审和指令再审是最高人民法院和上级人民法院行使审判监督职能的重要体现。所谓提审是指最高人民法院或者上级人民法院认为确有错误的案件不需要或者不适宜由原审人民法院重新审判，而由自己进行审判的方式；所谓指令再审是指最高人民法院或者上级人民法院依法指令原审法院或者本级人民法院的其他下级人民法院重新审判的方式。在司法实践中，一般而言，如果原审裁判是在认定事实上有错误或者事实不清、证据不足或者发现新证据的，一般是指令下级法院再审，如果事实认定没有错误，只是适用法律错误，或者属于案情重大、疑难的，或者已经下级人民法院重新审判后仍有错误，不宜再由下级法院再审的，均由最高或上级人民法院依法提审。而且根据本条第四款规定，对于人民检察院依照审判监督程序提起抗诉的案件，接受抗诉的同级人民法院应当组成合议庭重新审理，只有对那些原判决事实不清、证据不足的案件，才可以指令下级人民法院再审。（3）最高人民检察院和上级人民检察院。最高人民检察院可以对各级人民法院包括最高人民法院的生效裁判，上级人民检察院对下级人民法院的生效裁判，如果发现确有错误，有权按照审判监督程序向同级人民法院提出抗诉。地方各级人民检察院和下级人民检察院即使发现同级人民法院或者上级人民法院的裁判确有错误，也无权直接向这些法院提出抗诉，只能向其上级检察院提出《提请抗诉报告书》，请求上级人民检察院向同级人民法院提出抗诉，是否提出抗诉，由接到请求的人民检察院决定。

人民检察院的抗诉请求具有直接提起审判监督程序的效力，人民法院应当重新审判。重新审判的人民法院原则上是接受抗诉的同级人民法院，只有对于原判决事实不清或者证据不足的案件，才可以决定指令下级人民法院再审。

提起审判监督程序的理由为已经发生法律效力的判决和裁定，在认定事实或适用法律上确有错误。在认定事实上确有错误，主要指：原判决、裁定认定的案件主要事实或重大情节，包括定罪和量刑的主要事实或重大情节不清，或者与客观实际不符；案内据以定罪量刑的证据不确实、不充分，不足以证明主要犯罪事实或重大情节，或者证明案件事实的主要证据之间存在矛盾；发现新的事实或证据，足以证明原判决、裁定认定的事实确有错误。在法律适用上确有错误包括实体法上的错误和程序法上的错误。前者主要指应适用的法律条款没有适用或者不正确适用，不应当适用的法律条款却适用了，导致定性上的罪与非罪、此罪与彼罪、一罪与数罪相混淆，或者量刑上的轻罪重判或重罪轻判的错误。后者主要指严重违反法律规定的诉讼程序，如应回避的未回避、审判人员在审理案件过程中贪污受贿、徇私枉法等，从而导致裁判发生错误的情形。

第二百四十四条　上级人民法院指令下级人民法院再审的，应当指令原审人民法院以外的下级人民法院审理；由原审人民法院审理更为适宜的，也可以指令原审人民法院审理。

【条文主旨】本条是关于指令再审对象的规定。

【修改情况】本条是新增条文。

【条文解读】根据本条规定，指令再审的法院原则上由原审人民法院以外的下级人民法院审理，如果根据案件的实际情况，由原审人民法院审理更为适宜的，可以指令原审人民法院再审。

第二百四十五条　人民法院按照审判监督程序重新审判的案件，由原审人民法院审理的，应当另行组成合议庭进行。如果原来是第一审案件，应当依照第一审程序进行审判，所作的判决、裁定，可以上诉、抗诉；如果原来是第二审案件，或者是上级人民法院提审的案件，应当依照第二审程序进行审判，所作的判决、裁定，是终审的判决、裁定。

人民法院开庭审理的再审案件，同级人民检察院应当派员出席法庭。

【条文主旨】本条是有关再审中重新审判案件的程序的规定。

【修改情况】本条在原法条的基础上增加了“由原审人民法院审理的”，并在最后增加了一款“人民法院开庭审理的再审案件，同级人民检察院应当派员出席法庭”。

【条文解读】本条共两款。根据本条规定，如果原来是第一审案件，应当依照第一审程序进行审判，所作的判决、裁定，可以上诉、抗诉；如果原来是第二审案件，应当依照第二审程序进行审判，所作的判决、裁定，是终审的判决、裁定；如果是上级人民法院提审的案件，也按照第二审程序进行审判。同时案件经过再审程序，按照以下情形分别处理：原判决、裁定认定事实和适用法律正确、量刑适当的，应当裁定驳回申诉或者抗诉，维持原判；原判决、裁定认定事实没有错误，但适用法律有错误，或者量刑不当的，应当撤销原判决、裁定，予以改判；原判决、裁定事实不清、证据不足，经过再审查清事实的，应当依法作出判决；原判决、裁定事实不清、证据不足，经过再审仍然无法查清，不能证明被告人有罪的，应当作出证据不足、指控的犯罪不能成立的无罪判决。

第二百四十六条 人民法院决定再审的案件，需要对被告人采取强制措施的，由人民法院依法决定；人民检察院提起抗诉的再审案件，需要对被告人采取强制措施的，由人民检察院依法决定。

人民法院按照审判监督程序审判的案件，可以决定中止原判决、裁定的执行。

【条文主旨】本条是关于强制措施的决定权主体以及原判决、裁定如何执行的规定。

【修改情况】本条是新增条文。

【条文解读】本条共两款。第一款是关于对被告人采取强制措施的决定机关的规定。根据本款规定，如果再审是由人民法院决定的，那么采取强制措施的决定由人民法院作出；如果再审是人民检察院提起抗诉启动的，那么采取强制措施的决定就由人民检察院作出。

第二款是关于再审案件中止原判决、裁定的执行。再审案件审理的对象是生效的判决、裁定，既包括已经执行完毕的裁判，也包括尚未执行完毕的裁判。在前一种情形下，被告人的人身自由并没有受到限制。按照审判监督程序重新审理的案件可能作出改判的处理，将来可能涉及新裁判的执行，因此对于尚未执行完毕的原判决、裁定，人民法院可以决定中止执行。中止执行只是将原审裁判的执行程序暂时的停止，等待审判监督程序结束后再根据案件处理情况决定执行新裁判或者恢复执行原审裁判。

第二百四十七条　人民法院按照审判监督程序重新审判的案件，应当在作出提审、再审决定之日起三个月以内审结，需要延长期限的，不得超过六个月。

接受抗诉的人民法院按照审判监督程序审判抗诉的案件，审理期限适用前款规定；对需要指令下级人民法院再审的，应当自接受抗诉之日起一个月以内作出决定，下级人民法院审理案件的期限适用前款规定。

【条文主旨】本条是关于人民法院按照审判监督程序重新审判案件的审判期限的规定。

【修改情况】本条未作修改。

【条文解读】根据本条规定，重新审判案件的审理期限，是指人民法院从确认对生效裁判重新审判开始到审理终结之间所必须遵守的时间限制。人民法院按照审判监督程序重新审判的案件，包括本级人民法院决定提起再审的案件，最高人民法院、上级人民法院决定提起再审的案件，下级人民法院根据上级人民法院的指令而再审的案件，人民法院接受检察院抗诉的案件以及最高人民检察院、上级人民检察院按照审判监督程序向同级人民法院提起抗诉的案件。重新审判案件的审理期限从作出提审、再审决定之日起起算，三个月以内审结，需要延长期限的，不得超过六个月。为了使抗诉案件的接受与审理方式相衔接，对于人民检察院按照审判监督程序提出抗诉的案件，接受抗诉的人民法院如果认为需要指令下级法院再审的，应当自接受抗诉之日起一个月内作出决定。

第四编　执　行

刑事诉讼中的执行是指人民法院、人民检察院、公安机关及其他刑罚执行机关等将已经发生法律效力的判决、裁定所确定的内容依法付诸实施及解决实施中出现的变更执行等问题而进行的活动。执行作为刑事诉讼的最后一个阶段，在整个刑事诉讼中具有重要地位，是国家刑罚权实现的关键程序。正确、及时执行已经发生法律效力的判决和裁定，对于完成刑事诉讼的基本任务、实现刑事诉讼的基本目的具有重要意义。本编共有 18 条，本次修改新增 1 条、修改完善 7 条。

与原《刑事诉讼法》相比，本次修改对执行程序进行较大修改，重点完善了暂予监外执行的相关规定，强化了检察机关对刑罚执行活动的法律监督，完善了社区矫正制度，规定对被判处管制、宣告缓刑、假释或暂予监外执行的罪犯，依法实行社区矫正。

第二百四十八条 判决和裁定在发生法律效力后执行。

下列判决和裁定是发生法律效力的判决和裁定：

（一）已过法定期限没有上诉、抗诉的判决和裁定；

（二）终审的判决和裁定；

（三）最高人民法院核准的死刑的判决和高级人民法院核准的死刑缓期二年执行的判决。

【条文主旨】本条是关于执行判决和裁定的前提条件与生效的判决和裁定的范围的规定。

【修改情况】本条未作修改。

【条文解读】本条共两款。第一款是关于执行判决和裁定的前提条件的规定。根据本款规定，判决和裁定必须在发生法律效力后才能执行，判决和裁定发生法律效力是执行的前提条件，尚未发生法律效力的判决和裁定不能执行。

第二款是关于发生效力的判决和裁定的种类的规定。根据本款规定，发生法律效力的判决和裁定有以下几种：（1）已过法定期限没有上诉、抗诉的判决和裁定，即在法定期限内被告人、自诉人和他们的法定代理人、被告人的辩护人和近亲属没有提出上诉，同级人民检察院没有提出抗诉的地方各级人民法院第一审的判决和裁定，法定期限届满即发生法律效力。其中上诉、抗诉的期限，根据本法第二百一十九条规定：“不服判决的上诉和抗诉的期限为十日，不服裁定的上诉和抗诉期限为五日，从接到判决书、裁定书的第二日起算。”（2）终审的判决和裁定。根据本法的规定，终审的判决、裁定是指上级人民法院对上诉或抗诉的案件所作的第二审判决和裁定，包括中级人民法院、高级人民法院和最高人民法院审判的第二审案件的判决和裁定。此外，由于最高人民法院是我国最高审判机关，最高人民法院审判的第一审案件的判决和裁定，是终审的判决和裁定，一经宣告即发生法律效力。（3）最高人民法院核准的死刑的判决和高级人民法院核准的死刑缓期二年执行的判决。我国《刑事诉讼法》规定了死刑复核程序，最高人民法院判处死刑的案件与中级人民法院、高级人民法院判处死刑，没有上诉、抗诉的第一审案件和高级人民法院判处死刑的第二审案件，都不立即发生法律效力，必须经过死刑复核程序进行核准后才能发生法律效力。

第二百四十九条　第一审人民法院判决被告人无罪、免除刑事处罚的，如果被告人在押，在宣判后应当立即释放。

【条文主旨】本条是关于无罪和免予刑事处分的判决执行的规定。

【修改情况】本条未作修改。

【条文解读】根据本条规定，第一审人民法院作出无罪或者免除刑事处分的判决，一经宣判，如果被告人在押，应当立即释放。一审判决在宣判后并不立即发生法律效力，但无罪或者免除刑事处分的判决一经宣判，就要释放在押被告人，这是对执行问题的特殊规定。这样规定，主要是考虑到审判阶段羁押的目的是防止被告人逃避审判和继续进行犯罪，危害社会。而人民法院判处无罪或免除刑事处分的前提是被告人的行为不构成犯罪而不应当受到刑事追究，或者被告人的行为虽然已构成犯罪，但依法应当免除刑罚，此时已经失去了对被告人继续羁押的条件和法律上的根据。如果继续羁押，就是对被羁押人人身自由的侵犯。因此，无论被告人、自诉人和他们的法定代理人、附带民事诉讼的当事人和他们的法定代理人是否上诉，同级人民检察院是否抗诉，都应当立即释放。

第二百五十条　最高人民法院判处和核准的死刑立即执行的判决，应当由最高人民法院院长签发执行死刑的命令。

被判处死刑缓期二年执行的罪犯，在死刑缓期执行期间，如果没有故意犯罪，死刑缓期执行期满，应当予以减刑，由执行机关提出书面意见，报请高级人民法院裁定；如果故意犯罪，查证属实，应当执行死刑，由高级人民法院报请最高人民法院

核准。

【条文主旨】本条是关于执行死刑命令的签发和死刑缓期二年执行的规定。

【修改情况】本条未作修改。

【条文解读】本条共两款。第一款是对签发执行死刑的命令的规定。根据本款规定，最高人民法院判处或者核准的死刑立即执行的判决，在交付执行前，应当由最高人民法院院长签发执行死刑的命令，经高级人民法院转交原审人民法院交付执行。

第二款是对被判处死刑缓期二年执行的罪犯的减刑或者执行死刑的条件及程序的规定。根据本款规定，被判处死刑缓期二年执行的罪犯的减刑条件是没有故意犯罪。对于在死刑缓期执行期间没有故意犯罪的罪犯，死刑缓期执行期满，应当予以减刑。如果被判处死刑缓期二年执行的罪犯，在死刑缓期执行期间故意犯罪，查证属实的，应当执行死刑。这里所说的"故意犯罪"，依照《刑法》第十四条的规定，是指明知自己的行为会发生危害社会的结果，并且希望或者放任这种结果发生，因而构成犯罪的。关于报请减刑、执行死刑的程序，本款规定，被判处死刑缓期二年执行的罪犯，在死刑缓期执行期间，如果没有故意犯罪，符合减刑条件的，死刑缓期执行期满，由所在监狱提出减刑建议，报经省、自治区、直辖市监狱管理机关审核后，报请当地高级人民法院裁定；如果故意犯罪，应当依照法定程序，移送人民检察院处理，并经人民法院查证属实，由当地高级人民法院报请最高人民法院核准执行死刑。最高人民法院核准后，由院长签发执行死刑命令，交付执行。另外，根据相关法律规定，死刑缓期二年执行的期间，从判决确定之日起计算。

第二百五十一条　下级人民法院接到最高人民法院执行死刑的命令后，应当在七日以内交付执行。但是发现有下列情形之一的，应当停止执行，并且立即报告最高人民法院，由最高

人民法院作出裁定：

（一）在执行前发现判决可能有错误的；

（二）在执行前罪犯揭发重大犯罪事实或者有其他重大立功表现，可能需要改判的；

（三）罪犯正在怀孕。

前款第一项、第二项停止执行的原因消失后，必须报请最高人民法院院长再签发执行死刑的命令才能执行；由于前款第三项原因停止执行的，应当报请最高人民法院依法改判。

【条文主旨】本条是关于死刑交付执行、停止执行和恢复执行的规定。

【修改情况】本条未作修改。

【条文解读】本条共两款。第一款是对死刑执行的机关、期限以及停止执行的规定。根据本款规定，死刑由人民法院执行。执行死刑的人民法院在接到执行死刑命令后，应当在七日以内交付执行。在执行前，执行死刑的人民法院应当提审被告人，查明其身份，核实犯罪事实及证据，如果发现有本款规定的情形之一的，应当停止执行。

本款规定了三项停止执行的情形：（1）在执行前发现判决可能有错误的，即该生效的死刑判决在认定事实和适用法律上可能有错误。死刑一旦执行就无法挽回，判决死刑和执行死刑都应当非常慎重，只有在证据确凿的情况下，对罪大恶极的犯罪分子，才能判决死刑和执行死刑，如果在执行前发现判决可能有错误，就应当停止执行死刑。（2）在执行前罪犯揭发重大犯罪事实或者有其他重大立功表现，可能需要改判的，即罪犯在被处决前揭发重大犯罪事实或实施重大立功行为等，经查证属实的，应当改判，故此时应当停止执行死刑。（3）罪犯正在怀孕的，即罪犯从被羁押到执行死刑前，如果正在怀孕或者流产均视为正在怀孕，只要查证属实，就应当改判，因此应当停止执行死刑。

第二款是对恢复执行死刑和对罪犯正在怀孕的案件报请依法改

判的规定。本款共规定了两层意思：一是关于恢复执行死刑的规定，根据本款规定，对于停止执行死刑的案件，前款规定第一项、第二项停止执行的原因消失后，必须报请最高人民法院院长再次签发执行死刑的命令才能恢复执行死刑。“前款第一项、第二项停止执行的原因消失”是指经审查确认原判决没有错误或者其错误已经纠正并不影响判处死刑的，以及确认罪犯揭发重大犯罪事实或者有其他重大立功表现的情况不属实仍应执行死刑的。二是对罪犯正在怀孕的案件报请依法改判的规定，《刑法》第四十九条规定：“……审判的时候怀孕的妇女，不适用死刑”，因此，对于执行前发现罪犯正在怀孕，应报请最高人民法院依法予以改判。

第二百五十二条　人民法院在交付执行死刑前，应当通知同级人民检察院派员临场监督。

死刑采用枪决或者注射等方法执行。

死刑可以在刑场或者指定的羁押场所内执行。

指挥执行的审判人员，对罪犯应当验明正身，讯问有无遗言、信札，然后交付执行人员执行死刑。在执行前，如果发现可能有错误，应当暂停执行，报请最高人民法院裁定。

执行死刑应当公布，不应示众。

执行死刑后，在场书记员应当写成笔录。交付执行的人民法院应当将执行死刑情况报告最高人民法院。

执行死刑后，交付执行的人民法院应当通知罪犯家属。

【条文主旨】本条是关于死刑执行程序的规定。

【修改情况】本条未作修改。

【条文解读】本条共七款。第一款是关于死刑执行监督的规定。根据本款规定，人民法院在交付执行死刑前，应当通知同级人民检察院派员临场监督。执行死刑临场监督，由检察长、检察员或助理检察员一至数人担任，并配备书记员担任记录。临场监督的主要任务是：（1）查明被执行人的身份；（2）查看执行死刑的场地和现场秩序是否会造成他人伤亡；（3）了解是否有本法第二百五十一条规定的停止执行死刑的情形，如果发现有应当停止执行死刑的情形，应建议人民法院停止执行；（4）监督执行过程是否合法，发现违法情况，应提出纠正意见；（5）查看被执行死刑的罪犯是否确已死亡，发现罪犯尚未死亡的，应提出补充执行。另外，人民检察院临场监督应制作临场监督执行笔录。

第二款是关于死刑执行方法的规定。根据本款规定，死刑采用枪决或者注射等方法执行。应当注意的是，这里所说的“等方法”，是指其他文明、人道的方法，不能随便采用一些不文明或者不人道的死刑执行方法。应当提出的是，本款明确规定了“枪决”、“注射”方法，对于还可采用何种方法，法律没有规定，目前执行死刑应按这两种方法进行。如果法律或者司法解释中规定了其他文明、人道的死刑执行方法，则可再按其他方法执行。

第三款是关于死刑执行场所的规定。根据本款规定，死刑可以在刑场或者指定的羁押场所内执行。执行死刑的刑场，不得设在繁华地区、交通要道和旅游区附近。这里所说的“指定的羁押场所”，是指由司法机关统一规定的羁押场所，而不是在所有羁押场所都可以执行死刑。

第四款是关于临场执行死刑的程序的规定。根据本款规定，指挥执行的审判人员，在执行前应当先对罪犯验明正身，讯问有无遗言、遗物、信札等，然后再交付执行人员执行死刑。在执行前，如果发现有本法规定的停止执行的情形之一的，应当暂停执行，报请最高人民法院裁定。

第五款是关于执行死刑应当公布，但不应示众的规定。执行死刑应当通过布告进行公布，以震慑罪犯，鼓舞人民群众同犯罪作斗争。布告的张贴应选择合适场所，如专门的布告栏或在机关、团体、企事业单位的内部等，以防止发生负面效应和不良影响。执行死刑不准示众。对死刑犯游街示众，是对被执行人的人格侮辱，是执法不文明的表现，社会影响也不好，应当坚决禁止。

第六款是关于执行死刑的笔录的规定。执行死刑时，人民法院应当派书记员在场，在场书记员应当将执行死刑的经过、情况写成笔录。死刑执行完毕后，交付执行的人民法院应当将执行死刑的情况报告最高人民法院。

第七款是关于执行死刑后通知罪犯家属的规定。对罪犯执行死刑后，交付执行的人民法院应当通知罪犯家属，处理其遗书及领取罪犯尸体等问题。

第二百五十三条　罪犯被交付执行刑罚的时候，应当由交付执行的人民法院在判决生效后十日以内将有关的法律文书送达公安机关、监狱或者其他执行机关。

对被判处死刑缓期二年执行、无期徒刑、有期徒刑的罪犯，由公安机关依法将该罪犯送交监狱执行刑罚。对被判处有期徒刑的罪犯，在被交付执行刑罚前，剩余刑期在三个月以下的，由看守所代为执行。对被判处拘役的罪犯，由公安机关执行。

对未成年犯应当在未成年犯管教所执行刑罚。

执行机关应当将罪犯及时收押，并且通知罪犯家属。

判处有期徒刑、拘役的罪犯，执行期满，应当由执行机关发给释放证明书。

【条文主旨】本条是关于死刑缓期二年执行、无期徒刑、有期徒刑、拘役的执行的规定。

【修改情况】本条修改之处主要有：(1) 增加规定公安机关为人民法院送达有关法律文书的对象，明确法律文书送达应在判决生效后十日内进行；(2) 将由看守所代为执行的剩余刑期从“一年以下”改为“三个月以下”。

【条文解读】本条共五款。第一款规定了人民法院向公安机关、监狱或其他执行机关送达有关法律文书的相关内容。判决生效后，应将罪犯交付执行刑罚，交付执行的人民法院应将有关法律文书送达公安机关、监狱或者其他执行机关。“交付执行的人民法院”是指第一审人民法院。“其他执行机关”包括看守所、拘役所、未成年犯管教所、社区矫正机构等执行机关。公安机关既是执行机关之一，又负有将罪犯交付执行的责任，是有关法律文书的重要送达对象，因此法律对之加以明确规定。此处“法律文书”主要包括人民检察院起诉书副本、人民法院判决书或裁定书、执行通知书及结案登记表四类。此类文书对执行机关了解罪犯的犯罪性质、诉讼过程、认罪态度等有重要作用，有利于对其进行有针对性的教育改造，从而促使其弃恶扬善，重新做人。本款还明确有关法律文书送达的期限为判决生效后十日内，有利于督促人民法院恪守职责，防止拖延。

第二款与第三款规定了公安机关移交罪犯的责任与刑罚执行机关之间的分工。根据本款与《监狱法》的规定，对判处死刑缓期二年执行、无期徒刑、有期徒刑的罪犯，在判决生效后，人民法院应将执行通知书、判决书送达对该罪犯进行羁押的公安机关，由后者在一定期限内依法将该罪犯送交监狱执行刑罚。根据刑罚种类、刑期长短及罪犯的不同情况，刑罚执行机关存在以下分工：（1）被判处死刑缓期二年执行、无期徒刑、有期徒刑的罪犯，由监狱执行。（2）在被交付执行前，剩余刑期在三个月以下的罪犯，由看守所代为执行。剩余刑期较短，再转交监狱执行，增加很多不必要的程序，由看守所代为执行则可减少手续、节省时间，有利于对罪犯的教育和改造。此次修订将剩余刑期由“一年以下”减少至“三个月以下”，一方面能够继续发挥看守所代为执行的作用，另一方面有利于规范刑罚的执行，区分看守所与监狱的不同性质与功用，更为科学、合理。（3）被判处拘役的罪犯，由公安机关执行。（4）未成年罪犯由未成年犯管教所执行。该规定既是未成年人与成年人分别处理原则的要求，防止成年罪犯对未成年人造成不良影响，也有利于为未成年罪犯提供适合其身心特点的执行场所以对其进行有针对性的教育，避免造成监狱烙印和心理伤害。

第四款首先规定执行机关应将罪犯及时收押，即执行机关对公安机关送交执行刑罚的罪犯，应进行检查，对符合收押条件的，应及时收押，并通知罪犯家属，告知所犯罪名、刑期和执行的地址。如果执行机关认为不符合收押条件，则应当书面说明理由，由公安机关将执行通知书退回人民法院，由人民法院及时作出相应处理。

第五款是刑罚执行期满释放罪犯的规定。刑满释放人员如果没有附加剥夺政治权利的，依法享有与其他公民平等的权利，不得歧视。对被判处有期徒刑、拘役的罪犯，服刑期满，执行机关应发给释放证明书，以方便被释放人办理相关登记、手续等。

第二百五十四条　对被判处有期徒刑或者拘役的罪犯，有下列情形之一的，可以暂予监外执行：

（一）有严重疾病需要保外就医的；

（二）怀孕或者正在哺乳自己婴儿的妇女；

（三）生活不能自理，适用暂予监外执行不致危害社会的。

对被判处无期徒刑的罪犯，有前款第二项规定情形的，可以暂予监外执行。

对适用保外就医可能有社会危险性的罪犯，或者自伤自残的罪犯，不得保外就医。

对罪犯确有严重疾病，必须保外就医的，由省级人民政府指定的医院诊断并开具证明文件。

在交付执行前，暂予监外执行由交付执行的人民法院决定；在交付执行后，暂予监外执行由监狱或者看守所提出书面意见，报省级以上监狱管理机关或者设区的市一级以上公安机关批准。

【条文主旨】本条是关于暂予监外执行的规定。

【修改情况】本条对应1996年《刑事诉讼法》第二百一十四条，与原法条相比，此次修改明确了暂予监外执行的决定和批准程序，并对暂予监外执行适用对象的条文表述进行了修改，具体有以下五处：（1）将原第二百一十四条第五款“对于被判处有期徒刑、拘役，生活不能自理，适用暂予监外执行不致危害社会的罪犯，可以暂予监外执行”移至本条第一款。（2）新增一款作为本条第二款“对被判处无期徒刑的罪犯，有前款第二项规定情形的，可以暂予监外执行”。（3）将原第二百一十四条第三款“对于罪犯确有严重疾病，必须保外就医的，由省级人民政府指定的医院开具证明文件，依照法律规定的程序审批”删去“依照法律规定的程序审批”。（4）将原第二百一十四条第四款“发现被保外就医的罪犯不符合保外就医条件的，或者严重违反有关保外就医的规定的，应当及时收监。”修改完善后移至修正后的《刑事诉讼法》第二百五十七条。（5）增加暂予监外执行的决定与批准机关的规定。

【条文解读】 暂予监外执行是指根据法律规定，对符合特定条件的罪犯暂时不予收监，而将其交由社区矫正机构进行监督、管理的刑罚执行的变通方式。这一制度的设立体现了我国对罪犯进行惩罚与改造相结合的刑事政策，以及通过多种方式对罪犯进行教育、感化、挽救的灵活态度和人道主义精神。

本条共五款。第一款是关于适用暂予监外执行的对象的规定。为了防止罪犯利用监外执行的机会继续危害社会，一般情况下，只有人身危险性不大的被判处有期徒刑或拘役并且符合一定情形的罪犯才可以适用，包括：（1）有严重疾病需要保外就医的；（2）怀孕或者正在哺乳自己婴儿的妇女；（3）生活不能自理，适用暂予监外执行不致危害社会的。由于监狱和看守所主要以对罪犯的教育和改造为主要任务，一般缺乏对有上述三种情况的罪犯进行特殊照顾的人员和物质条件。因此，在确保罪犯不会危害社会的情况下适用暂予监外执行，可以使其获得更好的照顾，也能够减轻刑罚执行机关的负担。需要注意的是，以上三种情形只是适用暂予监外执行的必要条件，而非充分条件，执行机构并非在遇到以上三种情形时必须决定对罪犯适用暂予监外执行，其仍可以基于对特定的社会治安状况、刑事政策导向、罪犯的特殊个人情况等合理因素审慎考虑之后决定对罪犯继续在监内执行刑罚。

第二款规定了对判处无期徒刑的罪犯在特殊情况下可以适用暂予监外执行，系修正后的《刑事诉讼法》的新增内容。该款规定，被判处无期徒刑的罪犯，如果是怀孕或者正在哺乳自己婴儿的妇女，可以适用暂予监外执行，体现了我国法律对胎儿和婴儿的特别保护。

第三款规定了不得保外就医的情形，即对适用保外就医可能有社会危险性的罪犯，或者自伤自残的罪犯，不得保外就医。这样的罪犯自身的主观恶性并没有改造好，对其进行保外就医可能为其继续犯罪或逃避应受的惩罚创造条件，已经偏离了对其进行人道主义救济的目标，因此不得保外就医。

第四款是关于开具保外就医证明文件的主体的规定。对于可能需要保外就医的罪犯，其所患疾病是否严重到需要保外就医的程度，不能只依据罪犯自己的陈述或执行机关的判断，而要由省级人民政府指定的医院诊断并开具证明文件加以证实。“省级人民政府指定的医院”是省级人民政府事先指定的医院，而不能针对某一名罪犯临时指定医院。

第五款是关于暂予监外执行的决定和其批准机关与程序的规定。如果人民法院在向执行机关交付执行前就发现罪犯具有可以适用暂予监外执行情形的，则由交付执行的人民法院决定暂予监外执行，并由该法院制作暂予监外执行决定书，载明罪犯基本情况、判决确定的罪名和刑罚、决定暂予监外执行的原因和依据等内容。在作出暂予监外执行决定后五个工作日内，该法院应当将暂予监外执行决定书和判决书、裁定书、执行通知书送达罪犯居住地，通知其居住地县级司法行政机关派员到庭办理交接手续，并抄送罪犯居住地人民检察院监所检察部门。如果在交付执行后，则由负责执行的监狱或者看守所提出适用暂予监外执行的书面意见，报省级以上监狱管理机关或者设区的市一级以上公安机关批准。

第二百五十五条　监狱、看守所提出暂予监外执行的书面意见的，应当将书面意见的副本抄送人民检察院。人民检察院可以向决定或者批准机关提出书面意见。

【条文主旨】本条是关于对暂予监外执行进行检察监督的规定。

【修改情况】本条是新增条文。

【条文解读】1996年《刑事诉讼法》虽然也规定了检察机关有权对暂予监外执行进行监督，但只规定了事后监督的方式，即对已经批准的暂予监外执行决定提出纠正意见。即便人民检察院发现该适用暂予监外执行的决定是错误的，但此时罪犯已经开始处于监外执行的状态之下，并获得了进一步危害社会的机会，从而给社会治安带来了不必要的风险。而根据本条新规定，监狱、看守所在提出暂予监外执行的书面意见并报省级以上监狱管理机关或者设区的市一级以上公安机关批准的同时，还应当将该书面意见的副本抄送人民检察院。此外，对于交付执行前由人民法院决定适用监外执行的，同级人民检察院也可以对该决定进行监督。

人民检察院在接到监狱、看守所提出的书面意见副本或人民法院所作出的暂予监外执行的决定后，应当迅速指派检察人员对有关情况进行审查。在此期间，检察人员可以向有关机关查证各种证明材料的真伪，并审查各证明材料中的结论是否有充分的事实和法律依据，在必要时可以进行相应的调查核实。如果在审查后发现有违法、违规现象的，则应当向有权批准暂予监外执行的机关和作出暂予监外执行决定的人民法院提出书面纠正意见。暂予监外执行的决定机关或批准机关应当认真参考人民检察院的书面意见，如果发现不应当对罪犯适用暂予监外执行的，则可以及时撤回已经作出的决定或对提出的申请不予批准，从而避免因不适当的监外执行而给社会造成的风险。

第二百五十六条　决定或者批准暂予监外执行的机关应当将暂予监外执行决定抄送人民检察院。人民检察院认为暂予监

外执行不当的，应当自接到通知之日起一个月以内将书面意见送交决定或者批准暂予监外执行的机关，决定或者批准暂予监外执行的机关接到人民检察院的书面意见后，应当立即对该决定进行重新核查。

【条文主旨】本条是关于人民检察院如何对决定或者批准暂予监外执行进行监督的规定。

【修改情况】本条将“批准暂予监外执行”修改为“决定或者批准暂予监外执行”，从而在表述上更为准确和科学。

【条文解读】人民检察院应当对暂予监外执行进行全程、持续的监督。有关机关决定或者批准暂予监外执行之后，应当将该决定抄送给人民检察院接受监督。人民检察院在接到决定对罪犯暂予监外执行的通知后，应当审查被暂予监外执行的罪犯是否符合本法第二百五十四条规定的条件。人民检察院经审查认为暂予监外执行不当的，应当自接到通知之日起一个月内将书面纠正意见送交决定或者批准暂予监外执行的机关。决定或者批准暂予监外执行的机关接到人民检察院的书面意见后，应当立即对该决定进行重新核查，对确属决定或批准暂予监外执行不当的，应当及时予以纠正。

第二百五十七条　对暂予监外执行的罪犯，有下列情形之一的，应当及时收监：

（一）发现不符合暂予监外执行条件的；

（二）严重违反有关暂予监外执行监督管理规定的；

（三）暂予监外执行的情形消失后，罪犯刑期未满的。

对于人民法院决定暂予监外执行的罪犯应当予以收监的，由人民法院作出决定，将有关的法律文书送达公安机关、监狱或者其他执行机关。

不符合暂予监外执行条件的罪犯通过贿赂等非法手段被暂予监外执行的，在监外执行的期间不计入执行刑期。罪犯在暂

予监外执行期间脱逃的，脱逃的期间不计入执行刑期。

罪犯在暂予监外执行期间死亡的，执行机关应当及时通知监狱或者看守所。

【条文主旨】 本条是关于暂予监外执行终止的情形和处理方法以及罪犯在暂予监外执行期间死亡如何处理的规定。

【修改情况】 本条对应1996年《刑事诉讼法》第二百一十六条，与原法条相比，修改后的《刑事诉讼法》完善了对暂予监外执行的罪犯进行收监的法定情形、决定程序以及刑期折抵等内容的规定，具体作了如下修改：（1）将1996年《刑事诉讼法》第二百一十四条与第二百一十六条的相关内容进行整合，规定了对暂予监外执行应当收监的三种情形；（2）增加规定了人民法院对暂予监外执行的罪犯收监的决定程序作为第二款；（3）增加规定了暂予监外执行的期间不计入刑期的两种情形作为第三款。

【条文解读】 本条共四款。第一款规定了终止暂予监外执行，将罪犯进行收监的三种情形。暂予监外执行的目的是对符合条件的罪犯给予一定的人道主义救济，以利于其更好地接受教育和改造，不能使暂予监外执行成为罪犯逃避其应受刑事处罚的渠道。因此对于暂予监外执行的罪犯，如果发现其有下列情形之一的，应当及时收监：（1）发现不符合监外执行条件的。此情形说明罪犯根本就不适合暂予监外执行，原来作出的决定是错误的，因此必须通过及时将罪犯收监来加以纠正。（2）严重违反有关暂予监外执行监督管理规定的。被决定暂予监外执行的罪犯并非被免除了刑罚，只是刑罚的执行地点由监狱或看守所转为其所居住的社区，罪犯并不能因此享有与普通公民相同的人身自由。根据我国法律的规定，被决定暂予监外执行的罪犯必须接受社区矫正，并遵守社区矫正的有关规定。如果罪犯严重违反了暂予监外执行的监督管理规定，说明其自觉遵守法律规则的意识还不强，甚至可能继续实施犯罪，危害社会，在这种情形下，就可以收监执行。（3）暂予监外执行的情形消失后，罪犯刑期未满的。刑罚的执行具有高度的法定性和严肃性，监外执行与减刑、假释的重要区别之一，就是其只是刑罚执行过程中针对特殊情形的一种临时性变通方式，并不直接更改刑罚本身的性质、内容和期限。一旦需要暂予监外执行的特殊情形消失，则原刑罚正常的执行内容就必须立即恢复。如果罪犯刑期未满，就应当将其收监后继续执行剩余的刑罚，以保证刑罚得到完整的执行。

本条第二款规定了人民法院对暂予监外执行的罪犯收监的决定程序，系新增内容。对于人民法院在作出判决、裁定的同时决定暂予监外执行的罪犯应当予以收监的，由执行机关通知原作出决定的人民法院将该罪犯依法交付执行。人民法院在接到执行机关的通知后应当作出撤销暂予监外执行决定书或对罪犯重新收监决定书，并连同其他有关交付执行的法律文书一并送达给公安机关、监狱或其他执行机关。

本条第三款规定了暂予监外执行的期间不计入刑期的两种情形，系新增内容。对于符合本条第一款规定被收监的罪犯，由于其在被决定暂予监外执行时自身并不存在过错，也不能要求其承担国家机关错误决定的不利后果，因此其在监外执行的期间应当计入执行刑期。但是对于本不符合暂予监外执行条件，但通过贿赂等非法手段被暂予监外执行的罪犯，其自身明显具有逃避正当法律制裁的主观过错，并进一步实施了其他非法手段，因此不应当从自身的违法行为中收获非法利益，故其在监外执行的期间也不应计入执行刑期。但需要注意的是，如果本身符合监外执行条件，但因为决定机关故意刁难或怠于履行职责而迫使罪犯通过贿赂等非法手段获得暂予监外执行的，由于暂予监外执行是罪犯本应依法享有的权利，故该罪犯不能因此被收押，其所经过的监外执行期间也应当计入执行刑期。至于罪犯在暂予监外执行期间脱逃的，其脱逃行为实际上是脱离了公安机关的监督管理，相当于没有接受任何刑罚处罚，因此其脱逃的期间不计入执行刑期。

本条第四款规定了罪犯在暂予监外执行期间死亡时执行机关对

监狱或者看守所的通知义务。如果罪犯在暂予监外执行期间死亡，负责执行的机关应当及时通知原关押监狱或者看守所等原刑罚执行机关，并由原刑罚执行机关办理相关后续手续。

第二百五十八条　对被判处管制、宣告缓刑、假释或者暂予监外执行的罪犯，依法实行社区矫正，由社区矫正机构负责执行。

【条文主旨】本条是关于社区矫正的规定。

【修改情况】本条修改后明确了社区矫正的法律地位、适用对象以及执行机关。

【条文解读】社区矫正是非监禁刑罚执行方式之一，是指将符合法定条件的罪犯置于社区内，由专门的国家机关在有关部门、社会组织和志愿者的协助下，在判决、裁定或决定确定的期限内，不脱离社会，矫正其犯罪心理和行为恶习的非监禁刑罚执行活动。社区矫正作为与监禁矫正相对应的非监禁矫正方式，体现了刑罚执行社会化、一体化的理念，适应了经济社会发展水平，有利于实现法律效果、政治效果与社会效果的高度统一。创立社区矫正是改革完善我国刑罚执行制度的重要举措，也是贯彻落实宽严相济刑事政策的重要体现。相比于监禁刑，社区矫正拥有如心理矫正、行为矫正等更丰富的改造手段与改造力量，通过“回归社会”的方式实现了改造目的与改造手段的高度统一。社区矫正还有利于公民参与矫正管理，不但降低了刑罚执行的成本，也有利于防止监狱腐败。

对于社区矫正的适用对象，《刑法修正案（八）》只规定了被判处管制、宣告缓刑和裁定假释的三类罪犯，但本法的修改将暂予监外执行的罪犯也纳入了社区矫正的适用范围。1996 年《刑事诉讼法》规定被判处管制，宣告缓刑、假释或者暂予监外执行的罪犯由公安机关执行。但在实践中，公安机关作为执行机关存在一定的问题。首先，公安机关承担着打击违法犯罪、维护社会治安的重任，在犯罪案件高发的形势下，其人力、物力本已捉襟见肘，无力为社区矫正或者执行管制、缓刑、假释、暂予监外执行等投入充分的资源。其次，由于公安机关的职业特点，其在执行过程中往往更偏重于对罪犯的监管、处罚，而疏于对其进行帮教，不利于国家设立轻缓刑罚以促进部分主观恶性不大的罪犯早日回归社会的初衷的实现。与公安机关相比，社区矫正机构不但更便于对罪犯进行监管，且在帮扶、教育罪犯，使其重返社会上也有着公安机关所不具备的优势。《刑法修正案（八）》规定了社区矫正的适用对象为被判处管制、宣告缓刑和裁定假释的三类罪犯。本次《刑事诉讼法》的修改将暂予监外执行的罪犯也纳入了社区矫正范围，明确应对上述四类罪犯依法实行社区矫正并由社区矫正机构负责执行，进一步完善了我国的社区矫正制度。

第二百五十九条　对被判处剥夺政治权利的罪犯，由公安机关执行。执行期满，应当由执行机关书面通知本人及其所在单位、居住地基层组织。

【条文主旨】本条是关于执行剥夺政治权利的规定。

【修改情况】修改后的《刑事诉讼法》删除了管制由公安机关执行的规定，并在第二百五十八条中规定管制由社区矫正机构负责执行；修改了剥夺政治权利执行期满后的通知方式，将1996年《刑事诉讼法》规定的“通知本人，并向有关群众公开宣布解除管制或者恢复政治权利”修改为“通知本人及其所在单位、居住地基层组织”。

【条文解读】剥夺政治权利，是指剥夺罪犯在一定时间内或者终生参与国家政治生活权利的一种刑罚。被剥夺政治权利的范围包括：选举权和被选举权，言论、出版、集会、结社、游行、示威自由的权利，担任国家机关职务的权利，担任国有公司、企业、事业单位和人民团体领导职务的权利。

根据本条规定，被判处剥夺政治权利的罪犯，由人民法院将相关法律文书送交公安机关，由公安机关负责执行。如果是并处剥夺政治权利的，剥夺政治权利的刑期从徒刑、拘役执行完毕之日或从假释之日起计算，剥夺政治权利的效力当然适用于主刑执行期间；如果是判处管制附加剥夺政治权利的，剥夺政治权利的期限与管制期限相等，同时执行。对于被判处剥夺政治权利的罪犯，由人民法院将判决书、执行通知书送达罪犯户口所在地或者常年居住地的公安机关，由公安机关执行。公安机关应当向罪犯所在单位或者居住地的有关群众，宣布罪犯的犯罪事实，剥夺政治权利的内容及刑期的长短。公安机关也可以委托罪犯户口所在地或者常年居住地的司法行政机关协助执行。司法行政机关应配合公安机关监督其遵守《刑法》第五十四条的规定，并及时掌握有关信息。同时，这类罪犯可以自愿参加由司法行政机关组织的心理辅导、职业培训和就业指导等活动。

执行期满，执行机关应当通知罪犯本人及其所在单位、居住地基层组织。对通知方式的修改主要有以下几点考虑：第一，“恢复政治权利”是剥夺政治权利执行期满的当然结果，只需通知有关人员、单位执行期满即可，没有必要另行宣布恢复政治权利。第二，原来规定的通知对象中的“有关群众”无法具体界定，修改后将其明确为被剥夺政治权利者“本人及其所在单位、居住地基层组织”，便于执行机关的操作，且实践中多由公民所在单位、居住地基层组织负责其政治权利行使的相关事务，如进行选民登记、组织选举等，及时通知有利于执行期满人员政治权利的恢复行使。

第二百六十条　被判处罚金的罪犯，期满不缴纳的，人民法院应当强制缴纳；如果由于遭遇不能抗拒的灾祸缴纳确实有困难的，可以裁定减少或者免除。

【条文主旨】本条是关于执行罚金刑的规定。

【修改情况】本条未作修改。

【条文解读】罚金刑，是指强制罪犯在一定的期限内向国家缴纳一定数额金钱的刑罚，既可以附加适用，也可以独立适用。被判处罚金的罪犯应在生效判决规定的期限内主动向人民法院缴纳罚金，如果其在判决规定的期间届满后仍不缴纳，则人民法院应当采取强制手段迫使其缴纳。法院在执行刑罚时可以根据罪犯的财产状况或申请，决定是一次缴纳还是分期缴纳。经强制缴纳仍不能全部缴纳的，人民法院在任何时候，包括在判处的主刑执行完毕后，发现被执行人有可以执行的财产的，应当追缴。

如果罪犯因遭遇不能抗拒的灾祸缴纳罚金确实有困难的，经人民法院查证，情况属实的，可以以裁定的形式酌情减少或免除原判处的罚金。“不能抗拒的灾祸”包括自然灾祸，如地震、风暴等；也包括人为的灾祸，如因事故而发生的火灾等。但灾祸的发生不得出于罪犯本人的故意，应是为其能力所不能避免、抗拒的。

第二百六十一条　没收财产的判决，无论附加适用或者独立适用，都由人民法院执行；在必要的时候，可以会同公安机关执行。

【条文主旨】本条是关于执行没收财产刑的规定。

【修改情况】本条未作修改。

【条文解读】没收财产是强制将罪犯个人所有的部分或者全部的财产无偿地收为国有的一种刑罚方法，是《刑法》规定的附加刑的一种，既可以附加适用，也可以独立适用。根据本条规定，没收财产的判决，无论是附加适用还是独立适用，均由人民法院负责执行；在必要的时候，人民法院可以会同公安机关执行。“在必要的时候”，一般指人民法院执行没收财产可能会遇到干涉、阻挠，为保障判决的顺利执行，需要采取一定的强制措施时，可以会同公安机关进行执行。

执行中应当注意的是：（1）没收财产的对象应当是犯罪分子个人所有的财产，不得没收罪犯家属所有或者应有的财产。（2）对查封前罪犯的正当债务，需从没收财产中偿还的，经债权人请求，人民法院应当裁定在没收财产的范围内酌情偿还。（3）如果发现罪犯需用没收的财产履行附带民事诉讼裁判的，应当允许其先支付或扣除赔偿金后，再予执行没收财产。（4）执行没收财产时，对于赃款、赃物或违禁品等，应一并没收并按照本法和其他法律法规的相关规定予以处理。（5）没收全部财产的，应当对罪犯个人及其扶养的家属保留必需的生活费用。

第二百六十二条　罪犯在服刑期间又犯罪的，或者发现了判决的时候所没有发现的罪行，由执行机关移送人民检察院处理。

被判处管制、拘役、有期徒刑或者无期徒刑的罪犯，在执行期间确有悔改或者立功表现，应当依法予以减刑、假释的时候，由执行机关提出建议书，报请人民法院审核裁定，并将建议书副本抄送人民检察院。人民检察院可以向人民法院提出书面意见。

【条文主旨】本条是关于罪犯在服刑期间再犯新罪、发现漏罪的处理程序以及对罪犯进行减刑、假释的处理程序的规定。

【修改情况】本条新增了“将建议书副本抄送人民检察院。人民检察院可以向人民法院提出书面意见”的规定，通过检察机关及时获得减刑、假释的建议并提出相关意见以便于其对减刑、假释的作出进行同步监督。

【条文解读】本条共两款。第一款规定了两种特殊情况的处理程序：第一，罪犯在服刑期间又犯新罪的，如果罪犯是在监狱内服刑的，由监狱进行侦查，侦查终结后作出起诉意见书或者免予起诉（不起诉）意见书，连同案卷材料、证据一并移送人民检察院处理；如果罪犯不是在监狱内服刑的，则由公安机关进行侦查，侦查终结后作出起诉意见书或者免予起诉（不起诉）意见书，连同案卷材料、证据一并移送人民检察院处理。第二，罪犯在服刑期间被发现判决时所没有发现的罪行的，如果该罪属于公诉案件范围，那么应当按照本法规定的管辖范围，或者由人民检察院进行侦查、起诉，或者由公安机关进行侦查，侦查终结后由公安机关作出起诉（或不起诉）意见书，连同案卷材料、证据一并移送人民检察院处理。

本条第二款规定了对罪犯在服刑期间进行减刑或假释的处理程序。罪犯在服刑期间确有悔改或立功表现，符合法律规定的减刑或假释条件，依法应予减刑或假释的，由执行机关根据考核结果向人民法院提出减刑或假释建议书，报请人民法院审核裁定。该减刑或假释建议书副本应同时抄送人民检察院，以保证人民检察院对减刑、假释进行及时监督。人民检察院可以就减刑或假释问题向人民法院提出书面意见。

第二百六十三条　人民检察院认为人民法院减刑、假释的裁定不当，应当在收到裁定书副本后二十日以内，向人民法院提出书面纠正意见。人民法院应当在收到纠正意见后一个月以内重新组成合议庭进行审理，作出最终裁定。

【条文主旨】本条是关于人民检察院对人民法院减刑、假释裁定进行监督的相关程序的规定。

【修改情况】本条未作修改。

【条文解读】人民检察院是国家的法律监督机关，对刑事诉讼活动实行法律监督。为了使人民检察院对刑事诉讼活动的法律监督落到实处，有必要将人民检察院对侦查、审判、执行活动中的法律监督予以法定化和程序化。而本条正是人民检察院在执行阶段对有关减刑、假释裁定进行法律监督的具体程序规定。

根据本条规定，被判处管制、拘役、有期徒刑或者无期徒刑的罪犯，在执行期间确有悔改或者立功表现，应当依法予以减刑、假释的，由执行机关提出建议书，报请人民法院审核裁定，并同时将建议书副本抄送人民检察院以便其进行监督。而人民法院作出减刑或假释裁定的，也应当将裁定的副本抄送人民检察院。人民检察院认为人民法院减刑或假释的裁定不当时，应当在收到该减刑或假释裁定书副本后的二十日以内，向人民法院提出书面纠正意见。人民法院应当在收到纠正意见后一个月以内重新组成合议庭（原来参加减刑、假释审核裁定的审判人员不得成为合议庭成员）进行认真全面的审查，并作出最终裁定。

第二百六十四条　监狱和其他执行机关在刑罚执行中，如果认为判决有错误或者罪犯提出申诉，应当转请人民检察院或者原判人民法院处理。

【条文主旨】本条是关于执行机关认为判决有错误或罪犯提出申诉时如何处理的程序规定。

【修改情况】本条未作修改。

【条文解读】本条规定有两层含义：第一，监狱和其他执行机关在刑罚执行过程中，如果认为判决在事实认定或法律适用方面存在错误，那么应当将该案转请人民检察院或原判人民法院处理。之所以转请人民检察院或原判人民法院处理，是因为执行阶段的执行依据是已经发生法律效力的判决或裁定，要改变生效裁判的法律效力，必须通过审判监督程序，而审判监督程序的启动只能通过人民检察院和人民法院两条途径。规定转请原判人民法院处理，是因为原判人民法院审理过该案，对该案的事实认定和法律适用问题了解更清楚，便于正确、及时地处理该案。《监狱法》第二十四条也有相应的规定："监狱在执行刑罚过程中，根据罪犯的申诉，认为判决可能有错误的，应当提请人民检察院或者人民法院处理，人民检察院或者人民法院应当自收到监狱提请处理意见书之日起六个月内将处理结果通知监狱。"第二，罪犯提出申诉的，监狱或其他执行机关应当及时转请人民检察院或原判人民法院处理。根据本法第二百四十二条的规定："当事人及其法定代理人、近亲属的申诉符合下列情形之一的，人民法院应当重新审判：（一）有新的证据证明原判决、裁定认定的事实确有错误，可能影响定罪量刑的；（二）据以定罪量刑的证据不确实、不充分、依法应当予以排除，或者证明案件事实的主要证据之间存在矛盾的；（三）原判决、裁定适用法律确有错误的；（四）违反法律规定的诉讼程序，可能影响公正审判的；（五）审判人员在审理该案件的时候，有贪污受贿，徇私舞弊，枉法裁判行为的。”只要罪犯的申诉符合上述条件之一的，人民法院就应当重新审理。具体执行中要注意，对罪犯的申诉是否符合重新审判条件的审查权只能属于人民检察院和人民法院，人民检察院、人民法院之外的执行机关无权对罪犯的申诉是否符合重新审判的条件进行审查。应充分保障罪犯在刑罚执行期间的申诉权，不得以任何形式妨害罪犯申诉权的行使。《监狱法》第二十三条明确规定：“罪犯的申诉、控告、检举材料，监狱应当及时转递，不得扣压。”因此，对于罪犯的申诉，执行机关应当及时转递，不得以任何形式阻拦或者扣压，更不能因罪犯提出申诉而认为其表现不好而予以处罚。

第二百六十五条　人民检察院对执行机关执行刑罚的活动是否合法实行监督。如果发现有违法的情况，应当通知执行机关纠正。

【条文主旨】本条是关于人民检察院对执行机关执行刑罚的合法性进行法律监督的程序规定。

【修改情况】本条未作修改。

【条文解读】人民检察院作为国家法律监督机关，应当对执行机关的刑罚执行活动进行监督。执行机关的刑罚执行活动是否合法主要体现在以下方面：（1）交付执行是否合法。主要涉及交付执行的裁判是否是发生法律效力的裁判，交付执行的法律手续是否合法、完备，应当收押的罪犯是否已经收押，已收押的罪犯有无依法应当暂予监外执行的情况等。（2）变更执行是否合法。例如，执行机关建议依法减刑、假释的罪犯是否符合减刑、假释的条件，已减刑、假释的罪犯是否符合减刑、假释的有关条件，减刑、假释的法律手续是否完备，暂予监外执行的罪犯是否符合法定条件，暂予监外执行的法律手续是否完备，对于暂予监外执行的条件已经消失或不再具备而需要收监执行的是否依法及时收监执行等。（3）刑罚执行机关监管罪犯的管理活动是否合法。例如，有无阻碍罪犯申诉的情况，有无对罪犯进行侮辱、体罚、虐待的情况等。

根据本条规定，人民检察院发现执行机关的刑罚执行活动存在不合法情形的，应当及时通知有关刑罚执行机关予以纠正，也可以通过向有关机关提出检察建议的形式，建议其对具体的违法行为人作出行政处分。对于构成刑事犯罪的，应当及时立案侦查，依法追究有关行为人的刑事责任。

第五编 特别程序

根据刑事诉讼活动的实际情况和近年来司法改革探索的经验，本编新设了四种刑事诉讼特别程序，包括未成年人刑事案件诉讼程序，当事人和解的公诉案件诉讼程序，犯罪嫌疑人、被告人逃匿、死亡案件违法所得的没收程序，依法不负刑事责任的精神病人的强制医疗程序。本编分四章，共计24条。

与1996年《刑事诉讼法》相比，除未成年人刑事案件诉讼程序中若干条文系由原法其他章节转移而来之外，其余条文全部为新增条文。其中，为更好地保障未成年人的诉讼权利和其他合法权益，第一章“未成年人刑事案件诉讼程序”针对未成年人刑事案件的特点，对办案方针、原则和诉讼环节的特别程序作出了规定，特别是设置了附条件不起诉制度和犯罪记录封存制度。第二章“当事人和解的公诉案件诉讼程序”不仅明确了适用当事人和解的公诉案件的范围、条件，而且通过规定公、检、法机关在公诉案件和解程序中各自应当发挥的作用，以及检察机关、人民法院对和解案件的处理原则，确保了刑事和解的公正进行。为严厉惩治腐败犯罪、恐怖活动犯罪，并与我国已加入的《联合国反腐败公约》及有关恐怖问题的决议的要求相衔接，需要对犯罪所得及时采取冻结追缴措施，第三章设置了“犯罪嫌疑人、被告人逃匿、死亡案件违法所得的没收程序”。第四章“依法不负刑事责任的精神病人的强制医疗程序”，对强制医疗的适用条件、决定主体、审理程序、审理期限、救济途径、监督机制等分别作了明确规定，填补了该领域的立法空白，将强制医疗措施的决定和执行纳入了法律的规制范围。

第一章　未成年人刑事案件诉讼程序

主旨	本章是关于未成年人刑事案件诉讼程序的规定。
定义	未成年人刑事案件诉讼程序，是指我国公安司法机关办理14周岁以上不满18周岁未成年人刑事案件所遵循的特别程序。
拓展	《刑事诉讼法》首次以专章对未成年人刑事案件诉讼程序进行了规定，结束了之前我国未成年人刑事诉讼法律缺漏、重复、抵触等问题，体现了国家对未成年人的特殊保护，是我国未成年人立法的历史性突破。 我国当前的未成年人犯罪形势依然严峻。最高人民法院有关部门提供的数据表明：未成年人犯罪的人数逐年攀升，未成年人犯罪的作案方式、类型也已经出现了成人化、智能化和低龄化的倾向，有些甚至成为带有黑社会性质的黑恶势力。未成年人犯罪出现的这些新情况，要求我们必须重视未成年人犯罪的新规律，及时地发现和预防犯罪。同时，也要求我们必须重新审视、改革和调整目前有关处理未成年人犯罪的诉讼程序。之前，最高人民法院和最高人民检察院都作出了司法解释，国家也制定了《未成年人保护法》，司法改革中也有人提出了若干建议等等。这些规定急需进行规范和系统整合，以凸显对未成年人的保护、教育、感化和挽救的主导思想。 本章即针对未成年人的特点，专门规定了未成年人犯罪案件诉讼程序。不仅确立了“教育、感化、挽救”的

拓展	方针和“教育为主、惩罚为辅”的原则，还设立了未成年人刑事案件的强制指定辩护、严格适用逮捕、分别处理、合适成年人参与、不公开审理、附条件不起诉、社会调查报告、犯罪记录封存等多项诉讼制度。这些规定不仅体现了国家对未成年人的人文关怀，对推动我国法治建设，维护社会稳定等也具有重要意义。
条文	本章共有11条。

第二百六十六条　对犯罪的未成年人实行教育、感化、挽救的方针，坚持教育为主、惩罚为辅的原则。

人民法院、人民检察院和公安机关办理未成年人刑事案件，应当保障未成年人行使其诉讼权利，保障未成年人得到法律帮助，并由熟悉未成年人身心特点的审判人员、检察人员、侦查人员承办。

【条文主旨】本条是对未成年人刑事案件诉讼程序的原则性规定。

【修改情况】本条是新增条文。

【条文解读】本条共两款。第一款规定了未成年人刑事案件的办理原则。在办理未成年人刑事案件的诉讼中，实行教育、感化、挽救的方针，坚持教育为主、惩罚为辅的原则，是未成年人刑事案件诉讼活动的主导思想和基本准则。“教育、感化、挽救”的方针，是指在未成年人刑事案件诉讼程序中，应当对经人民法院依法判决确定有罪的未成年人进行教育、感化和挽救的工作。“教育为主”，就是要求相关机关在办理未成年人刑事案件时，要充分考虑到未成年人的年龄及生理、心理特点，在办案过程中对其进行有针对性的教育，以达到“感化和教育”的目的。“惩罚为辅”，不是不惩罚，而是为了达到使未成年犯罪人吸取教训，改过自新的惩罚目的。惩罚是辅助手段，教育则是根本的目的。教育为主、惩罚为辅的原则体现了国家在刑事司法领域对未成年人的特殊保护的立法思想。本法通过设立未成年人刑事案件诉讼程序中的强制指定辩护、严格适用逮捕、分别处理、合适成年人参与、不公开审理、附条件不起诉、社会调查报告、犯罪记录封存等规定，将该原则贯彻于未成年人刑事案件诉讼程序的始终，贯穿于立案、侦查、起诉和审判的各个环节，对挽救未成年人，使其重新回归社会、远离犯罪，以及国家、社会的稳定和安宁生产都将产生积极的作用。

第二款规定了公安司法机关办理未成年人刑事案件的基本义务与应遵循的原则。公安司法机关在办理未成年人刑事案件的过程中，应当充分保障未成年犯罪嫌疑人、被告人依法享有的各项诉讼权利，尽职尽责地排除诉讼过程中阻碍未成年人行使诉讼权利的各种障碍，保障未成年人获得法律帮助。此外，未成年人刑事案件的办理还应遵循专门化原则。未成年人在生理、心理等方面与成年人相比有很大的不同，因此未成年人犯罪案件的办理应当适应未成年人的特点，相关办案人员也应当由熟悉未成年人身心特点的人担任，并且应当保持其工作的相对稳定性、专业性。

第二百六十七条　未成年犯罪嫌疑人、被告人没有委托辩护人的，人民法院、人民检察院、公安机关应当通知法律援助机构指派律师为其提供辩护。

【条文主旨】 本条是对未成年人刑事案件诉讼程序中强制指定辩护的规定。

【修改情况】 本条是根据1996年《刑事诉讼法》第三十四条第二款“被告人是盲、聋、哑或者未成年人而没有委托辩护人的，人民法院应当指定承担法律援助义务的律师为其提供辩护”的规定修改而来。

【条文解读】 本条单独规定了未成年人刑事案件诉讼程序中的强制指定辩护制度，重新界定了该程序中强制指定辩护的主体和阶段，统一了未成年犯罪嫌疑人、被告人法律援助的条件。具体阐释如下：

第一，本条将未成年人刑事案件诉讼程序中指定辩护的主体由人民法院扩大为人民法院、人民检察院和公安机关。在此之前，我国未成年人刑事案件中指定辩护的主体为人民法院。将指定辩护的主体扩大，有利于平衡控辩双方的地位，可以有效地制约司法权力的滥用，保护未成年犯罪嫌疑人、被告人的合法权益。

第二，本条将指定辩护的阶段由审判阶段提前至侦查阶段和审查起诉阶段。这一规定的修改，不仅有利于防止侦查机关和检察机关违法办案；也可以避免指定辩护流于形式，保证依法侦查，促进司法公正；还有利于指定辩护律师站在未成年人的立场上充分了解未成年人的诉求，切实维护未成年人的合法权益，与国际接轨。

第三，本条统一了未成年犯罪嫌疑人、被告人法律援助的条件。结合《法律援助条例》的相关规定，人民法院、人民检察院和公安机关在侦查阶段、审查起诉阶段和审判阶段，指定法律援助机构指派律师为未成年犯罪嫌疑人、被告人提供辩护的，不论未成年人的家庭经济状况如何，法律援助机构无须对其进行经济状况的审查而直接对其提供法律援助。

第四，本条规定的未成年人刑事案件的指定辩护，其性质为强制指定辩护，即未成年犯罪嫌疑人、被告人没有委托辩护人的，人民法院、人民检察院、公安机关应当通知法律援助机构指派律师为其提供辩护。既然是强制指定辩护，那就意味着被强制指定辩护的未成年犯罪嫌疑人、被告人可以在法律规定的范围内选择何种人为其辩护，但不能拒绝，也不能放弃法院为其指定辩护。

第二百六十八条　公安机关、人民检察院、人民法院办理未成年人刑事案件，根据情况可以对未成年犯罪嫌疑人、被告人的成长经历、犯罪原因、监护教育等情况进行调查。

【条文主旨】本条是对未成年人刑事案件社会调查的规定。

【修改情况】本条是新增条文。

【条文解读】为促进量刑的科学化、合理化，优化刑罚效益，贯彻对未成年犯罪人的教育、感化和挽救，本条引入了未成年人刑事案件社会调查的规定。这是未成年人刑事案件诉讼审判程序中一项富有特色的制度。具体阐释如下：

第一，明确社会调查的主体为公安机关、人民检察院和人民法院。根据《最高人民法院关于审理未成年人刑事案件的若干规定》第二十一条、《人民检察院办理未成年人刑事案件的规定》第十六条第四款和第三十四条的规定，我国未成年人刑事案件社会调查的主体为控辩双方、法官、社会团体组织。实践中社会调查的主体则主要包括公安机关、控辩双方、人民法院、社会团体组织、社区矫正机构等。为避免法条间及法条与实践间的矛盾与冲突，本法明确规定：将未成年人刑事案件社会调查的主体统一为公安机关、人民检察院和人民法院。

第二，社会调查的阶段为未成年人刑事案件诉讼程序的各个阶段，包括侦查、审查起诉和审判阶段。目前，我国的社会调查主要局限于人民检察院的审查起诉阶段和人民法院的审判阶段，法律并未明确刑事诉讼一开始的立案、侦查阶段是否应当进行社会调查。本条对未成年人刑事案件社会调查阶段予以明确，将社会调查渗透于未成年人刑事案件诉讼程序的各个阶段，有利于贯彻教育、感化、挽救未成年犯罪人的方针，体现对未成年犯罪嫌疑人、被告人的人文关怀。

第三，社会调查的内容为未成年犯罪嫌疑人、被告人的成长经历、犯罪原因、监护教育等。通过对未成年人的身心特点和未成年人刑事案件客观规律的全面了解，有利于公安机关、人民检察院、人民法院找准对未成年犯罪嫌疑人、被告人教育的“感化点”，选择挽救的突破口，对未成年犯罪嫌疑人、被告人的人身危险性、矫正可能性等作出科学合理的评价。

第四，社会调查为任意性规定。《最高人民法院关于审理未成年人刑事案件的若干规定》和《人民检察院办理未成年人刑事案件的规定》关于结合社会调查的规定均为任意性规定。本条对此予以借鉴，规定公安机关、人民检察院、人民法院办理未成年人刑事案件，根据情况可以对未成年犯罪嫌疑人、被告人进行社会调查，有效避免了因强制性规定而导致社会调查的重复，甚至司法资源的浪费。

第五，关于社会调查报告的性质的理解。社会调查主要是对未成年犯罪嫌疑人、被告人犯罪行为的成长经历、接受教育等背景的调查，不是对未成年犯罪嫌疑人、被告人作案事实的调查，社会调查与案件本身没有必然联系。因而，社会调查报告的性质不是证据，不是定罪的依据，但可以成为法院在定罪后依法量刑时，选择最有利于未成年被告人改造的刑罚执行方式的参考。

第二百六十九条　对未成年犯罪嫌疑人、被告人应当严格限制适用逮捕措施。人民检察院审查批准逮捕和人民法院决定逮捕，应当讯问未成年犯罪嫌疑人、被告人，听取辩护律师的意见。

对被拘留、逮捕和执行刑罚的未成年人与成年人应当分别关押、分别管理、分别教育。

【条文主旨】本条是对未成年人犯罪严格适用逮捕措施和分别处理的规定。

【修改情况】“对被拘留、逮捕和执行刑罚的未成年人与成年人应当分别关押、分别管理、分别教育”，借鉴了1996年《刑事诉讼法》第二百一十三条第三款“对未成年犯应当在未成年犯管教所执行刑罚”的规定；“对未成年犯罪嫌疑人、被告人应当严格限制适用逮捕措施”则属于新增内容。

【条文解读】本条第一款规定了对未成年犯罪嫌疑人、被告人应严格限制适用逮捕措施。逮捕犯罪嫌疑人是最严厉的强制措施，对未成年犯罪嫌疑人、被告人人身自由的限制，无疑会对其带来巨大的精神压力和心理创伤。1996年《刑事诉讼法》在强制措施的规定中对未成年人和成年人未作出区分，对未成年人适用逮捕条件也没有具体的法律规定。本次修改明确了“对未成年犯罪嫌疑人、被告人应当严格限制适用逮捕措施”，并规定“人民检察院审查批准逮捕和人民法院决定逮捕，应当讯问未成年犯罪嫌疑人、被告人，听取辩护律师的意见”，对“严格限制”提出了细化要求，有利于加强对未成年人的保护力度。

本条第二款规定了未成年人犯罪分别处理的原则。这是在1996年《刑事诉讼法》第二百一十三条第三款对未成年犯分别执行刑罚的规定基础上，将分别处理的阶段由刑罚执行阶段向前延伸至拘留和逮捕阶段的修改。分别处理原则，是指公安司法机关在刑事诉讼过程中将未成年人案件与成年人案件分开处理，对未成年人与成年人分别关押。本款规定，一方面可以防止成年犯罪嫌疑人、被告人对未成年犯罪嫌疑人、被告人思想、行为的不良影响，避免其受到“二次污染”；另一方面通过对未成年犯罪嫌疑人、被告人实行集中统一的管理，根据其个性特点实行特殊的监管，贯彻了对未成年人实行教育、感化和挽救的方针。

第二百七十条　对于未成年人刑事案件，在讯问和审判的时候，应当通知未成年犯罪嫌疑人、被告人的法定代理人到场。无法通知、法定代理人不能到场或者法定代理人是共犯的，也可以通知未成年犯罪嫌疑人、被告人的其他成年亲属，所在学校、单位、居住地基层组织或者未成年人保护组织的代表到场，并将有关情况记录在案。到场的法定代理人可以代为行使未成年犯罪嫌疑人、被告人的诉讼权利。

到场的法定代理人或者其他人员认为办案人员在讯问、审判中侵犯未成年人合法权益的，可以提出意见。讯问笔录、法庭笔录应当交给到场的法定代理人或者其他人员阅读或者向他宣读。

讯问女性未成年犯罪嫌疑人，应当有女工作人员在场。

审判未成年人刑事案件，未成年被告人最后陈述后，其法定代理人可以进行补充陈述。

询问未成年被害人、证人，适用第一款、第二款、第三款的规定。

【条文主旨】本条是关于未成年人刑事案件诉讼程序中合适成年人参与制度的规定。

【修改情况】本条对1996年《刑事诉讼法》第十四条第二款“对于不满十八岁的未成年人犯罪的案件，在讯问和审判时，可以通知犯罪嫌疑人、被告人的法定代理人到场”，第九十八条第二款“询问不满十八岁的证人，可以通知其法定代理人到场”等规定进行了整合、修改与补充，形成了未成年人刑事案件诉讼程序中的合适成年人参与制度。

【条文解读】合适成年人参与制度，是指司法机关在讯问和审判未成年犯罪嫌疑人、被告人时，必须要有合适的成年人（法定监护人或者专设的合适成年人）在场的制度。该制度对消除未成年人进入诉讼程序后的紧张恐惧心理、保证案件调查审理的顺利进行、督促公安司法机关加强对未成年人诉讼权利的特别保护以及提高办案质量等都具有积极意义。本条扩展了合适成年人参与主体，并对参与程序和参与内容予以明确，使该制度更具可操作性。具体阐释如下：

第一，合适成年人参与制度的主体有两类，第一类是未成年犯罪嫌疑人、被告人的法定代理人；第二类是未成年犯罪嫌疑人、被告人的其他成年亲属，所在学校、单位、居住地基层组织或者未成年人保护组织的代表。需要注意的是，这两类主体间具有一定的层次性，即在第一类主体无法通知、不能到场或者与未成年犯罪嫌疑人、被告人是共犯时，由第二类主体担任合适成年人，且应将有关情况记录在案。此外，基于对未成年犯罪嫌疑人、被告人利益维护的考虑，本条将对第一类主体，即未成年犯罪嫌疑人、被告人的法定代理人的告知规定为强制告知，对第二类主体的告知则为任意告知。

第二，合适成年人参与的内容包括：(1) 到场的法定代理人可以代为行使未成年犯罪嫌疑人、被告人的诉讼权利。应注意该权利为法定代理人所独有，而不涵盖其他合适成年人参与主体；(2) 到场的法定代理人或者其他人员认为办案人员在讯问、审判中侵犯未成年人合法权益的，可以提出意见，以维护未成年犯罪嫌疑人、被告人的合法权益；(3) 讯问笔录、法庭笔录应当交给到场的法定代理人或者其他人员阅读或者向他宣读；(4) 审判中，未成年被告人最后陈述后，其法定代理人可以进行补充陈述。

第三，合适成年人参与制度的适用对象，包括未成年犯罪嫌疑人、被告人与未成年被害人和未成年证人。本条规定，参照了《未成年人保护法》第五十六条第一款规定："公安机关、人民检察院讯问未成年犯罪嫌疑人，询问未成年证人、被害人，应当通知监护人到场。"本条对合适成年人参与制度适用的对象予以了明确，实现了法律间的相互衔接，体现了国家在刑事诉讼中对未成年人的特殊保护。

第四，本条第三款还规定了"讯问女性未成年犯罪嫌疑人，应当有女工作人员在场"，体现了对女性未成年犯罪嫌疑人的特殊保护。但应当注意的是，"女工作人员"指办案机关的女性工作人员，而非合适成年人参与制度的主体。

第二百七十一条　对于未成年人涉嫌刑法分则第四章、第五章、第六章规定的犯罪，可能判处一年有期徒刑以下刑罚，符合起诉条件，但有悔罪表现的，人民检察院可以作出附条件不起诉的决定。人民检察院在作出附条件不起诉的决定以前，应当听取公安机关、被害人的意见。

对附条件不起诉的决定，公安机关要求复议、提请复核或者被害人申诉的，适用本法第一百七十五条、第一百七十六条

的规定。

未成年犯罪嫌疑人及其法定代理人对人民检察院决定附条件不起诉有异议的，人民检察院应当作出起诉的决定。

【条文主旨】 本条是对未成年人刑事案件附条件不起诉适用条件的规定。

【修改情况】 本条是新增条文。

【条文解读】 附条件不起诉，是指对符合法定条件的案件，为未成年犯罪嫌疑人规定一定的考验期，如果犯罪嫌疑人在考验期内没有违背法定的义务，即作不起诉处理的制度。附条件不起诉的核心是不起诉。这是对主观恶性不大、犯罪后果不严重的未成年犯罪嫌疑人采取的特殊保护，有利于未成年人更好地回归社会。

本条共三款。第一款规定了未成年人刑事案件附条件不起诉的适用条件：（1）附条件不起诉的适用对象为未成年人，且根据《刑法》对刑事责任年龄的划分，因不满十四周岁的未成年人犯罪不负刑事责任，故我国未成年人附条件不起诉制度的适用对象确切为已满十四周岁未满十八周岁的未成年人。（2）附条件不起诉适用的案件范围，应为未成年人涉嫌《刑法》分则第四章、第五章、第六章规定的，且可能判处一年有期徒刑以下刑罚，并符合起诉条件的案件。（3）适用附条件不起诉还应满足未成年犯罪嫌疑人“有悔罪表现”的条件，即要求未成年犯罪嫌疑人应对自己的行为有真诚悔悟，表达歉疚等表现。（4）人民检察院在作出附条件不起诉决定前，应听取公安机关、被害人的意见，这是附条件不起诉适用的程序要件。

第二款规定了对附条件不起诉的制约。为防止检察机关滥用附条件不起诉裁量权，本款规定对人民检察院作出的附条件不起诉决定不服的，公安机关可要求复议、提请复核，被害人可提出申诉，具体程序则适用本法第一百七十五条、第一百七十六条的相关规定。

第三款是关于附条件不起诉的限制性规定。未成年犯罪嫌疑人及其法定代理人对人民检察院决定附条件不起诉有异议的，人民检察院应当作出起诉的决定。这说明人民检察院作出附条件不起诉的决定，应当以被告人无异议为前提，这体现了对未成年犯罪嫌疑人诉讼权利的尊重与保护。

第二百七十二条　在附条件不起诉的考验期内，由人民检察院对被附条件不起诉的未成年犯罪嫌疑人进行监督考察。未成年犯罪嫌疑人的监护人，应当对未成年犯罪嫌疑人加强管教，配合人民检察院做好监督考察工作。

附条件不起诉的考验期为六个月以上一年以下，从人民检察院作出附条件不起诉的决定之日起计算。

被附条件不起诉的未成年犯罪嫌疑人，应当遵守下列规定：

（一）遵守法律法规，服从监督；

（二）按照考察机关的规定报告自己的活动情况；

（三）离开所居住的市、县或者迁居，应当报经考察机关批准；

（四）按照考察机关的要求接受矫治和教育。

【条文主旨】本条是关于未成年人刑事案件附条件不起诉的监督考察主体、考验期限及被附条件不起诉的未成年犯罪嫌疑人相关义务的规定。

【修改情况】本条是新增条文。

【条文解读】本条共三款。第一款规定了附条件不起诉的监督考察主体。依据本款规定，我国目前附条件不起诉的监督考察主体为人民检察院。未成年犯罪嫌疑人的监护人并非监督考察的主体，其只是对人民检察院的监督考察工作起辅助作用，即对未成年犯罪嫌疑人加强管教，并配合人民检察院做好监督考察工作。

本条第二款规定了附条件不起诉的考验期限，即对被附条件不起诉的未成年犯罪嫌疑人进行监督考察的期限。根据本款规定，我国附条件不起诉的考验期为六个月以上一年以下，从人民检察院作出附条件不起诉的决定之日起计算。人民检察院在作出附条件不起诉的决定的同时，应根据未成年犯罪嫌疑人犯罪的情节、悔罪的表现及可能判处的刑期，在法律规定考验期的幅度内决定未成年犯罪嫌疑人实际执行的考验期，既要使未成年犯罪嫌疑人有足够的时间接受教育改造，又要考虑不能使其对改造产生厌倦消极情绪，积极促使他们回归社会。

本条第三款规定了被附条件不起诉的未成年犯罪嫌疑人的相关义务。根据本款规定，适用附条件不起诉的未成年犯罪嫌疑人，在附条件不起诉的考验期限内应当遵守下列规定：（1）遵守法律法规，服从监督，是指遵守国家法律法规，自觉服从有关部门的监督。（2）按照考察机关的规定报告自己的活动情况，是指按照有关规定，定期或不定期地报告自己的活动情况，如报告自己的思想、改造和遵纪守法的情况等。（3）离开所居住的市、县或者迁居，应当报经考察机关批准。未经批准不得擅自离开所居住的市、县或者迁居。（4）按照考察机关的要求接受矫治和教育。通过纠正其以前的错误认识和行为，使其弃恶从善、痛改前非，达到教育、改造、感化的目的。本规定不仅明确了被附条件不起诉的未成年犯罪嫌疑人在考验期限内应遵守的行为规范，也规定了人民检察院进行监督考察的法律依据，是对附条件不起诉制度的进一步完善。

第二百七十三条　被附条件不起诉的未成年犯罪嫌疑人，在考验期内有下列情形之一的，人民检察院应当撤销附条件不起诉的决定，提起公诉：

（一）实施新的犯罪或者发现决定附条件不起诉以前还有其他犯罪需要追诉的；

（二）违反治安管理规定或者考察机关有关附条件不起诉的监督管理规定，情节严重的。

被附条件不起诉的未成年犯罪嫌疑人，在考验期内没有上述情形，考验期满的，人民检察院应当作出不起诉的决定。

【条文主旨】本条是关于未成年人刑事案件撤销附条件不起诉和附条件不起诉考验期满应如何处理的规定。

【修改情况】本条是新增条文。

【条文解读】本条第一款规定了在考验期内撤销附条件不起诉决定的相关内容。被附条件不起诉的未成年犯罪嫌疑人有以下情形的，应撤销附条件不起诉决定：（1）在附条件不起诉的考验期间再犯新罪或者发现漏罪的情况。考验期限内又犯新罪，是指被附条件不起诉的未成年犯罪嫌疑人在考验期限内又实施新的犯罪行为；发现决定附条件不起诉以前还有其他犯罪需要追诉，是指对未成年犯罪嫌疑人决定附条件不起诉后，发现其在此之前还有其他犯罪行为需要追诉。（2）在附条件不起诉考验期间内违反治安管理规定或考察机关相关监督管理规定，且情节严重的。应注意，“治安管理规定或者考察机关有关附条件不起诉的监督管理规定”需同时具备“情节严重”要件，才可撤销附条件不起诉的决定。对有上述情形的被附条件不起诉的未成年犯罪嫌疑人，人民检察院在撤销附条件不起诉决定后，应依法提起公诉。

本条第二款对附条件不起诉考验期满后的处理进行了规定。被附条件不起诉的未成年犯罪嫌疑人，在考验期内没有前款规定的情形，考验期满的，人民检察院应当作出不起诉的决定。未成年犯罪嫌疑人在考验期间遵守监督管理规定，没有本条第一款规定的撤销附条件不起诉的情形，表明其在考验期间接受教育改造取得了成效，人身危险性得以消除，人民检察院应当作出不起诉决定。

第二百七十四条　审判的时候被告人不满十八周岁的案件，不公开审理。但是，经未成年被告人及其法定代理人同意，未成年被告人所在学校和未成年人保护组织可以派代表到场。

【条文主旨】本条是对未成年人刑事案件审理不公开的规定。

【修改情况】 本条是根据1996年《刑事诉讼法》第一百五十二条第二款关于未成年人刑事案件不公开审理的规定修改而来。本条将原来的"一律不公开审理"和"一般也不公开审理"的规定统一为"不公开审理"，将不公开审理的年龄判断时间明确为"审判的时候"，并规定了不公开的例外情形。

【条文解读】 对本条可作以下理解：

第一，本条从未成年人今后发展的长远利益考虑，规定了未成年人刑事案件的审理不公开进行。审理不公开一方面有利于加强对未成年被告人身心的特殊保护；另一方面也有利于保证刑事诉讼活动的顺利进行。不公开的内容应与本法第一百八十三条相同，一般包括：对公众的不公开，对新闻媒体，包括新闻报道、影视节目、公开出版物等的不公开。对宣告判决是否公开的问题，虽然本条未予以明确，但根据本法第一百九十六条"宣告判决，一律公开进行"和《最高人民法院关于审理未成年人刑事案件的若干规定》第三十一条"对未成年人刑事案件宣告判决应当公开进行，但不得采取召开大会等形式"的规定，对未成年人刑事案件的宣告判决是以公开方式进行的。但不得采取召开大会等形式，以防止对未成年犯罪人身心健康造成不良影响而不利于其接受教育改造。

第二，本条将不公开审理的年龄判断时间标准界定为"审判的时候"，而不是其犯罪、侦查、起诉、宣判的时间。案件从发生到刑事诉讼程序的完成，要经过一段时间，如果不统一年龄界定的标准，则会造成混乱和不公平。将不公开审理的年龄判断时间标准界定为"审判的时候"是考虑多方面因素的结果，其主要目的是加强对未成年被告人身心的特殊保护，并保证刑事诉讼活动的顺利进行。

第三，本条规定的不公开审理存在例外的情形，即"经未成年被告人及其法定代理人同意，未成年被告人所在学校和未成年人保护组织可以派代表到场"。该规定主要考虑到相关人员在场有利于促进审判工作的顺利进行和教育、感化未成年人。但应注意，例外的适用须以未成年被告人及其法定代理人同意为前提，实践中不得侵犯未成年被告人合法的诉讼权利、罔顾其意愿而允许相关人员到场。

第二百七十五条　犯罪的时候不满十八周岁，被判处五年有期徒刑以下刑罚的，应当对相关犯罪记录予以封存。

犯罪记录被封存的，不得向任何单位和个人提供，但司法机关为办案需要或者有关单位根据国家规定进行查询的除外。依法进行查询的单位，应当对被封存的犯罪记录的情况予以保密。

【条文主旨】本条是对未成年人犯罪记录封存制度的规定。

【修改情况】本条是新增条文。

【条文解读】犯罪记录封存又称“前科封存”，该制度旨在消除先前的定罪记录对于未成年犯罪人回归社会的消极影响，避免人生早期实施的犯罪给未成年犯罪人留下终生印记和负面影响。此规定体现了我国对于未成年犯罪人一贯坚持的挽救方针，给了未成年犯罪人一个重新做人的机会。对本条规定的阐释如下：

第一，适用的对象。本条规定了未成年人犯罪记录封存适用的对象为犯罪的时候不满十八周岁，被判处五年有期徒刑以下刑罚的未成年人。年龄条件是“不满十八周岁”；确定年龄的时间标准是应以“犯罪的时候”为准，只要行为人在犯罪时未满十八周岁，即使审判时已满十八周岁或刑满释放时已满十八周岁，也应适用未成年人犯罪记录封存制度；被判处刑罚的要求是，只有被判处五年有期徒刑以下刑罚的未成年人才可适用。所谓“五年有期徒刑以下刑罚”，包括五年有期徒刑在内，“被判处”，是指在法院判决时宣判的刑期。

第二，本条对未成年人犯罪记录封存制定进行了强制性的规定，体现了我国推行未成年人犯罪记录封存的决心和信心，也体现了我国努力使更多的未成年犯罪人撕掉犯罪的标签，回归社会之目的。

第三，本条未明确规定未成年人犯罪记录封存的主体。有学者建议应理解为对该未成年人作出有罪判决的原审人民法院。

第四，本条规定了未成年人犯罪记录封存的例外情况，即未成年人犯罪记录被封存的，不得向任何单位和个人提供，但司法机关为办案需要或者有关单位根据国家规定进行查询的除外，为司法机关和有关单位的合理的需求留下了可能。同时规定，依法进行查询的单位应当对被封存的犯罪记录的情况予以保密，这有利于加强对未成年犯罪人合法权益的保障。

第二百七十六条　办理未成年人刑事案件，除本章已有规定的以外，按照本法的其他规定进行。

【条文主旨】本条是关于办理未成年人刑事案件适用程序的规定。

【修改情况】本条是新增条文。

【条文解读】本章所规定的未成年人刑事案件的诉讼程序，都是根据未成年人的特点及犯罪的特性，出于保护未成年人利益的需要而作出的特殊规定，对于在刑事诉讼中切实保障未成年人身心健康、顺利推进诉讼并通过刑事诉讼及刑罚处罚，真正对预防未成年人犯罪和教育、挽救犯罪的未成年人具有重要意义。因此，办理未成年人刑事案件适用程序法时，要遵循特别法优于一般法的原则，本章已有规定的应适用本章规定，无规定的则适用本法的其他规定。

第二章　当事人和解的公诉案件诉讼程序

主旨	本章是关于当事人和解的公诉案件诉讼程序的规定。
定义	当事人和解的公诉案件诉讼程序，是指符合法定条件的公诉案件中当事人双方进行和解适用的特别程序。
拓展	1996年《刑事诉讼法》对自诉案件的和解作了规定。为了促进矛盾纠纷的化解，需要适当扩大和解程序的适用范围，将部分公诉案件纳入和解程序。经过若干年试点探索，我国公诉案件的刑事和解已经积累了一定经验。本章新设了当事人和解的公诉案件诉讼程序，对适用和解的公诉案件范围、条件作出了明确规定。同时，为确保公诉案件刑事和解的公正进行，本章还对公、检、法机关在公诉案件刑事和解过程中的作用，以及人民检察机关、人民法院对于和解的公诉案件的处理作了规定。
条文	本章共3条。

第二百七十七条　下列公诉案件，犯罪嫌疑人、被告人真诚悔罪，通过向被害人赔偿损失、赔礼道歉等方式获得被害人谅解，被害人自愿和解的，双方当事人可以和解：

（一）因民间纠纷引起，涉嫌刑法分则第四章、第五章规定的犯罪案件，可能判处三年有期徒刑以下刑罚的；

（二）除渎职犯罪以外的可能判处七年有期徒刑以下刑罚的过失犯罪案件。

犯罪嫌疑人、被告人在五年以内曾经故意犯罪的，不适用本章规定的程序。

【条文主旨】本条是关于适用刑事和解公诉案件的范围与条件的规定。

【修改情况】本条是新增条文。

【条文解读】本条从案件性质、证据以及犯罪嫌疑人、被告人和被害人双方的主观态度、事后表现等方面，规定了适用和解机制办理的公诉案件的范围和条件。根据本条规定，适用和解机制处理的公诉案件的条件是：（1）犯罪嫌疑人、被告人真诚悔罪。这是关于犯罪嫌疑人、被告人主观态度的要求，以此来确保加害人的人身危险性和社会危害性的降低或者消除。（2）向被害人赔偿损失、赔礼道歉，取得被害人的原谅。这是对犯罪嫌疑人、被告人客观行为的要求，也是实施和解的实质内容。同时，根据本条规定，和解的方式也并不仅仅限于赔偿损失，还包括了赔礼道歉：一是兼顾了受害方的物质损失和心理、名誉需求；二是避免了“花钱买刑”的弊端。(3）被害人自愿和解，即被害方作出同意和解的明确的意思表示，是达成和解的关键条件。

在符合上述条件的前提下，适用和解机制办理的公诉案件范围包含以下两大类案件：（1）因民间纠纷引起，“涉嫌刑法分则第四章、第五章规定的犯罪案件，可能判处三年有期徒刑以下刑罚的”。其一，“民间纠纷”系对案件性质的要求，即案件从性质上讲，只要本应属于民事范围解决的，均可归于民间纠纷，包括婚姻家庭内部纠纷，邻里纠纷，因恋爱、雇佣劳动、买卖合同、一般债权债务等引起的民间纠纷。此外，即使是陌生人之间因琐事争执引发的矛盾，只要针对的不是不特定的社会群体，也应当认定为民间纠纷。其二，“涉嫌刑法分则第四章、第五章规定的犯罪案件”，是从犯罪客体角度对适用和解机制办理的公诉案件提出的要求，即案件属于侵犯公民人身权利、民主权利或者侵犯财产的犯罪。其三，“可能判处三年有期徒刑以下刑罚”，是对上述案件犯罪严重程度的要求。上述三项条件必须同时符合，缺一不可。（2）除渎职犯罪以外的可能判处七年有期徒刑以下刑罚的过失犯罪案件。其一，“除渎职犯罪以外”是对案件类型的要求，主要是由于：一是渎职类犯罪可能缺乏明确的被害方，难以达成和解协议；二是即使在此类犯罪有明确的被害方的情形下，犯罪侵害的也不仅仅是个人法益，还侵犯了国家、社会的整体法益。其二，“可能判处七年有期徒刑以下刑罚”是对上述案件犯罪严重程度的要求。其三，“过失犯罪”是对案件性质的要求，由于案件可能判处七年有期徒刑以下刑罚，因此，在犯罪类型上的要求是犯罪主观恶性较小的过失犯罪，而不能是故意犯罪。

在满足本条所规定的适用条件和适用范围的同时，也要对犯罪嫌疑人有所要求。被告人在五年以内不能故意犯罪，这是参考了《刑法》第六十五条关于累犯相关内容所作的规定，主要是考虑到此类犯罪分子的社会危害性和主观恶性较大，在此不适用和解机制，是宽严相济刑事政策的具体体现。

第二百七十八条　双方当事人和解的，公安机关、人民检察院、人民法院应当听取当事人和其他有关人员的意见，对和解的自愿性、合法性进行审查，并主持制作和解协议书。

【条文主旨】本条是对公、检、法机关适用和解机制办理案件中作用的规定。

【修改情况】本条是新增条文。

【条文解读】根据本条规定，公安机关、人民检察院、人民法院在适用和解机制办理案件时应当履行如下职责：（1）听取当事人和其他有关人员的意见，以确保达成和解是当事人双方真实的意思表示。（2）对和解协议的自愿性、合法性进行审查。为防止实践中有些案件的当事人以“和解”的形式逃避法律追究，本条要求对当事人和解的自愿性和合法性进行审查，包括：当事人双方是否自愿，是否存在以暴力、威胁、欺骗或者其他非法方法强迫、引诱当事人双方达成和解的情形，是否符合法律规定，是否损害国家、集体和社会公共利益或者他人的合法权益，是否符合社会公德。(3) 主持制作和解协议书。

第二百七十九条　对于达成和解协议的案件，公安机关可以向人民检察院提出从宽处理的建议。人民检察院可以向人民法院提出从宽处罚的建议；对于犯罪情节轻微，不需要判处刑罚的，可以作出不起诉的决定。人民法院可以依法对被告人从宽处罚。

【条文主旨】本条是关于和解案件的处理的规定。

【修改情况】本条是新增条文。

【条文解读】根据本条规定，公安机关对于双方当事人达成和解协议的案件，在移送人民检察院审查起诉时，可以向人民检察院提出从宽处理的建议。

人民检察院对于双方当事人达成和解协议的案件，可以区分情况作出如下处理：(1) 对于犯罪情节轻微，依照《刑法》规定不需要判处刑罚或者免除刑罚的，可以作出不起诉决定。(2) 对于依法必须提起公诉的，可以向人民法院提出在法定幅度范围内从宽处罚的量刑建议。

人民法院对于双方当事人达成和解协议的案件，可以依法对被告人从轻、减轻处理。“从轻”与“减轻”是《刑法》上具有特殊含义的量刑规定。根据《刑法》第六十二条、第六十三条的规定，“从轻”，是指在法定刑的限度以内，量刑时倾向于判处较低的刑罚；“减轻”，是指在法定刑以下判处刑罚。“从轻”与“减轻”的具体量刑操作，要结合《刑法》分则的相关规定予以确定。

第三章 犯罪嫌疑人、被告人逃匿、死亡案件违法所得的没收程序

主旨	本章是关于犯罪嫌疑人、被告人逃匿、死亡案件违法所得的没收程序的规定。
定义	犯罪嫌疑人、被告人逃匿、死亡案件违法所得的没收程序，是指针对贪污贿赂犯罪、恐怖活动犯罪等重大犯罪案件中，因犯罪嫌疑人、被告人逃匿或死亡而无法追究其刑事责任时，在不经过刑事定罪程序的情况下，直接没收其违法所得财产的法律程序。
拓展	在司法实践中，许多重大犯罪案件因犯罪嫌疑人、被告人逃匿或者死亡而无法启动审判程序，其违法所得的财产长期无法得到追缴，给国家、集体及被害人等造成巨大的经济损失。犯罪嫌疑人、被告人逃匿、死亡案件违法所得没收程序的设立，彰显了国家打击贪污贿赂犯罪和恐怖活动犯罪等重大犯罪案件的决心，加大了对该类犯罪的惩治力度，有利于解决司法实践中存在的现实问题，且符合我国已加入的《联合国反腐败公约》及有关反恐怖问题的决议等国际公约的要求。
条文	本章共 4 条。

第二百八十条　对于贪污贿赂犯罪、恐怖活动犯罪等重大犯罪案件，犯罪嫌疑人、被告人逃匿，在通缉一年后不能到案，

或者犯罪嫌疑人、被告人死亡，依照刑法规定应当追缴其违法所得及其他涉案财产的，人民检察院可以向人民法院提出没收违法所得的申请。

公安机关认为有前款规定情形的，应当写出没收违法所得意见书，移送人民检察院。

没收违法所得的申请应当提供与犯罪事实、违法所得相关的证据材料，并列明财产的种类、数量、所在地及查封、扣押、冻结的情况。

人民法院在必要的时候，可以查封、扣押、冻结申请没收的财产。

【条文主旨】本条是关于违法所得没收程序启动的相关规定。

【修改情况】本条是新增条文。

【条文解读】第一款规定的是启动没收程序的条件。首先，该程序仅适用于贪污贿赂犯罪、恐怖活动犯罪等重大犯罪案件。其次，提起该程序应符合相应条件，一是犯罪嫌疑人、被告人逃匿，在通缉一年后不能到案或犯罪嫌疑人、被告人死亡；二是依照《刑法》规定应当追缴其违法所得及其他涉案财产的。最后，提起该程序的主体只能是人民检察院。

第二款规定的是公安机关在该程序中的职责。公安机关发现符合启动没收程序的案件，应当提出书面意见，将案件移送人民检察院。

第三款规定的是人民检察院提出申请需要提交的材料要求。检察机关必须对所提申请有相关证据材料佐证，故只有在有证据表明该财产与案件有关，并符合本条第一款相关条件的情况下方可提出申请，否则不能提出。

第四款规定了人民法院在必要的时候对于检察机关提出申请没收的财产可予以查封、扣押和冻结。为防止犯罪嫌疑人、被告人或其他人员转移、隐匿、变卖或挥霍申请没收的财产，保障裁定的顺利执行，人民法院认为有必要的，可采取相关的保全措施，即查封、扣押、冻结申请没收的财产。

第二百八十一条 没收违法所得的申请，由犯罪地或者犯罪嫌疑人、被告人居住地的中级人民法院组成合议庭进行审理。

人民法院受理没收违法所得的申请后，应当发出公告。公告期间为六个月。犯罪嫌疑人、被告人的近亲属和其他利害关系人有权申请参加诉讼，也可以委托诉讼代理人参加诉讼。

人民法院在公告期满后对没收违法所得的申请进行审理。利害关系人参加诉讼的，人民法院应当开庭审理。

【条文主旨】本条是关于没收程序的管辖权、受理后的公告和审理程序的规定。

【修改情况】本条是新增条文。

【条文解读】第一款规定了该类案件的地域管辖和级别管辖。首先，在地域管辖上，犯罪地和犯罪嫌疑人、被告人居住地均有管辖权，这区别于本法关于一般管辖的规定（在犯罪地和被告人居住地之间，如果后者更为适宜的，由后者管辖），即在没收程序的管辖上，犯罪地和犯罪嫌疑人、被告人居住地的人民法院管辖权平等，最终由谁审理则需看是由何地检察机关提出的申请。其次，在级别管辖上，该款规定由中级人民法院管辖。由于单独没收程序案件的涉案被告人、犯罪嫌疑人不到案，案件相对疑难复杂，由中级人民法院组成合议庭审理符合刑事审判的基本原理。

第二款首先规定了人民法院受理申请后的公告期间。为维护当事人的诉讼权利，人民法院在受理没收违法所得的申请后，应当发布公告，通知涉案人员到案。本款规定的公告期间为6个月，这样既能保证涉案人员有充裕的时间获知公告信息，又不会因时间过长而导致程序拖延，较为合理。其次，本款还规定了相关人员的没收程序参与权。为了防止没收程序侵犯公民合法财产，同时保证利害关系人能够参与诉讼以维护其合法权利，本款规定了近亲属和其他利害关系人的没收程序参与权。他们可以自己参与诉讼，也可以委托诉讼代理人参加诉讼。

第三款规定了公告期满后，犯罪嫌疑人、被告人未到案的，人民法院应依法对人民检察院提出的没收违法所得的申请进行审理。且由于财产权是公民的基本人权之一，故对财产权的剥夺，应当遵循公开、公正的正当程序原则。没收程序中，若被告人未能到庭，为确保程序的公正性和结果的正确性，庭审更应当以公开审理的方式进行。此外，没收程序虽为特别程序，但除法律特别规定以外，仍应遵守《刑事诉讼法》的一般规定，如公开审判、言词辩论、证据质证等。因此，本款规定“利害关系人参加诉讼的，人民法院应当开庭审理”。

第二百八十二条　人民法院经审理，对经查证属于违法所得及其他涉案财产，除依法返还被害人的以外，应当裁定予以没收；对不属于应当追缴的财产的，应当裁定驳回申请，解除查封、扣押、冻结措施。

对于人民法院依照前款规定作出的裁定，犯罪嫌疑人、被告人的近亲属和其他利害关系人或者人民检察院可以提出上诉、抗诉。

【条文主旨】 本条是关于没收程序审理后应如何处理的规定。

【修改情况】 本条是新增条文。

【条文解读】 本条第一款区分了两种情况：一为确实属于违法所得的，裁定没收；二为不能认定系违法所得的，则应当作出驳回申请的裁定，解除查封、扣押和冻结。

第二款规定了对法院作出的裁定，相关利害关系人和人民检察院享有上诉权或抗诉权。本规定间接表明法院作出裁定后，相关利害关系人在法定期限内没有提出异议的，该裁定即发生法律效力。但本条除规定“依法返还被害人”外，对没收的财产应如何处理未予以说明，实践中应比照相关规定将涉案赃款赃物上缴国库或者依法作出其他处理。

第二百八十三条　在审理过程中，在逃的犯罪嫌疑人、被告人自动投案或者被抓获的，人民法院应当终止审理。

没收犯罪嫌疑人、被告人财产确有错误的，应当予以返还、赔偿。

【条文主旨】本条规定的是没收程序终止审理的情形和救济措施。

【修改情况】本条是新增条文。

【条文解读】第一款规定了没收程序终止审理的情况，即在没收程序审理过程中，在逃的犯罪嫌疑人、被告人自动投案或被抓获的，人民法院应终止对没收申请的审理。犯罪嫌疑人、被告人到案后，应按普通程序对其进行追诉，涉案财产也应一并处理，故应终止正在进行的没收程序。

第二款规定了没收程序之回转，即对没收程序的救济措施。在发现没收犯罪嫌疑人、被告人财产确有错误的情况下，应将所没收的财产返回犯罪嫌疑人、被告人，对无法返还的应予以相应的赔偿。但本款规定并未明确规定返还、赔偿的具体程序。没收程序虽是特别程序，但仍属审判程序的范畴，人民法院作出的没收裁定是生效的法律文书，如发现没收犯罪嫌疑人、被告人财产确有错误的，应当通过启动审判监督程序撤销原裁定，方能对财产予以返还、赔偿。

第四章　依法不负刑事责任的精神病人的强制医疗程序

主旨	本章规定了依法不负刑事责任的精神病人的强制医疗程序。
定义	依法不负刑事责任的精神病人的强制医疗程序，是指对实施了犯罪行为但根据《刑法》规定不负刑事责任的精神病人，为防止其继续危害社会而对其进行强制医疗所适用的特别程序。
拓展	1996年《刑事诉讼法》对于犯罪嫌疑人、被告人因精神异常而被认定不应负刑事责任时如何处理，未作任何规定。根据《刑法》第十八条的有关规定，存在责令监护人看管与强制医疗两种选择。但是，实践中往往由公安机关单方决定是否强制医疗，既缺乏司法机关的审查约束，也因强制医疗的条件不明确而导致实践中的不统一。总体而言，精神病人参与刑事诉讼与其后的强制医疗严重脱节，后者在操作程序上处于无法可依的状态。本次《刑事诉讼法》的修改设立了专门的强制医疗程序，对强制医疗的适用条件、决定主体、审理程序、审理期限、救济途径、监督机制等分别作了明确规定，将强制医疗这一极易侵犯利害关系人人身权利的活动纳入法律的规制范围，填补了这一领域的立法空白。
条文	本章共6条。

第二百八十四条　实施暴力行为，危害公共安全或者严重危害公民人身安全，经法定程序鉴定依法不负刑事责任的精神病人，有继续危害社会可能的，可以予以强制医疗。

【条文主旨】本条是关于强制医疗程序适用条件的规定。

【修改情况】本条是新增条文。

【条文解读】由于该程序的强制性可能对利害关系人的人身权利造成极大的侵犯，因此强制医疗须遵循必要性原则，即并非所有进入刑事诉讼程序的精神病人都适用强制医疗。除此之外，从现实可能性来看，强制医疗需要国家资源的投入，但目前提供强制医疗的精神病医疗机构床位有限，且不允许随意扩大强制医疗的对象范围，因此强制医疗还须遵循优先性原则。

根据必要性和优先性的原则，本条明确规定了适用强制医疗的三个条件：（1）适用对象实施暴力行为，危害公共安全或者严重危害公民人身安全，此为强制医疗的犯罪特征条件。（2）适用对象系经法定程序鉴定依法不负刑事责任的精神病人，此为强制医疗的程序条件。强制医疗是专门针对精神病人的法律程序，其适用对象一定是精神病人，且必须经过法定的精神病鉴定程序加以确认。此外，精神病鉴定的结果既包括无刑事责任能力，也包括限制刑事责任能力，只有前者才可能适用强制医疗，后者仍需承担一定的刑事责任。因此，该条件要求适用强制医疗的对象必须是经鉴定属于无刑事责任能力的精神病人。（3）适用对象符合潜在危险条件，即符合前两个条件的精神病人存在继续危害社会的可能，出于保护社会免受其继续危害的目的，应对其采取强制医疗，从而消除这一社会安全隐患。以上三个条件必须同时具备、缺一不可。

第二百八十五条　根据本章规定对精神病人强制医疗的，由人民法院决定。

公安机关发现精神病人符合强制医疗条件的，应当写出强制医疗意见书，移送人民检察院。对于公安机关移送的或者在

审查起诉过程中发现的精神病人符合强制医疗条件的，人民检察院应当向人民法院提出强制医疗的申请。人民法院在审理案件过程中发现被告人符合强制医疗条件的，可以作出强制医疗的决定。

对实施暴力行为的精神病人，在人民法院决定强制医疗前，公安机关可以采取临时的保护性约束措施。

【条文主旨】本条是关于强制医疗的决定主体、决定程序以及公安机关临时保护性约束措施的规定。

【修改情况】本条是新增条文。

【条文解读】本条第一款明确指出，根据本章规定对精神病人强制医疗的，由人民法院决定，赋予了人民法院对强制医疗的决定权。

本条第二款规定了公、检、法机关在不同诉讼阶段发现精神病人符合强制医疗条件时的处理：（1）公安机关在侦查阶段发现精神病人符合强制医疗条件的，应当写出强制医疗意见书并移送人民检察院。（2）人民检察院收到公安机关移送的强制医疗意见书，或者人民检察院在审查起诉过程中自行发现精神病人符合强制医疗条件的，应当向人民法院提出强制医疗的申请。（3）人民法院在审理阶段发现被告人符合强制医疗条件的，可以决定强制医疗。

本条第三款规定了公安机关对符合强制医疗条件的精神病人，在人民法院决定强制医疗前可采取约束性措施的权力。根据前一条强制医疗的适用条件，这类精神病人具有极大的人身危险性，对社会甚至其自身存在一定的威胁。因此在人民法院通过本章规定的司法审查程序作出强制医疗决定前，有必要赋予公安机关采取约束性措施的权力。但是，这种约束性措施必须是以保护公共安全和精神病人自身安全为目的的临时性措施。前者要求所采取的措施应当以人身安全保护为限，不应超出此需要；后者是指一旦精神病人的人身危险性降低或者消除，就应及时解除该约束措施。

第二百八十六条　人民法院受理强制医疗的申请后，应当组成合议庭进行审理。

人民法院审理强制医疗案件，应当通知被申请人或者被告人的法定代理人到场。被申请人或者被告人没有委托诉讼代理人的，人民法院应当通知法律援助机构指派律师为其提供法律帮助。

【条文主旨】本条是关于强制医疗审理程序的规定。

【修改情况】本条是新增条文。

【条文解读】本章所规定的对不负刑事责任的精神病人采取的强制医疗程序，最重要的进步在于引入司法审查程序，使强制医疗问题的决定权由中立的司法机关行使。本条正是缘此规定了人民法院如何以正式听证的方式审理并决定强制医疗的相关事宜。其中第一款要求人民法院在受理强制医疗的申请后，组成合议庭进行审理。但是此处没有说明合议庭的具体构成。根据多数国家的立法与实践，强制医疗程序多吸收精神病专家参与审查，这一点有待实施细则的进一步明确和补充。

本条第二款首先规定了强制医疗审理程序中的“法定代理人在场”原则。鉴于本类审理程序的对象系不负刑事责任的精神病人，其必然不具备诉讼行为能力，无法维护自身的权利和利益，因此通知其法定代理人到场就十分必要。而且由于被申请人或者被告人的法定代理人可能并不通晓法律，本款进一步规定了其有获得法律帮助的权利，即在被申请人或者被告人没有委托诉讼代理人的情况下，人民法院应当通知法律援助机构指派律师为其提供法律帮助。这一规定充分体现了《刑事诉讼法》对于弱势群体的关照与特殊保护，也与本法第三十四条将精神病人纳入法律援助对象的规定前后照应。

第二百八十七条　人民法院经审理，对于被申请人或者被告人符合强制医疗条件的，应当在一个月以内作出强制医疗的

决定。

被决定强制医疗的人、被害人及其法定代理人、近亲属对强制医疗决定不服的，可以向上一级人民法院申请复议。

【条文主旨】本条是关于强制医疗审理期限及相关主体对强制医疗决定提出异议之权利的规定。

【修改情况】本条是新增条文。

【条文解读】本条第一款规定人民法院应在一个月内作出强制医疗的决定，这是因为在强制医疗的审理期间，被申请人可能已被采取了临时性的保护性约束措施，人民法院有必要在合理期限内就是否强制医疗作出决定，以免因诉讼拖延而侵犯被申请人的人身自由权或者延误被申请人接受精神科医疗的时机。

本条第二款规定的是人民法院作出强制医疗决定之后，与此决定有利害关系者，包括被决定强制医疗的人以及被害人双方，如果对决定不服，有权向上一级人民法院申请复议。此为强制医疗的救济程序，即人民法院的审理决定并非终局决定，上一级人民法院可以通过复议程序审查下级法院的强制医疗决定是否适当。

第二百八十八条　强制医疗机构应当定期对被强制医疗的人进行诊断评估。对于已不具有人身危险性，不需要继续强制医疗的，应当及时提出解除意见，报决定强制医疗的人民法院批准。

被强制医疗的人及其近亲属有权申请解除强制医疗。

【条文主旨】本条是关于强制医疗解除程序的规定。

【修改情况】本条是新增条文。

【条文解读】本条第一款规定了强制医疗机构的定期评估机制。鉴于强制医疗系违反患者意志而采取的医疗措施，故其往往在一定程度上限制了被强制医疗者的人身自由，而且精神科治疗常常伴有副作用，因此当强制医疗不再必要时，应当及时解除。为及时发现强制医疗的条件是否存在，本条第一款引入了定期诊断评估机制，要求强制医疗机构通过该机制及时过滤出那些已不具有人身危险性、进而不再需要继续强制医疗的患者，并向决定强制医疗的人民法院提出解除意见，由后者决定是否批准。

本条第二款赋予了被强制医疗者及其近亲属申请解除强制医疗的权利。如前所述，强制医疗是一种侵犯性较强的措施，除要求强制医疗机构通过定期评估及时筛选出应当解除强制医疗措施的患者外，为保护被强制医疗者的权利，还应赋予当事人及其近亲属申请解除强制医疗的权利。

第二百八十九条　人民检察院对强制医疗的决定和执行实行监督。

【条文主旨】本条是关于人民检察院对强制医疗的法律监督的规定。

【修改情况】本条是新增条文。

【条文解读】如前述条文规定，强制医疗由人民法院以审理的方式决定，这一过程是否符合法律规定，直接关涉强制医疗决定的适当性。人民法院一旦决定强制医疗，实施暴力行为的精神病人就会被移送至强制医疗机构接受相关治疗。被强制医疗者在强制医疗机构的处遇如何，直接关系到被强制医疗者的人身权和健康权。因此本条引入了人民检察院的法律监督。人民检察院是宪法规定的国家法律监督机关，在刑事诉讼中享有广泛的法律监督权。强制医疗的决定和执行分别属于刑事审判与执行活动，因此由人民检察院对其实行法律监督是恰当的。但本条未就人民检察院如何对强制医疗的决定和执行实行监督加以详细规定，有待司法解释的进一步细化。

第二百九十条　军队保卫部门对军队内部发生的刑事案件行使侦查权。

对罪犯在监狱内犯罪的案件由监狱进行侦查。

军队保卫部门、监狱办理刑事案件，适用本法的有关规定。

【条文主旨】 本条是关于军队保卫部门和监狱对特定案件行使侦查权的规定。

【修改情况】 本条未作修改。

【条文解读】 本条共分三款。第一款是关于军队保卫部门对军队内部发生的刑事案件行使侦查权的规定。军队保卫部门负责军队内部发生的刑事案件的侦查工作，其性质同公安机关对刑事案件的侦查是相同的，因此享有同公安机关相同的侦查权，包括拘留、执行逮捕、预审等职权以及讯问犯罪嫌疑人、询问证人、勘验、检查、搜查、扣押物证、书证、鉴定等侦查手段。这里所说的军队内部发生的刑事案件，主要是指军队现役军人（含在编职工）犯罪的案件，军队现役军人（含在编职工）在地方上作案的，也属于军队内部的刑事案件，由军队保卫部门侦查。

第二款是关于监狱对罪犯在监狱内犯罪的案件行使侦查权的规定。监狱对监狱内发生的刑事案件进行侦查，也享有公安机关侦查案件的职权，包括预审、讯问犯罪嫌疑人、询问证人、勘验、检查、搜查、扣押物证、书证、鉴定等。侦查终结后，监狱认为应当追究犯罪嫌疑人刑事责任的，应当写出起诉意见书，连同案卷材料、证据一并移送人民检察院审查起诉。

第三款是关于军队保卫部门、监狱办理刑事案件适用本法有关规定的规定。本款规定共包含两层意思。一是军队保卫部门、监狱办理刑事案件，享有本法规定的侦查刑事案件的职权，可以行使本法规定的侦查案件的权力；二是军队保卫部门、监狱办理刑事案件，应当遵守本法关于侦查的有关规定，受本法有关规定的约束，如讯问犯罪嫌疑人时侦查人员不得少于二人，不得侵犯犯罪嫌疑人的诉讼权利，禁止一切足以造成危险、侮辱人格或者有伤风化的行为等。

附 录

《中华人民共和国刑事诉讼法》修正前后对照表

修正前	修正后
第一编 总 则	第一编 总 则
第一章 任务和基本原则	第一章 任务和基本原则
第一条 为了保证刑法的正确实施，惩罚犯罪，保护人民，保障国家安全和社会公共安全，维护社会主义社会秩序，根据宪法，制定本法。	**第一条** 为了保证刑法的正确实施，惩罚犯罪，保护人民，保障国家安全和社会公共安全，维护社会主义社会秩序，根据宪法，制定本法。
第二条 中华人民共和国刑事诉讼法的任务，是保证准确、及时地查明犯罪事实，正确应用法律，惩罚犯罪分子，保障无罪的人不受刑事追究，教育公民自觉遵守法律，积极同犯罪行为作斗争，以维护社会主义法制，保护公民的人身权利、财产权利、民主权利和其他权利，保障社会主义建设事业的顺利进行。	**第二条** 中华人民共和国刑事诉讼法的任务，是保证准确、及时地查明犯罪事实，正确应用法律，惩罚犯罪分子，保障无罪的人不受刑事追究，教育公民自觉遵守法律，积极同犯罪行为作斗争，维护社会主义法制，**尊重和保障人权，**保护公民的人身权利、财产权利、民主权利和其他权利，保障社会主义建设事业的顺利进行。
第三条 对刑事案件的侦查、拘留、执行逮捕、预审，由公安机关负责。检察、批准逮捕、检察机关直接受理的案件的侦查、提起公诉，由人民检察院负责。审判由人民法院负责。除法律特别规定的以外，其他任何机关、团体和个人都无权行使这些权力。	**第三条** 对刑事案件的侦查、拘留、执行逮捕、预审，由公安机关负责。检察、批准逮捕、检察机关直接受理的案件的侦查、提起公诉，由人民检察院负责。审判由人民法院负责。除法律特别规定的以外，其他任何机关、团体和个人都无权行使这些权力。

人民法院、人民检察院和公安机关进行刑事诉讼，必须严格遵守本法和其他法律的有关规定。	人民法院、人民检察院和公安机关进行刑事诉讼，必须严格遵守本法和其他法律的有关规定。
第四条 国家安全机关依照法律规定，办理危害国家安全的刑事案件，行使与公安机关相同的职权。	**第四条** 国家安全机关依照法律规定，办理危害国家安全的刑事案件，行使与公安机关相同的职权。
第五条 人民法院依照法律规定独立行使审判权，人民检察院依照法律规定独立行使检察权，不受行政机关、社会团体和个人的干涉。	**第五条** 人民法院依照法律规定独立行使审判权，人民检察院依照法律规定独立行使检察权，不受行政机关、社会团体和个人的干涉。
第六条 人民法院、人民检察院和公安机关进行刑事诉讼，必须依靠群众，必须以事实为根据，以法律为准绳。对于一切公民，在适用法律上一律平等，在法律面前，不允许有任何特权。	**第六条** 人民法院、人民检察院和公安机关进行刑事诉讼，必须依靠群众，必须以事实为根据，以法律为准绳。对于一切公民，在适用法律上一律平等，在法律面前，不允许有任何特权。
第七条 人民法院、人民检察院和公安机关进行刑事诉讼，应当分工负责，互相配合，互相制约，以保证准确有效地执行法律。	**第七条** 人民法院、人民检察院和公安机关进行刑事诉讼，应当分工负责，互相配合，互相制约，以保证准确有效地执行法律。
第八条 人民检察院依法对刑事诉讼实行法律监督。	**第八条** 人民检察院依法对刑事诉讼实行法律监督。
第九条 各民族公民都有用本民族语言文字进行诉讼的权利。人民法院、人民检察院和公安机关对于不通晓当地通用的语言文字的诉讼参与人，应当为他们翻译。 在少数民族聚居或者多民族杂居的地区，应当用当地通用的语言进行审讯，用当地通用的文字发布判决书、布告和其他文件。	**第九条** 各民族公民都有用本民族语言文字进行诉讼的权利。人民法院、人民检察院和公安机关对于不通晓当地通用的语言文字的诉讼参与人，应当为他们翻译。 在少数民族聚居或者多民族杂居的地区，应当用当地通用的语言进行审讯，用当地通用的文字发布判决书、布告和其他文件。

第十条　人民法院审判案件，实行两审终审制。	**第十条**　人民法院审判案件，实行两审终审制。
第十一条　人民法院审判案件，除本法另有规定的以外，一律公开进行。被告人有权获得辩护，人民法院有义务保证被告人获得辩护。	**第十一条**　人民法院审判案件，除本法另有规定的以外，一律公开进行。被告人有权获得辩护，人民法院有义务保证被告人获得辩护。
第十二条　未经人民法院依法判决，对任何人都不得确定有罪。	**第十二条**　未经人民法院依法判决，对任何人都不得确定有罪。
第十三条　人民法院审判案件，依照本法实行人民陪审员陪审的制度。	**第十三条**　人民法院审判案件，依照本法实行人民陪审员陪审的制度。
第十四条　人民法院、人民检察院和公安机关应当保障诉讼参与人依法享有的诉讼权利。 对于不满十八岁的未成年人犯罪的案件，在讯问和审判时，可以通知犯罪嫌疑人、被告人的法定代理人到场。 诉讼参与人对于审判人员、检察人员和侦查人员侵犯公民诉讼权利和人身侮辱的行为，有权提出控告。 （第二款移至新条文第二百七十条）	**第十四条**　人民法院、人民检察院和公安机关应当保障**犯罪嫌疑人、被告人和其他**诉讼参与人依法享有的**辩护权和其他**诉讼权利。 诉讼参与人对于审判人员、检察人员和侦查人员侵犯公民诉讼权利和人身侮辱的行为，有权提出控告。
第十五条　有下列情形之一的，不追究刑事责任，已经追究的，应当撤销案件，或者不起诉，或者终止审理，或者宣告无罪： （一）情节显著轻微、危害不大，不认为是犯罪的； （二）犯罪已过追诉时效期限的； （三）经特赦令免除刑罚的； （四）依照刑法告诉才处理的犯罪，没有告诉或者撤回告诉的； （五）犯罪嫌疑人、被告人死亡的； （六）其他法律规定免予追究刑事责任的。	**第十五条**　有下列情形之一的，不追究刑事责任，已经追究的，应当撤销案件，或者不起诉，或者终止审理，或者宣告无罪： （一）情节显著轻微、危害不大，不认为是犯罪的； （二）犯罪已过追诉时效期限的； （三）经特赦令免除刑罚的； （四）依照刑法告诉才处理的犯罪，没有告诉或者撤回告诉的； （五）犯罪嫌疑人、被告人死亡的； （六）其他法律规定免予追究刑事责任的。

第十六条　对于外国人犯罪应当追究刑事责任的，适用本法的规定。 对于享有外交特权和豁免权的外国人犯罪应当追究刑事责任的，通过外交途径解决。	**第十六条**　对于外国人犯罪应当追究刑事责任的，适用本法的规定。 对于享有外交特权和豁免权的外国人犯罪应当追究刑事责任的，通过外交途径解决。
第十七条　根据中华人民共和国缔结或者参加的国际条约，或者按照互惠原则，我国司法机关和外国司法机关可以相互请求刑事司法协助。	**第十七条**　根据中华人民共和国缔结或者参加的国际条约，或者按照互惠原则，我国司法机关和外国司法机关可以相互请求刑事司法协助。
第二章　管　辖	**第二章　管　辖**
第十八条　刑事案件的侦查由公安机关进行，法律另有规定的除外。 贪污贿赂犯罪，国家工作人员的渎职犯罪，国家机关工作人员利用职权实施的非法拘禁、刑讯逼供、报复陷害、非法搜查的侵犯公民人身权利的犯罪以及侵犯公民民主权利的犯罪，由人民检察院立案侦查。对于国家机关工作人员利用职权实施的其他重大的犯罪案件，需要由人民检察院直接受理的时候，经省级以上人民检察院决定，可以由人民检察院立案侦查。 自诉案件，由人民法院直接受理。	**第十八条**　刑事案件的侦查由公安机关进行，法律另有规定的除外。 贪污贿赂犯罪，国家工作人员的渎职犯罪，国家机关工作人员利用职权实施的非法拘禁、刑讯逼供、报复陷害、非法搜查的侵犯公民人身权利的犯罪以及侵犯公民民主权利的犯罪，由人民检察院立案侦查。对于国家机关工作人员利用职权实施的其他重大的犯罪案件，需要由人民检察院直接受理的时候，经省级以上人民检察院决定，可以由人民检察院立案侦查。 自诉案件，由人民法院直接受理。
第十九条　基层人民法院管辖第一审普通刑事案件，但是依照本法由上级人民法院管辖的除外。	**第十九条**　基层人民法院管辖第一审普通刑事案件，但是依照本法由上级人民法院管辖的除外。

第二十条　中级人民法院管辖下列第一审刑事案件： （一）反革命案件、危害国家安全案件； （二）可能判处无期徒刑、死刑的普通刑事案件； （三）外国人犯罪的刑事案件。	**第二十条**　中级人民法院管辖下列第一审刑事案件： （一）危害国家安全、**恐怖活动**案件； （二）可能判处无期徒刑、死刑的案件。
第二十一条　高级人民法院管辖的第一审刑事案件，是全省（自治区、直辖市）性的重大刑事案件。	**第二十一条**　高级人民法院管辖的第一审刑事案件，是全省（自治区、直辖市）性的重大刑事案件。
第二十二条　最高人民法院管辖的第一审刑事案件，是全国性的重大刑事案件。	**第二十二条**　最高人民法院管辖的第一审刑事案件，是全国性的重大刑事案件。
第二十三条　上级人民法院在必要的时候，可以审判下级人民法院管辖的第一审刑事案件；下级人民法院认为案情重大、复杂需要由上级人民法院审判的第一审刑事案件，可以请求移送上一级人民法院审判。	**第二十三条**　上级人民法院在必要的时候，可以审判下级人民法院管辖的第一审刑事案件；下级人民法院认为案情重大、复杂需要由上级人民法院审判的第一审刑事案件，可以请求移送上一级人民法院审判。
第二十四条　刑事案件由犯罪地的人民法院管辖。如果由被告人居住地的人民法院审判更为适宜的，可以由被告人居住地的人民法院管辖。	**第二十四条**　刑事案件由犯罪地的人民法院管辖。如果由被告人居住地的人民法院审判更为适宜的，可以由被告人居住地的人民法院管辖。
第二十五条　几个同级人民法院都有权管辖的案件，由最初受理的人民法院审判。在必要的时候，可以移送主要犯罪地的人民法院审判。	**第二十五条**　几个同级人民法院都有权管辖的案件，由最初受理的人民法院审判。在必要的时候，可以移送主要犯罪地的人民法院审判。
第二十六条　上级人民法院可以指定下级人民法院审判管辖不明的案件，也可以指定下级人民法院将案件移送其他人民法院审判。	**第二十六条**　上级人民法院可以指定下级人民法院审判管辖不明的案件，也可以指定下级人民法院将案件移送其他人民法院审判。

第二十七条 专门人民法院案件的管辖另行规定。	**第二十七条** 专门人民法院案件的管辖另行规定。
第三章 回 避	**第三章 回 避**
第二十八条 审判人员、检察人员、侦查人员有下列情形之一的，应当自行回避，当事人及其法定代理人也有权要求他们回避： （一）是本案的当事人或者是当事人的近亲属的； （二）本人或者他的近亲属和本案有利害关系的； （三）担任过本案的证人、鉴定人、辩护人、诉讼代理人的； （四）与本案当事人有其他关系，可能影响公正处理案件的。	**第二十八条** 审判人员、检察人员、侦查人员有下列情形之一的，应当自行回避，当事人及其法定代理人也有权要求他们回避： （一）是本案的当事人或者是当事人的近亲属的； （二）本人或者他的近亲属和本案有利害关系的； （三）担任过本案的证人、鉴定人、辩护人、诉讼代理人的； （四）与本案当事人有其他关系，可能影响公正处理案件的。
第二十九条 审判人员、检察人员、侦查人员不得接受当事人及其委托的人的请客送礼，不得违反规定会见当事人及其委托的人。 审判人员、检察人员、侦查人员违反前款规定的，应当依法追究法律责任。当事人及其法定代理人有权要求他们回避。	**第二十九条** 审判人员、检察人员、侦查人员不得接受当事人及其委托的人的请客送礼，不得违反规定会见当事人及其委托的人。 审判人员、检察人员、侦查人员违反前款规定的，应当依法追究法律责任。当事人及其法定代理人有权要求他们回避。
第三十条 审判人员、检察人员、侦查人员的回避，应当分别由院长、检察长、公安机关负责人决定；院长的回避，由本院审判委员会决定；检察长和公安机关负责人的回避，由同级人民检察院检察委员会决定。 对侦查人员的回避作出决定前，侦查人员不能停止对案件的侦查。 对驳回申请回避的决定，当事人及其法定代理人可以申请复议一次。	**第三十条** 审判人员、检察人员、侦查人员的回避，应当分别由院长、检察长、公安机关负责人决定；院长的回避，由本院审判委员会决定；检察长和公安机关负责人的回避，由同级人民检察院检察委员会决定。 对侦查人员的回避作出决定前，侦查人员不能停止对案件的侦查。 对驳回申请回避的决定，当事人及其法定代理人可以申请复议一次。

第三十一条　本法第二十八条、第二十九条、第三十条的规定也适用于书记员、翻译人员和鉴定人。	**第三十一条**　**本章关于回避**的规定适用于书记员、翻译人员和鉴定人。 **辩护人、诉讼代理人可以依照本章的规定要求回避、申请复议。**
第四章　辩护与代理	**第四章　辩护与代理**
第三十二条　犯罪嫌疑人、被告人除自己行使辩护权以外，还可以委托一至二人作为辩护人。下列的人可以被委托为辩护人： （一）律师； （二）人民团体或者犯罪嫌疑人、被告人所在单位推荐的人； （三）犯罪嫌疑人、被告人的监护人、亲友。 正在被执行刑罚或者依法被剥夺、限制人身自由的人，不得担任辩护人。	**第三十二条**　犯罪嫌疑人、被告人除自己行使辩护权以外，还可以委托一至二人作为辩护人。下列的人可以被委托为辩护人： （一）律师； （二）人民团体或者犯罪嫌疑人、被告人所在单位推荐的人； （三）犯罪嫌疑人、被告人的监护人、亲友。 正在被执行刑罚或者依法被剥夺、限制人身自由的人，不得担任辩护人。
第三十三条　公诉案件自案件移送审查起诉之日起，犯罪嫌疑人有权委托辩护人。自诉案件的被告人有权随时委托辩护人。 人民检察院自收到移送审查起诉的案件材料之日起三日以内，应当告知犯罪嫌疑人有权委托辩护人。人民法院自受理自诉案件之日起三日以内，应当告知被告人有权委托辩护人。	**第三十三条**　犯罪嫌疑人**自被侦查机关第一次讯问或者采取强制措施**之日起，有权委托辩护人；**在侦查期间，只能委托律师作为辩护人**。被告人有权随时委托辩护人。 **侦查机关在第一次讯问犯罪嫌疑人或者对犯罪嫌疑人采取强制措施的时候，应当告知犯罪嫌疑人有权委托辩护人。**人民检察院自收到移送审查起诉的案件材料之日起三日以内，应当告知犯罪嫌疑人有权委托辩护人。人民法院自受理案件之日起三日以内，应当告知被告人有权委托辩护人。**犯罪嫌疑人、被告人在押期间要求委托辩护人的，人民法院、人民检**

	察院和公安机关应当及时转达其要求。 **犯罪嫌疑人、被告人在押的，也可以由其监护人、近亲属代为委托辩护人。** **辩护人接受犯罪嫌疑人、被告人委托后，应当及时告知办理案件的机关。**
第三十四条　公诉人出庭公诉的案件，被告人因经济困难或者其他原因没有委托辩护人的，人民法院可以指定承担法律援助义务的律师为其提供辩护。 被告人是盲、聋、哑或者未成年人而没有委托辩护人的，人民法院应当指定承担法律援助义务的律师为其提供辩护。 被告人可能被判处死刑而没有委托辩护人的，人民法院应当指定承担法律援助义务的律师为其提供辩护。	**第三十四条**　**犯罪嫌疑人**、被告人因经济困难或者其他原因没有委托辩护人的，**本人及其近亲属可以向法律援助机构提出申请。对符合法律援助条件的，**法律援助**机构应当指派**律师为其提供辩护。 **犯罪嫌疑人**、被告人是盲、聋、哑人，**或者是尚未完全丧失辨认或者控制自己行为能力的精神病人，**没有委托辩护人的，人民法院、**人民检察院和公安机关**应当**通知**法律援助**机构指派**律师为其提供辩护。 **犯罪嫌疑人**、被告人可能被判处**无期徒刑**、死刑，没有委托辩护人的，人民法院、**人民检察院和公安机关**应当**通知**法律援助**机构指派**律师为其提供辩护。
第三十五条　辩护人的责任是根据事实和法律，提出证明犯罪嫌疑人、被告人无罪、罪轻或者减轻、免除其刑事责任的材料和意见，维护犯罪嫌疑人、被告人的合法权益。	**第三十五条**　辩护人的责任是根据事实和法律，提出犯罪嫌疑人、被告人无罪、罪轻或者减轻、免除其刑事责任的材料和意见，维护犯罪嫌疑人、被告人的**诉讼权利和其他**合法权益。

	第三十六条　辩护律师在侦查期间可以为犯罪嫌疑人提供法律帮助；代理申诉、控告；申请变更强制措施；向侦查机关了解犯罪嫌疑人涉嫌的罪名和案件有关情况，提出意见。
第三十六条　辩护律师自人民检察院对案件审查起诉之日起，可以查阅、摘抄、复制本案的诉讼文书、技术性鉴定材料，可以同在押的犯罪嫌疑人会见和通信。其他辩护人经人民检察院许可，也可以查阅、摘抄、复制上述材料，同在押的犯罪嫌疑人会见和通信。 辩护律师自人民法院受理案件之日起，可以查阅、摘抄、复制本案所指控的犯罪事实的材料，可以同在押的被告人会见和通信。其他辩护人经人民法院许可，也可以查阅、摘抄、复制上述材料，同在押的被告人会见和通信。 （将第三十六条修改后作为新条文第三十七条、第三十八条）	**第三十七条**　辩护律师可以同在押的犯罪嫌疑人、被告人会见和通信。其他辩护人经人民法院、人民检察院许可，也可以同在押的犯罪嫌疑人、被告人会见和通信。 **辩护律师持律师执业证书、律师事务所证明和委托书或者法律援助公函要求会见在押的犯罪嫌疑人、被告人的，看守所应当及时安排会见，至迟不得超过四十八小时。** **危害国家安全犯罪、恐怖活动犯罪、特别重大贿赂犯罪案件，在侦查期间辩护律师会见在押的犯罪嫌疑人，应当经侦查机关许可。上述案件，侦查机关应当事先通知看守所。** **辩护律师会见在押的犯罪嫌疑人、被告人，可以了解案件有关情况，提供法律咨询等；自案件移送审查起诉之日起，可以向犯罪嫌疑人、被告人核实有关证据。辩护律师会见犯罪嫌疑人、被告人时不被监听。** **辩护律师同被监视居住的犯罪嫌疑人、被告人会见、通信，适用第一款、第三款、第四款的规定。**
	第三十八条　辩护律师自人民检察院对案件审查起诉之日起，可以查阅、摘抄、复制本案的**案卷**材料。其他辩护人经**人民法院**、人民检察院许可，也可以查阅、摘抄、复制上述材料。

	第三十九条　辩护人认为在侦查、审查起诉期间公安机关、人民检察院收集的证明犯罪嫌疑人、被告人无罪或者罪轻的证据材料未提交的，有权申请人民检察院、人民法院调取。
	第四十条　辩护人收集的有关犯罪嫌疑人不在犯罪现场、未达到刑事责任年龄、属于依法不负刑事责任的精神病人的证据，应当及时告知公安机关、人民检察院。
第三十七条　辩护律师经证人或者其他有关单位和个人同意，可以向他们收集与本案有关的材料，也可以申请人民检察院、人民法院收集、调取证据，或者申请人民法院通知证人出庭作证。 辩护律师经人民检察院或者人民法院许可，并且经被害人或者其近亲属、被害人提供的证人同意，可以向他们收集与本案有关的材料。	**第四十一条**　辩护律师经证人或者其他有关单位和个人同意，可以向他们收集与本案有关的材料，也可以申请人民检察院、人民法院收集、调取证据，或者申请人民法院通知证人出庭作证。 辩护律师经人民检察院或者人民法院许可，并且经被害人或者其近亲属、被害人提供的证人同意，可以向他们收集与本案有关的材料。
第三十八条　辩护律师和其他辩护人，不得帮助犯罪嫌疑人、被告人隐匿、毁灭、伪造证据或者串供，不得威胁、引诱证人改变证言或者作伪证以及进行其他干扰司法机关诉讼活动的行为。 违反前款规定的，应当依法追究法律责任。	**第四十二条**　**辩护人或者其他任何人**，不得帮助犯罪嫌疑人、被告人隐匿、毁灭、伪造证据或者串供，不得威胁、引诱证人作伪证以及进行其他干扰司法机关诉讼活动的行为。 违反前款规定的，应当依法追究法律责任，**辩护人涉嫌犯罪的，应当由办理辩护人所承办案件的侦查机关以外的侦查机关办理。辩护人是律师的，应当及时通知其所在的律师事务所或者所属的律师协会。**

第三十九条 在审判过程中，被告人可以拒绝辩护人继续为他辩护，也可以另行委托辩护人辩护。	**第四十三条** 在审判过程中，被告人可以拒绝辩护人继续为他辩护，也可以另行委托辩护人辩护。
第四十条 公诉案件的被害人及其法定代理人或者近亲属，附带民事诉讼的当事人及其法定代理人，自案件移送审查起诉之日起，有权委托诉讼代理人。自诉案件的自诉人及其法定代理人，附带民事诉讼的当事人及其法定代理人，有权随时委托诉讼代理人。 人民检察院自收到移送审查起诉的案件材料之日起三日以内，应当告知被害人及其法定代理人或者其近亲属、附带民事诉讼的当事人及其法定代理人有权委托诉讼代理人。人民法院自受理自诉案件之日起三日以内，应当告知自诉人及其法定代理人、附带民事诉讼的当事人及其法定代理人有权委托诉讼代理人。	**第四十四条** 公诉案件的被害人及其法定代理人或者近亲属，附带民事诉讼的当事人及其法定代理人，自案件移送审查起诉之日起，有权委托诉讼代理人。自诉案件的自诉人及其法定代理人，附带民事诉讼的当事人及其法定代理人，有权随时委托诉讼代理人。 人民检察院自收到移送审查起诉的案件材料之日起三日以内，应当告知被害人及其法定代理人或者其近亲属、附带民事诉讼的当事人及其法定代理人有权委托诉讼代理人。人民法院自受理自诉案件之日起三日以内，应当告知自诉人及其法定代理人、附带民事诉讼的当事人及其法定代理人有权委托诉讼代理人。
第四十一条 委托诉讼代理人，参照本法第三十二条的规定执行。	**第四十五条** 委托诉讼代理人，参照本法第三十二条的规定执行。
	第四十六条 辩护律师对在执业活动中知悉的委托人的有关情况和信息，有权予以保密。但是，辩护律师在执业活动中知悉委托人或者其他人，准备或者正在实施危害国家安全、公共安全以及严重危害他人人身安全的犯罪的，应当及时告知司法机关。

	第四十七条　辩护人、诉讼代理人认为公安机关、人民检察院、人民法院及其工作人员阻碍其依法行使诉讼权利的，有权向同级或者上一级人民检察院申诉或者控告。人民检察院对申诉或者控告应当及时进行审查，情况属实的，通知有关机关予以纠正。
第五章　证　据	**第五章　证　据**
第四十二条　证明案件真实情况的一切事实，都是证据。 证据有下列七种： （一）物证、书证； （二）证人证言； （三）被害人陈述； （四）犯罪嫌疑人、被告人供述和辩解； （五）鉴定结论； （六）勘验、检查笔录； （七）视听资料。 以上证据必须经过查证属实，才能作为定案的根据。	**第四十八条　可以用于**证明案件事实**的材料**，都是证据。 证据**包括**： （一）物证； （二）书证； （三）证人证言； （四）被害人陈述； （五）犯罪嫌疑人、被告人供述和辩解； （六）鉴定**意见**； （七）勘验、检查、**辨认、侦查实验等**笔录； （八）视听资料、**电子数据**。 证据必须经过查证属实，才能作为定案的根据。
	第四十九条　公诉案件中被告人有罪的举证责任由人民检察院承担，自诉案件中被告人有罪的举证责任由自诉人承担。

第四十三条　审判人员、检察人员、侦查人员必须依照法定程序，收集能够证实犯罪嫌疑人、被告人有罪或者无罪、犯罪情节轻重的各种证据。严禁刑讯逼供和以威胁、引诱、欺骗以及其他非法的方法收集证据。必须保证一切与案件有关或者了解案情的公民，有客观地充分地提供证据的条件，除特殊情况外，并且可以吸收他们协助调查。	**第五十条**　审判人员、检察人员、侦查人员必须依照法定程序，收集能够证实犯罪嫌疑人、被告人有罪或者无罪、犯罪情节轻重的各种证据。严禁刑讯逼供和以威胁、引诱、欺骗以及其他非法方法收集证据，**不得强迫任何人证实自己有罪**。必须保证一切与案件有关或者了解案情的公民，有客观地充分地提供证据的条件，除特殊情况外，可以吸收他们协助调查。
第四十四条　公安机关提请批准逮捕书、人民检察院起诉书、人民法院判决书，必须忠实于事实真相。故意隐瞒事实真相的，应当追究责任。	**第五十一条**　公安机关提请批准逮捕书、人民检察院起诉书、人民法院判决书，必须忠实于事实真象。故意隐瞒事实真象的，应当追究责任。
第四十五条　人民法院、人民检察院和公安机关有权向有关单位和个人收集、调取证据。有关单位和个人应当如实提供证据。 对于涉及国家秘密的证据，应当保密。 凡是伪造证据、隐匿证据或者毁灭证据的，无论属于何方，必须受法律追究。	**第五十二条**　人民法院、人民检察院和公安机关有权向有关单位和个人收集、调取证据。有关单位和个人应当如实提供证据。 **行政机关在行政执法和查办案件过程中收集的物证、书证、视听资料、电子数据等证据材料，在刑事诉讼中可以作为证据使用。** 对涉及国家秘密、**商业秘密、个人隐私**的证据，应当保密。 凡是伪造证据、隐匿证据或者毁灭证据的，无论属于何方，必须受法律追究。

第四十六条 对一切案件的判处都要重证据，重调查研究，不轻信口供。只有被告人供述，没有其他证据的，不能认定被告人有罪和处以刑罚；没有被告人供述，证据充分确实的，可以认定被告人有罪和处以刑罚。	**第五十三条** 对一切案件的判处都要重证据，重调查研究，不轻信口供。只有被告人供述，没有其他证据的，不能认定被告人有罪和处以刑罚；没有被告人供述，证据确实、充分的，可以认定被告人有罪和处以刑罚。 **证据确实、充分，应当符合以下条件：** **（一）定罪量刑的事实都有证据证明；** **（二）据以定案的证据均经法定程序查证属实；** **（三）综合全案证据，对所认定事实已排除合理怀疑。**
	第五十四条 采用刑讯逼供等非法方法收集的犯罪嫌疑人、被告人供述和采用暴力、威胁等非法方法收集的证人证言、被害人陈述，应当予以排除。收集物证、书证不符合法定程序，可能严重影响司法公正的，应当予以补正或者作出合理解释；不能补正或者作出合理解释的，对该证据应当予以排除。 **在侦查、审查起诉、审判时发现有应当排除的证据的，应当依法予以排除，不得作为起诉意见、起诉决定和判决的依据。**
	第五十五条 人民检察院接到报案、控告、举报或者发现侦查人员以非法方法收集证据的，应当进行调查核实。对于确有以非法方法收集证据情形的，应当提出纠正意见；构成犯罪的，依法追究刑事责任。

	第五十六条　法庭审理过程中，审判人员认为可能存在本法第五十四条规定的以非法方法收集证据情形的，应当对证据收集的合法性进行法庭调查。 当事人及其辩护人、诉讼代理人有权申请人民法院对以非法方法收集的证据依法予以排除。申请排除以非法方法收集的证据的，应当提供相关线索或者材料。
	第五十七条　在对证据收集的合法性进行法庭调查的过程中，人民检察院应当对证据收集的合法性加以证明。 现有证据材料不能证明证据收集的合法性的，人民检察院可以提请人民法院通知有关侦查人员或者其他人员出庭说明情况；人民法院可以通知有关侦查人员或者其他人员出庭说明情况。有关侦查人员或者其他人员也可以要求出庭说明情况。经人民法院通知，有关人员应当出庭。
	第五十八条　对于经过法庭审理，确认或者不能排除存在本法第五十四条规定的以非法方法收集证据情形的，对有关证据应当予以排除。
第四十七条　证人证言必须在法庭上经过公诉人、被害人和被告人、辩护人双方讯问、质证，听取各方证人的证言并且经过查实以后，才能作为定案的根据。法庭查明证人有意作伪证或者隐匿罪证的时候，应当依法处理。	**第五十九条**　证人证言必须在法庭上经过公诉人、被害人和被告人、辩护人双方质证并且查实以后，才能作为定案的根据。法庭查明证人有意作伪证或者隐匿罪证的时候，应当依法处理。

第四十八条 凡是知道案件情况的人，都有作证的义务。 生理上、精神上有缺陷或者年幼，不能辨别是非、不能正确表达的人，不能作证人。	**第六十条** 凡是知道案件情况的人，都有作证的义务。 生理上、精神上有缺陷或者年幼，不能辨别是非、不能正确表达的人，不能作证人。
第四十九条 人民法院、人民检察院和公安机关应当保障证人及其近亲属的安全。 对证人及其近亲属进行威胁、侮辱、殴打或者打击报复，构成犯罪的，依法追究刑事责任；尚不够刑事处罚的，依法给予治安管理处罚。	**第六十一条** 人民法院、人民检察院和公安机关应当保障证人及其近亲属的安全。 对证人及其近亲属进行威胁、侮辱、殴打或者打击报复，构成犯罪的，依法追究刑事责任；尚不够刑事处罚的，依法给予治安管理处罚。
	第六十二条 对于危害国家安全犯罪、恐怖活动犯罪、黑社会性质的组织犯罪、毒品犯罪等案件，证人、鉴定人、被害人因在诉讼中作证，本人或者其近亲属的人身安全面临危险的，人民法院、人民检察院和公安机关应当采取以下一项或者多项保护措施： **（一）不公开真实姓名、住址和工作单位等个人信息；** **（二）采取不暴露外貌、真实声音等出庭作证措施；** **（三）禁止特定的人员接触证人、鉴定人、被害人及其近亲属；** **（四）对人身和住宅采取专门性保护措施；** **（五）其他必要的保护措施。** **证人、鉴定人、被害人认为因在诉讼中作证，本人或者其近亲属的人身安全面临危险的，可以向人民法院、人民检察院、公安机关请求予以保护。**

	人民法院、人民检察院、公安机关依法采取保护措施，有关单位和个人应当配合。
	第六十三条　证人因履行作证义务而支出的交通、住宿、就餐等费用，应当给予补助。证人作证的补助列入司法机关业务经费，由同级政府财政予以保障。 **有工作单位的证人作证，所在单位不得克扣或者变相克扣其工资、奖金及其他福利待遇。**
第六章　强制措施	**第六章　强制措施**
第五十条　人民法院、人民检察院和公安机关根据案件情况，对犯罪嫌疑人、被告人可以拘传、取保候审或者监视居住。	**第六十四条**　人民法院、人民检察院和公安机关根据案件情况，对犯罪嫌疑人、被告人可以拘传、取保候审或者监视居住。
第五十一条　人民法院、人民检察院和公安机关对于有下列情形之一的犯罪嫌疑人、被告人，可以取保候审或者监视居住： （一）可能判处管制、拘役或者独立适用附加刑的； （二）可能判处有期徒刑以上刑罚，采取取保候审、监视居住不致发生社会危险性的。 取保候审、监视居住由公安机关执行。	**第六十五条**　人民法院、人民检察院和公安机关对于有下列情形之一的犯罪嫌疑人、被告人，可以取保候审： （一）可能判处管制、拘役或者独立适用附加刑的； （二）可能判处有期徒刑以上刑罚，采取取保候审不致发生社会危险性的； **（三）患有严重疾病、生活不能自理，怀孕或者正在哺乳自己婴儿的妇女，采取取保候审不致发生社会危险性的；** **（四）羁押期限届满，案件尚未办结，需要采取取保候审的。** 取保候审由公安机关执行。

第五十二条 被羁押的犯罪嫌疑人、被告人及其法定代理人、近亲属有权申请取保候审。（修改后作为新条文第九十五条）	
第五十三条 人民法院、人民检察院和公安机关决定对犯罪嫌疑人、被告人取保候审，应当责令犯罪嫌疑人、被告人提出保证人或者交纳保证金。	**第六十六条** 人民法院、人民检察院和公安机关决定对犯罪嫌疑人、被告人取保候审，应当责令犯罪嫌疑人、被告人提出保证人或者交纳保证金。
第五十四条 保证人必须符合下列条件： （一）与本案无牵连； （二）有能力履行保证义务； （三）享有政治权利，人身自由未受到限制； （四）有固定的住处和收入。	**第六十七条** 保证人必须符合下列条件： （一）与本案无牵连； （二）有能力履行保证义务； （三）享有政治权利，人身自由未受到限制； （四）有固定的住处和收入。
第五十五条 保证人应当履行以下义务： （一）监督被保证人遵守本法第五十六条的规定； （二）发现被保证人可能发生或者已经发生违反本法第五十六条规定的行为的，应当及时向执行机关报告。 被保证人有违反本法第五十六条规定的行为，保证人未及时报告的，对保证人处以罚款，构成犯罪的，依法追究刑事责任。	**第六十八条** 保证人应当履行以下义务： （一）监督被保证人遵守本法第**六十九**条的规定； （二）发现被保证人可能发生或者已经发生违反本法第**六十九**条规定的行为的，应当及时向执行机关报告。 被保证人有违反本法第**六十九**条规定的行为，保证人未**履行保证义务**的，对保证人处以罚款，构成犯罪的，依法追究刑事责任。

第五十六条　被取保候审的犯罪嫌疑人、被告人应当遵守以下规定： （一）未经执行机关批准不得离开所居住的市、县； （二）在传讯的时候及时到案； （三）不得以任何形式干扰证人作证； （四）不得毁灭、伪造证据或者串供。 被取保候审的犯罪嫌疑人、被告人违反前款规定，已交纳保证金的，没收保证金，并且区别情形，责令犯罪嫌疑人、被告人具结悔过，重新交纳保证金、提出保证人或者监视居住、予以逮捕。犯罪嫌疑人、被告人在取保候审期间未违反前款规定的，取保候审结束的时候，应当退还保证金。（将第五十六条修改后作为新条文第六十九条、第七十条、第七十一条）	**第六十九条**　被取保候审的犯罪嫌疑人、被告人应当遵守以下规定： （一）未经执行机关批准不得离开所居住的市、县； **（二）住址、工作单位和联系方式发生变动的，在二十四小时以内向执行机关报告；** （三）在传讯的时候及时到案； （四）不得以任何形式干扰证人作证； （五）不得毁灭、伪造证据或者串供。 **人民法院、人民检察院和公安机关可以根据案件情况，责令被取保候审的犯罪嫌疑人、被告人遵守以下一项或者多项规定：** **（一）不得进入特定的场所；** **（二）不得与特定的人员会见或者通信；** **（三）不得从事特定的活动；** **（四）将护照等出入境证件、驾驶证件交执行机关保存。** 被取保候审的犯罪嫌疑人、被告人违反前**两**款规定，已交纳保证金的，没收**部分或者全部**保证金，并且区别情形，责令犯罪嫌疑人、被告人具结悔过，重新交纳保证金、提出保证人，或者监视居住、予以逮捕。 **对违反取保候审规定，需要予以逮捕的，可以对犯罪嫌疑人、被告人先行拘留。**
	第七十条　取保候审的决定机关应当综合考虑保证诉讼活动正常进行的需要，被取保候审人的社会危险性，

	案件的性质、情节，可能判处刑罚的轻重，被取保候审人的经济状况等情况，确定保证金的数额。 提供保证金的人应当将保证金存入执行机关指定银行的专门账户。 第七十一条　犯罪嫌疑人、被告人在取保候审期间未违反本法第六十九条规定的，取保候审结束的时候，凭解除取保候审的通知或者有关法律文书到银行领取退还的保证金。
	第七十二条　人民法院、人民检察院和公安机关对符合逮捕条件，有下列情形之一的犯罪嫌疑人、被告人，可以监视居住： （一）患有严重疾病、生活不能自理的； （二）怀孕或者正在哺乳自己婴儿的妇女； （三）系生活不能自理的人的唯一扶养人； （四）因为案件的特殊情况或者办理案件的需要，采取监视居住措施更为适宜的； （五）羁押期限届满，案件尚未办结，需要采取监视居住措施的。 对符合取保候审条件，但犯罪嫌疑人、被告人不能提出保证人，也不交纳保证金的，可以监视居住。 监视居住由公安机关执行。

	第七十三条 监视居住应当在犯罪嫌疑人、被告人的住处执行；无固定住处的，可以在指定的居所执行。对于涉嫌危害国家安全犯罪、恐怖活动犯罪、特别重大贿赂犯罪，在住处执行可能有碍侦查的，经上一级人民检察院或者公安机关批准，也可以在指定的居所执行。但是，不得在羁押场所、专门的办案场所执行。 指定居所监视居住的，除无法通知的以外，应当在执行监视居住后二十四小时以内，通知被监视居住人的家属。 被监视居住的犯罪嫌疑人、被告人委托辩护人，适用本法第三十三条的规定。 人民检察院对指定居所监视居住的决定和执行是否合法实行监督。
	第七十四条 指定居所监视居住的期限应当折抵刑期。被判处管制的，监视居住一日折抵刑期一日；被判处拘役、有期徒刑的，监视居住二日折抵刑期一日。
第五十七条 被监视居住的犯罪嫌疑人、被告人应当遵守以下规定： （一）未经执行机关批准不得离开住处，无固定住处的，未经批准不得离开指定的居所； （二）未经执行机关批准不得会见他人； （三）在传讯的时候及时到案； （四）不得以任何形式干扰证人作证； （五）不得毁灭、伪造证据或者	**第七十五条** 被监视居住的犯罪嫌疑人、被告人应当遵守以下规定： （一）未经执行机关批准不得离开**执行监视居住的处所**； （二）未经执行机关批准不得会见他人**或者通信**； （三）在传讯的时候及时到案； （四）不得以任何形式干扰证人作证； （五）不得毁灭、伪造证据或者串供；

串供。 被监视居住的犯罪嫌疑人、被告人违反前款规定，情节严重的，予以逮捕。	**（六）将护照等出入境证件、身份证件、驾驶证件交执行机关保存。** 被监视居住的犯罪嫌疑人、被告人违反前款规定，情节严重的，**可以**予以逮捕；**需要予以逮捕的，可以对犯罪嫌疑人、被告人先行拘留**。
	第七十六条　执行机关对被监视居住的犯罪嫌疑人、被告人，可以采取电子监控、不定期检查等监视方法对其遵守监视居住规定的情况进行监督；在侦查期间，可以对被监视居住的犯罪嫌疑人的通信进行监控。
第五十八条　人民法院、人民检察院和公安机关对犯罪嫌疑人、被告人取保候审最长不得超过十二个月，监视居住最长不得超过六个月。 在取保候审、监视居住期间，不得中断对案件的侦查、起诉和审理。对于发现不应当追究刑事责任或者取保候审、监视居住期限届满的，应当及时解除取保候审、监视居住。解除取保候审、监视居住，应当及时通知被取保候审、监视居住人和有关单位。	**第七十七条**　人民法院、人民检察院和公安机关对犯罪嫌疑人、被告人取保候审最长不得超过十二个月，监视居住最长不得超过六个月。 在取保候审、监视居住期间，不得中断对案件的侦查、起诉和审理。对于发现不应当追究刑事责任或者取保候审、监视居住期限届满的，应当及时解除取保候审、监视居住。解除取保候审、监视居住，应当及时通知被取保候审、监视居住人和有关单位。
第五十九条　逮捕犯罪嫌疑人、被告人，必须经过人民检察院批准或者人民法院决定，由公安机关执行。	**第七十八条**　逮捕犯罪嫌疑人、被告人，必须经过人民检察院批准或者人民法院决定，由公安机关执行。

第六十条 对有证据证明有犯罪事实，可能判处徒刑以上刑罚的犯罪嫌疑人、被告人，采取取保候审、监视居住等方法，尚不足以防止发生社会危险性，而有逮捕必要的，应即依法逮捕。 对应当逮捕的犯罪嫌疑人、被告人，如果患有严重疾病，或者是正在怀孕、哺乳自己婴儿的妇女，可以采用取保候审或者监视居住的办法。	**第七十九条** 对有证据证明有犯罪事实，可能判处徒刑以上刑罚的犯罪嫌疑人、被告人，采取取保候审尚不足以防止发生**下列社会危险性的，应当予以**逮捕： **（一）可能实施新的犯罪的；** **（二）有危害国家安全、公共安全或者社会秩序的现实危险的；** **（三）可能毁灭、伪造证据，干扰证人作证或者串供的；** **（四）可能对被害人、举报人、控告人实施打击报复的；** **（五）企图自杀或者逃跑的。** **对有证据证明有犯罪事实，可能判处十年有期徒刑以上刑罚的，或者有证据证明有犯罪事实，可能判处徒刑以上刑罚，曾经故意犯罪或者身份不明的，应当予以逮捕。** **被取保候审、监视居住的犯罪嫌疑人、被告人违反取保候审、监视居住规定，情节严重的，可以予以逮捕。**
第六十一条 公安机关对于现行犯或者重大嫌疑分子，如果有下列情形之一的，可以先行拘留： （一）正在预备犯罪、实行犯罪或者在犯罪后即时被发觉的； （二）被害人或者在场亲眼看见的人指认他犯罪的； （三）在身边或者住处发现有犯罪证据的； （四）犯罪后企图自杀、逃跑或者在逃的； （五）有毁灭、伪造证据或者串供可能的；	**第八十条** 公安机关对于现行犯或者重大嫌疑分子，如果有下列情形之一的，可以先行拘留： （一）正在预备犯罪、实行犯罪或者在犯罪后即时被发觉的； （二）被害人或者在场亲眼看见的人指认他犯罪的； （三）在身边或者住处发现有犯罪证据的； （四）犯罪后企图自杀、逃跑或者在逃的； （五）有毁灭、伪造证据或者串供可能的；

（六）不讲真实姓名、住址，身份不明的； （七）有流窜作案、多次作案、结伙作案重大嫌疑的。	（六）不讲真实姓名、住址，身份不明的； （七）有流窜作案、多次作案、结伙作案重大嫌疑的。
第六十二条 公安机关在异地执行拘留、逮捕的时候，应当通知被拘留、逮捕人所在地的公安机关，被拘留、逮捕人所在地的公安机关应当予以配合。	**第八十一条** 公安机关在异地执行拘留、逮捕的时候，应当通知被拘留、逮捕人所在地的公安机关，被拘留、逮捕人所在地的公安机关应当予以配合。
第六十三条 对于有下列情形的人，任何公民都可以立即扭送公安机关、人民检察院或者人民法院处理： （一）正在实行犯罪或者在犯罪后即时被发觉的； （二）通缉在案的； （三）越狱逃跑的； （四）正在被追捕的。	**第八十二条** 对于有下列情形的人，任何公民都可以立即扭送公安机关、人民检察院或者人民法院处理： （一）正在实行犯罪或者在犯罪后即时被发觉的； （二）通缉在案的； （三）越狱逃跑的； （四）正在被追捕的。
第六十四条 公安机关拘留人的时候，必须出示拘留证。 拘留后，除有碍侦查或者无法通知的情形以外，应当把拘留的原因和羁押的处所，在二十四小时以内，通知被拘留人的家属或者他的所在单位。	**第八十三条** 公安机关拘留人的时候，必须出示拘留证。 拘留后，**应当立即将被拘留人送看守所羁押，至迟不得超过二十四小时**。除无法通知或者**涉嫌危害国家安全犯罪、恐怖活动犯罪通知可能**有碍侦查的情形以外，应当在**拘留后**二十四小时以内，通知被拘留人的家属。**有碍侦查的情形消失以后，应当立即通知被拘留人的家属**。
第六十五条 公安机关对于被拘留的人，应当在拘留后的二十四小时以内进行讯问。在发现不应当拘留的时候，必须立即释放，发给释放证明。对需要逮捕而证据还不充足的，可以取保候审或者监视居住。	**第八十四条** 公安机关**对**被拘留的人，应当在拘留后的二十四小时以内进行讯问。在发现不应当拘留的时候，必须立即释放，发给释放证明。

第六十六条 公安机关要求逮捕犯罪嫌疑人的时候，应当写出提请批准逮捕书，连同案卷材料、证据，一并移送同级人民检察院审查批准。必要的时候，人民检察院可以派人参加公安机关对于重大案件的讨论。	**第八十五条** 公安机关要求逮捕犯罪嫌疑人的时候，应当写出提请批准逮捕书，连同案卷材料、证据，一并移送同级人民检察院审查批准。必要的时候，人民检察院可以派人参加公安机关对于重大案件的讨论。
	第八十六条 人民检察院审查批准逮捕，可以讯问犯罪嫌疑人；有下列情形之一的，应当讯问犯罪嫌疑人： **（一）对是否符合逮捕条件有疑问的；** **（二）犯罪嫌疑人要求向检察人员当面陈述的；** **（三）侦查活动可能有重大违法行为的。** **人民检察院审查批准逮捕，可以询问证人等诉讼参与人，听取辩护律师的意见；辩护律师提出要求的，应当听取辩护律师的意见。**
第六十七条 人民检察院审查批准逮捕犯罪嫌疑人由检察长决定。重大案件应当提交检察委员会讨论决定。	**第八十七条** 人民检察院审查批准逮捕犯罪嫌疑人由检察长决定。重大案件应当提交检察委员会讨论决定。
第六十八条 人民检察院对于公安机关提请批准逮捕的案件进行审查后，应当根据情况分别作出批准逮捕或者不批准逮捕的决定。对于批准逮捕的决定，公安机关应当立即执行，并且将执行情况及时通知人民检察院。对于不批准逮捕的，人民检察院应当说明理由，需要补充侦查的，应当同时通知公安机关。	**第八十八条** 人民检察院对于公安机关提请批准逮捕的案件进行审查后，应当根据情况分别作出批准逮捕或者不批准逮捕的决定。对于批准逮捕的决定，公安机关应当立即执行，并且将执行情况及时通知人民检察院。对于不批准逮捕的，人民检察院应当说明理由，需要补充侦查的，应当同时通知公安机关。

第六十九条 公安机关对被拘留的人，认为需要逮捕的，应当在拘留后的三日以内，提请人民检察院审查批准。在特殊情况下，提请审查批准的时间可以延长一日至四日。 对于流窜作案、多次作案、结伙作案的重大嫌疑分子，提请审查批准的时间可以延长至三十日。 人民检察院应当自接到公安机关提请批准逮捕书后的七日以内，作出批准逮捕或者不批准逮捕的决定。人民检察院不批准逮捕的，公安机关应当在接到通知后立即释放，并且将执行情况及时通知人民检察院。对于需要继续侦查，并且符合取保候审、监视居住条件的，依法取保候审或者监视居住。	**第八十九条** 公安机关对被拘留的人，认为需要逮捕的，应当在拘留后的三日以内，提请人民检察院审查批准。在特殊情况下，提请审查批准的时间可以延长一日至四日。 对于流窜作案、多次作案、结伙作案的重大嫌疑分子，提请审查批准的时间可以延长至三十日。 人民检察院应当自接到公安机关提请批准逮捕书后的七日以内，作出批准逮捕或者不批准逮捕的决定。人民检察院不批准逮捕的，公安机关应当在接到通知后立即释放，并且将执行情况及时通知人民检察院。对于需要继续侦查，并且符合取保候审、监视居住条件的，依法取保候审或者监视居住。
第七十条 公安机关对人民检察院不批准逮捕的决定，认为有错误的时候，可以要求复议，但是必须将被拘留的人立即释放。如果意见不被接受，可以向上一级人民检察院提请复核。上级人民检察院应当立即复核，作出是否变更的决定，通知下级人民检察院和公安机关执行。	**第九十条** 公安机关对人民检察院不批准逮捕的决定，认为有错误的时候，可以要求复议，但是必须将被拘留的人立即释放。如果意见不被接受，可以向上一级人民检察院提请复核。上级人民检察院应当立即复核，作出是否变更的决定，通知下级人民检察院和公安机关执行。
第七十一条 公安机关逮捕人的时候，必须出示逮捕证。 逮捕后，除有碍侦查或者无法通知的情形以外，应当把逮捕的原因和羁押的处所，在二十四小时以内通知被逮捕人的家属或者他的所在单位。	**第九十一条** 公安机关逮捕人的时候，必须出示逮捕证。 逮捕后，**应当立即将被逮捕人送看守所羁押**。除无法通知的以外，应当在**逮捕后**二十四小时以内，通知被逮捕人的家属。

第七十二条　人民法院、人民检察院对于各自决定逮捕的人，公安机关对于经人民检察院批准逮捕的人，都必须在逮捕后的二十四小时以内进行讯问。在发现不应当逮捕的时候，必须立即释放，发给释放证明。	**第九十二条**　人民法院、人民检察院对于各自决定逮捕的人，公安机关对于经人民检察院批准逮捕的人，都必须在逮捕后的二十四小时以内进行讯问。在发现不应当逮捕的时候，必须立即释放，发给释放证明。
	第九十三条　犯罪嫌疑人、被告人被逮捕后，人民检察院仍应当对羁押的必要性进行审查。对不需要继续羁押的，应当建议予以释放或者变更强制措施。有关机关应当在十日以内将处理情况通知人民检察院。
第七十三条　人民法院、人民检察院和公安机关如果发现对犯罪嫌疑人、被告人采取强制措施不当的，应当及时撤销或者变更。公安机关释放被逮捕的人或者变更逮捕措施的，应当通知原批准的人民检察院。	**第九十四条**　人民法院、人民检察院和公安机关如果发现对犯罪嫌疑人、被告人采取强制措施不当的，应当及时撤销或者变更。公安机关释放被逮捕的人或者变更逮捕措施的，应当通知原批准的人民检察院。
	第九十五条　犯罪嫌疑人、被告人及其法定代理人、近亲属**或者辩护人**有权申请**变更强制措施。人民法院、人民检察院和公安机关收到申请后，应当在三日以内作出决定；不同意变更强制措施的，应当告知申请人，并说明不同意的理由。**
第七十四条　犯罪嫌疑人、被告人被羁押的案件，不能在本法规定的侦查羁押、审查起诉、一审、二审期限内办结，需要继续查证、审理的，对犯罪嫌疑人、被告人可以取保候审或者监视居住。	**第九十六条**　犯罪嫌疑人、被告人被羁押的案件，不能在本法规定的侦查羁押、审查起诉、一审、二审期限内办结**的，对犯罪嫌疑人、被告人应当予以释放；**需要继续查证、审理的，对犯罪嫌疑人、被告人可以取保候审或者监视居住。

第七十五条 犯罪嫌疑人、被告人及其法定代理人、近亲属或者犯罪嫌疑人、被告人委托的律师及其他辩护人对于人民法院、人民检察院或者公安机关采取强制措施超过法定期限的，有权要求解除强制措施。人民法院、人民检察院或者公安机关对于被采取强制措施超过法定期限的犯罪嫌疑人、被告人应当予以释放、解除取保候审、监视居住或者依法变更强制措施。	**第九十七条** 人民法院、人民检察院或者公安机关**对**被采取强制措施法定期限**届满**的犯罪嫌疑人、被告人应当予以释放、解除取保候审、监视居住或者依法变更强制措施。犯罪嫌疑人、被告人及其法定代理人、近亲属或者辩护人对于人民法院、人民检察院或者公安机关采取强制措施法定期限**届满**的，有权要求解除强制措施。
第七十六条 人民检察院在审查批准逮捕工作中，如果发现公安机关的侦查活动有违法情况，应当通知公安机关予以纠正，公安机关应当将纠正情况通知人民检察院。	**第九十八条** 人民检察院在审查批准逮捕工作中，如果发现公安机关的侦查活动有违法情况，应当通知公安机关予以纠正，公安机关应当将纠正情况通知人民检察院。
第七章 附带民事诉讼	**第七章 附带民事诉讼**
第七十七条 被害人由于被告人的犯罪行为而遭受物质损失的，在刑事诉讼过程中，有权提起附带民事诉讼。 如果是国家财产、集体财产遭受损失的，人民检察院在提起公诉的时候，可以提起附带民事诉讼。 人民法院在必要的时候，可以查封或者扣押被告人的财产。（将第七十七条修改后作为新条文第九十九条、第一百条）	**第九十九条** 被害人由于被告人的犯罪行为而遭受物质损失的，在刑事诉讼过程中，有权提起附带民事诉讼。**被害人死亡或者丧失行为能力的，被害人的法定代理人、近亲属有权提起附带民事诉讼**。 如果是国家财产、集体财产遭受损失的，人民检察院在提起公诉的时候，可以提起附带民事诉讼。
	第一百条 人民法院在必要的时候，可以**采取保全措施，**查封、扣押或者**冻结**被告人的财产。**附带民事诉讼原告人或者人民检察院可以申请人民法院采取保全措施。人民法院采取保全措施，适用民事诉讼法的有关规定**。

	第一百零一条　人民法院审理附带民事诉讼案件，可以进行调解，或者根据物质损失情况作出判决、裁定。
第七十八条　附带民事诉讼应当同刑事案件一并审判，只有为了防止刑事案件审判的过分迟延，才可以在刑事案件审判后，由同一审判组织继续审理附带民事诉讼。	**第一百零二条**　附带民事诉讼应当同刑事案件一并审判，只有为了防止刑事案件审判的过分迟延，才可以在刑事案件审判后，由同一审判组织继续审理附带民事诉讼。
第八章　期间、送达	**第八章　期间、送达**
第七十九条　期间以时、日、月计算。 期间开始的时和日不算在期间以内。 法定期间不包括路途上的时间。上诉状或者其他文件在期满前已经交邮的，不算过期。	**第一百零三条**　期间以时、日、月计算。 期间开始的时和日不算在期间以内。 法定期间不包括路途上的时间。上诉状或者其他文件在期满前已经交邮的，不算过期。 **期间的最后一日为节假日的，以节假日后的第一日为期满日期。但犯罪嫌疑人、被告人或者罪犯在押期间，应当至期满之日为止，不得因节假日而延长。**
第八十条　当事人由于不能抗拒的原因或者有其他正当理由而耽误期限的，在障碍消除后五日以内，可以申请继续进行应当在期满以前完成的诉讼活动。 前款申请是否准许，由人民法院裁定。	**第一百零四条**　当事人由于不能抗拒的原因或者有其他正当理由而耽误期限的，在障碍消除后五日以内，可以申请继续进行应当在期满以前完成的诉讼活动。 前款申请是否准许，由人民法院裁定。

第八十一条　送达传票、通知书和其他诉讼文件应当交给收件人本人；如果本人不在，可以交给他的成年家属或者所在单位的负责人员代收。 收件人本人或者代收人拒绝接收或者拒绝签名、盖章的时候，送达人可以邀请他的邻居或者其他见证人到场，说明情况，把文件留在他的住处，在送达证上记明拒绝的事由、送达的日期，由送达人签名，即认为已经送达。	**第一百零五条**　送达传票、通知书和其他诉讼文件应当交给收件人本人；如果本人不在，可以交给他的成年家属或者所在单位的负责人员代收。 收件人本人或者代收人拒绝接收或者拒绝签名、盖章的时候，送达人可以邀请他的邻居或者其他见证人到场，说明情况，把文件留在他的住处，在送达证上记明拒绝的事由、送达的日期，由送达人签名，即认为已经送达。
第九章　其他规定	**第九章　其他规定**
第八十二条　本法下列用语的含意是： （一）“侦查”是指公安机关、人民检察院在办理案件过程中，依照法律进行的专门调查工作和有关的强制性措施； （二）“当事人”是指被害人、自诉人、犯罪嫌疑人、被告人、附带民事诉讼的原告人和被告人； （三）“法定代理人”是指被代理人的父母、养父母、监护人和负有保护责任的机关、团体的代表； （四）“诉讼参与人”是指当事人、法定代理人、诉讼代理人、辩护人、证人、鉴定人和翻译人员； （五）“诉讼代理人”是指公诉案件的被害人及其法定代理人或者近亲属、自诉案件的自诉人及其法定代理人委托代为参加诉讼的人和附带民事诉讼的当事人及其法定代理人委托代为参加诉讼的人； （六）“近亲属”是指夫、妻、父、母、子、女、同胞兄弟姊妹。	**第一百零六条**　本法下列用语的含意是： （一）“侦查”是指公安机关、人民检察院在办理案件过程中，依照法律进行的专门调查工作和有关的强制性措施； （二）“当事人”是指被害人、自诉人、犯罪嫌疑人、被告人、附带民事诉讼的原告人和被告人； （三）“法定代理人”是指被代理人的父母、养父母、监护人和负有保护责任的机关、团体的代表； （四）“诉讼参与人”是指当事人、法定代理人、诉讼代理人、辩护人、证人、鉴定人和翻译人员； （五）“诉讼代理人”是指公诉案件的被害人及其法定代理人或者近亲属、自诉案件的自诉人及其法定代理人委托代为参加诉讼的人和附带民事诉讼的当事人及其法定代理人委托代为参加诉讼的人； （六）“近亲属”是指夫、妻、父、母、子、女、同胞兄弟姊妹。

第二编 立案、侦查和提起公诉	第二编 立案、侦查和提起公诉
第一章 立 案	第一章 立 案
第八十三条 公安机关或者人民检察院发现犯罪事实或者犯罪嫌疑人，应当按照管辖范围，立案侦查。	**第一百零七条** 公安机关或者人民检察院发现犯罪事实或者犯罪嫌疑人，应当按照管辖范围，立案侦查。
第八十四条 任何单位和个人发现有犯罪事实或者犯罪嫌疑人，有权利也有义务向公安机关、人民检察院或者人民法院报案或者举报。 被害人对侵犯其人身、财产权利的犯罪事实或者犯罪嫌疑人，有权向公安机关、人民检察院或者人民法院报案或者控告。 公安机关、人民检察院或者人民法院对于报案、控告、举报，都应当接受。对于不属于自己管辖的，应当移送主管机关处理，并且通知报案人、控告人、举报人；对于不属于自己管辖而又必须采取紧急措施的，应当先采取紧急措施，然后移送主管机关。 犯罪人向公安机关、人民检察院或者人民法院自首的，适用第三款规定。	**第一百零八条** 任何单位和个人发现有犯罪事实或者犯罪嫌疑人，有权利也有义务向公安机关、人民检察院或者人民法院报案或者举报。 被害人对侵犯其人身、财产权利的犯罪事实或者犯罪嫌疑人，有权向公安机关、人民检察院或者人民法院报案或者控告。 公安机关、人民检察院或者人民法院对于报案、控告、举报，都应当接受。对于不属于自己管辖的，应当移送主管机关处理，并且通知报案人、控告人、举报人；对于不属于自己管辖而又必须采取紧急措施的，应当先采取紧急措施，然后移送主管机关。 犯罪人向公安机关、人民检察院或者人民法院自首的，适用第三款规定。
第八十五条 报案、控告、举报可以用书面或者口头提出。接受口头报案、控告、举报的工作人员，应当写成笔录，经宣读无误后，由报案人、控告人、举报人签名或者盖章。 接受控告、举报的工作人员，应当向控告人、举报人说明诬告应负的法律责任。但是，只要不是捏造事实，伪造证据，即使控告、举报的事	**第一百零九条** 报案、控告、举报可以用书面或者口头提出。接受口头报案、控告、举报的工作人员，应当写成笔录，经宣读无误后，由报案人、控告人、举报人签名或者盖章。 接受控告、举报的工作人员，应当向控告人、举报人说明诬告应负的法律责任。但是，只要不是捏造事实，伪造证据，即使控告、举报的事

实有出入，甚至是错告的，也要和诬告严格加以区别。 公安机关、人民检察院或者人民法院应当保障报案人、控告人、举报人及其近亲属的安全。报案人、控告人、举报人如果不愿公开自己的姓名和报案、控告、举报的行为，应当为他保守秘密。	实有出入，甚至是错告的，也要和诬告严格加以区别。 公安机关、人民检察院或者人民法院应当保障报案人、控告人、举报人及其近亲属的安全。报案人、控告人、举报人如果不愿公开自己的姓名和报案、控告、举报的行为，应当为他保守秘密。
第八十六条 人民法院、人民检察院或者公安机关对于报案、控告、举报和自首的材料，应当按照管辖范围，迅速进行审查，认为有犯罪事实需要追究刑事责任的时候，应当立案；认为没有犯罪事实，或者犯罪事实显著轻微，不需要追究刑事责任的时候，不予立案，并且将不立案的原因通知控告人。控告人如果不服，可以申请复议。	**第一百一十条** 人民法院、人民检察院或者公安机关对于报案、控告、举报和自首的材料，应当按照管辖范围，迅速进行审查，认为有犯罪事实需要追究刑事责任的时候，应当立案；认为没有犯罪事实，或者犯罪事实显著轻微，不需要追究刑事责任的时候，不予立案，并且将不立案的原因通知控告人。控告人如果不服，可以申请复议。
第八十七条 人民检察院认为公安机关对应当立案侦查的案件而不立案侦查的，或者被害人认为公安机关对应当立案侦查的案件而不立案侦查，向人民检察院提出的，人民检察院应当要求公安机关说明不立案的理由。人民检察院认为公安机关不立案理由不能成立的，应当通知公安机关立案，公安机关接到通知后应当立案。	**第一百一十一条** 人民检察院认为公安机关对应当立案侦查的案件而不立案侦查的，或者被害人认为公安机关对应当立案侦查的案件而不立案侦查，向人民检察院提出的，人民检察院应当要求公安机关说明不立案的理由。人民检察院认为公安机关不立案理由不能成立的，应当通知公安机关立案，公安机关接到通知后应当立案。
第八十八条 对于自诉案件，被害人有权向人民法院直接起诉。被害人死亡或者丧失行为能力的，被害人的法定代理人、近亲属有权向人民法院起诉。人民法院应当依法受理。	**第一百一十二条** 对于自诉案件，被害人有权向人民法院直接起诉。被害人死亡或者丧失行为能力的，被害人的法定代理人、近亲属有权向人民法院起诉。人民法院应当依法受理。

第二章　侦　查	第二章　侦　查
第一节　一般规定	第一节　一般规定
第八十九条　公安机关对已经立案的刑事案件，应当进行侦查，收集、调取犯罪嫌疑人有罪或者无罪、罪轻或者罪重的证据材料。对现行犯或者重大嫌疑分子可以依法先行拘留，对符合逮捕条件的犯罪嫌疑人，应当依法逮捕。	**第一百一十三条**　公安机关对已经立案的刑事案件，应当进行侦查，收集、调取犯罪嫌疑人有罪或者无罪、罪轻或者罪重的证据材料。对现行犯或者重大嫌疑分子可以依法先行拘留，对符合逮捕条件的犯罪嫌疑人，应当依法逮捕。
第九十条　公安机关经过侦查，对有证据证明有犯罪事实的案件，应当进行预审，对收集、调取的证据材料予以核实。	**第一百一十四条**　公安机关经过侦查，对有证据证明有犯罪事实的案件，应当进行预审，对收集、调取的证据材料予以核实。
	第一百一十五条　当事人和辩护人、诉讼代理人、利害关系人对于司法机关及其工作人员有下列行为之一的，有权向该机关申诉或者控告： **（一）采取强制措施法定期限届满，不予以释放、解除或者变更的；** **（二）应当退还取保候审保证金不退还的；** **（三）对与案件无关的财物采取查封、扣押、冻结措施的；** **（四）应当解除查封、扣押、冻结不解除的；** **（五）贪污、挪用、私分、调换、违反规定使用查封、扣押、冻结的财物的。** **受理申诉或者控告的机关应当及时处理。对处理不服的，可以向同级人民检察院申诉；人民检察院直接受理的案件，可以向上一级人民检察院申诉。人民检察院对申诉应当及时进行审查，情况属实的，通知有关机关予以纠正。**

第二节　讯问犯罪嫌疑人	第二节　讯问犯罪嫌疑人
第九十一条　讯问犯罪嫌疑人必须由人民检察院或者公安机关的侦查人员负责进行。讯问的时候，侦查人员不得少于二人。	**第一百一十六条**　讯问犯罪嫌疑人必须由人民检察院或者公安机关的侦查人员负责进行。讯问的时候，侦查人员不得少于二人。 **犯罪嫌疑人被送交看守所羁押以后，侦查人员对其进行讯问，应当在看守所内进行。**
第九十二条　对于不需要逮捕、拘留的犯罪嫌疑人，可以传唤到犯罪嫌疑人所在市、县内的指定地点或者到他的住处进行讯问，但是应当出示人民检察院或者公安机关的证明文件。 传唤、拘传持续的时间最长不得超过十二小时。不得以连续传唤、拘传的形式变相拘禁犯罪嫌疑人。	**第一百一十七条**　对不需要逮捕、拘留的犯罪嫌疑人，可以传唤到犯罪嫌疑人所在市、县内的指定地点或者到他的住处进行讯问，但是应当出示人民检察院或者公安机关的证明文件。**对在现场发现的犯罪嫌疑人，经出示工作证件，可以口头传唤，但应当在讯问笔录中注明。** 传唤、拘传持续的时间不得超过十二小时；**案情特别重大、复杂，需要采取拘留、逮捕措施的，传唤、拘传持续的时间不得超过二十四小时。** 不得以连续传唤、拘传的形式变相拘禁犯罪嫌疑人。**传唤、拘传犯罪嫌疑人，应当保证犯罪嫌疑人的饮食和必要的休息时间。**
第九十三条　侦查人员在讯问犯罪嫌疑人的时候，应当首先讯问犯罪嫌疑人是否有犯罪行为，让他陈述有罪的情节或者无罪的辩解，然后向他提出问题。犯罪嫌疑人对侦查人员的提问，应当如实回答。但是对与本案无关的问题，有拒绝回答的权利。	**第一百一十八条**　侦查人员在讯问犯罪嫌疑人的时候，应当首先讯问犯罪嫌疑人是否有犯罪行为，让他陈述有罪的情节或者无罪的辩解，然后向他提出问题。犯罪嫌疑人对侦查人员的提问，应当如实回答。但是对与本案无关的问题，有拒绝回答的权利。 **侦查人员在讯问犯罪嫌疑人的时候，应当告知犯罪嫌疑人如实供述自己罪行可以从宽处理的法律规定。**

第九十四条　讯问聋、哑的犯罪嫌疑人，应当有通晓聋、哑手势的人参加，并且将这种情况记明笔录。	**第一百一十九条**　讯问聋、哑的犯罪嫌疑人，应当有通晓聋、哑手势的人参加，并且将这种情况记明笔录。
第九十五条　讯问笔录应当交犯罪嫌疑人核对，对于没有阅读能力的，应当向他宣读。如果记载有遗漏或者差错，犯罪嫌疑人可以提出补充或者改正。犯罪嫌疑人承认笔录没有错误后，应当签名或者盖章。侦查人员也应当在笔录上签名。犯罪嫌疑人请求自行书写供述的，应当准许。必要的时候，侦查人员也可以要犯罪嫌疑人亲笔书写供词。	**第一百二十条**　讯问笔录应当交犯罪嫌疑人核对，对于没有阅读能力的，应当向他宣读。如果记载有遗漏或者差错，犯罪嫌疑人可以提出补充或者改正。犯罪嫌疑人承认笔录没有错误后，应当签名或者盖章。侦查人员也应当在笔录上签名。犯罪嫌疑人请求自行书写供述的，应当准许。必要的时候，侦查人员也可以要犯罪嫌疑人亲笔书写供词。
	第一百二十一条　侦查人员在讯问犯罪嫌疑人的时候，可以对讯问过程进行录音或者录像；对于可能判处无期徒刑、死刑的案件或者其他重大犯罪案件，应当对讯问过程进行录音或者录像。 **录音或者录像应当全程进行，保持完整性。**
第九十六条　犯罪嫌疑人在被侦查机关第一次讯问后或者采取强制措施之日起，可以聘请律师为其提供法律咨询、代理申诉、控告。犯罪嫌疑人被逮捕的，聘请的律师可以为其申请取保候审。涉及国家秘密的案件，犯罪嫌疑人聘请律师，应当经侦查机关批准。 受委托的律师有权向侦查机关了解犯罪嫌疑人涉嫌的罪名，可以会见在押的犯罪嫌疑人，向犯罪嫌疑人了	

解有关案件情况。律师会见在押的犯罪嫌疑人，侦查机关根据案件情况和需要可以派员在场。涉及国家秘密的案件，律师会见在押的犯罪嫌疑人，应当经侦查机关批准。 （相关内容移至新条文第三十三条、第三十六条、第三十七条）	
第三节　询问证人	第三节　询问证人
第九十七条　侦查人员询问证人，可以到证人的所在单位或者住处进行，但是必须出示人民检察院或者公安机关的证明文件。在必要的时候，也可以通知证人到人民检察院或者公安机关提供证言。 询问证人应当个别进行。	**第一百二十二条**　侦查人员询问证人，**可以在现场进行，也**可以到证人所在单位、住处或者**证人提出的地点**进行，在必要的时候，可以通知证人到人民检察院或者公安机关提供证言。**在现场询问证人，应当出示工作证件，到证人所在单位、住处或者证人提出的地点询问证人，应当出示人民检察院或者公安机关的证明文件。** 询问证人应当个别进行。
第九十八条　询问证人，应当告知他应当如实地提供证据、证言和有意作伪证或者隐匿罪证要负的法律责任。 询问不满十八岁的证人，可以通知其法定代理人到场。 （第二款移至新条文第二百七十条）	**第一百二十三条**　询问证人，应当告知他应当如实地提供证据、证言和有意作伪证或者隐匿罪证要负的法律责任。
第九十九条　本法第九十五条的规定，也适用于询问证人。	**第一百二十四条**　本法第一百二十条的规定，也适用于询问证人。
第一百条　询问被害人，适用本节各条规定。	**第一百二十五条**　询问被害人，适用本节各条规定。

第四节　勘验、检查	第四节　勘验、检查
第一百零一条　侦查人员对于与犯罪有关的场所、物品、人身、尸体应当进行勘验或者检查。在必要的时候，可以指派或者聘请具有专门知识的人，在侦查人员的主持下进行勘验、检查。	**第一百二十六条**　侦查人员对于与犯罪有关的场所、物品、人身、尸体应当进行勘验或者检查。在必要的时候，可以指派或者聘请具有专门知识的人，在侦查人员的主持下进行勘验、检查。
第一百零二条　任何单位和个人，都有义务保护犯罪现场，并且立即通知公安机关派员勘验。	**第一百二十七条**　任何单位和个人，都有义务保护犯罪现场，并且立即通知公安机关派员勘验。
第一百零三条　侦查人员执行勘验、检查，必须持有人民检察院或者公安机关的证明文件。	**第一百二十八条**　侦查人员执行勘验、检查，必须持有人民检察院或者公安机关的证明文件。
第一百零四条　对于死因不明的尸体，公安机关有权决定解剖，并且通知死者家属到场。	**第一百二十九条**　对于死因不明的尸体，公安机关有权决定解剖，并且通知死者家属到场。
第一百零五条　为了确定被害人、犯罪嫌疑人的某些特征、伤害情况或者生理状态，可以对人身进行检查。 犯罪嫌疑人如果拒绝检查，侦查人员认为必要的时候，可以强制检查。 检查妇女的身体，应当由女工作人员或者医师进行。	**第一百三十条**　为了确定被害人、犯罪嫌疑人的某些特征、伤害情况或者生理状态，可以对人身进行检查，**可以提取指纹信息，采集血液、尿液等生物样本**。 犯罪嫌疑人如果拒绝检查，侦查人员认为必要的时候，可以强制检查。 检查妇女的身体，应当由女工作人员或者医师进行。
第一百零六条　勘验、检查的情况应当写成笔录，由参加勘验、检查的人和见证人签名或者盖章。	**第一百三十一条**　勘验、检查的情况应当写成笔录，由参加勘验、检查的人和见证人签名或者盖章。

第一百零七条 人民检察院审查案件的时候，对公安机关的勘验、检查，认为需要复验、复查时，可以要求公安机关复验、复查，并且可以派检察人员参加。	**第一百三十二条** 人民检察院审查案件的时候，对公安机关的勘验、检查，认为需要复验、复查时，可以要求公安机关复验、复查，并且可以派检察人员参加。
第一百零八条 为了查明案情，在必要的时候，经公安局长批准，可以进行侦查实验。 侦查实验，禁止一切足以造成危险、侮辱人格或者有伤风化的行为。	**第一百三十三条** 为了查明案情，在必要的时候，经公安**机关负责人**批准，可以进行侦查实验。 **侦查实验的情况应当写成笔录，由参加实验的人签名或者盖章**。 侦查实验，禁止一切足以造成危险、侮辱人格或者有伤风化的行为。
第五节　搜　查	第五节　搜　查
第一百零九条 为了收集犯罪证据、查获犯罪人，侦查人员可以对犯罪嫌疑人以及可能隐藏罪犯或者犯罪证据的人的身体、物品、住处和其他有关的地方进行搜查。	**第一百三十四条** 为了收集犯罪证据、查获犯罪人，侦查人员可以对犯罪嫌疑人以及可能隐藏罪犯或者犯罪证据的人的身体、物品、住处和其他有关的地方进行搜查。
第一百一十条 任何单位和个人，有义务按照人民检察院和公安机关的要求，交出可以证明犯罪嫌疑人有罪或者无罪的物证、书证、视听资料。	**第一百三十五条** 任何单位和个人，有义务按照人民检察院和公安机关的要求，交出可以证明犯罪嫌疑人有罪或者无罪的物证、书证、视听资料**等证据**。
第一百一十一条 进行搜查，必须向被搜查人出示搜查证。 在执行逮捕、拘留的时候，遇有紧急情况，不另用搜查证也可以进行搜查。	**第一百三十六条** 进行搜查，必须向被搜查人出示搜查证。 在执行逮捕、拘留的时候，遇有紧急情况，不另用搜查证也可以进行搜查。

第一百一十二条　在搜查的时候，应当有被搜查人或者他的家属，邻居或者其他见证人在场。 搜查妇女的身体，应当由女工作人员进行。	**第一百三十七条**　在搜查的时候，应当有被搜查人或者他的家属，邻居或者其他见证人在场。 搜查妇女的身体，应当由女工作人员进行。
第一百一十三条　搜查的情况应当写成笔录，由侦查人员和被搜查人或者他的家属，邻居或者其他见证人签名或者盖章。如果被搜查人或者他的家属在逃或者拒绝签名、盖章，应当在笔录上注明。	**第一百三十八条**　搜查的情况应当写成笔录，由侦查人员和被搜查人或者他的家属，邻居或者其他见证人签名或者盖章。如果被搜查人或者他的家属在逃或者拒绝签名、盖章，应当在笔录上注明。
第六节　扣押物证、书证	第六节　查封、扣押物证、书证
第一百一十四条　在勘验、搜查中发现的可用以证明犯罪嫌疑人有罪或者无罪的各种物品和文件，应当扣押；与案件无关的物品、文件，不得扣押。 对于扣押的物品、文件，要妥善保管或者封存，不得使用或者损毁。	**第一百三十九条**　在**侦查活动**中发现的可用以证明犯罪嫌疑人有罪或者无罪的各种**财物**、文件，应当**查封**、扣押；与案件无关的**财物**、文件，不得**查封**、扣押。 对**查封**、扣押的**财物**、文件，要妥善保管或者封存，不得使用、**调换**或者损毁。
第一百一十五条　对于扣押的物品和文件，应当会同在场见证人和被扣押物品持有人查点清楚，当场开列清单一式二份，由侦查人员、见证人和持有人签名或者盖章，一份交给持有人，另一份附卷备查。	**第一百四十条**　对**查封**、扣押的**财物**、文件，应当会同在场见证人和被**查封**、扣押**财物**、**文件**持有人查点清楚，当场开列清单一式二份，由侦查人员、见证人和持有人签名或者盖章，一份交给持有人，另一份附卷备查。
第一百一十六条　侦查人员认为需要扣押犯罪嫌疑人的邮件、电报的时候，经公安机关或者人民检察院批准，即可通知邮电机关将有关的邮件、电报检交扣押。 不需要继续扣押的时候，应即通知邮电机关。	**第一百四十一条**　侦查人员认为需要扣押犯罪嫌疑人的邮件、电报的时候，经公安机关或者人民检察院批准，即可通知邮电机关将有关的邮件、电报检交扣押。 不需要继续扣押的时候，应即通知邮电机关。

第一百一十七条 人民检察院、公安机关根据侦查犯罪的需要，可以依照规定查询、冻结犯罪嫌疑人的存款、汇款。 犯罪嫌疑人的存款、汇款已被冻结的，不得重复冻结。	**第一百四十二条** 人民检察院、公安机关根据侦查犯罪的需要，可以依照规定查询、冻结犯罪嫌疑人的存款、汇款、**债券、股票、基金份额等财产。有关单位和个人应当配合。** 犯罪嫌疑人的存款、汇款、**债券、股票、基金份额等财产**已被冻结的，不得重复冻结。
第一百一十八条 对于扣押的物品、文件、邮件、电报或者冻结的存款、汇款，经查明确实与案件无关的，应当在三日以内解除扣押、冻结，退还原主或者原邮电机关。	**第一百四十三条** 对**查封**、扣押的**财物**、文件、邮件、电报或者冻结的存款、汇款、**债券、股票、基金份额等财产**，经查明确实与案件无关的，应当在三日以内解除**查封**、扣押、冻结，**予以**退还。
第七节 鉴 定	第七节 鉴 定
第一百一十九条 为了查明案情，需要解决案件中某些专门性问题的时候，应当指派、聘请有专门知识的人进行鉴定。	**第一百四十四条** 为了查明案情，需要解决案件中某些专门性问题的时候，应当指派、聘请有专门知识的人进行鉴定。
第一百二十条 鉴定人进行鉴定后，应当写出鉴定结论，并且签名。 对人身伤害的医学鉴定有争议需要重新鉴定或者对精神病的医学鉴定，由省级人民政府指定的医院进行。鉴定人进行鉴定后，应当写出鉴定结论，并且由鉴定人签名，医院加盖公章。 鉴定人故意作虚假鉴定的，应当承担法律责任。	**第一百四十五条** 鉴定人进行鉴定后，应当写出鉴定**意见**，并且签名。 鉴定人故意作虚假鉴定的，应当承担法律责任。

第一百二十一条 侦查机关应当将用作证据的鉴定结论告知犯罪嫌疑人、被害人。如果犯罪嫌疑人、被害人提出申请，可以补充鉴定或者重新鉴定。	**第一百四十六条** 侦查机关应当将用作证据的鉴定**意见**告知犯罪嫌疑人、被害人。如果犯罪嫌疑人、被害人提出申请，可以补充鉴定或者重新鉴定。
第一百二十二条 对犯罪嫌疑人作精神病鉴定的期间不计入办案期限。	**第一百四十七条** 对犯罪嫌疑人作精神病鉴定的期间不计入办案期限。
	第八节 技术侦查措施
	第一百四十八条 公安机关在立案后，对于危害国家安全犯罪、恐怖活动犯罪、黑社会性质的组织犯罪、重大毒品犯罪或者其他严重危害社会的犯罪案件，根据侦查犯罪的需要，经过严格的批准手续，可以采取技术侦查措施。 **人民检察院在立案后，对于重大的贪污、贿赂犯罪案件以及利用职权实施的严重侵犯公民人身权利的重大犯罪案件，根据侦查犯罪的需要，经过严格的批准手续，可以采取技术侦查措施，按照规定交有关机关执行。** **追捕被通缉或者批准、决定逮捕的在逃的犯罪嫌疑人、被告人，经过批准，可以采取追捕所必需的技术侦查措施。**
	第一百四十九条 批准决定应当根据侦查犯罪的需要，确定采取技术侦查措施的种类和适用对象。批准决定自签发之日起三个月以内有效。对于不需要继续采取技术侦查措施的，应当及时解除；对于复杂、疑难案件，期限届满仍有必要继续采取技术侦查措施的，经过批准，有效期可以延长，每次不得超过三个月。

	第一百五十条　采取技术侦查措施，必须严格按照批准的措施种类、适用对象和期限执行。 侦查人员对采取技术侦查措施过程中知悉的国家秘密、商业秘密和个人隐私，应当保密；对采取技术侦查措施获取的与案件无关的材料，必须及时销毁。 采取技术侦查措施获取的材料，只能用于对犯罪的侦查、起诉和审判，不得用于其他用途。 公安机关依法采取技术侦查措施，有关单位和个人应当配合，并对有关情况予以保密。
	第一百五十一条　为了查明案情，在必要的时候，经公安机关负责人决定，可以由有关人员隐匿其身份实施侦查。但是，不得诱使他人犯罪，不得采用可能危害公共安全或者发生重大人身危险的方法。 对涉及给付毒品等违禁品或者财物的犯罪活动，公安机关根据侦查犯罪的需要，可以依照规定实施控制下交付。
	第一百五十二条　依照本节规定采取侦查措施收集的材料在刑事诉讼中可以作为证据使用。如果使用该证据可能危及有关人员的人身安全，或者可能产生其他严重后果的，应当采取不暴露有关人员身份、技术方法等保护措施，必要的时候，可以由审判人员在庭外对证据进行核实。

第八节　通　缉	第九节　通　缉
第一百二十三条　应当逮捕的犯罪嫌疑人如果在逃，公安机关可以发布通缉令，采取有效措施，追捕归案。 各级公安机关在自己管辖的地区以内，可以直接发布通缉令；超出自己管辖的地区，应当报请有权决定的上级机关发布。	**第一百五十三条**　应当逮捕的犯罪嫌疑人如果在逃，公安机关可以发布通缉令，采取有效措施，追捕归案。 各级公安机关在自己管辖的地区以内，可以直接发布通缉令；超出自己管辖的地区，应当报请有权决定的上级机关发布。
第九节　侦查终结	第十节　侦查终结
第一百二十四条　对犯罪嫌疑人逮捕后的侦查羁押期限不得超过二个月。案情复杂、期限届满不能终结的案件，可以经上一级人民检察院批准延长一个月。	**第一百五十四条**　对犯罪嫌疑人逮捕后的侦查羁押期限不得超过二个月。案情复杂、期限届满不能终结的案件，可以经上一级人民检察院批准延长一个月。
第一百二十五条　因为特殊原因，在较长时间内不宜交付审判的特别重大复杂的案件，由最高人民检察院报请全国人民代表大会常务委员会批准延期审理。	**第一百五十五条**　因为特殊原因，在较长时间内不宜交付审判的特别重大复杂的案件，由最高人民检察院报请全国人民代表大会常务委员会批准延期审理。
第一百二十六条　下列案件在本法第一百二十四条规定的期限届满不能侦查终结的，经省、自治区、直辖市人民检察院批准或者决定，可以延长二个月： （一）交通十分不便的边远地区的重大复杂案件； （二）重大的犯罪集团案件； （三）流窜作案的重大复杂案件； （四）犯罪涉及面广，取证困难的重大复杂案件。	**第一百五十六条**　下列案件在本法第一百**五十四**条规定的期限届满不能侦查终结的，经省、自治区、直辖市人民检察院批准或者决定，可以延长二个月： （一）交通十分不便的边远地区的重大复杂案件； （二）重大的犯罪集团案件； （三）流窜作案的重大复杂案件； （四）犯罪涉及面广，取证困难的重大复杂案件。

第一百二十七条 对犯罪嫌疑人可能判处十年有期徒刑以上刑罚，依照本法第一百二十六条规定延长期限届满，仍不能侦查终结的，经省、自治区、直辖市人民检察院批准或者决定，可以再延长二个月。	**第一百五十七条** 对犯罪嫌疑人可能判处十年有期徒刑以上刑罚，依照本法第一百**五十六**条规定延长期限届满，仍不能侦查终结的，经省、自治区、直辖市人民检察院批准或者决定，可以再延长二个月。
第一百二十八条 在侦查期间，发现犯罪嫌疑人另有重要罪行的，自发现之日起依照本法第一百二十四条的规定重新计算侦查羁押期限。 犯罪嫌疑人不讲真实姓名、住址，身份不明的，侦查羁押期限自查清其身份之日起计算，但是不得停止对其犯罪行为的侦查取证。对于犯罪事实清楚，证据确实、充分的，也可以按其自报的姓名移送人民检察院审查起诉。	**第一百五十八条** 在侦查期间，发现犯罪嫌疑人另有重要罪行的，自发现之日起依照本法第一百**五十四**条的规定重新计算侦查羁押期限。 犯罪嫌疑人不讲真实姓名、住址，身份不明的，**应当对其身份进行调查，**侦查羁押期限自查清其身份之日起计算，但是不得停止对其犯罪行为的侦查取证。对于犯罪事实清楚，证据确实、充分，**确实无法查明其身份的，**也可以按其自报的姓名起诉、**审判**。
	第一百五十九条 在案件侦查终结前，辩护律师提出要求的，侦查机关应当听取辩护律师的意见，并记录在案。辩护律师提出书面意见的，应当附卷。
第一百二十九条 公安机关侦查终结的案件，应当做到犯罪事实清楚，证据确实、充分，并且写出起诉意见书，连同案卷材料、证据一并移送同级人民检察院审查决定。	**第一百六十条** 公安机关侦查终结的案件，应当做到犯罪事实清楚，证据确实、充分，并且写出起诉意见书，连同案卷材料、证据一并移送同级人民检察院审查决定；**同时将案件移送情况告知犯罪嫌疑人及其辩护律师**。

第一百三十条　在侦查过程中，发现不应对犯罪嫌疑人追究刑事责任的，应当撤销案件；犯罪嫌疑人已被逮捕的，应当立即释放，发给释放证明，并且通知原批准逮捕的人民检察院。	**第一百六十一条**　在侦查过程中，发现不应对犯罪嫌疑人追究刑事责任的，应当撤销案件；犯罪嫌疑人已被逮捕的，应当立即释放，发给释放证明，并且通知原批准逮捕的人民检察院。
第十节　人民检察院对直接受理的案件的侦查	第十一节　人民检察院对直接受理的案件的侦查
第一百三十一条　人民检察院对直接受理的案件的侦查适用本章规定。	**第一百六十二条**　人民检察院对直接受理的案件的侦查适用本章规定。
第一百三十二条　人民检察院直接受理的案件中符合本法第六十条、第六十一条第四项、第五项规定情形，需要逮捕、拘留犯罪嫌疑人的，由人民检察院作出决定，由公安机关执行。	**第一百六十三条**　人民检察院直接受理的案件中符合本法第**七十九**条、第**八十**条第四项、第五项规定情形，需要逮捕、拘留犯罪嫌疑人的，由人民检察院作出决定，由公安机关执行。
第一百三十三条　人民检察院对直接受理的案件中被拘留的人，应当在拘留后的二十四小时以内进行讯问。在发现不应当拘留的时候，必须立即释放，发给释放证明。对需要逮捕而证据还不充足的，可以取保候审或者监视居住。	**第一百六十四条**　人民检察院对直接受理的案件中被拘留的人，应当在拘留后的二十四小时以内进行讯问。在发现不应当拘留的时候，必须立即释放，发给释放证明。
第一百三十四条　人民检察院对直接受理的案件中被拘留的人，认为需要逮捕的，应当在十日以内作出决定。在特殊情况下，决定逮捕的时间可以延长一日至四日。对不需要逮捕的，应当立即释放；对于需要继续侦查，并且符合取保候审、监视居住条件的，依法取保候审或者监视居住。	**第一百六十五条**　人民检察院对直接受理的案件中被拘留的人，认为需要逮捕的，应当在十**四**日以内作出决定。在特殊情况下，决定逮捕的时间可以延长一日至三日。对不需要逮捕的，应当立即释放；**对**需要继续侦查，并且符合取保候审、监视居住条件的，依法取保候审或者监视居住。

第一百三十五条 人民检察院侦查终结的案件，应当作出提起公诉、不起诉或者撤销案件的决定。	**第一百六十六条** 人民检察院侦查终结的案件，应当作出提起公诉、不起诉或者撤销案件的决定。
第三章 提起公诉	**第三章 提起公诉**
第一百三十六条 凡需要提起公诉的案件，一律由人民检察院审查决定。	**第一百六十七条** 凡需要提起公诉的案件，一律由人民检察院审查决定。
第一百三十七条 人民检察院审查案件的时候，必须查明： （一）犯罪事实、情节是否清楚，证据是否确实、充分，犯罪性质和罪名的认定是否正确； （二）有无遗漏罪行和其他应当追究刑事责任的人； （三）是否属于不应追究刑事责任的； （四）有无附带民事诉讼； （五）侦查活动是否合法。	**第一百六十八条** 人民检察院审查案件的时候，必须查明： （一）犯罪事实、情节是否清楚，证据是否确实、充分，犯罪性质和罪名的认定是否正确； （二）有无遗漏罪行和其他应当追究刑事责任的人； （三）是否属于不应追究刑事责任的； （四）有无附带民事诉讼； （五）侦查活动是否合法。
第一百三十八条 人民检察院对于公安机关移送起诉的案件，应当在一个月以内作出决定，重大、复杂的案件，可以延长半个月。 人民检察院审查起诉的案件，改变管辖的，从改变后的人民检察院收到案件之日起计算审查起诉期限。	**第一百六十九条** 人民检察院对于公安机关移送起诉的案件，应当在一个月以内作出决定，重大、复杂的案件，可以延长半个月。 人民检察院审查起诉的案件，改变管辖的，从改变后的人民检察院收到案件之日起计算审查起诉期限。
第一百三十九条 人民检察院审查案件，应当讯问犯罪嫌疑人，听取被害人和犯罪嫌疑人、被害人委托的人的意见。	**第一百七十条** 人民检察院审查案件，应当讯问犯罪嫌疑人，听取**辩护人**、被害人**及其诉讼代理人**的意见，**并记录在案。辩护人、被害人及其诉讼代理人提出书面意见的，应当附卷。**

第一百四十条　人民检察院审查案件，可以要求公安机关提供法庭审判所必需的证据材料。 人民检察院审查案件，对于需要补充侦查的，可以退回公安机关补充侦查，也可以自行侦查。 对于补充侦查的案件，应当在一个月以内补充侦查完毕。补充侦查以二次为限。补充侦查完毕移送人民检察院后，人民检察院重新计算审查起诉期限。 对于补充侦查的案件，人民检察院仍然认为证据不足，不符合起诉条件的，可以作出不起诉的决定。	**第一百七十一条**　人民检察院审查案件，可以要求公安机关提供法庭审判所必需的证据材料；**认为可能存在本法第五十四条规定的以非法方法收集证据情形的，可以要求其对证据收集的合法性作出说明**。 人民检察院审查案件，对于需要补充侦查的，可以退回公安机关补充侦查，也可以自行侦查。 对于补充侦查的案件，应当在一个月以内补充侦查完毕。补充侦查以二次为限。补充侦查完毕移送人民检察院后，人民检察院重新计算审查起诉期限。 对于**二次**补充侦查的案件，人民检察院仍然认为证据不足，不符合起诉条件的，**应当**作出不起诉的决定。
第一百四十一条　人民检察院认为犯罪嫌疑人的犯罪事实已经查清，证据确实、充分，依法应当追究刑事责任的，应当作出起诉决定，按照审判管辖的规定，向人民法院提起公诉。	**第一百七十二条**　人民检察院认为犯罪嫌疑人的犯罪事实已经查清，证据确实、充分，依法应当追究刑事责任的，应当作出起诉决定，按照审判管辖的规定，向人民法院提起公诉，**并将案卷材料、证据移送人民法院**。
第一百四十二条　犯罪嫌疑人有本法第十五条规定的情形之一的，人民检察院应当作出不起诉决定。 对于犯罪情节轻微，依照刑法规定不需要判处刑罚或者免除刑罚的，人民检察院可以作出不起诉决定。 人民检察院决定不起诉的案件，应当同时对侦查中扣押、冻结的财物解除扣押、冻结。对被不起诉人需要	**第一百七十三条**　犯罪嫌疑人**没有犯罪事实，或者**有本法第十五条规定的情形之一的，人民检察院应当作出不起诉决定。 对于犯罪情节轻微，依照刑法规定不需要判处刑罚或者免除刑罚的，人民检察院可以作出不起诉决定。 人民检察院决定不起诉的案件，应当同时对侦查中**查封**、扣押、冻结

给予行政处罚、行政处分或者需要没收其违法所得的，人民检察院应当提出检察意见，移送有关主管机关处理。有关主管机关应当将处理结果及时通知人民检察院。	的财物解除**查封**、扣押、冻结。对被不起诉人需要给予行政处罚、行政处分或者需要没收其违法所得的，人民检察院应当提出检察意见，移送有关主管机关处理。有关主管机关应当将处理结果及时通知人民检察院。
第一百四十三条 不起诉的决定，应当公开宣布，并且将不起诉决定书送达被不起诉人和他的所在单位。如果被不起诉人在押，应当立即释放。	**第一百七十四条** 不起诉的决定，应当公开宣布，并且将不起诉决定书送达被不起诉人和他的所在单位。如果被不起诉人在押，应当立即释放。
第一百四十四条 对于公安机关移送起诉的案件，人民检察院决定不起诉的，应当将不起诉决定书送达公安机关。公安机关认为不起诉的决定有错误的时候，可以要求复议，如果意见不被接受，可以向上一级人民检察院提请复核。	**第一百七十五条** 对于公安机关移送起诉的案件，人民检察院决定不起诉的，应当将不起诉决定书送达公安机关。公安机关认为不起诉的决定有错误的时候，可以要求复议，如果意见不被接受，可以向上一级人民检察院提请复核。
第一百四十五条 对于有被害人的案件，决定不起诉的，人民检察院应当将不起诉决定书送达被害人。被害人如果不服，可以自收到决定书后七日以内向上一级人民检察院申诉，请求提起公诉。人民检察院应当将复查决定告知被害人。对人民检察院维持不起诉决定的，被害人可以向人民法院起诉。被害人也可以不经申诉，直接向人民法院起诉。人民法院受理案件后，人民检察院应当将有关案件材料移送人民法院。	**第一百七十六条** 对于有被害人的案件，决定不起诉的，人民检察院应当将不起诉决定书送达被害人。被害人如果不服，可以自收到决定书后七日以内向上一级人民检察院申诉，请求提起公诉。人民检察院应当将复查决定告知被害人。对人民检察院维持不起诉决定的，被害人可以向人民法院起诉。被害人也可以不经申诉，直接向人民法院起诉。人民法院受理案件后，人民检察院应当将有关案件材料移送人民法院。

第一百四十六条　对于人民检察院依照本法第一百四十二条第二款规定作出的不起诉决定，被不起诉人如果不服，可以自收到决定书后七日以内向人民检察院申诉。人民检察院应当作出复查决定，通知被不起诉的人，同时抄送公安机关。	**第一百七十七条**　对于人民检察院依照本法第一百**七十三**条第二款规定作出的不起诉决定，被不起诉人如果不服，可以自收到决定书后七日以内向人民检察院申诉。人民检察院应当作出复查决定，通知被不起诉的人，同时抄送公安机关。
第三编　审　判	**第三编　审　判**
第一章　审判组织	**第一章　审判组织**
第一百四十七条　基层人民法院、中级人民法院审判第一审案件，应当由审判员三人或者由审判员和人民陪审员共三人组成合议庭进行，但是基层人民法院适用简易程序的案件可以由审判员一人独任审判。 高级人民法院、最高人民法院审判第一审案件，应当由审判员三人至七人或者由审判员和人民陪审员共三人至七人组成合议庭进行。 人民陪审员在人民法院执行职务，同审判员有同等的权利。 人民法院审判上诉和抗诉案件，由审判员三人至五人组成合议庭进行。 合议庭的成员人数应当是单数。合议庭由院长或者庭长指定审判员一人担任审判长。院长或者庭长参加审判案件的时候，自己担任审判长。	第一百七十八条　基层人民法院、中级人民法院审判第一审案件，应当由审判员三人或者由审判员和人民陪审员共三人组成合议庭进行，但是基层人民法院适用简易程序的案件可以由审判员一人独任审判。 高级人民法院、最高人民法院审判第一审案件，应当由审判员三人至七人或者由审判员和人民陪审员共三人至七人组成合议庭进行。 人民陪审员在人民法院执行职务，同审判员有同等的权利。 人民法院审判上诉和抗诉案件，由审判员三人至五人组成合议庭进行。 合议庭的成员人数应当是单数。 合议庭由院长或者庭长指定审判员一人担任审判长。院长或者庭长参加审判案件的时候，自己担任审判长。
第一百四十八条　合议庭进行评议的时候，如果意见分歧，应当按多数人的意见作出决定，但是少数人的意见应当写入笔录。评议笔录由合议庭的组成人员签名。	**第一百七十九条**　合议庭进行评议的时候，如果意见分歧，应当按多数人的意见作出决定，但是少数人的意见应当写入笔录。评议笔录由合议庭的组成人员签名。

第一百四十九条 合议庭开庭审理并且评议后，应当作出判决。对于疑难、复杂、重大的案件，合议庭认为难以作出决定的，由合议庭提请院长决定提交审判委员会讨论决定。审判委员会的决定，合议庭应当执行。	**第一百八十条** 合议庭开庭审理并且评议后，应当作出判决。对于疑难、复杂、重大的案件，合议庭认为难以作出决定的，由合议庭提请院长决定提交审判委员会讨论决定。审判委员会的决定，合议庭应当执行。
第二章 第一审程序	**第二章 第一审程序**
第一节 公诉案件	第一节 公诉案件
第一百五十条 人民法院对提起公诉的案件进行审查后，对于起诉书中有明确的指控犯罪事实并且附有证据目录、证人名单和主要证据复印件或者照片的，应当决定开庭审判。	**第一百八十一条** 人民法院对提起公诉的案件进行审查后，对于起诉书中有明确的指控犯罪事实的，应当决定开庭审判。
第一百五十一条 人民法院决定开庭审判后，应当进行下列工作： （一）确定合议庭的组成人员； （二）将人民检察院的起诉书副本至迟在开庭十日以前送达被告人。对于被告人未委托辩护人的，告知被告人可以委托辩护人，或者在必要的时候指定承担法律援助义务的律师为其提供辩护； （三）将开庭的时间、地点在开庭三日以前通知人民检察院； （四）传唤当事人，通知辩护人、诉讼代理人、证人、鉴定人和翻译人员，传票和通知书至迟在开庭三日以前送达； （五）公开审判的案件，在开庭三日以前先期公布案由、被告人姓名、开庭时间和地点。 上述活动情形应当写入笔录，由审判人员和书记员签名。	**第一百八十二条** 人民法院决定开庭审判后，应当确定合议庭的组成人员，将人民检察院的起诉书副本至迟在开庭十日以前送达被告人**及其辩护人**。 **在开庭以前，审判人员可以召集公诉人、当事人和辩护人、诉讼代理人，对回避、出庭证人名单、非法证据排除等与审判相关的问题，了解情况，听取意见。** **人民法院确定开庭日期后，应当**将开庭的时间、地点通知人民检察院，传唤当事人，通知辩护人、诉讼代理人、证人、鉴定人和翻译人员，传票和通知书至迟在开庭三日以前送达。公开审判的案件，**应当**在开庭三日以前先期公布案由、被告人姓名、开庭时间和地点。 上述活动情形应当写入笔录，由审判人员和书记员签名。

第一百五十二条 人民法院审判第一审案件应当公开进行。但是有关国家秘密或者个人隐私的案件，不公开审理。 十四岁以上不满十六岁未成年人犯罪的案件，一律不公开审理。十六岁以上不满十八岁未成年人犯罪的案件，一般也不公开审理。 对于不公开审理的案件，应当当庭宣布不公开审理的理由。 （第二款移至新条文第二百七十条）	**第一百八十三条** 人民法院审判第一审案件应当公开进行。但是有关国家秘密或者个人隐私的案件，不公开审理；**涉及商业秘密的案件，当事人申请不公开审理的，可以不公开审理**。 不公开审理的案件，应当当庭宣布不公开审理的理由。
第一百五十三条 人民法院审判公诉案件，人民检察院应当派员出席法庭支持公诉，但是依照本法第一百七十五条的规定适用简易程序的，人民检察院可以不派员出席法庭。	**第一百八十四条** 人民法院审判公诉案件，人民检察院应当派员出席法庭支持公诉。
第一百五十四条 开庭的时候，审判长查明当事人是否到庭，宣布案由；宣布合议庭的组成人员、书记员、公诉人、辩护人、诉讼代理人、鉴定人和翻译人员的名单；告知当事人有权对合议庭组成人员、书记员、公诉人、鉴定人和翻译人员申请回避；告知被告人享有辩护权利。	**第一百八十五条** 开庭的时候，审判长查明当事人是否到庭，宣布案由；宣布合议庭的组成人员、书记员、公诉人、辩护人、诉讼代理人、鉴定人和翻译人员的名单；告知当事人有权对合议庭组成人员、书记员、公诉人、鉴定人和翻译人员申请回避；告知被告人享有辩护权利。
第一百五十五条 公诉人在法庭上宣读起诉书后，被告人、被害人可以就起诉书指控的犯罪进行陈述，公诉人可以讯问被告人。 被害人、附带民事诉讼的原告人和辩护人、诉讼代理人，经审判长许可，可以向被告人发问。 审判人员可以讯问被告人。	**第一百八十六条** 公诉人在法庭上宣读起诉书后，被告人、被害人可以就起诉书指控的犯罪进行陈述，公诉人可以讯问被告人。 被害人、附带民事诉讼的原告人和辩护人、诉讼代理人，经审判长许可，可以向被告人发问。 审判人员可以讯问被告人。

	第一百八十七条　公诉人、当事人或者辩护人、诉讼代理人对证人证言有异议，且该证人证言对案件定罪量刑有重大影响，人民法院认为证人有必要出庭作证的，证人应当出庭作证。 **人民警察就其执行职务时目击的犯罪情况作为证人出庭作证，适用前款规定。** **公诉人、当事人或者辩护人、诉讼代理人对鉴定意见有异议，人民法院认为鉴定人有必要出庭的，鉴定人应当出庭作证。经人民法院通知，鉴定人拒不出庭作证的，鉴定意见不得作为定案的根据。**
	第一百八十八条　经人民法院通知，证人没有正当理由不出庭作证的，人民法院可以强制其到庭，但是被告人的配偶、父母、子女除外。 **证人没有正当理由拒绝出庭或者出庭后拒绝作证的，予以训诫，情节严重的，经院长批准，处以十日以下的拘留。被处罚人对拘留决定不服的，可以向上一级人民法院申请复议。复议期间不停止执行。**
第一百五十六条　证人作证，审判人员应当告知他要如实地提供证言和有意作伪证或者隐匿罪证要负的法律责任。公诉人、当事人和辩护人、诉讼代理人经审判长许可，可以对证人、鉴定人发问。审判长认为发问的内容与案件无关的时候，应当制止。 审判人员可以询问证人、鉴定人。	**第一百八十九条**　证人作证，审判人员应当告知他要如实地提供证言和有意作伪证或者隐匿罪证要负的法律责任。公诉人、当事人和辩护人、诉讼代理人经审判长许可，可以对证人、鉴定人发问。审判长认为发问的内容与案件无关的时候，应当制止。 审判人员可以询问证人、鉴定人。

<table>
<tr><td>第一百五十七条　公诉人、辩护人应当向法庭出示物证，让当事人辨认，对未到庭的证人的证言笔录、鉴定人的鉴定结论、勘验笔录和其他作为证据的文书，应当当庭宣读。审判人员应当听取公诉人、当事人和辩护人、诉讼代理人的意见。</td><td>第一百九十条　公诉人、辩护人应当向法庭出示物证，让当事人辨认，对未到庭的证人的证言笔录、鉴定人的鉴定意见、勘验笔录和其他作为证据的文书，应当当庭宣读。审判人员应当听取公诉人、当事人和辩护人、诉讼代理人的意见。</td></tr>
<tr><td>第一百五十八条　法庭审理过程中，合议庭对证据有疑问的，可以宣布休庭，对证据进行调查核实。
人民法院调查核实证据，可以进行勘验、检查、扣押、鉴定和查询、冻结。</td><td>第一百九十一条　法庭审理过程中，合议庭对证据有疑问的，可以宣布休庭，对证据进行调查核实。
人民法院调查核实证据，可以进行勘验、检查、查封、扣押、鉴定和查询、冻结。</td></tr>
<tr><td>第一百五十九条　法庭审理过程中，当事人和辩护人、诉讼代理人有权申请通知新的证人到庭，调取新的物证，申请重新鉴定或者勘验。
法庭对于上述申请，应当作出是否同意的决定。</td><td>第一百九十二条　法庭审理过程中，当事人和辩护人、诉讼代理人有权申请通知新的证人到庭，调取新的物证，申请重新鉴定或者勘验。
公诉人、当事人和辩护人、诉讼代理人可以申请法庭通知有专门知识的人出庭，就鉴定人作出的鉴定意见提出意见。
法庭对于上述申请，应当作出是否同意的决定。
第二款规定的有专门知识的人出庭，适用鉴定人的有关规定。</td></tr>
<tr><td>第一百六十条　经审判长许可，公诉人、当事人和辩护人、诉讼代理人可以对证据和案件情况发表意见并且可以互相辩论。审判长在宣布辩论终结后，被告人有最后陈述的权利。</td><td>第一百九十三条　法庭审理过程中，对与定罪、量刑有关的事实、证据都应当进行调查、辩论。
经审判长许可，公诉人、当事人和辩护人、诉讼代理人可以对证据和案件情况发表意见并且可以互相辩论。
审判长在宣布辩论终结后，被告人有最后陈述的权利。</td></tr>
</table>

第一百六十一条 在法庭审判过程中，如果诉讼参与人或者旁听人员违反法庭秩序，审判长应当警告制止。对不听制止的，可以强行带出法庭；情节严重的，处以一千元以下的罚款或者十五日以下的拘留。罚款、拘留必须经院长批准。被处罚人对罚款、拘留的决定不服的，可以向上一级人民法院申请复议。复议期间不停止执行。 对聚众哄闹、冲击法庭或者侮辱、诽谤、威胁、殴打司法工作人员或者诉讼参与人，严重扰乱法庭秩序，构成犯罪的，依法追究刑事责任。	**第一百九十四条** 在法庭审判过程中，如果诉讼参与人或者旁听人员违反法庭秩序，审判长应当警告制止。对不听制止的，可以强行带出法庭；情节严重的，处以一千元以下的罚款或者十五日以下的拘留。罚款、拘留必须经院长批准。被处罚人对罚款、拘留的决定不服的，可以向上一级人民法院申请复议。复议期间不停止执行。 对聚众哄闹、冲击法庭或者侮辱、诽谤、威胁、殴打司法工作人员或者诉讼参与人，严重扰乱法庭秩序，构成犯罪的，依法追究刑事责任。
第一百六十二条 在被告人最后陈述后，审判长宣布休庭，合议庭进行评议，根据已经查明的事实、证据和有关的法律规定，分别作出以下判决： （一）案件事实清楚，证据确实、充分，依据法律认定被告人有罪的，应当作出有罪判决； （二）依据法律认定被告人无罪的，应当作出无罪判决； （三）证据不足，不能认定被告人有罪的，应当作出证据不足、指控的犯罪不能成立的无罪判决。	**第一百九十五条** 在被告人最后陈述后，审判长宣布休庭，合议庭进行评议，根据已经查明的事实、证据和有关的法律规定，分别作出以下判决： （一）案件事实清楚，证据确实、充分，依据法律认定被告人有罪的，应当作出有罪判决； （二）依据法律认定被告人无罪的，应当作出无罪判决； （三）证据不足，不能认定被告人有罪的，应当作出证据不足、指控的犯罪不能成立的无罪判决。
第一百六十三条 宣告判决，一律公开进行。 当庭宣告判决的，应当在五日以内将判决书送达当事人和提起公诉的人民检察院；定期宣告判决的，应当在宣告后立即将判决书送达当事人和提起公诉的人民检察院。	**第一百九十六条** 宣告判决，一律公开进行。 当庭宣告判决的，应当在五日以内将判决书送达当事人和提起公诉的人民检察院；定期宣告判决的，应当在宣告后立即将判决书送达当事人和提起公诉的人民检察院。**判决书应当同时送达辩护人、诉讼代理人。**

第一百六十四条　判决书应当由合议庭的组成人员和书记员署名，并且写明上诉的期限和上诉的法院。	**第一百九十七条**　判决书应当由**审判**人员和书记员署名，并且写明上诉的期限和上诉的法院。
第一百六十五条　在法庭审判过程中，遇有下列情形之一，影响审判进行的，可以延期审理： （一）需要通知新的证人到庭，调取新的物证，重新鉴定或者勘验的； （二）检察人员发现提起公诉的案件需要补充侦查，提出建议的； （三）由于当事人申请回避而不能进行审判的。	**第一百九十八条**　在法庭审判过程中，遇有下列情形之一，影响审判进行的，可以延期审理： （一）需要通知新的证人到庭，调取新的物证，重新鉴定或者勘验的； （二）检察人员发现提起公诉的案件需要补充侦查，提出建议的； （三）由于申请回避而不能进行审判的。
第一百六十六条　依照本法第一百六十五条第二项的规定延期审理的案件，人民检察院应当在一个月以内补充侦查完毕。	**第一百九十九条**　依照本法第一百**九十八**条第二项的规定延期审理的案件，人民检察院应当在一个月以内补充侦查完毕。
	第二百条　**在审判过程中，有下列情形之一，致使案件在较长时间内无法继续审理的，可以中止审理：** **（一）被告人患有严重疾病，无法出庭的；** **（二）被告人脱逃的；** **（三）自诉人患有严重疾病，无法出庭，未委托诉讼代理人出庭的；** **（四）由于不能抗拒的原因。** **中止审理的原因消失后，应当恢复审理。中止审理的期间不计入审理期限。**

第一百六十七条 法庭审判的全部活动，应当由书记员写成笔录，经审判长审阅后，由审判长和书记员签名。 法庭笔录中的证人证言部分，应当当庭宣读或者交给证人阅读。证人在承认没有错误后，应当签名或者盖章。 法庭笔录应当交给当事人阅读或者向他宣读。当事人认为记载有遗漏或者差错的，可以请求补充或者改正。当事人承认没有错误后，应当签名或者盖章。	**第二百零一条** 法庭审判的全部活动，应当由书记员写成笔录，经审判长审阅后，由审判长和书记员签名。 法庭笔录中的证人证言部分，应当当庭宣读或者交给证人阅读。证人在承认没有错误后，应当签名或者盖章。 法庭笔录应当交给当事人阅读或者向他宣读。当事人认为记载有遗漏或者差错的，可以请求补充或者改正。当事人承认没有错误后，应当签名或者盖章。
第一百六十八条 人民法院审理公诉案件，应当在受理后一个月以内宣判，至迟不得超过一个半月。有本法第一百二十六条规定情形之一的，经省、自治区、直辖市高级人民法院批准或者决定，可以再延长一个月。 人民法院改变管辖的案件，从改变后的人民法院收到案件之日起计算审理期限。 人民检察院补充侦查的案件，补充侦查完毕移送人民法院后，人民法院重新计算审理期限。	**第二百零二条** 人民法院审理公诉案件，应当在受理后二个月以内宣判，至迟不得超过三个月。**对于可能判处死刑的案件或者附带民事诉讼的案件，以及**有本法第一百**五十六**条规定情形之一的，经**上一级**人民法院批准，可以延长三个月。**因特殊情况还需要延长的，报请最高人民法院批准**。 人民法院改变管辖的案件，从改变后的人民法院收到案件之日起计算审理期限。 人民检察院补充侦查的案件，补充侦查完毕移送人民法院后，人民法院重新计算审理期限。
第一百六十九条 人民检察院发现人民法院审理案件违反法律规定的诉讼程序，有权向人民法院提出纠正意见。	**第二百零三条** 人民检察院发现人民法院审理案件违反法律规定的诉讼程序，有权向人民法院提出纠正意见。

第二节 自诉案件	第二节 自诉案件
第一百七十条 自诉案件包括下列案件： （一）告诉才处理的案件； （二）被害人有证据证明的轻微刑事案件； （三）被害人有证据证明对被告人侵犯自己人身、财产权利的行为应当依法追究刑事责任，而公安机关或者人民检察院不予追究被告人刑事责任的案件。	**第二百零四条** 自诉案件包括下列案件： （一）告诉才处理的案件； （二）被害人有证据证明的轻微刑事案件； （三）被害人有证据证明对被告人侵犯自己人身、财产权利的行为应当依法追究刑事责任，而公安机关或者人民检察院不予追究被告人刑事责任的案件。
第一百七十一条 人民法院对于自诉案件进行审查后，按照下列情形分别处理： （一）犯罪事实清楚，有足够证据的案件，应当开庭审判； （二）缺乏罪证的自诉案件，如果自诉人提不出补充证据，应当说服自诉人撤回自诉，或者裁定驳回。 自诉人经两次依法传唤，无正当理由拒不到庭的，或者未经法庭许可中途退庭的，按撤诉处理。 法庭审理过程中，审判人员对证据有疑问，需要调查核实的，适用本法第一百五十八条的规定。	**第二百零五条** 人民法院对于自诉案件进行审查后，按照下列情形分别处理： （一）犯罪事实清楚，有足够证据的案件，应当开庭审判； （二）缺乏罪证的自诉案件，如果自诉人提不出补充证据，应当说服自诉人撤回自诉，或者裁定驳回。 自诉人经两次依法传唤，无正当理由拒不到庭的，或者未经法庭许可中途退庭的，按撤诉处理。 法庭审理过程中，审判人员对证据有疑问，需要调查核实的，适用本法第一百**九十一**条的规定。
第一百七十二条 人民法院对自诉案件，可以进行调解；自诉人在宣告判决前，可以同被告人自行和解或者撤回自诉。本法第一百七十条第三项规定的案件不适用调解。	**第二百零六条** 人民法院对自诉案件，可以进行调解；自诉人在宣告判决前，可以同被告人自行和解或者撤回自诉。本法第**二百零四**条第三项规定的案件不适用调解。 **人民法院审理自诉案件的期限，被告人被羁押的，适用本法第二百零二条第一款、第二款的规定；未被羁押的，应当在受理后六个月以内宣判。**

第一百七十三条　自诉案件的被告人在诉讼过程中，可以对自诉人提起反诉。反诉适用自诉的规定。	**第二百零七条**　自诉案件的被告人在诉讼过程中，可以对自诉人提起反诉。反诉适用自诉的规定。
第三节　简易程序	第三节　简易程序
第一百七十四条　人民法院对于下列案件，可以适用简易程序，由审判员一人独任审判： （一）对依法可能判处三年以下有期徒刑、拘役、管制、单处罚金的公诉案件，事实清楚、证据充分，人民检察院建议或者同意适用简易程序的； （二）告诉才处理的案件； （三）被害人起诉的有证据证明的轻微刑事案件。	**第二百零八条**　**基层人民法院管辖的**案件，**符合下列条件的**，可以适用简易程序审判： （一）案件事实清楚、证据充分的； **（二）被告人承认自己所犯罪行，对指控的犯罪事实没有异议的；** （三）**被告人对适用简易程序没有异议的**。 人民检察院**在提起公诉的时候，可以**建议人民法院适用简易程序。
	第二百零九条　**有下列情形之一的，不适用简易程序：** **（一）被告人是盲、聋、哑人，或者是尚未完全丧失辨认或者控制自己行为能力的精神病人的；** **（二）有重大社会影响的；** **（三）共同犯罪案件中部分被告人不认罪或者对适用简易程序有异议的；** **（四）其他不宜适用简易程序审理的。**
第一百七十五条　适用简易程序审理公诉案件，人民检察院可以不派员出席法庭。被告人可以就起诉书指控的犯罪进行陈述和辩护。人民检察院派员出席法庭的，经审判人员许可，被告人及其辩护人可以同公诉人互相辩论。	**第二百一十条**　适用简易程序**审理案件，对可能判处三年有期徒刑以下刑罚的，可以组成合议庭进行审判，也可以由审判员一人独任审判；对可能判处的有期徒刑超过三年的，应当组成合议庭进行审判。** 适用简易程序审理公诉案件，人民检察院**应当**派员出席法庭。

	第二百一十一条　**适用简易程序审理案件，审判人员应当询问被告人对指控的犯罪事实的意见，告知被告人适用简易程序审理的法律规定，确认被告人是否同意适用简易程序审理。**
第一百七十六条　适用简易程序审理自诉案件，宣读起诉书后，经审判人员许可，被告人及其辩护人可以同自诉人及其诉讼代理人互相辩论。	**第二百一十二条**　适用简易程序审理案件，经审判人员许可，被告人及其辩护人可以同**公诉人**、自诉人及其诉讼代理人互相辩论。
第一百七十七条　适用简易程序审理案件，不受本章第一节关于讯问被告人、询问证人、鉴定人、出示证据、法庭辩论程序规定的限制。但在判决宣告前应当听取被告人的最后陈述意见。	**第二百一十三条**　适用简易程序审理案件，不受本章第一节关于**送达期限**、讯问被告人、询问证人、鉴定人、出示证据、法庭辩论程序规定的限制。但在判决宣告前应当听取被告人的最后陈述意见。
第一百七十八条　适用简易程序审理案件，人民法院应当在受理后二十日以内审结。	**第二百一十四条**　适用简易程序审理案件，人民法院应当在受理后二十日以内审结；**对可能判处的有期徒刑超过三年的，可以延长至一个半月**。
第一百七十九条　人民法院在审理过程中，发现不宜适用简易程序的，应当按照本章第一节或者第二节的规定重新审理。	**第二百一十五条**　人民法院在审理过程中，发现不宜适用简易程序的，应当按照本章第一节或者第二节的规定重新审理。
第三章　第二审程序	**第三章　第二审程序**
第一百八十条　被告人、自诉人和他们的法定代理人，不服地方各级人民法院第一审的判决、裁定，有权用书状或者口头向上一级人民法院上诉。被告人的辩护人和近亲属，经被告人同意，可以提出上诉。	**第二百一十六条**　被告人、自诉人和他们的法定代理人，不服地方各级人民法院第一审的判决、裁定，有权用书状或者口头向上一级人民法院上诉。被告人的辩护人和近亲属，经被告人同意，可以提出上诉。

附带民事诉讼的当事人和他们的法定代理人，可以对地方各级人民法院第一审的判决、裁定中的附带民事诉讼部分，提出上诉。 对被告人的上诉权，不得以任何借口加以剥夺。	附带民事诉讼的当事人和他们的法定代理人，可以对地方各级人民法院第一审的判决、裁定中的附带民事诉讼部分，提出上诉。 对被告人的上诉权，不得以任何借口加以剥夺。
第一百八十一条 地方各级人民检察院认为本级人民法院第一审的判决、裁定确有错误的时候，应当向上一级人民法院提出抗诉。	**第二百一十七条** 地方各级人民检察院认为本级人民法院第一审的判决、裁定确有错误的时候，应当向上一级人民法院提出抗诉。
第一百八十二条 被害人及其法定代理人不服地方各级人民法院第一审的判决的，自收到判决书后五日以内，有权请求人民检察院提出抗诉。人民检察院自收到被害人及其法定代理人的请求后五日以内，应当作出是否抗诉的决定并且答复请求人。	**第二百一十八条** 被害人及其法定代理人不服地方各级人民法院第一审的判决的，自收到判决书后五日以内，有权请求人民检察院提出抗诉。人民检察院自收到被害人及其法定代理人的请求后五日以内，应当作出是否抗诉的决定并且答复请求人。
第一百八十三条 不服判决的上诉和抗诉的期限为十日，不服裁定的上诉和抗诉的期限为五日，从接到判决书、裁定书的第二日起算。	**第二百一十九条** 不服判决的上诉和抗诉的期限为十日，不服裁定的上诉和抗诉的期限为五日，从接到判决书、裁定书的第二日起算。
第一百八十四条 被告人、自诉人、附带民事诉讼的原告人和被告人通过原审人民法院提出上诉的，原审人民法院应当在三日以内将上诉状连同案卷、证据移送上一级人民法院，同时将上诉状副本送交同级人民检察院和对方当事人。 被告人、自诉人、附带民事诉讼的原告人和被告人直接向第二审人民法院提出上诉的，第二审人民法院应当在三日以内将上诉状交原审人民法院送交同级人民检察院和对方当事人。	**第二百二十条** 被告人、自诉人、附带民事诉讼的原告人和被告人通过原审人民法院提出上诉的，原审人民法院应当在三日以内将上诉状连同案卷、证据移送上一级人民法院，同时将上诉状副本送交同级人民检察院和对方当事人。 被告人、自诉人、附带民事诉讼的原告人和被告人直接向第二审人民法院提出上诉的，第二审人民法院应当在三日以内将上诉状交原审人民法院送交同级人民检察院和对方当事人。

第一百八十五条　地方各级人民检察院对同级人民法院第一审判决、裁定的抗诉，应当通过原审人民法院提出抗诉书，并且将抗诉书抄送上一级人民检察院。原审人民法院应当将抗诉书连同案卷、证据移送上一级人民法院，并且将抗诉书副本送交当事人。 上级人民检察院如果认为抗诉不当，可以向同级人民法院撤回抗诉，并且通知下级人民检察院。	**第二百二十一条**　地方各级人民检察院对同级人民法院第一审判决、裁定的抗诉，应当通过原审人民法院提出抗诉书，并且将抗诉书抄送上一级人民检察院。原审人民法院应当将抗诉书连同案卷、证据移送上一级人民法院，并且将抗诉书副本送交当事人。 上级人民检察院如果认为抗诉不当，可以向同级人民法院撤回抗诉，并且通知下级人民检察院。
第一百八十六条　第二审人民法院应当就第一审判决认定的事实和适用法律进行全面审查，不受上诉或者抗诉范围的限制。 共同犯罪的案件只有部分被告人上诉的，应当对全案进行审查，一并处理。	**第二百二十二条**　第二审人民法院应当就第一审判决认定的事实和适用法律进行全面审查，不受上诉或者抗诉范围的限制。 共同犯罪的案件只有部分被告人上诉的，应当对全案进行审查，一并处理。
第一百八十七条　第二审人民法院对上诉案件，应当组成合议庭，开庭审理。合议庭经过阅卷，讯问被告人、听取其他当事人、辩护人、诉讼代理人的意见，对事实清楚的，可以不开庭审理。对人民检察院抗诉的案件，第二审人民法院应当开庭审理。 第二审人民法院开庭审理上诉、抗诉案件，可以到案件发生地或者原审人民法院所在地进行。	**第二百二十三条**　第二审人民法院对**于下列**案件，应当组成合议庭，开庭审理： **（一）被告人、自诉人及其法定代理人对第一审认定的事实、证据提出异议，可能影响定罪量刑的上诉案件；** **（二）被告人被判处死刑的上诉案件；** （三）人民检察院抗诉的案件； **（四）其他应当开庭审理的案件。** **第二审人民法院决定不开庭审理的，应当**讯问被告人，听取其他当事人、辩护人、诉讼代理人的意见。 第二审人民法院开庭审理上诉、抗诉案件，可以到案件发生地或者原审人民法院所在地进行。

第一百八十八条 人民检察院提出抗诉的案件或者第二审人民法院开庭审理的公诉案件，同级人民检察院都应当派员出庭。第二审人民法院必须在开庭十日以前通知人民检察院查阅案卷。	**第二百二十四条** 人民检察院提出抗诉的案件或者第二审人民法院开庭审理的公诉案件，同级人民检察院都应当派员出**席法**庭。第二审人民法院**应当在决定开庭审理后及时**通知人民检察院查阅案卷。**人民检察院应当在一个月以内查阅完毕。人民检察院查阅案卷的时间不计入审理期限。**
第一百八十九条 第二审人民法院对不服第一审判决的上诉、抗诉案件，经过审理后，应当按照下列情形分别处理： （一）原判决认定事实和适用法律正确、量刑适当的，应当裁定驳回上诉或者抗诉，维持原判； （二）原判决认定事实没有错误，但适用法律有错误，或者量刑不当的，应当改判； （三）原判决事实不清楚或者证据不足的，可以在查清事实后改判；也可以裁定撤销原判，发回原审人民法院重新审判。	**第二百二十五条** 第二审人民法院对不服第一审判决的上诉、抗诉案件，经过审理后，应当按照下列情形分别处理： （一）原判决认定事实和适用法律正确、量刑适当的，应当裁定驳回上诉或者抗诉，维持原判； （二）原判决认定事实没有错误，但适用法律有错误，或者量刑不当的，应当改判； （三）原判决事实不清楚或者证据不足的，可以在查清事实后改判；也可以裁定撤销原判，发回原审人民法院重新审判。 **原审人民法院对于依照前款第三项规定发回重新审判的案件作出判决后，被告人提出上诉或者人民检察院提出抗诉的，第二审人民法院应当依法作出判决或者裁定，不得再发回原审人民法院重新审判。**
第一百九十条 第二审人民法院审判被告人或者他的法定代理人、辩护人、近亲属上诉的案件，不得加重被告人的刑罚。 人民检察院提出抗诉或者自诉人提出上诉的，不受前款规定的限制。	**第二百二十六条** 第二审人民法院审理被告人或者他的法定代理人、辩护人、近亲属上诉的案件，不得加重被告人的刑罚。**第二审人民法院发回原审人民法院重新审判的案件，除有新的犯罪事实，人民检察院补充起**

	诉的以外，原审人民法院也不得加重被告人的刑罚。 人民检察院提出抗诉或者自诉人提出上诉的，不受前款规定的限制。
第一百九十一条　第二审人民法院发现第一审人民法院的审理有下列违反法律规定的诉讼程序的情形之一的，应当裁定撤销原判，发回原审人民法院重新审判： （一）违反本法有关公开审判的规定的； （二）违反回避制度的； （三）剥夺或者限制了当事人的法定诉讼权利，可能影响公正审判的； （四）审判组织的组成不合法的； （五）其他违反法律规定的诉讼程序，可能影响公正审判的。	**第二百二十七条**　第二审人民法院发现第一审人民法院的审理有下列违反法律规定的诉讼程序的情形之一的，应当裁定撤销原判，发回原审人民法院重新审判： （一）违反本法有关公开审判的规定的； （二）违反回避制度的； （三）剥夺或者限制了当事人的法定诉讼权利，可能影响公正审判的； （四）审判组织的组成不合法的； （五）其他违反法律规定的诉讼程序，可能影响公正审判的。
第一百九十二条　原审人民法院对于发回重新审判的案件，应当另行组成合议庭，依照第一审程序进行审判。对于重新审判后的判决，依照本法第一百八十条、第一百八十一条、第一百八十二条的规定可以上诉、抗诉。	**第二百二十八条**　原审人民法院对于发回重新审判的案件，应当另行组成合议庭，依照第一审程序进行审判。对于重新审判后的判决，依照本法第**二百一十六**条、第**二百一十七**条、第**二百一十八**条的规定可以上诉、抗诉。
第一百九十三条　第二审人民法院对不服第一审裁定的上诉或者抗诉，经过审查后，应当参照本法第一百八十九条、第一百九十一条和第一百九十二条的规定，分别情形用裁定驳回上诉、抗诉，或者撤销、变更原裁定。	**第二百二十九条**　第二审人民法院对不服第一审裁定的上诉或者抗诉，经过审查后，应当参照本法第**二百二十五**条、第**二百二十七**条和第**二百二十八**条的规定，分别情形用裁定驳回上诉、抗诉，或者撤销、变更原裁定。

第一百九十四条 第二审人民法院发回原审人民法院重新审判的案件，原审人民法院从收到发回的案件之日起，重新计算审理期限。	**第二百三十条** 第二审人民法院发回原审人民法院重新审判的案件，原审人民法院从收到发回的案件之日起，重新计算审理期限。
第一百九十五条 第二审人民法院审判上诉或者抗诉案件的程序，除本章已有规定的以外，参照第一审程序的规定进行。	**第二百三十一条** 第二审人民法院审判上诉或者抗诉案件的程序，除本章已有规定的以外，参照第一审程序的规定进行。
第一百九十六条 第二审人民法院受理上诉、抗诉案件，应当在一个月以内审结，至迟不得超过一个半月。有本法第一百二十六条规定情形之一的，经省、自治区、直辖市高级人民法院批准或者决定，可以再延长一个月，但是最高人民法院受理的上诉、抗诉案件，由最高人民法院决定。	**第二百三十二条** 第二审人民法院受理上诉、抗诉案件，应当在**二个**月以内审结。**对于可能判处死刑的案件或者附带民事诉讼的案件，以及**有本法第一百**五十六**条规定情形之一的，经省、自治区、直辖市高级人民法院批准或者决定，可以延长二个月；**因特殊情况还需要延长的，报请最高人民法院批准**。 最高人民法院受理上诉、抗诉案件**的审理期限**，由最高人民法院决定。
第一百九十七条 第二审的判决、裁定和最高人民法院的判决、裁定，都是终审的判决、裁定。	**第二百三十三条** 第二审的判决、裁定和最高人民法院的判决、裁定，都是终审的判决、裁定。
第一百九十八条 公安机关、人民检察院和人民法院对于扣押、冻结犯罪嫌疑人、被告人的财物及其孳息，应当妥善保管，以供核查。任何单位和个人不得挪用或者自行处理。对被害人的合法财产，应当及时返还。对违禁品或者不宜长期保存的物品，应当依照国家有关规定处理。 对作为证据使用的实物应当随案	**第二百三十四条** 公安机关、人民检察院和人民法院对**查封**、扣押、冻结**的**犯罪嫌疑人、被告人的财物及其孳息，应当妥善保管，以供核查，**并制作清单，随案移送**。任何单位和个人不得挪用或者自行处理。对被害人的合法财产，应当及时返还。对违禁品或者不宜长期保存的物品，应当依照国家有关规定处理。

移送，对不宜移送的，应当将其清单、照片或者其他证明文件随案移送。 人民法院作出的判决生效以后，对被扣押、冻结的赃款赃物及其孳息，除依法返还被害人的以外，一律没收，上缴国库。 司法工作人员贪污、挪用或者私自处理被扣押、冻结的赃款赃物及其孳息的，依法追究刑事责任；不构成犯罪的，给予处分。	对作为证据使用的实物应当随案移送，对不宜移送的，应当将其清单、照片或者其他证明文件随案移送。 **人民法院作出的判决，应当对查封、扣押、冻结的财物及其孳息作出处理**。 人民法院作出的判决生效以后，**有关机关应当根据判决对查封、扣押、冻结的财物及其孳息进行处理**。对查封、扣押、冻结的赃款赃物及其孳息，除依法返还被害人的以外，一律上缴国库。 司法工作人员贪污、挪用或者私自处理**查封**、扣押、冻结的财物及其孳息的，依法追究刑事责任；不构成犯罪的，给予处分。
第四章　死刑复核程序	**第四章　死刑复核程序**
第一百九十九条　死刑由最高人民法院核准。	**第二百三十五条**　死刑由最高人民法院核准。
第二百条　中级人民法院判处死刑的第一审案件，被告人不上诉的，应当由高级人民法院复核后，报请最高人民法院核准。高级人民法院不同意判处死刑的，可以提审或者发回重新审判。 高级人民法院判处死刑的第一审案件被告人不上诉的，和判处死刑的第二审案件，都应当报请最高人民法院核准。	**第二百三十六条**　中级人民法院判处死刑的第一审案件，被告人不上诉的，应当由高级人民法院复核后，报请最高人民法院核准。高级人民法院不同意判处死刑的，可以提审或者发回重新审判。 高级人民法院判处死刑的第一审案件被告人不上诉的，和判处死刑的第二审案件，都应当报请最高人民法院核准。
第二百零一条　中级人民法院判处死刑缓期二年执行的案件，由高级人民法院核准。	**第二百三十七条**　中级人民法院判处死刑缓期二年执行的案件，由高级人民法院核准。

第二百零二条 最高人民法院复核死刑案件，高级人民法院复核死刑缓期执行的案件，应当由审判员三人组成合议庭进行。	**第二百三十八条** 最高人民法院复核死刑案件，高级人民法院复核死刑缓期执行的案件，应当由审判员三人组成合议庭进行。
	第二百三十九条 最高人民法院复核死刑案件，应当作出核准或者不核准死刑的裁定。对于不核准死刑的，最高人民法院可以发回重新审判或者予以改判。
	第二百四十条 最高人民法院复核死刑案件，应当讯问被告人，辩护律师提出要求的，应当听取辩护律师的意见。 **在复核死刑案件过程中，最高人民检察院可以向最高人民法院提出意见。最高人民法院应当将死刑复核结果通报最高人民检察院。**
第五章 审判监督程序	**第五章 审判监督程序**
第二百零三条 当事人及其法定代理人、近亲属，对已经发生法律效力的判决、裁定，可以向人民法院或者人民检察院提出申诉，但是不能停止判决、裁定的执行。	**第二百四十一条** 当事人及其法定代理人、近亲属，对已经发生法律效力的判决、裁定，可以向人民法院或者人民检察院提出申诉，但是不能停止判决、裁定的执行。
第二百零四条 当事人及其法定代理人、近亲属的申诉符合下列情形之一的，人民法院应当重新审判： （一）有新的证据证明原判决、裁定认定的事实确有错误的； （二）据以定罪量刑的证据不确实、不充分或者证明案件事实的主要证据之间存在矛盾的； （三）原判决、裁定适用法律确有错误的；	**第二百四十二条** 当事人及其法定代理人、近亲属的申诉符合下列情形之一的，人民法院应当重新审判： （一）有新的证据证明原判决、裁定认定的事实确有错误，**可能影响定罪量刑的**； （二）据以定罪量刑的证据不确实、不充分、**依法应当予以排除**，或者证明案件事实的主要证据之间存在矛盾的；

（四）审判人员在审理该案件的时候，有贪污受贿，徇私舞弊，枉法裁判行为的。	（三）原判决、裁定适用法律确有错误的； **（四）违反法律规定的诉讼程序，可能影响公正审判的；** （五）审判人员在审理该案件的时候，有贪污受贿，徇私舞弊，枉法裁判行为的。
第二百零五条　各级人民法院院长对本院已经发生法律效力的判决和裁定，如果发现在认定事实上或者在适用法律上确有错误，必须提交审判委员会处理。 最高人民法院对各级人民法院已经发生法律效力的判决和裁定，上级人民法院对下级人民法院已经发生法律效力的判决和裁定，如果发现确有错误，有权提审或者指令下级人民法院再审。 最高人民检察院对各级人民法院已经发生法律效力的判决和裁定，上级人民检察院对下级人民法院已经发生法律效力的判决和裁定，如果发现确有错误，有权按照审判监督程序向同级人民法院提出抗诉。 人民检察院抗诉的案件，接受抗诉的人民法院应当组成合议庭重新审理，对于原判决事实不清楚或者证据不足的，可以指令下级人民法院再审。	**第二百四十三条**　各级人民法院院长对本院已经发生法律效力的判决和裁定，如果发现在认定事实上或者在适用法律上确有错误，必须提交审判委员会处理。 最高人民法院对各级人民法院已经发生法律效力的判决和裁定，上级人民法院对下级人民法院已经发生法律效力的判决和裁定，如果发现确有错误，有权提审或者指令下级人民法院再审。 最高人民检察院对各级人民法院已经发生法律效力的判决和裁定，上级人民检察院对下级人民法院已经发生法律效力的判决和裁定，如果发现确有错误，有权按照审判监督程序向同级人民法院提出抗诉。 人民检察院抗诉的案件，接受抗诉的人民法院应当组成合议庭重新审理，对于原判决事实不清楚或者证据不足的，可以指令下级人民法院再审。
	第二百四十四条　上级人民法院指令下级人民法院再审的，应当指令原审人民法院以外的下级人民法院审理；由原审人民法院审理更为适宜的，也可以指令原审人民法院审理。

第二百零六条 人民法院按照审判监督程序重新审判的案件，应当另行组成合议庭进行。如果原来是第一审案件，应当依照第一审程序进行审判，所作的判决、裁定，可以上诉、抗诉；如果原来是第二审案件，或者是上级人民法院提审的案件，应当依照第二审程序进行审判，所作的判决、裁定，是终审的判决、裁定。	第二百四十五条 人民法院按照审判监督程序重新审判的案件，**由原审人民法院审理的，**应当另行组成合议庭进行。如果原来是第一审案件，应当依照第一审程序进行审判，所作的判决、裁定，可以上诉、抗诉；如果原来是第二审案件，或者是上级人民法院提审的案件，应当依照第二审程序进行审判，所作的判决、裁定，是终审的判决、裁定。 **人民法院开庭审理的再审案件，同级人民检察院应当派员出席法庭。**
	第二百四十六条 人民法院决定再审的案件，需要对被告人采取强制措施的，由人民法院依法决定；人民检察院提出抗诉的再审案件，需要对被告人采取强制措施的，由人民检察院依法决定。 **人民法院按照审判监督程序审判的案件，可以决定中止原判决、裁定的执行。**
第二百零七条 人民法院按照审判监督程序重新审判的案件，应当在作出提审、再审决定之日起三个月以内审结，需要延长期限的，不得超过六个月。 接受抗诉的人民法院按照审判监督程序审判抗诉的案件，审理期限适用前款规定；对需要指令下级人民法院再审的，应当自接受抗诉之日起一个月以内作出决定，下级人民法院审理案件的期限适用前款规定。	**第二百四十七条** 人民法院按照审判监督程序重新审判的案件，应当在作出提审、再审决定之日起三个月以内审结，需要延长期限的，不得超过六个月。 接受抗诉的人民法院按照审判监督程序审判抗诉的案件，审理期限适用前款规定；对需要指令下级人民法院再审的，应当自接受抗诉之日起一个月以内作出决定，下级人民法院审理案件的期限适用前款规定。

第四编　执　行	第四编　执　行
第二百零八条　判决和裁定在发生法律效力后执行。 下列判决和裁定是发生法律效力的判决和裁定： （一）已过法定期限没有上诉、抗诉的判决和裁定； （二）终审的判决和裁定； （三）最高人民法院核准的死刑的判决和高级人民法院核准的死刑缓期二年执行的判决。	**第二百四十八条**　判决和裁定在发生法律效力后执行。 下列判决和裁定是发生法律效力的判决和裁定： （一）已过法定期限没有上诉、抗诉的判决和裁定； （二）终审的判决和裁定； （三）最高人民法院核准的死刑的判决和高级人民法院核准的死刑缓期二年执行的判决。
第二百零九条　第一审人民法院判决被告人无罪、免除刑事处罚的，如果被告人在押，在宣判后应当立即释放。	**第二百四十九条**　第一审人民法院判决被告人无罪、免除刑事处罚的，如果被告人在押，在宣判后应当立即释放。
第二百一十条　最高人民法院判处和核准的死刑立即执行的判决，应当由最高人民法院院长签发执行死刑的命令。 被判处死刑缓期二年执行的罪犯，在死刑缓期执行期间，如果没有故意犯罪，死刑缓期执行期满，应当予以减刑，由执行机关提出书面意见，报请高级人民法院裁定；如果故意犯罪，查证属实，应当执行死刑，由高级人民法院报请最高人民法院核准。	**第二百五十条**　最高人民法院判处和核准的死刑立即执行的判决，应当由最高人民法院院长签发执行死刑的命令。 被判处死刑缓期二年执行的罪犯，在死刑缓期执行期间，如果没有故意犯罪，死刑缓期执行期满，应当予以减刑，由执行机关提出书面意见，报请高级人民法院裁定；如果故意犯罪，查证属实，应当执行死刑，由高级人民法院报请最高人民法院核准。
第二百一十一条　下级人民法院接到最高人民法院执行死刑的命令后，应当在七日以内交付执行。但是发现有下列情形之一的，应当停止执行，并且立即报告最高人民法院，由最高人民法院作出裁定：	**第二百五十一条**　下级人民法院接到最高人民法院执行死刑的命令后，应当在七日以内交付执行。但是发现有下列情形之一的，应当停止执行，并且立即报告最高人民法院，由最高人民法院作出裁定：

（一）在执行前发现判决可能有错误的； （二）在执行前罪犯揭发重大犯罪事实或者有其他重大立功表现，可能需要改判的； （三）罪犯正在怀孕。 前款第一项、第二项停止执行的原因消失后，必须报请最高人民法院院长再签发执行死刑的命令才能执行；由于前款第三项原因停止执行的，应当报请最高人民法院依法改判。	（一）在执行前发现判决可能有错误的； （二）在执行前罪犯揭发重大犯罪事实或者有其他重大立功表现，可能需要改判的； （三）罪犯正在怀孕。 前款第一项、第二项停止执行的原因消失后，必须报请最高人民法院院长再签发执行死刑的命令才能执行；由于前款第三项原因停止执行的，应当报请最高人民法院依法改判。
第二百一十二条　人民法院在交付执行死刑前，应当通知同级人民检察院派员临场监督。 死刑采用枪决或者注射等方法执行。 死刑可以在刑场或者指定的羁押场所内执行。 指挥执行的审判人员，对罪犯应当验明正身，讯问有无遗言、信札，然后交付执行人员执行死刑。在执行前，如果发现可能有错误，应当暂停执行，报请最高人民法院裁定。 执行死刑应当公布，不应示众。 执行死刑后，在场书记员应当写成笔录。交付执行的人民法院应当将执行死刑情况报告最高人民法院。 执行死刑后，交付执行的人民法院应当通知罪犯家属。	**第二百五十二条**　人民法院在交付执行死刑前，应当通知同级人民检察院派员临场监督。 死刑采用枪决或者注射等方法执行。 死刑可以在刑场或者指定的羁押场所内执行。 指挥执行的审判人员，对罪犯应当验明正身，讯问有无遗言、信札，然后交付执行人员执行死刑。在执行前，如果发现可能有错误，应当暂停执行，报请最高人民法院裁定。 执行死刑应当公布，不应示众。 执行死刑后，在场书记员应当写成笔录。交付执行的人民法院应当将执行死刑情况报告最高人民法院。 执行死刑后，交付执行的人民法院应当通知罪犯家属。

第二百一十三条　罪犯被交付执行刑罚的时候，应当由交付执行的人民法院将有关的法律文书送达监狱或者其他执行机关。 对于被判处死刑缓期二年执行、无期徒刑、有期徒刑的罪犯，由公安机关依法将该罪犯送交监狱执行刑罚。对于被判处有期徒刑的罪犯，在被交付执行刑罚前，剩余刑期在一年以下的，由看守所代为执行。对于被判处拘役的罪犯，由公安机关执行。 对未成年犯应当在未成年犯管教所执行刑罚。 执行机关应当将罪犯及时收押，并且通知罪犯家属。 判处有期徒刑、拘役的罪犯，执行期满，应当由执行机关发给释放证明书。	**第二百五十三条**　罪犯被交付执行刑罚的时候，应当由交付执行的人民法院**在判决生效后十日以内**将有关的法律文书送达**公安机关**、监狱或者其他执行机关。 对被判处死刑缓期二年执行、无期徒刑、有期徒刑的罪犯，由公安机关依法将该罪犯送交监狱执行刑罚。对被判处有期徒刑的罪犯，在被交付执行刑罚前，剩余刑期在**三个月**以下的，由看守所代为执行。对被判处拘役的罪犯，由公安机关执行。 对未成年犯应当在未成年犯管教所执行刑罚。 执行机关应当将罪犯及时收押，并且通知罪犯家属。 判处有期徒刑、拘役的罪犯，执行期满，应当由执行机关发给释放证明书。
第二百一十四条　对于被判处有期徒刑或者拘役的罪犯，有下列情形之一的，可以暂予监外执行： （一）有严重疾病需要保外就医的； （二）怀孕或者正在哺乳自己婴儿的妇女。 对于适用保外就医可能有社会危险性的罪犯，或者自伤自残的罪犯，不得保外就医。 对于罪犯确有严重疾病，必须保外就医的，由省级人民政府指定的医院开具证明文件，依照法律规定的程序审批。 发现被保外就医的罪犯不符合保	**第二百五十四条**　对被判处有期徒刑或者拘役的罪犯，有下列情形之一的，可以暂予监外执行： （一）有严重疾病需要保外就医的； （二）怀孕或者正在哺乳自己婴儿的妇女； （三）生活不能自理，适用暂予监外执行不致危害社会的。 **对被判处无期徒刑的罪犯，有前款第二项规定情形的，可以暂予监外执行。** 对适用保外就医可能有社会危险性的罪犯，或者自伤自残的罪犯，不得保外就医。

外就医条件的，或者严重违反有关保外就医的规定的，应当及时收监。 对于被判处有期徒刑、拘役，生活不能自理，适用暂予监外执行不致危害社会的罪犯，可以暂予监外执行。 对于暂予监外执行的罪犯，由居住地公安机关执行，执行机关应当对其严格管理监督，基层组织或者罪犯的原所在单位协助进行监督。	对罪犯确有严重疾病，必须保外就医的，由省级人民政府指定的医院**诊断并**开具证明文件。 **在交付执行前，暂予监外执行由交付执行的人民法院决定；在交付执行后，暂予监外执行由监狱或者看守所提出书面意见，报省级以上监狱管理机关或者设区的市一级以上公安机关批准。**
	第二百五十五条　监狱、看守所提出暂予监外执行的书面意见的，应当将书面意见的副本抄送人民检察院。人民检察院可以向决定或者批准机关提出书面意见。
第二百一十五条　批准暂予监外执行的机关应当将批准的决定抄送人民检察院。人民检察院认为暂予监外执行不当的，应当自接到通知之日起一个月以内将书面意见送交批准暂予监外执行的机关，批准暂予监外执行的机关接到人民检察院的书面意见后，应当立即对该决定进行重新核查。	**第二百五十六条　决定或者**批准暂予监外执行的机关应当将**暂予监外执行**决定抄送人民检察院。人民检察院认为暂予监外执行不当的，应当自接到通知之日起一个月以内将书面意见送交**决定或者**批准暂予监外执行的机关，**决定或者**批准暂予监外执行的机关接到人民检察院的书面意见后，应当立即对该决定进行重新核查。
第二百一十六条　暂予监外执行的情形消失后，罪犯刑期未满的，应当及时收监。 罪犯在暂予监外执行期间死亡的，应当及时通知监狱。	**第二百五十七条　对暂予监外执行的罪犯，有下列情形之一的**，应当及时收监： （一）发现不符合**暂予监外执行**条件的； （二）严重违反有关**暂予监外执行监督管理**规定的； （三）暂予监外执行的情形消失后，罪犯刑期未满的。

	对于人民法院决定暂予监外执行的罪犯应当予以收监的，由人民法院作出决定，将有关的法律文书送达公安机关、监狱或者其他执行机关。 不符合暂予监外执行条件的罪犯通过贿赂等非法手段被暂予监外执行的，在监外执行的期间不计入执行刑期。罪犯在暂予监外执行期间脱逃的，脱逃的期间不计入执行刑期。 罪犯在暂予监外执行期间死亡的，执行机关应当及时通知监狱或者看守所。
第二百一十七条　对于被判处徒刑缓刑的罪犯，由公安机关交所在单位或者基层组织予以考察。 对于被假释的罪犯，在假释考验期限内，由公安机关予以监督。	**第二百五十八条**　对被判处管制、宣告缓刑、假释或者暂予监外执行的罪犯，依法实行社区矫正，由社区矫正机构负责执行。
第二百一十八条　对于被判处管制、剥夺政治权利的罪犯，由公安机关执行。执行期满，应当由执行机关通知本人，并向有关群众公开宣布解除管制或者恢复政治权利。	**第二百五十九条**　对被判处剥夺政治权利的罪犯，由公安机关执行。执行期满，应当由执行机关书面通知本人及其所在单位、居住地基层组织。
第二百一十九条　被判处罚金的罪犯，期满不缴纳的，人民法院应当强制缴纳；如果由于遭遇不能抗拒的灾祸缴纳确实有困难的，可以裁定减少或者免除。	**第二百六十条**　被判处罚金的罪犯，期满不缴纳的，人民法院应当强制缴纳；如果由于遭遇不能抗拒的灾祸缴纳确实有困难的，可以裁定减少或者免除。
第二百二十条　没收财产的判决，无论附加适用或者独立适用，都由人民法院执行；在必要的时候，可以会同公安机关执行。	**第二百六十一条**　没收财产的判决，无论附加适用或者独立适用，都由人民法院执行；在必要的时候，可以会同公安机关执行。

第二百二十一条 罪犯在服刑期间又犯罪的，或者发现了判决的时候所没有发现的罪行，由执行机关移送人民检察院处理。 被判处管制、拘役、有期徒刑或者无期徒刑的罪犯，在执行期间确有悔改或者立功表现，应当依法予以减刑、假释的时候，由执行机关提出建议书，报请人民法院审核裁定。	**第二百六十二条** 罪犯在服刑期间又犯罪的，或者发现了判决的时候所没有发现的罪行，由执行机关移送人民检察院处理。 被判处管制、拘役、有期徒刑或者无期徒刑的罪犯，在执行期间确有悔改或者立功表现，应当依法予以减刑、假释的时候，由执行机关提出建议书，报请人民法院审核裁定，**并将建议书副本抄送人民检察院。人民检察院可以向人民法院提出书面意见**。
第二百二十二条 人民检察院认为人民法院减刑、假释的裁定不当，应当在收到裁定书副本后二十日以内，向人民法院提出书面纠正意见。人民法院应当在收到纠正意见后一个月以内重新组成合议庭进行审理，作出最终裁定。	**第二百六十三条** 人民检察院认为人民法院减刑、假释的裁定不当，应当在收到裁定书副本后二十日以内，向人民法院提出书面纠正意见。人民法院应当在收到纠正意见后一个月以内重新组成合议庭进行审理，作出最终裁定。
第二百二十三条 监狱和其他执行机关在刑罚执行中，如果认为判决有错误或者罪犯提出申诉，应当转请人民检察院或者原判人民法院处理。	**第二百六十四条** 监狱和其他执行机关在刑罚执行中，如果认为判决有错误或者罪犯提出申诉，应当转请人民检察院或者原判人民法院处理。
第二百二十四条 人民检察院对执行机关执行刑罚的活动是否合法实行监督。如果发现有违法的情况，应当通知执行机关纠正。	**第二百六十五条** 人民检察院对执行机关执行刑罚的活动是否合法实行监督。如果发现有违法的情况，应当通知执行机关纠正。
	第五编 特别程序
	第一章 未成年人刑事案件诉讼程序
	第二百六十六条 对犯罪的未成年人实行教育、感化、挽救的方针，坚持教育为主、惩罚为辅的原则。

	人民法院、人民检察院和公安机关办理未成年人刑事案件，应当保障未成年人行使其诉讼权利，保障未成年人得到法律帮助，并由熟悉未成年人身心特点的审判人员、检察人员、侦查人员承办。
	第二百六十七条　未成年犯罪嫌疑人、被告人没有委托辩护人的，人民法院、人民检察院、公安机关应当通知法律援助机构指派律师为其提供辩护。
	第二百六十八条　公关机关、人民检察院、人民法院办理未成人刑事案件，根据情况可以对未成年犯罪嫌疑人、被告人的成长经历、犯罪原因、监护教育等情况进行调查。
	第二百六十九条　对未成年犯罪嫌疑人、被告人应当严格限制适用逮捕措施。人民检察院审查批准逮捕和人民法院决定逮捕，应当讯问未成年犯罪嫌疑人、被告人，听取辩护律师的意见。 对被拘留、逮捕和执行刑罚的未成年人与成年人应当分别关押、分别管理、分别教育。
	第二百七十条　对于未成年人刑事案件，在讯问和审判的时候，应当通知未成年犯罪嫌疑人、被告人的法定代理人到场。无法通知、法定代理人不能到场或者法定代理人是共犯的，也可以通知未成年犯罪嫌疑人、被告人的其他成年亲属，所在学校、

	单位、居住地基层组织或者未成年人保护组织的代表到场，并将有关情况记录在案。到场的法定代理人可以代为行使未成年犯罪嫌疑人、被告人的诉讼权利。 到场的法定代理人或者其他人员认为办案人员在讯问、审判中侵犯未成年人合法权益的，可以提出意见。讯问笔录、法庭笔录应当交给到场的法定代理人或者其他人员阅读或者向他宣读。 讯问女性未成年犯罪嫌疑人，应当有女工作人员在场。 审判未成年人刑事案件，未成年被告人最后陈述后，其法定代理人可以进行补充陈述。 询问未成年被害人、证人，适用第一款、第二款、第三款的规定。
	第二百七十一条　对于未成年人涉嫌刑法分则第四章、第五章、第六章规定的犯罪，可能判处一年有期徒刑以下刑罚，符合起诉条件，但有悔罪表现的，人民检察院可以作出附条件不起诉的决定。人民检察院在作出附条件不起诉的决定以前，应当听取公安机关、被害人的意见。 对附条件不起诉的决定，公安机关要求复议、提请复核或者被害人申诉的，适用本法第一百七十五条、第一百七十六条的规定。 未成年犯罪嫌疑人及其法定代理人对人民检察院决定附条件不起诉有异议的，人民检察院应当作出起诉的决定。

	第二百七十二条　在附条件不起诉的考验期内，由人民检察院对被附条件不起诉的未成年犯罪嫌疑人进行监督考察。未成年犯罪嫌疑人的监护人，应当对未成年犯罪嫌疑人加强管教，配合人民检察院做好监督考察工作。 附条件不起诉的考验期为六个月以上一年以下，从人民检察院作出附条件不起诉的决定之日起计算。 被附条件不起诉的未成年犯罪嫌疑人，应当遵守下列规定： （一）遵守法律法规，服从监督； （二）按照考察机关的规定报告自己的活动情况； （三）离开所居住的市、县或者迁居，应当报经考察机关批准； （四）按照考察机关的要求接受矫治和教育。
	第二百七十三条　被附条件不起诉的未成年犯罪嫌疑人，在考验期内有下列情形之一的，人民检察院应当撤销附条件不起诉的决定，提起公诉： （一）实施新的犯罪或者发现决定附条件不起诉以前还有其他犯罪需要追诉的； （二）违反治安管理规定或者考察机关有关附条件不起诉的监督管理规定，情节严重的。 被附条件不起诉的未成年犯罪嫌疑人，在考验期内没有上述情形，考验期满的，人民检察院应当作出不起诉的决定。

	第二百七十四条　审判的时候被告人不满十八周岁的案件，不公开审理。但是，经未成年被告人及其法定代理人同意，未成年被告人所在学校和未成年人保护组织可以派代表到场。
	第二百七十五条　犯罪的时候不满十八周岁，被判处五年有期徒刑以下刑罚的，应当对相关犯罪记录予以封存。 犯罪记录被封存的，不得向任何单位和个人提供，但司法机关为办案需要或者有关单位根据国家规定进行查询的除外。依法进行查询的单位，应当对被封存的犯罪记录的情况予以保密。
	第二百七十六条　办理未成年人刑事案件，除本章已有规定的以外，按照本法的其他规定进行。
	第二章　当事人和解的公诉案件诉讼程序
	第二百七十七条　下列公诉案件，犯罪嫌疑人、被告人真诚悔罪，通过向被害人赔偿损失、赔礼道歉等方式获得被害人谅解，被害人自愿和解的，双方当事人可以和解： （一）因民间纠纷引起，涉嫌刑法分则第四章、第五章规定的犯罪案件，可能判处三年有期徒刑以下刑罚的； （二）除渎职犯罪以外的可能判处七年有期徒刑以下刑罚的过失犯罪案件。

	犯罪嫌疑人、被告人在五年以内曾经故意犯罪的，不适用本章规定的程序。
	第二百七十八条　双方当事人和解的，公安机关、人民检察院、人民法院应当听取当事人和其他有关人员的意见，对和解的自愿性、合法性进行审查，并主持制作和解协议书。
	第二百七十九条　对于达成和解协议的案件，公安机关可以向人民检察院提出从宽处理的建议。人民检察院可以向人民法院提出从宽处罚的建议；对于犯罪情节轻微，不需要判处刑罚的，可以作出不起诉的决定。人民法院可以依法对被告人从宽处罚。
	第三章　犯罪嫌疑人、被告人逃匿、死亡案件违法所得的没收程序
	第二百八十条　对于贪污贿赂犯罪、恐怖活动犯罪等重大犯罪案件，犯罪嫌疑人、被告人逃匿，在通缉一年后不能到案，或者犯罪嫌疑人、被告人死亡，依照刑法规定应当追缴其违法所得及其他涉案财产的，人民检察院可以向人民法院提出没收违法所得的申请。 公安机关认为有前款规定情形的，应当写出没收违法所得意见书，移送人民检察院。 没收违法所得的申请应当提供与犯罪事实、违法所得相关的证据材料，并列明财产的种类、数量、所在地及查封、扣押、冻结的情况。

	人民法院在必要的时候，可以查封、扣押、冻结申请没收的财产。
	第二百八十一条　没收违法所得的申请，由犯罪地或者犯罪嫌疑人、被告人居住地的中级人民法院组成合议庭进行审理。 人民法院受理没收违法所得的申请后，应当发出公告。公告期间为六个月。犯罪嫌疑人、被告人的近亲属和其他利害关系人有权申请参加诉讼，也可以委托诉讼代理人参加诉讼。 人民法院在公告期满后对没收违法所得的申请进行审理。利害关系人参加诉讼的，人民法院应当开庭审理。
	第二百八十二条　人民法院经审理，对经查证属于违法所得及其他涉案财产，除依法返还被害人的以外，应当裁定予以没收；对不属于应当追缴的财产的，应当裁定驳回申请，解除查封、扣押、冻结措施。 对于人民法院依照前款规定作出的裁定，犯罪嫌疑人、被告人的近亲属和其他利害关系人或者人民检察院可以提出上诉、抗诉。
	第二百八十三条　在审理过程中，在逃的犯罪嫌疑人、被告人自动投案或者被抓获的，人民法院应当终止审理。 没收犯罪嫌疑人、被告人财产确有错误的，应当予以返还、赔偿。

	第四章　依法不负刑事责任的精神病人的强制医疗程序
	第二百八十四条　实施暴力行为，危害公共安全或者严重危害公民人身安全，经法定程序鉴定依法不负刑事责任的精神病人，有继续危害社会可能的，可以予以强制医疗。
	第二百八十五条　根据本章规定对精神病人强制医疗的，由人民法院决定。 公安机关发现精神病人符合强制医疗条件的，应当写出强制医疗意见书，移送人民检察院。对于公安机关移送的或者在审查起诉过程中发现的精神病人符合强制医疗条件的，人民检察院应当向人民法院提出强制医疗的申请。人民法院在审理案件过程中发现被告人符合强制医疗条件的，可以作出强制医疗的决定。 对实施暴力行为的精神病人，在人民法院决定强制医疗前，公安机关可以采取临时的保护性约束措施。
	第二百八十六条　人民法院受理强制医疗的申请后，应当组成合议庭进行审理。 人民法院审理强制医疗案件，应当通知被申请人或者被告人的法定代理人到场。被申请人或者被告人没有委托诉讼代理人的，人民法院应当通知法律援助机构指派律师为其提供法律帮助。

	第二百八十七　人民法院经审理，对于被申请人或者被告人符合强制医疗条件的，应当在一个月以内作出强制医疗的决定。 **被决定强制医疗的人、被害人及其法定代理人、近亲属对强制医疗决定不服的，可以向上一级人民法院申请复议。**
	第二百八十八条　强制医疗机构应当定期对被强制医疗的人进行诊断评估。对于已不具有人身危险性，不需要继续强制医疗的，应当及时提出解除意见，报决定强制医疗的人民法院批准。 **被强制医疗的人及其近亲属有权申请解除强制医疗。**
	第二百八十九条　人民检察院对强制医疗的决定和执行实行监督。
附　则	**附　则**
第二百二十五条　军队保卫部门对军队内部发生的刑事案件行使侦查权。 对罪犯在监狱内犯罪的案件由监狱进行侦查。 军队保卫部门、监狱办理刑事案件，适用本法的有关规定。	**第二百九十条**　军队保卫部门对军队内部发生的刑事案件行使侦查权。 对罪犯在监狱内犯罪的案件由监狱进行侦查。 军队保卫部门、监狱办理刑事案件，适用本法的有关规定。

后 记

时隔十六年之后,《刑事诉讼法》再次大修。正确理解刑事诉讼立法修改的精神和要义,全面把握刑事诉讼制度和程序的变革与进步,有利于对《刑事诉讼法》的条文内容进行充分、准确和系统的阐释,这也是保证《刑事诉讼法》能够在司法实践中得到有效贯彻和落实的重要方面。为确保释义内容的准确性和客观性,本书在写作人员配置方面吸收了来自高校科研机构以及司法实务部门长期从事刑事诉讼法学教学、研究和刑事司法工作的专家学者,在写作内容方面亦坚持忠于条文、客观释义的基本立场。同时,为了适当体现当代刑事诉讼发展的潮流所向,本书并不囿于此次立法修改的既有内容,对于此次虽未修改但是存在进步空间的条文如何加以完善,同样予以了理性构想与展望。全书付梓出版之前,先后进行了多次全体写作人员以及分编负责人的集中讨论,数易其稿,终得以在《刑事诉讼法》颁布之际及时面世,以飨读者。当然,由于时间紧促,本书的个别观点和内容可能存在疏漏和不足,尚待方家和读者斧正。

本书作者写作分工具体如下:第一编"总则"由卞建林负责,参加人员包括叶青、周长军、管宇、屈新、王永杰、孙锐、李晶、邢娜、张璐、林帮钦、安婧;第二编"立案、侦查和提起公诉"由吴宏耀负责,参加人员包括郝宏奎、滕健、陈祥明、魏玉民、温道军、姜涛、王永杰、侣化强、李婵媛、夏天;第三编"审判"由刘召负责,参加人员包括董超、韩阳、田心则、李明、周颖佳、王佳;第四编"执行"由栗峥负责,参加人员包括左德起、俞亮、李树真;第五编"特别程序"由郭志媛负责,参加人员包括李兰英、孙康、王佳;附则由栗峥负责。卞建林对全书进行了统稿工作。